마가복음, 삶으로 읽다

한기채 지음

마가복음, 삶으로 읽다

한기채 지음

복음의 생명력 있는 역사가
오늘 다시 시작되다

토기장이

예수님의 이야기와 우리의 이야기가 만나는 시간

저는 미국 밴더빌트 대학교에서 유학생활을 하던 중 하나님의 인도하심으로 내쉬빌 갈보리교회를 개척하게 되었는데, 교인들도 많지 않았기 때문에 자칫 설교 준비에 소홀할까 봐 설교 전문을 기록했습니다. 그 원고가 바로 이 책입니다. 제가 제일 먼저 썼던 글인데 적당한 시기에 출판하려고 차일피일 미루며 여러 번 수정과 보완을 거치면서, 거의 사역 말년에 출판하게 되었습니다. 가장 오랫동안 준비한 글입니다. 그만큼 아끼고 애착하는 글입니다.

마가복음은 복음서 중에 제일 먼저 기록된 가장 짧은 책으로 이방인 로마인들에게 전할 목적으로 AD 60년경 쓰였습니다. 마가복음은 공관복음서지만 예수님 탄생 이야기가 없습니다. 예수님이 받으신 시험 기사도 간략하게 기록하고 있습니다. 역동적인 행동이 강조되어 있어서 행동의 복음서라고 불리는 마가복음은 예수님의 전 생애를 기록한 최초의 이야기책입니다. 그전에는 예수님의 교훈이나 행하신 일들이 단편적으로 전해져 왔을 것입니다. 저자는 베드로의 동역자였던 마가 요한인데, 요한은 유대식 이름이고 마가는 로마식 이름으로 사도행전에 여러 번 등장합니다(행

12:12, 13:5, 15:37). 예수님의 제자들이 예루살렘에 갈 때 유숙했던 곳이자 신자들이 모여 기도했던 집 주인의 아들이며 바나바의 조카로서 1차 선교 여행에 바울과 바나바와 동행하였고, 후에는 바나바와 선교를 다녔던 사람입니다. 마가 요한은 예수님의 사도는 아니지만 실제로 목격하거나 베드로를 위시한 사도들에게 들은 바를 기록했을 것입니다. 그리고 그 많은 이야기 중에 예수님의 죽음이 중심이고 예수님의 수난 이야기가 1/3 분량을 차지합니다.

사람들은 대체로 설교에 대한 선입견이 좋지 않습니다. 지당한 말 또는 잔소리로 생각합니다. 그래서 누가 옳은 말을 하면 "설교하지 마!"라고 반응합니다. 그런데 이야기는 누구나 좋아합니다. 그래서 이야기를 하면 "이야기 또 해주세요"라고 합니다. 그래서 저는 교회에서도 가능한 한 설교라는 말을 하지 않고 '증언'하겠다고 하거나 '이야기' 하나 하겠다고 합니다. 마가는 기승전결, 즉 도입(막 1:1-15), 전개(막 1:16-10:52), 절정(막 11:1-13:37), 결말(막 14:1-16:8)의 구조로 예수 그리스도의 이야기를 복음서로 쓴 최초의 사람입니다. 그리고 마가는 유일하게 자신의 이야기를 복음이라고 표현한 사람입니다. "하나님의 아들 예수 그리스도의 복음의 시작이라"(막 1:1). 복음은 좋은 소식입니다. 예수가 하나님의 아들이라는 것과 예수가 그리스도(메시아)라는 것을 실제의 장소와 시간과 사람과 사건을 들어 이야기합니다. 마가복음을 우리가 제대로 읽는다면 마가가 의도한 대로 예수님이 하나님의 아들이라는 것과 예수님이 메시아라는 것을 고백하게 될 것입니다. 마치 예수님의 십자가형을 집행하던 백부장이 "이 사람은 진실로 하나님의 아들이었도다"(막 15:39)라고 한 것처럼 말입니다. 마가복음에서는 백부장만이 예수님을 하나님의 아들로 고백합니다. 더구나 십자가를 목격하고 나서 십자가의 형을 집행하던 자의 입에서 나온 고백이라 어떤 다른 사람들의 신앙고백보다 귀합니다. 십자가는 우리에게 이런 극적인 변화를 일으킵니다.

마가복음에는 예수의 기적과 치유 그리고 축귀 기사가 많이 나옵니다. 예수님의 35개 기적 가운데 18개의 기적이 기록되어 있습니다. 마가복음의 1/3을 차지합니다. 기적 이야기는 예수님으로부터 이미 하나님 나라가 도래했다는 사실을 선포합니다. 하나님 나라가 우리에게 임하는 표적입니다. 마가복음의 핵심단어는 '권위'입니다. '누가 진정한 권위를 가지고 있는가?'. '진정한 권위는 어디에서 오는가?'. '예수님이 죄를 사하는 권세가 있는가?'. '예수님이 누구시기에 바람과 바다도 순종하는가?'(막 1:22, 1:27, 2:10, 4:39). 예수님의 가르침과 삶은 "권위 있는 자"의 모습 자체였습니다. 그러나 이런 예수님이 섬기는 종으로 오셨습니다.

저는 마가복음의 요절을 "인자가 온 것은 섬김을 받으려 함이 아니라 도리어 섬기려 하고 자기 목숨을 많은 사람의 대속물로 주려 함이니라"(막 10:45)로 읽습니다. 저는 예수님의 정체성을 하늘의 음성에서 봅니다. 예수님이 세례를 받으셨을 때 "너는 내 사랑하는 아들이라 내가 너를 기뻐하노라"(막 1:11)라는 음성을 들으셨습니다. 변화산에서 제자들에게도 들렸습니다(막 9:7). 우리도 이 음성을 들어야 합니다. 그리고 어떤 모습으로 무슨 일을 하면서 살든지 예수님처럼 '하나님의 사랑받는 자녀요, 하나님의 기쁨이라'는 확신을 가지고 살아야 합니다. 이런 예수님의 거대한 이야기와 우리의 작은 이야기가 만나면 우리는 우리의 이야기를 더 잘 볼 수 있고 그 안에서 깨달음과 변화가 일어납니다. 우리는 우리의 이야기를 바로 보고 해석할 수 있는 표준이 되는 큰 이야기가 필요합니다. 이 책은 마가신학이나 주해서가 아닙니다. 저는 예수님의 이야기와 우리의 이야기의 접촉점을 만들어 주고자 합니다. 예수님의 이야기가 우리에게 들어오고, 우리 이야기가 예수님을 만나면 감동과 승화와 구원의 역사가 일어납니다.

1990년 미국 내쉬빌에서 유학생 목사로서 교회를 처음 개척했을 때 제일 처음 개척 멤버가 되어 준 유해성 집사님과 물심양면으로 도와주신 밀리아드 리드(Miliard Reed) 목사님께 먼저 감사드립니다. 그리고 동고동락하며 말씀을 나누었던 갈보리교회 교우들, 35년이 지난 지금 이미 하나님 나라에 가신 분들도 많고, 유학생활을 마치고 귀국하여 한국에서 신앙생활을 하고 계신 분들도 있고, 그곳을 떠나 각처에서 신앙생활하고 있는 분들도 있고, 아직도 그곳에 남아서 교회를 이어가고 있는 분들도 있는데, 모두에게 우리가 나누었던 사랑과 믿음을 담은 이 이야기를 바칩니다. 제 사역의 첫 열매이며 아련한 첫사랑인 갈보리교회와 성도들에게 한없는 감사를 보냅니다.

그때 우리의 사랑은 얼마나 뜨거웠으며, 우리의 헌신은 얼마나 아름다웠던가!

중앙성결교회 목사 서재에서
한기채

차례

1
복음의 시작

[1]하나님의 아들 예수 그리스도의 복음의 시작이라 막 1:1

마가복음서는 다른 복음서에 비해 가장 짧고 강렬하며, 이야기체이고, 꾸밈이 없이 직설적이고, 대중적이어서 생동감이 넘칩니다. "곧", "즉시"라는 말이 40회 이상 나오는 것을 볼 때, 하나님의 말씀을 생동감 있게 사역(행동) 중심으로 기록하려는 마가의 의도를 엿볼 수 있습니다.

공관복음이라고 말할 때, 마태복음, 마가복음, 누가복음을 일컫는데, 그중에서 마가복음이 가장 먼저 기록된 복음서입니다. 마태복음이나 누가복음이 기록될 당시, 마가복음은 자료를 제공하고 기본적인 골격을 형성하는 데 큰 역할을 했습니다. 마가복음은 유대-로마(Roman-Jewish) 사이의 전쟁이 막바지에 달하고 있을 때, 이스라엘의 참담한 현실과 네로의 박해 가운데 그리스도인들의 순교와 수난이 계속되던 AD 65년에 기록되었습니다. 예루살렘 멸망(AD 70년) 전에 박해받는 그리스도인들에게 세상적인 위로와 소망이 아닌 그리스도의 복음을 빛과 생명으로 전하고 있습니다.

마가는 예루살렘에는 잘 알려져 있던 마리아의 아들 마가 요한(마가는 로마식, 요한은 유대식 이름)으로(행 12:12), 바나바의 조카(행 12:25, 골 4:10)이며, 베드로와 함께 사역하면서 베드로의 설교를 많이 들었던 사람입니다. 그래서 마가복음은 베드로의 설교를 기초하여 베드로가 순교를 당한 후에 기록된 복음서입니다.

잠시 여기에서 단편적으로 볼 수 있는 마가의 모습을 성경에서 찾아봅시다. 마가는 예수님께서 마지막 십자가를 앞두고 최후의 만찬을 가지실 때 다락방을 제공한 이야기에 등장합니다. 그는 자신의 집을 예수님과 그의 제자들을 위해 내어놓았던 사람입니다. 당시 마가는 재산이 어느 정도 있었던 것 같습니다. 그는 그 집 주인(host)으로 최후의 만찬을 준비하고 그곳에서 일어나는 일들의 증인이 되었습니다. 제자들의 배신과 비겁함 그리고 예수님의 수난을 지근거리에서 보았습니다. 십자가 사건 후 마가의 다락방은 박해를 피하는 제자들의 은신처와 만남의 장소가 되었습니다. 마가의 어머니 마리아는 최초로 예수 그리스도의 부활을 증언했는데, 마가의 다락방에 모여 있던 제자들에게 이 소식을 알렸습니다. 그들은 주님이 약속하신 성령의 능력을 힘입기 위하여 힘써 기도했습니다. 이 마가의 다락방에서 기도하던 무리에게 오순절 성령의 역사가 나타나 최초의 예루살렘 교회가 생겼으며 이는 초대 교인들의 중심지가 되었습니다. 마가, 그는 자기의 집뿐만 아니라 살아 계신 예수님께 자기의 마음을 바쳤던 사람입니다. 그는 아마 은혜를 받은 후 자기의 전 재산을 바쳤던 삼촌 바나바(행

4:36-37)의 영향을 받았을 것이며, 자신도 초대교회를 돕는 재정적인 후원자가 되었을 것입니다. 자연스럽게 그는 베드로의 영향을 받게 되었고 베드로를 선생님으로 모시면서 그를 통해서 예수님에 대해 배우게 되었을 것입니다. 베드로가 옥에 갇혔을 때 마가를 비롯한 예루살렘 교우들이 마가의 집에 모여 베드로를 위해 간절히 기도하는 기사(행 12:12)도 볼 수 있습니다.

베드로가 "내 아들 마가"(벧전 5:13)라고 소개할 정도로 베드로와 마가는 각별한 사이였습니다. 젊은 마가는 바나바와 바울과 더불어 첫 번째 선교 여행을 동행하게 됩니다(행 12:25). 그러나 마가는 밤빌리아 버가에서 바울과 바나바를 떠나 중도에 예루살렘으로 돌아옵니다(행 13:13). 그가 돌아간 이유에 대해 많은 의견이 있습니다. 크리소스톰 같은 이는 어머니를 보기 위해 예루살렘에 갔다고 하며, 또 다른 성서학자는 바울과의 갈등 때문에, 또는 바울이 요구하는 그리스도에 대한 헌신이 너무나도 어려웠기 때문에 예루살렘 교회가 그리워서 갔다고 합니다. 경우가 어찌 됐든 그가 감당해야 하는 시험과 시련에 비해 아직 믿음의 용기가 부족했습니다. 이는 마치 그의 선생인 베드로의 실패와 같은 모습입니다. 성경은 솔직하게 하나님의 사람들의 실패와 약점을 기록하고 있습니다. 이 일 때문에 두 번째 선교 여행을 떠날 때, 바나바와 바울 사이에 논쟁이 있었습니다(행 15:36-41). 여기에 "위로의 아들"이라 불리던 바나바의 격려가 마가에게 있었습니다. 이렇듯 바나바의 사역은 중요합니다. 사실 바울도 초기에 바나바의 격려와 예루살렘 교회에 대한 바나바의 보증이 있었습니다. 마가는 새로운 출발을 하고 있습니다. 이것은 베드로가 실패 이후에 회개하고 새롭게 출발한 것과 같습니다. 마가는 베드로의 제자와 동역자로 그의 사역에 동행합니다. 결국 교회사에 의하면 마가는 애굽(이집트)에 건너가 알렉산드리아 교회를 세웁니다.

이전에 바울과 갈라섰던 마가가 새롭게 변화됨으로 바울과의 관계가 더욱 좋아진 것을 볼 수 있습니다. 바울은 로마 감옥에서 편지를 쓰면서 마가가 자기와 함께 갇혀 있다고 기록하고 있습니다(골 4:10). 그리고 마가에 대하여 "하나님의 나라를 위하여 함께 역사하는 자"라고 소개하며 마가가 바울 자신에게 위로가 되었다고 적고 있습니다. 빌레몬서에서도 바울은 자기의 동역자로 마가를 언급했으며, 바울이 순교하기 직전 디모데에게 쓴 편지에서 "마가를 데리고 오라 그가 나의 일에 유익하니라"(딤후 4:11)고 한 것으로 보아 그가 마지막에 가장 원했던 사람이 마가였음을 알 수 있습니다.

마가복음을 강해하려는 이유는 우리와 똑같은 성정을 가지고 있으면서 주님을 위해 살기로 다짐했다가 한때 실패를 경험한 사람이 다시금 주님의 도움으로 자기의 몸을 온전히 드린 경험과 고백이 우리에게도 똑같이 체험되기를 바라기 때문입니다.

혹독한 외로움과 박해와 어려움을 통과한 마가는 당시 그러한 상황에 처한 성도들에게 예수 그리스도만이 복음이며, 그로 말미암아 승리할 수 있다는 확신과 위로를 주기 위해서 이 마가복음을

셨습니다. 마가는 예수님의 수난에서 이미 승리를 앞당겨 보았기 때문입니다.

마가는 당시의 여러 가지 질문들에 대해 다음과 같은 답변을 하고 있습니다.

첫째, 당시 로마나 예루살렘의 예수님에 대한 정죄에 대하여 예수 그리스도는 죄가 없음을 증거합니다.

둘째, 예수 그리스도가 하나의 인간에 불과한 것이 아니라 하나님의 아들임을 증언합니다.

셋째, 하나님의 아들이시며 전능하시고 전지하신 그리스도 예수가 왜 그렇게 부끄럽고 처절하게 죄인 중의 하나처럼 십자가에 달리셔야 했는가를 설명합니다.

넷째, 예수 그리스도의 영광(부활)이 십자가의 고난과 결부된 것이라면 그를 따르는 자들도 고난받는 것이 당연하다는 것과 부활의 소망이 있음을 증거합니다.

다섯째, 예수 그리스도의 복음은 하나님의 직접적인 뜻에서 비롯된 것이며 유대주의와 어떻게 다른지를 보여 주고 있습니다.

마가복음 1장 1절은 마가복음의 제목이면서 또한 주제입니다. 이 한 말씀에 마가의 신앙고백이 담겨 있으며, 마가가 기록하는 말씀의 시작이요, 결론이기도 합니다.

"하나님의 아들 예수 그리스도의 복음의 시작이라"(막 1:1).

마가복음은 다른 공관복음서(마태, 누가)와는 달리 족보나 탄생 이야기로 시작하지 않고 "하나님의 아들 예수 그리스도"라는 신앙의 신인으로 시작합니다. 마가복음은 이방인 로마인들에게 쓰는 것이기 때문에 예수님이 하나님의 아들이라는 사실을 입증하기 위해 족보를 언급할 필요가 없었습니다. 로마 사람들은 실용적이기 때문에 자격 조건보다는 실제의 행동에 더 관심을 보입니다. 마가는 로마에 있는 사람들에게 복음을 효과적으로 전하기 위해 마가복음을 기록했습니다. 그래서 이 복음서의 목적은 하나님의 아들 예수 그리스도입니다. 진실로 복음은 단순히 어떤 말이나 행위보다는 한 분 예수 그리스도를 의미합니다.

우리말과 헬라어 원문은 어순이 정반대로 되어 있습니다(헬라어는 "시작", "복음", "예수 그리스도", "하나님의 아들"). 마가복음은 박진감이 있고 흥미를 유발시키는데, 한글은 좀 맥이 빠진 느낌입니다. "시작" - (무엇?) "복음" - (무슨?) "예수 그리스도" - (누구?) "하나님의 아들". 마가복음의 표제가 되는 1절 말씀에 마가의 핵심 메시지 네 가지가 모두 담겨 있습니다. 그럼 그것들을 하나씩 살펴봅시다.

1. "시작"

드디어 시작입니다! 구약의 수많은 조상들이 고대하고 많은 선지자들이 예언하였으며 세례 요한이 소개한 예수 그리스도의 역사가 열립니다. 예언의 시대가 끝나고 이제 성취의 시대가 시작된 것입니다. 복음의 때입니다. 드디어 그날이 왔습니다. 구원의 역사가 지금 여기에 내가 사는 이 순간에 시작되고 있습니다. 얼마나 많은 사람들이 이날 보기를 원했던가요. 죄에 신음하며, 고난과 박해 속에서, 야만과 거짓과 눌림과 불안함 속에서 쉼 없이 살던 모든 인생에게 이제 구원의 새날이 시작되었습니다!

창세기 1장 1절에 창조가 나오지만, 다시금 새롭게 하시는 새 창조의 역사가 시작되었음을 선언합니다. 시작 '아르케'는 창세기의 '태초'와 같은 뜻입니다. 요한복음 1장 1절에도 '아르케'(태초)가 나옵니다. 물론 우주적인 창조는 아니지만 복음을 듣는 자에게 개별적으로 새날이 시작되었다는 것입니다. 창세기에 말씀으로 세상이 열리듯이 복음으로 하나님 나라가 시작되었습니다. 새 창조를 선언하고 있습니다. 복음 안에서 모든 것이 새롭게 시작됩니다. 예수 그리스도 안에서 새로운 세계가 시작됩니다. 새 시대에 동참하는 것은 예수 그리스도를 영접함으로부터입니다.

2. "복음"

무엇이 시작되었다는 말입니까? "복음"–복된 소식(Good News)–이 시작되었다는 말입니다. 하나님(God)에게서 오는 소식이 좋은(Good) 소식입니다. 진정한 복은 예수 이야기입니다. 최근에 좋았던 소식은 무엇입니까? 사회적으로, 혹은 개인적으로. 그리고 그 기쁨은 얼마나 지속됩니까? 그때나 지금이나 세상은 온통 나쁜 소식(Bad News)들로 가득 차 있습니다. 그래서 우울하고 절망적입니다. 그런데 살맛 나는 좋은 소식이 있습니다. 바로 예수 그리스도가 그 좋은 소식을 만들어 내시는 분이요(Good News Maker), 복된 소식을 전달하시는 분이요, 복된 소식 자체이십니다. 예수 안에는 생명이 있고, 희망이 있고, 진리가 있습니다. 예수 이야기에는 치유가 있고, 위로가 있고, 평화가 있고, 안식이 있습니다.

복음은 "예수 그리스도의 복음"(Good News of Jesus), "예수 그리스도로부터 온 복음"(Good News from Jesus), "예수 그리스도에 관한 복음"(Good News about Jesus) 등으로 말할 수 있습니다.

이렇게 예수 그리스도 자신이 복된 소식입니다. "복음"에 대한 헬라어 "위앙겔리온"은 원래 로마 사람들이 '기쁜 소식'을 지칭할 때 쓰는 말이었습니다. 황제의 생일이나, 황제의 아들이 황제로 등극하는 날 같은 국가적 축제일 그리고 전쟁 중에 아군의 전령이 돌아와 승전보를 알릴 때 쓰는 말입니다. 온 백성이 승리의 소식에 환호하며 좋아합니다. "이제는 살게 되었구나. 전쟁에 나갔던 아들이 돌아오는구나." 죄에 눌려 심판을 두려워하는 자에게, 슬픔과 절망 속에 있는 자에게, 질병과 억눌림 속에 살던 자에게 구원과 희망과 해방의 복된 소식을 예수 그리스도가 가지고 오셨다는 말씀입니다.

마가는 예수 그리스도만이 모든 소망과 기쁨의 원천임을 고백합니다. 그의 죽으심으로 모든 인류가 죄에서 용서받고, 그의 피로 구원받아 하나님의 새 계약 백성이 되고, 구약의 모든 약속과 축복이 주 그리스도를 통하여 오며, 그의 부활하심으로 우리도 부활하고, 영원한 하나님의 나라에 들어가게 되는 권세가 우리에게 주어졌다는 사실을 선포합니다. 그래서 기쁜 소식입니다.

3. "예수 그리스도"

베드로의 신앙고백과 같이(막 8:29) 마가는 예수를 그리스도로 고백합니다. "그리스도"는 "메시아", "기름 부음을 받은 자"라는 뜻으로 구약의 예언자들이 대망한 주가 바로 예수라는 고백입니다. 어떤 이는 "요셉의 아들 예수"(Jesus, Son of Joseph)라고 부르나, 마가는 "그리스도 예수"(Jesus Christ)라고 그리스도(Christ)를 예수의 성씨(last name)처럼 부르고 있습니다. 예수는 그리스도입니다.

예수는 우리를 하나님 나라에 들어가게 하기 위한 하나님의 뜻으로 오신 메시아입니다. 이것이 마가가 복음서를 집필한 동기요, 목적입니다.

메시아이신 예수님은 세 가지 사명을 위해 오셨습니다. 첫째, 하나님과 함께 살도록 사람들을 부르십니다. 둘째, 모든 인류의 죄를 대속하기 위하여 십자가를 지십니다. 셋째, 값없이 자신의 사랑을 모든 사람에게 주어 금생과 내생에 영원히 하나님과 더불어 살게 하십니다.

예수 그리스도는 모든 대적을 물리치신(죄, 사탄, 사망까지도) 영원한 승리자이십니다.

4. "하나님의 아들"

이 말씀은 물론 "그리스도", "메시아"라는 말과 동격으로 쓰이기도 하지만 특별히 예수님의 신성을 강조한 말입니다. 사람들 가운데 함께 거하시는 하나님의 인격임재 – 구약에서는 하나님이 거하시는 거룩한 곳에 대한 장소임재 사상이 있었다면 – 입니다. 마가는 예수를 하나님의 아들로 고백했습니다. 무한한 능력과 축복, 하나님적인 권위 그리고 직접적인 하나님의 뜻을 열어 보이는 가르침에 있어서 예수님은 하나님 자신입니다.

마가복음서에는 종종 예수를 "하나님의 아들"이라고 부르는 부분들이 있습니다. 하늘로부터 "내 사랑하는 아들"(막 1:11)이란 하나님의 선언을 듣습니다. 귀신들이 예수를 하나님의 아들로 알아보고 소리칩니다(막 3:11, 5:7). 십자가에 달릴 때 이방인 백부장이 "이 사람은 진실로 하나님의 아들이었도다"(막 15:39)라고 고백합니다.

이렇게 마가는 예수 그리스도의 임재를 하나님의 임재로 고백했습니다.

마가복음은 한때의 지나간 역사의 이야기를 전해 주려는 것이 아닙니다. 아직도 예수 그리스도의 복음의 역사가 시작되지 않은 곳에 새로운 시작을 선언하고자 합니다.

베드로에게 역사했던 이 복음, 마가에게 살아 역사했던 이 복음, 수많은 신앙의 선배들의 가슴을 뜨겁게 했던 이 복음의 생명력 있는 역사가 오늘 우리에게 다시 한번 일어나기 바랍니다. 그래서 또다시 "복음의 시작"이 나의 삶과 주변에 일어나기를 바랍니다.

주여! 다시 한번 이 땅에 부흥을 주소서(Do it again)!

2
예수와 세례 요한

[2]선지자 이사야의 글에 보라 내가 내 사자를 네 앞에 보내노니 그가 네 길을
준비하리라 [3]광야에 외치는 자의 소리가 있어 이르되 너희는 주의 길을 준비
하라 그의 오실 길을 곧게 하라 기록된 것과 같이 [4]세례 요한이 광야에 이르
러 죄 사함을 받게 하는 회개의 세례를 전파하니 [5]온 유대 지방과 예루살렘
사람이 다 나아가 자기 죄를 자복하고 요단 강에서 그에게 세례를 받더라 [6]요
한은 낙타털 옷을 입고 허리에 가죽 띠를 띠고 메뚜기와 석청을 먹더라 [7]그가
전파하여 이르되 나보다 능력 많으신 이가 내 뒤에 오시나니 나는 굽혀 그의
신발끈을 풀기도 감당하지 못하겠노라 [8]나는 너희에게 물로 세례를 베풀었거
니와 그는 너희에게 성령으로 세례를 베푸시리라 [9]그 때에 예수께서 갈릴리
나사렛으로부터 와서 요단 강에서 요한에게 세례를 받으시고 [10]곧 물에서 올
라오실새 하늘이 갈라짐과 성령이 비둘기 같이 자기에게 내려오심을 보시더
니 [11]하늘로부터 소리가 나기를 너는 내 사랑하는 아들이라 내가 너를 기뻐하
노라 하시니라 [12]성령이 곧 예수를 광야로 몰아내신지라 [13]광야에서 사십 일
을 계시면서 사탄에게 시험을 받으시며 들짐승과 함께 계시니 천사들이 수종
들더라 막 1:2-13

마가복음을 크게 삼등분하면 서론(막 1:1-13), 예수님의 공적인 사역(막 1:14-8:26), 예수님의 수난과 부활(막 8:27-16:8)로 나눌 수 있는데, 오늘은 그 서론에 해당하는 말씀입니다.

본문 말씀은 예수님의 사역 전반을 시작하는 오프닝 멘트입니

다. 예수 그리스도가 이 땅에 오셔서 행하신 사역이 우연한 것이 아니라 하나님께서 창세 이전부터 섭리하셨고 많은 선지자들을 통한 예언과 우주적인 증거들을 가지고 있다는 말씀입니다.

구약을 인용하여 시작하면서 바로 예수 그리스도가 구약 예언의 성취임을 분명히 합니다. 예언의 시대에서 성취가 되는 복음의 시대로 넘어갑니다. 2절은 말라기 3장 1절 "만군의 여호와가 이르노라 보라 내가 내 사자를 보내리니 그가 내 앞에서 길을 준비할 것이요 또 너희가 구하는 바 주가 갑자기 그의 성전에 임하시리니 곧 너희가 사모하는 바 언약의 사자가 임하실 것이라" 말씀을, 그리고 3절은 이사야 40장 3절 "외치는 자의 소리여 이르되 너희는 광야에서 여호와의 길을 예비하라 사막에서 우리 하나님의 대로를 평탄하게 하라" 말씀을 인용한 것입니다. 사실 이 두 예언뿐 아니라 구약 전체가 오실 예수님에 대한 예언이요, 신약은 예수님에 대한 기록입니다.

마가는 당시 유대인들과의 논쟁과 박해 속에서 예수는 구약 예언의 성취임을 강조하고 있습니다. 예수는 역사 속에 살고 있는 인물이 아니라, 오히려 역사가 그에게 집중되고 그에 의해 역사가 움직이는 역사의 주인이십니다. 예수는 역사를 운행하시는 분입니다. 역사(history)가 그의 이야기입니다.

구약 예언자 말라기와 이사야의 증언(2-3절)은, 당시 온 유대와 예루살렘이 따르고 인정하던 구약 시대의 마지막 하나님의 사람 세례 요한의 증거(4-8절, '성령으로 세례를 베푸시는 분'), 삼위일체이신 성령과 하나님의 증거(9-11절, '성령이 비둘기같이 내림', '내 사랑하는 아들'), 13절에 천사들과 들짐승, 심지어 사탄까지도 예수를 알아보고 증거하는 전 우주적이고 모든 시대에 걸친 증거가 제시되어 있습니다. 이렇게 예수님은 우주 만물의 증거를 가지고 오셨습니다.

다시 2절 말씀으로 돌아갑니다. "보라 내가(하나님) 내 사자(요한)를 네(예수) 앞에 보내노니 그가(요한) 네(예수) 길을 준비하리라." 이 모든 일의 주체는 하나님이십니다. 그러므로 세례 요한의 사역이나 예수님의 오심이 하나님의 행위이며 하나님의 권위에서 비롯된 것임을 분명히 하고 있습니다. 그리고 말씀을 전하는 일을 "길"로 표현합니다. 예수님께 가는 길, 그것이 복음입니다.

세례 요한의 등장은 "엘리야가 과연 먼저 와서 모든 것을 회복하거니와"(막 9:12-13)라는 예언처럼 엘리야와 비슷한 모습으로 광야에서 외치는 자의 소리로 시작됩니다. 참된 하나님의 말씀은 광야에서 들립니다. 성전에서가 아닙니다. 대제사장이나 율법학자에 의해서가 아니라 광야에 묻혀 사는 야인 세례 요한에게서입니다. 가히 혁명적인 발상입니다.

세례 요한은 사가랴 제사장의 아들로 태어났기 때문에 제도권 종교에 속해서 평생을 살면서 아버지를 이어 제사장이 되었을 사람인데, 자신의 자리를 박차고 광야로 나아가 오염되지 않은 생생한 하나님의 말씀을 받아서 전했습니다. 요한은 대제사장이나 율법주의자에게는 별로 달갑지 않은 사람이었지만, 당시 율법적이고 외식적인 의식 중심의 성전 예배에서 영적 갈급을 느끼던 수많은 사람들의 갈증을 해갈시켜 주었습니다. 예수님보다 6개월 먼저 태어났기 때문에 비교적 젊은 나이임에도 불구하고 엄청난 영향력을 끼치고 있었습니다. 그는 형식적인 제사보다는 마음을 찢는 회개와 믿음을 촉구했습니다. 제도적인 종교에 대항하여 가슴으로 파고드는 회개의 말씀을 외쳤습니다. 세례 요한, 그는 예수님이 평가하신 대로 "사람이 난 자 중 가장 큰 자"였습니다.

하나님께 대하여 굶주렸던 수많은 사람들이 접근성도 좋지 않고 모이기도 힘든 빈 벌판에까지 나아가 세례 요한의 설교를 들었는데, 5절 말씀을 보면 "온 유대 지방과 예루살렘 사람이 다 나아가" 죄를 회개하고 세례를 받았다고 기록하고 있습니다. 당대에 엄청난 영적 운동이었을 것입니다. 광야에서 세례 요한은 가나안 예수님에게 이르는 길을 준비하고 있습니다.

그러면 세례 요한은 어떻게 엘리야처럼 주의 길을 준비했습니까?

첫째, 회개의 복음을 전했습니다(4절, "죄 사함을 받게 하는 회개의 세례"). 진정한 영적인 부흥은 하나님에 대한 갈망과 회개로부터 시작됩니다. 광야는 회개의 장소입니다. 요한의 세례는 회개의 세례였습니다. 성막 물두멍에서 손을 씻는 것에서 세례가 유래되었겠지만, 요한의 세례는 몸을 씻는 것이 아니라 마음과 영혼을 씻는 것이었습니다. 세례 요한처럼 말씀대로 사는 "순전한 광기"(subline madness)의 사람은 맑은 물처럼 사람들을 비추는 거울이 됩니다. 온 유대 지방과 예루살렘 사람들이 다 나아와 자기의 죄를 자복했습니다. '자복'은 '동의한다', '인정한다'는 뜻으로 지적된 잘못을 시인한다는 것입니다. 자신의 죄를 인정하고, 다른 사람에게 행한 잘못을 인정하고, 그리고 하나님에게 죄를 인정해야 합니다. 구차하게 변명하거나 핑계 대지 않습니다. 길을 잘못 들었다고 생각할 때는 빨리 돌이켜야지 그 길을 고집하고 계속 나가거나 더 빠른 속도로 간다면 영영 바른길에서 멀어집니다.

1907년의 평양 대부흥운동도 지도자들의 회개운동으로부터 시작되었습니다. 길선주 장로는 "나는 아간과 같은 죄인입니다"라고 자신의 죄를 자복했습니다. 다시 한번 이 땅에 부흥이 일어나기 위해서는 지도자들과 신자들의 회개가 있어야 합니다. 사람들은 회개의 과정 없이 은혜로 가는 지름길을 구합니다. 그러나 회개 없는 은혜는 "값싼 은혜"입니다.

구원 이전에 회개를 말해야 하고, 축복 이전에 회개를 전해야 하고, 긍정의 힘 이전에 회개를 촉구해야 하고, 연합 이전에 뼈아픈 회개를 경험해야 합니다.

"당신이 먼저 회개해야만 살 수 있다"라고 근본적인 치료책을 말해 주어야 합니다. 죄에 대한 지적과 회개 없는 은혜는 진실로 은혜일 수 없습니다. 언제부턴가 우리는 회개에 대한 메시지를 소홀히 지나치고 있습니다. 이것은 선지자적인 전통에서 벗어난 것이요 시류에 영합하는 세속화된 종교입니다. 이것은 솜방망이 복음이고, 메시지가 아니라 마사지입니다.

회개를 전하는 것은 싫은 소리가 아니라 참으로 복된 소식입니다. 하나님의 가장 큰 은혜는 죄로 말미암아 죽을 수밖에 없었던 우리가 주님의 피 공로로 죄 사함을 받고 영생을 얻는 것이므로, 스스로 죽을 수밖에 없었던 자신의 죄를 통회하고 하나님의 용서하심의 큰 은혜를 비는 회개야말로 복음 중의 복음입니다.

죄는 하나님과 분리되어 살았던 생활을 의미합니다. 하나님을 떠난 삶은 온통 크고 작은 죄로 얼룩집니다. "모든 사람이 죄를 범하였으매 하나님의 영광에 이르지 못하더니"(롬 3:23). 인간의 죄 때문에 하나님이 준비하신 영광스러운 삶을 살지 못하고 오히려 하나님의 심판을 받게 되었습니다.

그러므로 하나님을 향하여 근본적으로 돌아서는 방향 전환이 없이는 소망이 없습니다. 회개(메타노이아metanoia - 달리 생각함, 마음의 변화)는 하나님께로 돌아가는 방향 전환입니다. 유명한 탕자의 비유(눅 15장)처럼 탕자가 제정신이 들어 아버지께 다시 돌아가는 것이 바로 회개입니다. 아직도 자기가 죽는 줄 모르고 하나님 없이 사는 인생이 있다면 이제라도 정신 차리고 주님께 돌아가야 합니다.

> "하나님께로 돌아오라"(사 55:7).
>
> "오라 우리가 여호와께로 돌아가자"(호 6:1).

둘째, 세례 요한은 자신이 아닌 예수님을 증거했습니다. 6절은 세례 요한의 모습을 구체적으로 묘사하고 있습니다. 요한이 하고 있던 복장과 먹던 음식 메뉴가 나옵니다. 검소하고 겸손하게 자신이 설교한 바대로 살아가는 모습을 보여 줍니다. 당시 성행하던 도시의 문화와 물질주의에서 떠난 모습입니다. 그는 문화(culture) 대신 자연(nature)을 따랐습니다. 복잡하지 않고 단순한 삶입니다. 이동하기도 쉽고, 유지하기도 쉽고, 거칠 것도 없습니다. 단순한 삶에서 능력이 나옵니다. 단순한 말에 힘이 실립니다. 치장과 타이틀과 생각할 것이 많으면 움직이기도 힘들고 말도 복잡해지고 따라서 능력이 없습니다. 인생의 곁가지들을 전지해야 능력이 나옵니다. 비본질적인 것에 매여 본질을 잊지 않았습니다. 요한은 외모에 있어서도 엘리야를 닮았습니다(왕하 1:8). 사실 설교가 어려운 것은 말을 만들기가 어려워서가 아니라 말대로 살기가 어렵기 때문입니다. 살지 않는 설교는 위선이요, 말장난이요, 주문입니다.

제사장 사가랴의 아들이었던 요한이 성전에서 제사장의 복장이 아니라 엘리야처럼(왕하 1:8) 선지자의 복장을 하고 광야에 나와 야인생활을 하고 있습니다. 제사장적인 삶이 아니라 선지자적인 삶을 살았습니다. 혈통을 잇는 삶(세습)이 아니라 부름받은 삶입니다.

레오나르도 다 빈치(Leonardo da Vinci)가 그린 작품 〈세례 요한〉(파리 루브르 미술관)을 본 적이 있습니다. 그의 미소와 눈빛이 자신이 그린 또 다른 작품 〈모나리자〉를 닮았습니다. 세례 요한의 긴 손가락을 따라가면 예수님이 지실 십자가를 가리키고 있습니다.

세례 요한은 겸손하게 하나님께서 보내신 일을 했습니다. 자기를 증거한 것이 아니라 예수님을 증거했습니다. 길을 예비한 후에 사라지는 사명자의 삶, 요한의 삶의 이유와 중심은 예수님입니다. 요한의 메시지의 중심은 예수님입니다. 예수님께로 가는 길을 준비하는 것입니다. 요한과 예수님 사이에 유사점도 많습니다. 당시 종교지도자들에게 거부당했고, 광야에서 활동했으며, 죄 사함의 회개를 말했고, 죽임을 당했다는 것입니다. 그러므로 요한을 아는 것은 예수님의 미래를 아는 것과 연관되어 있습니다. 그러나 요한이 증언하는 바와 같이 예수님은 자기와 비교가 안 될 정도로 위대하신 분입니다. 요한은 자기는 주님의 신발 끈을 푸는 종이 되는 것도 감당할 수 없을 정도라 했습니다.

더구나 이 말을 하는 세례 요한은 광야에 있어도 온 마을 사람들이 거기까지 찾아올 정도로 모든 사람의 존경을 받는 사실상 큰 인물입니다. 그가 신발 끈을 매기도 감당하지 못하겠다고 했으니 예수님은 어떤 분입니까? 이것이 바로 부름받은 종의 자세요, 주님을 증거하는 자의 사역입니다. 그는 자신이 영광을 받지 않고 오직 예수님께만 영광을 돌렸습니다.

우리는 세례 요한에게서 사명 의식, 청지기 의식, 목적의식, 분명한 자기 정체성을 배워야 합니다. 그의 사역은 우리의 사역 모델로서 광야 같은 세상에서 길을 닦는 사역입니다. 예수님께로 가는 길을 내는 것입니다.

요한은 예수님을 '능력이 많으신 분'(7절), '성령으로 세례 주시는 분'(8절)으로 증거했습니다. 요한은 자기의 물세례와 예수님이 주실 성령세례를 구분하여 말했습니다.

예수님이 세례 요한에게 세례받으신 기사를 살펴보면 물세례를 받으신 후 하늘이 갈라지고 성령이 비둘기같이 임하는 광경이 나오는데, 이것은 바로 주님께서 성령으로 세례 주시는 분임을 알려 주는 것입니다. 여기서 세 가지 계시 현상이 나타납니다. 예수님에게 하늘이 갈라지고(찢어지고), 성령이 임하고, 하늘의 음성이 들렸습니다. 예수님의 신앙 체험이라고 할까요?

요한의 물세례는 주님을 준비하는 회개와 용서의 세례로서 외적인 증거인 물로 세례를 주지만, 주님의 성령세례는 내적인 변화를 가져오는 온전한 변화로서 하나님의 은혜로 속사람이 새로워지고, 하나님의 능력으로 외적인 표적이 따르는 세례입니다. 성령세례는 내적인 삶의 변화를 가져오는 것으로, 예수와 함께 죽고 예수와 함께 사는 삶을 의미합니다. 사도행전에 보면 물세례와 성령세례는 동시에 오기도 하고 시간 차가 있기도 합니다. 고넬료의 가족은 성령세례를 먼저 받고 물세례를 받았습니다. 에베소 제자들은 물세례를 먼저 받고 나중에 성령세례를 받았습니다(행 19:2).

예수님이 요한에게 세례를 받으신 사건을 마태는 더욱 자세히 설명하여 세례 요한의 만류에도 불구하고 '하나님의 의'를 이루기 위하여 죄 없으신 예수님이라도 겸손히 세례를 받으셨다고 했습니다(마 3:14-15). 그러나 마가는 세례 자체보다는 바로 이어서 일어나는 10절과 11절의 계시적인 사건에 초점을 두고 있습니다. 즉 성령님의 역사(10절)와 하나님의 역사(11절)가 예수님에게 나타납니다. 이로써 성부, 성자, 성령, 성삼위일체 하나님이 예수님의 사역 초기부터 함께함을 보여 줍니다. 하나님의 계시가 시청각적으로 나타납니다.

성령님의 역사는 시각적인 것으로 하늘이 갈라지고 "비둘기" 같이 임하는 것입니다. 위에서부터 아래로 하강합니다. 아래에서부터 올라가는 방식이 아닙니다. 성령님이 생생하게 살아있는 모습으로, 온유하고 순결한 모습으로 예수님에게 임재하십니다. 여기에 등장하는 비둘기는 인간 친화적인 이미지도 있습니다. 치유와 회복의 사역을 의미합니다. 이제 예수님은 성령의 능력으로 무장하고 사역을 시작하십니다.

하나님의 역사는 청각적인 것으로 하늘에서 소리가 나기를 "너는 내 사랑하는 아들이라 내가 너를 기뻐하노라"라는 예수 그리스도에 대한 하나님의 선언입니다. 후에 변화산 사건 때도 "이는 내 사랑하는 아들이니 너희는 그의 말을 들으라"(9:7)라고 다시 한번 들립니다. 요단강과 변화산에서 하나님으로부터 "하나님의 아들"이라는 인정을 받습니다. 이는 마치 구약에서 왕위를 계승하는 장면과 흡사합니다. 옛날 유대 왕 대관식 때는 왕이 선왕으로부터 "너는 내 아들이라 오늘 내가 너를 낳았도다"(시 2:7) 또는 "내가 오늘 너를 택했다"(사 42:1-4)라는 선언을 듣는 것으로 왕위 계승을 공식화했습니다.

이는 예수님에 대한 하나님의 메시아 등극 선언입니다. 우주의 주인이신 하나님의 선언으로 앞으로 예수님의 언행은 하나님적인 권위와 직접적인 하나님의 뜻에 바탕을 둔 것이 됩니다. 그러기에 세상의 어떤 권력도, 어떤 종교지도자도 예수님에게 도전하거나 반대할 수 없습니다. 그러한 자들은 하나님께 대한 반역으로 간주되어 심판이 있을 뿐입니다.

우리는 하나님의 사역을 시작하기에 앞서 몇 가지 필요한 예비적인 일들을 볼 수 있습니다. 물론 예수님의 경우이지만 우리에게도 비슷한 단계가 적용됩니다. 사역에 임하기 전에 우리가 가장 먼저 회개하고 죄 사함을 받아야 합니다. 그리고 성령님을 통하여 능력을 받아야 합니다. 다음은 하나님의 선언 즉 하나님의 소명을 들어야 합니다. 하늘 문이 열리고 하나님의 음성을 들어야 합니다. "내 사랑하는 아들이라. 내가 너를 기뻐하노라." 그러고 나면 시험과 연단을 통과하는 일이 남습니다.

이러한 단계는 저에게도 예외가 아닙니다. 비신자의 가정에서 태어나 하나님을 모르고 자라다가 친구의 인도로 교회에 나가게 되었습니다. 그 후 하나님의 말할 수 없는 은혜로 과거의 모든 죄를 회개하여 용서받고 구원의 확신을 가지게 되었습니다. 하나님은 성령의 역사를 통해 부족한 저의 모습을 날마다 변화시키시고 저로 하여금 하나님의 뜻대로 살아가도록 이끌어 주셨습니다. 그러다가 목회 사역에 대한 부르심을 계속하여 들려주셨고 부모님의 반대에도 불구하고 하나님의 부름을 따라나서게 되었습니다. 그리고 신학교 시절부터 하나님의 사람이 되기 위한 시험과 연단의 생활이 계속되었습니다. 누구에게나 천편일률적으로 같은 것은 아니겠으나 본문을 그렇게 적용할 수 있습니다.

12절과 13절은 비교적 다른 복음서들(마 4:1-11, 눅 4:1-13, 세 가지 시험을 받으신 것으로 자세히 기록하고 있다)과는 달리 비교적 간단하게 예수님이 시험받으신 사건을 기록하고 있습니다. 예수님은 하나님의 메시아 등극 선언에 이은 시험받으심을 통하여 하나님의 부르심이 더 구체화되고 확실해집니다. 오늘날 우리도 사명을 받았기 때문에 당하는 시련이 있습니다. 이것을 두려워할 필요가 없습니다. 이것을 통하여 믿음의 담력이 생기고 하나님의 뜻을 더욱 확실히 알 수 있습니다. 사람이 처한 공간과 지형은 중요합니다. 광야와 강 그리고 소리는 새로운 것을 잉태하고 가꾸는 공간임은 물론 악과 고통의 가능성도 있습니다.

예수님도 공생애 이전에 광야 생활이 있었습니다. 하나님의 사람은 누구에게나 광야가 있습니다. 광야는 하나님의 사람을 훈련하는 곳입니다. 세례 요한의 사역과 예수님이 시험 받으신 이야기는 광야를 무대로 하여 연결되어 있습니다. 우리는 광야에 나아가 우리보다 먼저 그곳에서 우리를 기다리시는 하나님을 만납니다. 하나님은 광야의 신이십니다. 이스라엘이 광야 40년 동안 하나님을 시험한 것처럼, 사탄은 예수님을 광야에서 40일 동안 시험합니다. 예수님의 광야에서의 40일은 모세의 시내산에서의 40일(출 34:28), 엘리야의 호렙산에서의 40일(왕상 19:8)과 평행을 이룹니다. 모두 광야학교 동문들입니다. 광야학교에는 모든 과목이 한꺼

번에 실행됩니다. 단시간에 종합적으로 훈련을 시켜 줍니다. 광야에서는 자신을 바로 보는 법을 배웁니다. 겸손을 배웁니다. 자신의 부족함을 배웁니다. 내면의 소리를 듣는 법을 배웁니다. 홀로 서는 법을 배웁니다. 보이지 않는 하나님만을 의지하고 바라보는 법을 배웁니다. 하나님과 함께 일하는 법을 배웁니다. 하나님과 함께 춤을 추는 법을 배웁니다.

공관복음 모두 시험받으신 사건을 보도하고 있어서 사명을 위한 광야의 훈련이 예외가 없음을 공통적으로 증거하고 있습니다. 그러나 마가복음은 마태와 누가와 달리 시험의 내용을 언급하지 않습니다. 마가복음은 40일 동안에 시험이 다 끝나는 것도 아니고 완전한 승리를 얻는 것도 아니라는 사실을 암시하고 있는 듯합니다. 이번뿐 아니라 예수님의 전 생애에 걸쳐 시험은 여러 가지 방법과 내용으로 찾아오리라는 것을 암시합니다. 이것이 마가가 시험의 내용을 구체적으로 말하지 않은 이유입니다. 다만 우리가 다른 복음서를 통하여 알 수 있는 시험의 내용은 경제적 시험(헬라적), 종교적인 시험(히브리적), 정치적인 시험(로마적)이었습니다.

공관 복음서는 모두 시험받으신 기사를 시작할 때 "성령에게 이끌리어", "성령이 충만하여" 등 성령의 역사를 기록하며 예수님이 성령과 함께, 성령으로 마귀를 대적하는 것을 보여 줍니다. 예수님조차도 성령의 역사로 시험을 이깁니다. 이것은 우리의 싸움을 위해서입니다. 우리가 시험에서 승리하기 위해서는 성령으로 행해야 합니다. 그러므로 경제계에도, 교계에도, 정계에도 성령의 바람이 불어야 합니다. 성령의 역사가 사라진 경제계, 교계, 정치계는 마귀의 밥입니다. 하나님은 우리에게 마귀를 이길 수 있는 성령의 검을 주셨는데 그것을 가지고도 손 한번 쓰지 못하고 당하고 있기만 하면 되겠습니까?

예수님은 시험을 한 번이 아니라 여러 번, 갖은 방법과 많은 사람을 통해 십자가에 달리시는 순간까지 받으셨습니다. 결국 알고 보면 하나님의 길이 아닌 사람의 길, 세상의 길, 넓은 길, 즉 십자가 없는 길을 가라는 요구를 받으신 것입니다.

여기에서 주님은 '할 수 있는 것을 하지 않는 용기'가 필요했습니다. 예수님은 하나님의 아들로서 모든 것이 가능하지만 하지 않으셨습니다. 바울이 말한 대로 모든 것에서 자유하나 그 자유로 육체의 기회를 삼지 않고 스스로 모든 사람의 종이 되었습니다.

성령의 능력으로 시험에서 이기신 주님께는 이미 하나님 나라가 이루어지고 있습니다. 마가복음에는 예수님과 더불어 성령과 천사와 사탄과 들짐승이 등장합니다. 천사들이 수종을 들고 광야의 맹수들이(13절) 평화롭게 함께 거하는 예언자들이 예언한 "그 날"(구원의 날)을 보여 줍니다(사 65:25 참고).

사탄의 시험은 하나님의 나라와 악의 세계와의 싸움을 의미하며, 이 시험에서 실패한 아담과는 달리 예수님은 승리하심으로 이미 어두움의 때는 지나가고 하나님 나라(구원의 때)가 왔음을 보여 줍니다. 이제 하나님 나라는 예수 그리스도 한 인격 속에 들어 있습니다. 이제 그분을 주로 영접하는 자에게는 그 하나님 나라가 임하고 있습니다.

세례 요한은 하나님 나라의 개봉박두를 외쳤습니다. 이제 우리는 하나님의 구원 역사의 주인공이신 예수 그리스도를 온 마음으로 맞아들여야 합니다.

3
하나님 나라

[14]요한이 잡힌 후 예수께서 갈릴리에 오셔서 하나님의 복음을 전파하여 [15]이르시되 때가 찼고 하나님의 나라가 가까이 왔으니 회개하고 복음을 믿으라 하시더라 막 1:14-15

앞에서 세례 요한의 회개의 세례와 예수님에 대한 증거, 선지자들의 예언의 성취와 우주 만물의 예수님에 대한 증거가 나왔습니다. 그리고 예수님이 세례받으신 이후 나타난 세 가지 계시적인 사건, 즉 시각적으로는 하늘이 열리고 성령이 임하심으로 예수님이 성령으로 세례 주시는 분임을 보여 주었고, 청각적으로는 예수님에 대한 하나님의 메시아 등극 선언으로 앞으로 행할 사역이 신적인 권위에서 하나님의 보내신 일을 행하게 됨을 암시했습니다. 마지막으로 시험받으신 기사를 통해 어두움의 세력과 대적하여 성령으로 승리하시고 하나님의 나라를 이루시는 승리의 주님을 보여 주었습니다. 천사가 수종 들고 들짐승과 더불어 지내시는 "그날"이 이미 예수님에게서 이루어졌음을 보여 주면서 하나님 나라의 선포자요 완성자이신 예수께서 이제 갈릴리로부터 하나님의 나라를 확장하는 사역이 시작됩니다.

말씀은 "요한이 잡힌 후 예수께서 갈릴리에 오셔서"(14절)라고 시작하고 있어 "광야의 소리"로 엘리야처럼 먼저 와서 예수 그리스도를 소개했던 요한의 때가 끝나고 역사의 주인공이신 예수님께서 역사의 전면에 등장하시는 것을 보여 줍니다. 요한에서 예수님에게로 바통이 이어집니다. 요한의 시대는 요한이 감옥에 갇히는 것으로 끝나고, 그 지점에서 예수님의 사역이 본격적으로 시작됩니다.

율법의 시대도 끝나고, (구약 마지막 예언자였던 요한과 더불어) 예언의 시대도 끝나고, 약속의 시대도 끝나고, 예언의 성취와 약속의 실현자이신 예수 그리스도의 복음의 시대가 우리 앞에 결국 실체를 드러내는 것입니다.

이제부터는 예수님에 대하여 말하는 것이 아니라 예수님으로부터 직접 말씀을 듣게 됩니다. 이제는 구원에 대하여 말하는 것이 아니라 구원이 이루어집니다. 하나님 나라에 대해 말하는 것이 아니라 하나님의 나라가 믿는 자들에게 직접 임합니다. 이것이 복음 시대의 시작입니다. "하나님의 복음"(14절)은 바로 "하나님의 나라"(15절)입니다.

누구든지 처음 일성이 중요한데, 예수님은 제일 먼저 무엇을 말씀하십니까? "때가 찼고 하나님의 나라가 가까이 왔으니 회개하고 복음을 믿으라"(막 1:15).

이것은 복음의 요약이며 예수님 메시지의 총체적인 내용입니다. 이 한 구절에 네 개의 중요한 낱말이 나와 있습니다.

1. "때가 찼고"
2. "하나님의 나라"
3. "회개하고"
4. "믿으라"

"때가 찼고 하나님의 나라가 가까이 왔으니"라는 말씀은 이미 이루어진 사실에 대한 공지입니다. 하나님이 행하신 일입니다. "회개하고 복음을 믿으라"는 우리가 해야 할 일에 대한 명령입니다. 즉 하나님이 하신 일에 대해 알려 주시면서 우리가 해야 할 일을 촉구하시는 것입니다. 하나님 나라에 들어가는 방법은 회개하고 믿는 것입니다. 요한도 죄를 회개하라고 외쳤는데, 여기 예수님은 거기에 믿음을 추가하고 있습니다.

우리는 이미 앞에서 "복음"에 대해 살펴보았습니다. 본문에도 "복음"이 두 번 나옵니다. 복음은 예수 그리스도 안에 이루어진 진리요, 희망의 소식이요, 평화의 소식이요, 약속의 성취요, 구원과 영생의 복된 소식이라 했습니다. 이 복음의 내용은 하나님의 나라입니다.

"회개"에 대해서도 어느 정도 말씀드렸고, "믿음"에 대해 누누이 강조할 것이므로 여기에서는 '때가 찼다'는 말씀과 '하나님 나라'에 대해 중점적으로 살펴보겠습니다.

1. 때가 찼다

예수님은 서론적으로 "때가 찼고 하나님의 나라가 가까이 왔다"고 전제하시고, "회개하고 복음을 믿으라"고 결론을 맺고 있습니다.

"때"(시간)를 나타내는 말 가운데 "크로노스"(Chronos)와 "카이로스"(Kairos)가 있습니다. "크로노스"는 수평적으로 흐르는 일상적인 시간을 의미하고, "카이로스"는 수직적으로 임하는 의미 있는 사건이 일어나는 시점을 말합니다. 간단히 말하면 '카이로스'는 하나님의 타이밍입니다. 영어에서 카이로스는 '크라이시스'(crisis, 위기)라는 말과 통합니다. 하나님의 시간은 위험한 기회입니다. "카이로스"는 하나님께서 역사에 들어오시는 시간, 즉 예수님의 탄생이나 부활 같은 은혜의 사건이 일어나는 때입니다.

"때가 찼다"는 말은 이제 하나님의 시점에서 더 이상 기다릴 수 없다는 뜻입니다. 마침내 하나님의 계획이 이루어집니다. 구체적으로 말하면 예수 그리스도께서 역사에 들어오셔서 하나님의 구원 계획이 이루어지는 때가 되었다는 것입니다. 모래시계에서 모래가 다 내려온 것, 물이 아귀까지 다 차는 것에 비유해 볼 수 있습니다. 운동을 하기 전에 몸을 푸는 시간이 끝나고 본 게임이 시작되는 것과 같습니다. 이제는 더 이상 다른 일로 시간을 허비할 겨를이 없습니다. 더 이상 연습은 없습니다. 이제부터 실전입니다.

또 "때가 찼다"는 말씀은 요한이 잡혀가는 때가 예수님의 복음을 전파하는 때와 즉시 연결된다는 것입니다. 요한과 예언의 시대가 끝나고 예수님과 복음(성취)의 시대가 시작됨을 보여 줍니다.

이것 역시 왜 예수님이 이때까지 기다리셨는가를 설명해 줍니다. 예수님은 하나님의 때에 충실하게 사셨습니다. 이전에는 때가 아니므로 기다리시다가 때가 되매 예수님이 설교와 사역의 공생애를 시작하십니다. 주님의 사역은 '하나님의 뜻'을 '하나님의 때'에 '하나님의 방법'으로 진행함으로 이루어집니다. 하나님은 모든 시간의 표준시이며, 하나님의 시간은 정확합니다. 지금은 구원의 때요, 구원의 날입니다.

"범사에 기한이 있고 천하 만사가 다 때가 있나니"(전 3:1).

2. 하나님 나라가 가까이 왔다

하나님 나라는 예수님 말씀의 핵심입니다. 물론 유대인들이 하나님 나라의 도래를 고대하고 있었지만 예수님이 말씀하시는 하나님 나라는 그들이 기다리는 현세적, 정치적인 것이 아니라 신앙적, 정신적인 것입니다.

누가복음, 요한복음은 하나님 나라가 이미 현재 실현되었다고 말씀하기도 하고(눅 17:21, 요 3:36) 또 마가와 마태복음은 하나님 나라가 가까이 왔다(막 1:15, 마 4:17)고 말씀하고 있어서 하나님 나라는 "이미"(already)와 "아직 아님"(not yet)의 양면을 함께 가지고 있음을 알 수 있습니다. "가깝다"는 말은 진행적 동작을 표현합니다. 하나님 나라는 이미 현존해 있지만 시간적으로 종결된 상태는 아니고 예수님의 사역에서 계속 진행되는 역동적인 실체입니다. 그러므로 예수님의 사역에서 하나님 나라를 볼 수 있습니다. 얼핏 보기엔 모순 같지만 말씀을 듣고 나면 이해할 수 있습니다.

일반적인 이야기로부터 하나님 나라에 접근해 보겠습니다. "당신은 왜 예수를 믿는가?"라고 질문을 받으면 어떻게 대답하겠습니까? 신학자는 신학적으로 대답할 수도 있고, 유식한 사람은 어려운 말로 한참을 말할 수도 있겠습니다만 어느 누구든 "하나님 나라"에 대한 언급은 있어야 한다고 봅니다. 유명한 부흥사였던 최권능 목사님은 "예수 천당", "예수 천당" 하시며 다녔다고 합니다. '예수 믿으면 천국 간다'는 말씀이거나 '예수 믿고 천국 가자'는 전도의 말씀입니다. 결론부터 말하면 우리는 천국에 가기 위해 예수님을 믿습니다.

성경 최대의 관심사가 무엇입니까? 구원입니다. 그것은 하나님 나라에 이르는 것입니다. 예수님의 오신 목적과 선포의 내용은 하나님 나라입니다. 예수님은 당시의 종말론에 대한 관심을 하나님 나라에 대한 관심으로 바꾸셨습니다. 당시 열심당들은 현재에 임하는 정치적 종말론을 가지고 있었습니다. 에세네파 사람들은 미래에 임하는 묵시록적 종말사상을 가지고 있었습니다. 그러나 예수님은 현재적이면서 미래적인 하나님 나라를 말씀하셨습니다. 예수님은 수많은 비유를 들어 하나님 나라를 설명하셨습니다. 마태복음 13장에서 "천국은 마치" 하고 말씀하신 겨자씨, 누룩, 좋은 씨의 비유들은 현재적이면서 되어 가는 과정을 설명하고 있습니다.

예수님이 행하신 초자연적인 기적, 치유의 이적, 귀신 추방의 이적들은 예수님에게 있어서 하나님의 나라의 통치가 임하는 것을 보여 주는 일련의 표적들입니다. 그러기에 옥에 갇힌 세례 요한이 사람을 보내어 예수님께 "오실 그이가 당신이오니이까"(마 11:3)라고 질문했을 때 예수님은 "맹인이 보며 못 걷는 사람이 걸으며 한센병 환자가 깨끗함을 받으며 못 듣는 자가 들으며 죽은 자가 살아나며"(마 11:5)라고 이적의 역사를 들어 우회적으로 답변하십니다. 얼마 전만 해도 예수님을 메시아로 한눈에 알아보고 소개했던 세례 요한이 지금 옥에 갇혀 예수님의 메시아 왕국 실현 소식을 기다리며 예수님이 하시는 일을 일일이 듣다가 결국 자기 제자를 보내 답답함을 드러냅니다. 여기서 세례 요한은 하나님의 나라를 영토적인 입장에서 현재 이 땅에 전체적으로 임하는 구약적인 생각을 대변하고 있는 데 반하여 예수님은 현재 임하는 하나님의 통치를 말씀하고 있습니다. 그렇다고 해서 미래에 임할 우주적인 하나님의 나라를 부인하는 것은 아닙니다. 원래 나라는 영토, 주권, 국민, 통치라는 요소를 갖추어야 하는데, 아직 영토적인 개념에서는 완전한 하나님 나라가 아닙니다. 아무튼 예수님의 가르침, 설교, 치유 사역 모두가 하나님 나라에 집중되어 있습니다.

하나님 나라는 앞에 언급한 대로 현재성("이미")과 미래성("아직 아님")을 가지고 있으며 동시에 점진성과 즉각성을 지니고 있습니다.

마가는 하나님 나라가 이미 예수 그리스도에게서 시작되었다는 확신을 가지고 있습니다. 앞에 나온 말씀대로 예수님이 시험에서 승리하신 후 사탄이 쫓겨 갈 때 하나님의 나라를 실현하십니다. 예수님의 축귀사역은 하나님의 통치가 임하니 마귀의 권세가 물러가는 증거로 볼 수 있습니다. 주님은 이 하나님의 나라를 선포하실 뿐만 아니라 하나님 나라를 가져오시는 분이십니다. 예수님 자신이 하나님 나라입니다. 그래서 주 예수 계신 곳이 그 어디나 하늘나라입니다.

하나님 나라의 현재성을 이해하기 위해서는 하나님 나라를 "하나님의 통치"로 보아야 합니다. 성경의 많은 부분에 "나라"(Kingdom)와 "통치"(Reign)를 같은 말로 쓰고 있습니다. 하나님 나라는 곧 하나님이 다스리는 곳, 즉 하나님의 통치가 임하는 곳입니다. 그리고 하나님 나라는 민주주의보다는 왕국입니다. 만왕의 왕 하나님의 절대권위가 통치하는 나라입니다.

어디가 미국입니까? 미국 대통령이 다스리는 곳까지 미국입니다. 서울에 있는 미국 대사관이 한국입니까? 아니면 미국입니까? 미국입니다. 왜냐하면 한국 대통령의 명령이 시달되는 곳이 아니라 미국 대통령의 명령이 시달되기 때문입니다.

그럼 이제 우리가 하나님 나라에 속했는지 식별하는 것은 간단합니다. 우리의 삶에 하나님의 말씀이 전달되고 그분의 다스림을 받고 산다면 천국에서 사는 것입니다. 우리는 하나님 나라에 속한 백성입니다. 그러기에 바울은 천국 시민권을 가졌다고 말했고 우리는 천국의 대사라고 했습니다.

주기도 가운데 “나라가 임하옵시며”라는 기도는 오늘 하루를 하나님의 명령대로 그분의 주권을 인정하면서 살게 해달라는 고백적인 기도입니다. 하나님 나라가 오늘 우리의 삶에 임하게 해달라는 기도입니다.

천국은 오늘에 있어서는 ‘들어간다’(enter)보다는 ‘받아들여야 한다’(receive)고 표현하는 것이 좋습니다. 우리가 하나님 나라에 들어가는 것보다는 하나님 나라가 우리에게 들어옵니다. 하나님 나라는 현재적으로는 받아들이는 것이고 미래적으로는 들어가는 것입니다. 즉 하나님 나라는 하나님의 통치를 받아들이는 것입니다. 신자들의 문제는 예수님을 믿기는 믿는데, 예수님을 주인으로서 받아들이지 않는 데 있습니다. 내 마음에서 어둠의 세력, 죄, 세상적인 것들이 물러가고 하나님이 다스리실 때 마음의 천국이 현재적으로 임하는 것입니다. 하나님 나라가 내 안에 있어서 밖에 있는 하나님 나라를 향하여 나아갑니다. 내 안에 하나님 나라 위치추적 장치가 있어서 하나님이 찾아오시는 것입니다. 하나님의 백성으로 하나님 나라에 살고 있는지는 하나님의 다스리심이 온전히 임하고 있는지를 보면 압니다. 나에게 임한 천국이 가정으로 확대되어 주님이 다스리는 가정이 될 때 가정의 천국이 되고, 이웃에게로 빵 반죽의 누룩과 같이 점진적으로 전해짐으로 하나님 나라는 확장되는 것입니다. 이런 면에서 하나님 나라의 점진적인 확장을 볼 수 있습니다. 그리고 세상에 하나님의 거룩한 터를 넓히는 것이 우리의 사명이기도 합니다.

하나님의 통치를 받아들이는 하나님 나라는 나의 삶의 기준점과 지향점이 달라졌음을 의미합니다. 삶의 목적과 가치가 달라지는 것이지요. 이전에 좋던 것이 이제는 값없게 되는 것입니다. 하나님 나라가 시작된 것은 하나님의 다스리심이 임하는 것인데, 세상 나라에 살던 나에게는 갈등이 시작되는 것입니다. 하나님 나라는 갈등을 야기합니다. 마가복음은 하나님 나라가 임했다는 선포 이후로 예수님의 사역에 수많은 갈등 관계가 나옵니다. 예수님의 사역에 있어서도 사탄, 유대 지도자, 제자들, 가족들과도 갈등이 있습니다. 세상은 죄로 왜곡되어 있기 때문입니다. 세상 나라가 하나님 나라에 무릎을 꿇기까지 갈등은 계속됩니다. 하나님의 다스리심이 임할 때 개인, 가정, 나라, 자연 만물의 창조 세계는 회복됩니다.

그러나 하나님의 나라는 현재적인 것만 의미하지 않습니다. 예수님의 사역에서 하나님의 통치는 현재적이면서 동시에 미래적입니다. 사람들이 하나님 나라를 억지로 건설하거나 가져올 수 없습니다. 유대인들은 법을 준수하거나 어떤 노력을 기울이면 그렇게 할 수 있다고 잘못 생각했습니다. 오늘날 신학사조 가운데 미래에 임할 하나님의 나라를 하나의 상징으로만 보고 인간들이 노력하여 지상에 하나님의 나라를 건설할 수 있다고 믿는 이상주의에 빠진 사람들도 있지만, 예수님의 재림으로 전우주적인 새 하늘과 새 땅의 하나님 나라가 가까운 미래에 완전히 실현될 것을 주님은 말씀하셨습니다. 여기에 하나님 나라의 미래성과 즉각성이 있습니다. 그러므로 우리는 깨어 있어야 합니다.

지금은 두 시대가 아직 겹쳐서 돌아가고 있는 중입니다. 우리는 하나님 나라와 이 세상을 동시에 살고 있습니다. 끝나는 장면과 새로 시작되는 장면이 겹치면서 차차 새로 시작되는 것이 선명해지는 과정 속에 있습니다.

하나님 나라는 분명히 임하였고 완성으로 곧 나타날 것입니다. 예수님께서 하나님 나라가 임했다고 말씀하시고 천국 복음을 증거하실 때 세상 권세 잡은 마귀가 세력을 잃어가고 있습니다. 하나님 나라는 악의 부재, 악마가 없는 곳입니다. 마가복음 1장 23-27절은 "새로운 권세"에 대해 언급하고 있는데 하나님의 통치가 임하자 마귀가 쫓겨 갑니다.

그러나 장차 임할 하나님의 나라는 나의 지식과 경험으로 설명할 수도 상상할 수도 없습니다. 왜냐하면 나의 경험을 초월한 새로운 차원의 세계이기 때문입니다. 그래서 성경도 부분적으로 "무엇 무엇이 없다"(슬픔, 눈물, 질병, 고통, 죽음…) 혹은 "무엇 무엇이 있다"(사랑, 황금집, 천사들의 노래…)는 식으로 묘사를 하고 있을 뿐입니다.

결국 하나님의 나라는 신비(Mystery)를 머금고 있습니다. 그러기에 예수님은 천국에 대해 말씀하실 때는 언제나 비유를 사용하셨습니다. 우리가 천국의 모습을 상상이나 할 수 있겠습니까?

본문의 말씀을 이렇게 생각할 수 있습니다.

"자, 지금 대한항공 인천발 뉴욕행 비행기가 출발합니다. 승객 여러분은 여권과 비행기표를 가지고 출입문 1번에 대기해 주시기 바랍니다."

어떤 사람은 무관심하게 지나치기도 하고, 다른 곳에 갈 사람은 관심도 없겠지만 뉴욕에 갈 사람은 출구로 몰려듭니다.

천국행 표는 회개와 믿음입니다. 비행기에 올라타고 있으면 아직은 뉴욕은 아니지만 뉴욕의 일부분입니다. 내리면 뉴욕에 가 있을 테니까요.

"나라가 임하옵소서."

4
제자들을 부르신 예수

[16]갈릴리 해변으로 지나가시다가 시몬과 그 형제 안드레가 바다에 그물 던지
는 것을 보시니 그들은 어부라 [17]예수께서 이르시되 나를 따라오라 내가 너희
로 사람을 낚는 어부가 되게 하리라 하시니 [18]곧 그물을 버려 두고 따르니라
[19]조금 더 가시다가 세베대의 아들 야고보와 그 형제 요한을 보시니 그들도
배에 있어 그물을 깁는데 [20]곧 부르시니 그 아버지 세베대를 품꾼들과 함께
배에 버려 두고 예수를 따라가니라 막 1:16-20

또 지나가시다가 알패오의 아들 레위가 세관에 앉아 있는 것을 보시고 그에게 이르시되 나를 따르라 하시니 일어나 따르니라 막 2:14

[13]또 산에 오르사 자기가 원하는 자들을 부르시니 나아온지라 [14]이에 열둘을
세우셨으니 이는 자기와 함께 있게 하시고 또 보내사 전도도 하며 [15]귀신을
내쫓는 권능도 가지게 하려 하심이러라 [16]이 열둘을 세우셨으니 시몬에게는
베드로란 이름을 더하셨고 [17]또 세베대의 아들 야고보와 야고보의 형제 요한
이니 이 둘에게는 보아너게 곧 우레의 아들이란 이름을 더하셨으며 [18]또 안드
레와 빌립과 바돌로매와 마태와 도마와 알패오의 아들 야고보와 및 다대오와
가나나인 시몬이며 [19]또 가룟 유다니 이는 예수를 판 자더라 막 3:13-19

하나님의 통치가 임했다는 하나님의 나라의 현재성을 말씀드렸습니다. 이제 하나님의 나라를 선포하시고, 건설하신 예수님은 하나님 나라를 위하여 군사들을 모집하십니다. 그런데 세상에서 하는

방식과는 다릅니다. 왕들, 장군들, 학자들, 재력가 같은 대단한 사람들을 모은 것이 아닙니다.

본문에서 하나님 나라를 선언하신 주님의 구체적인 사역은 제자들을 부르시는 기사로부터 시작됩니다. 하나님 나라는 어떤 공백 지대에서 시작하는 것이 아니라 구체적인 역사의 현장에서 개개인을 불러 하나님의 능력과 하나님 나라의 실재를 보여 주는 것으로 시작됩니다. 하나님 나라의 점진성과 확장성을 겨자씨의 비유, 누룩의 비유가 보여 줍니다. 마가복음은 지금 어떻게 메시아가 하나님 나라 백성을 부르며, 새로운 이스라엘인 교회를 소집하시는가를 보여 주고 있습니다.

마가복음 1장 16절부터 20절은 예수님의 첫 부름을 받는 두 가정, 시몬과 안드레 형제, 야고보와 요한 형제, 2장 14절은 알패오의 아들 레위, 그리고 3장 12절부터 19절은 열두 제자의 명단을 기록하고 있습니다.

당시는 유명한 스승들의 제자가 되고자 문하생들이 찾아가 여러 가지 시험을 치른 후에 제자로 받아들여지던 시대였습니다. 그런데 제자 될 사람들이 예수님을 찾아가 받아 줄 것을 요청한 것이 아니라 예수님이 찾아가서 제자들을 선택하십니다.

하나님 나라를 선언하신 예수님은 제자를 부르십니다. "나를 따라오너라." 예수님 뒤에 서라는 초청입니다. 내가 예수님 뒤에 서서 따르기만 하면 하나님 나라에 이를 수 있습니다. 예수님 십자가 뒤를 내가 따르기만 하면 하나님 나라를 소유할 수 있습니다. 자신은 뒤에 계시면서 "돌격 앞으로!"라고 우리를 먼저 보내시지 않는 것이 얼마나 다행인지 모릅니다. 우리는 예수님의 선행 모범을 보고 따르기만 하면 됩니다. 참 이상한 일은 지옥에는 초청도 없고 전도자도 없는데, 그 길로 걸어가는 사람은 의외로 많다는 것입니다. 세상은 자동적으로 지옥을 향하고 있습니다. 예수님의 초청에 아무런 결단도 안 하고 있으면 자연히 지옥에 이르게 됩니다. 예수님을 받아들인다는 것은 현재 타고 있는 지옥행 열차에서 천국행으로 바꿔 타는 것을 의미합니다. 더 늦기 전에 빨리 옮겨 타야 합니다. 예수님의 부르심을 대적하는 자는 말할 것도 없고, 부르심을 무관심하게 지나쳐 버린 자도 하나님 나라에서 멉니다.

예수님은 그분을 따르는 자들에게도 다른 사람들을 하나님 나라에 초청하는 사명을 주십니다. 이것이 우리를 부르신 목적입니다. "너희를 사람 낚는 어부가 되게 하리라." 이렇게 하여 하나님 나라는 확장됩니다. 부름받은 자가 또 다른 자를 부르는 이것이 복음의 확대 재생산입니다. 예수님은 우리를 부르실 때 목적을 가지고 부르십니다. 먼저 나의 구원입니다. 하나님의 자녀가 되는 것입니다. 그러나 여기에 머무르지 않고 다른 사람을 초청하도록 부르십니다. 이것이 믿음의 재생산이며 신자에서 제자로의 부름입니다.

현대교회의 비극은 교인은 많아도 신자는 적고, 신자는 더러 있어도 예수님을 배우며 따라가는 제자가 거의 없다는 것입니다.

당신은 제자입니까? C. S. 루이스(C. S. Lewis)는 말하기를 "사탄은 교회로 하여금 구원받지 못한 신자, 헌신되지 않은 신자를 대량으로 생산케 하는 것이 전략이다"라고 했습니다. 하나님의 자녀 됨에서 더 나아가 예수님의 제자가 되어야 합니다.

우리는 예수님을 바로 믿고 따르는 제자가 되어야 합니다. 마가복음은 우리와 함께 일하시는 예수님의 모습을 보여 줍니다. 예수님은 많은 군중을 상대로 설교하시고 수많은 이적을 행하시면서도 제자들을 훈련하는 사역에 큰 비중을 두셨습니다. 예수님의 공생애 대부분을 제자를 훈련하시는 데 할애하셨습니다. 그러므로 오늘날 교회의 사역도 제자훈련에 중대한 관심을 가져야 합니다. 주일 예배에 참석하는 것만으로는 부족합니다. 능력 있는 신앙생활을 위해서는 성경공부에 참여하고 제자훈련을 받아야 합니다.

마가복음 1장 16-20절에는 예수님께서 "부르시고" 그들은 "곧 버리고 따르는" 복음의 두 요소인 부름과 응답이 나와 있습니다. 제자가 선생을 찾아가는 것이 아니라 선생이 제자를 부르고, 제자들은 과거의 삶의 방식과의 단절을 꾀하고 따르는 방식입니다.

그러면 예수님은 어떤 사람들을 부르셨습니까?

첫째, 하나님은 보통 사람들을 부르셨습니다. 성경에 기록된 크고 작은 이적들이 많이 있지만 그중 오늘 이 순간에도 목격할 수 있는 가장 큰 이적은 예수님이 제자들을 부르시고 그들에게 사명을 주셔서 그들이 이 세상을 변화시키고 우리까지 예수님을 믿게 된 것입니다.

이것이 왜 기적입니까? 세상 어디에서나 만날 수 있는 보통 사람들을 통하여 하나님의 위대한 역사를 이루시는 것이 놀라운 기적입니다.

예수님의 첫 제자들의 면면을 살펴보면 이 말이 이해가 갈 것입니다. 그들 중에 훌륭한 가문이나, 학식이나, 권력이나, 재물이나 내놓을 만한 뚜렷한 것을 가진 사람이 없습니다. 모두 다 저희 교회 옆에 있는 동대문 시장을 나가면 만날 수 있는 보통 사람들입니다. 만일 예수님을 만나지 않았다면 우리가 기억할 일이 없을 보잘것없는 사람들입니다. 이것은 우리에게 무엇을 말해 줍니까? 예수님께서 이들을 불러 세상을 변화시키는 하나님 나라의 역군으로 쓰셨다면 오늘날 왜 나를 그렇게 쓰시지 않겠습니까? 지금 누구라도 제자가 될 수 있습니다. 위대한 것이 있다면 그들이 아니라 하나님의 은혜입니다.

그들의 배경은 각각 달라 어부, 농부 출신이 있는가 하면, 당시에 죄인 취급을 받으며 매국노라고 멸시를 받던 세리, 그리고 세리를 가장 미워하며 애국자라고 자처하던 열심당원도 있습니다. 열심당원이었던 시몬과 작은 야고보의 블랙리스트에는 세리 마태가 있었을 것입니다. 제가 궁금한 것은 이렇게 전혀 다른 배경을 가진 사람들이 어떻게 잘 조화를 이룰 수 있었는가 하는 것입니다. 서로 다른 면들이 많았지만 그들은 하나님 나라를 위하여 함께 일하는 동역자로 부름을 받았습니다. 그들은 예수님을 중심으로 살았기 때문에 함께 일할 수 있었을 것입니다. 예수님이 이들을 부르시고 그들을 훈련시키셔서 세상을 변화시키는 일들을 행하게 하심이 이적 중의 이적입니다.

어떻게 보면 예수님은 오늘의 우리보다 못한 처지의 사람들을 부르셨습니다. 사람들은 보통 지나온 세월 동안 쌓아온 과거의 스펙을 보고 사람을 불러 씁니다. 그러나 예수님은 미래의 가능성을 보고 불러 쓰십니다. 사실 그 가능성이란 것도 주님이 닦고 만들어 내야 하는 것입니다. 하나님은 한 사람에게 무한한 가치를 두고 계시며 개별적으로 한 사람 한 사람에게 관심을 갖고 계십니다. 한 영혼에게 복음이 전파되는 것이 곧 세상에 복음이 전달되는 길입니다. 이렇게 별로 뛰어나지 못한 사람들이 선택받아 주님의 제자들이 된 것은 하나님께서 비천한 사람들을 변화시켜서 얼마든지 값있는 인생을 살게 할 수 있다는 것을 보여 주는 것입니다. 그러므로 여기에 하나님의 능력이 나타나는 것입니다. 바울은 고백하기를 "형제들아 너희를 부르심을 보라 육체를 따라 지혜로운 자가 많지 아니하며 능한 자가 많지 아니하며 문벌 좋은 자가 많지 아니하도다 그러나 하나님께서 세상의 미련한 것들을 택하사 지혜 있는 자들을 부끄럽게 하려 하시고 세상의 약한 것들을 택하사 강한 것들을 부끄럽게 하려 하시며 하나님께서 세상의 천한 것들과 멸시 받는 것들과 없는 것들을 택하사 있는 것들을 폐하려 하시나니 이는 아무 육체도 하나님 앞에서 자랑하지 못하게 하려 하심이라"(고전 1:26-29) 하였습니다.

아브라함 링컨은 "하나님은 보통 사람을 사랑해야만 한다. 왜냐하면 하나님께서 보통 사람을 많이 만드셨기 때문이다"라고 말한 적이 있습니다. 예수님은 이렇게 말씀하실 것입니다. "나에게 보통 사람 12명을 달라. 만일 그들이 자신을 나에게 내어준다면 나는 그들을 통해 세상을 변화시킬 것이다."

만일 이런 하나님을 확실히 믿는다면 우리는 스스로를 과소평가할 필요가 없습니다. 우리는 종종 예수님께서 우리를 통해 큰일을 이루시리라는 사실을 깨닫지 못하는 경우가 많은데 사실은 그렇지 않습니다. 오늘도 주님은 우리 보통 사람들을 부르십니다. 오늘 당신이 누구이든지 간에 주님께 크게 쓰임을 받을 수 있는 기적의 인물이 될 수 있습니다.

둘째, 하나님은 자기 일에 충실한 자들을 부르셨습니다. 예수님께 부름받은 사람들은 할 일 없이 놀던 자들이 아니라 자기에게 주어진 일에 성실했던 사람들입니다. 아모스 선지자는 뽕나무를 배양하며 양을 치다 부름을 받았고, 모세도 목동 생활을 하다 부름을 받았고, 시몬과 안드레는 "바다에서" 그물을 던지고 있다가(16절) 부름을 받았고, 요한과 야고보는 "배에서" 그물을 깁고 있다가(19절) 부름을 받았습니다. 마태는 세관에 앉아(막 2:14) 있다가 부름을 받았습니다. 그들은 일이 없어서 예수님을 따른 것이 아니라 자기들의 일을 포기하고 예수님을 따랐습니다.

그리고 하나님의 부르심은 가장 구체적인 일상생활에서 들려옵니다. 자신의 일에 성실히 임하고 있는 사람, 자기 역할을 잘하고 있는 사람에게 부르심이 옵니다. 하나님 음성을 듣기 위하여 특별히 지정된 곳이 있는 것이 아닙니다. 자신의 주어진 삶의 자리에서 성실하게 노력할 때 하나님의 부르심은 찾아오는 것입니다.

교회 안에 거룩한 백수나 백조가 많아지는 것이 문제입니다. 세상에서 도전적인 삶을 사는 것을 회피하고 교회 안에만 머물려고 하는 것도 문제입니다. 작은 일에 충성하는 사람, 열심히 일하는 사람에게 중요한 일이 주어집니다. 결국 할 일이 없는 자에게 일을 주지 않고, 할 일이 많은 사람에게 일이 또 주어집니다. 이것이 있는 자에게는 더 주고, 없는 자는 있는 것까지 빼앗기는 원리입니다.

셋째, 하나님은 순종의 사람을 쓰십니다. "나를 따르라"고 부르실 때 순종하는 자들이 예수님의 제자가 되었습니다. 사실 예수님이 부르실 때 시몬, 안드레, 요한, 야고보만 있었던 것이 아닙니다. 세배대의 아들들인 요한과 야고보는 시몬, 안드레 형제보다는 부유한 어부였던 것 같습니다. 삯꾼들을 거느리고 있었습니다. 그러나 시몬, 안드레, 요한, 야고보만이 "곧" 그물과 배, 아버지와 삯꾼, 즉 재산과 가족, 직업을 버리고 주님을 따르는 제자가 되었습니다. "곧 그물을 버려두고 따르니라." 순종의 즉각성과 과단성과 헌신성을 말하고 있습니다. 여기에는 손익계산이 없습니다. 이것이 제자직의 원리입니다. 이는 아브라함이 본토 친척 아비의 집을 떠나 하나님이 지시하는 곳으로 갈 바를 알지 못하고 떠나는 믿음과 같습니다(창 12:1). 또한 엘리사가 엘리야에게 부름을 받을 때, 소 열두 겨리와 농기구를 불사르고 엘리야를 따른 것을 연상시킵니다(왕상 19:19-21). 제자가 되는 것은 이러한 결단이 필요합니다. 자신을 보호해 주던 가정, 고향, 재물, 직업 같은 과거와의 단절이 요구됩니다. 세관에 앉아 있던 세리 레위(마태)가 부름을 받았을 때, 어부들보다 더 많은 것을 포기해야 했습니다. 그는 어렵게 취득한 세리 자격과 많은 수입을 포기하고 다시는 돌아올 수 없는 곳으로 갔습니다(막 2:14). 이들은 자신들이 가진 것을 버리고 전적으로 순종하여 제자가 되었습니다. 성경에는 제자가 될 뻔했던 사람도 있습니다. 한 부자 청년입니다. 그는 예수님의 초청을 받았지만 재물이 장애가 되어 예수님을 따르지 못했습니다(마 22:1-14).

마가는 마태, 누가와는 달리 제자들의 실수와 깨닫지 못하고 행한 일들을 그대로 기록하고 있습니다. 제자들이 따르겠다고 한 번 응답했다고 해서 곧바로 온전한 제자가 되는 것은 아닙니다. 그렇지만 이 순종하는 마음에서 예수님은 가능성을 보셨을 것입니다. 주를 위해 결단하고 따라나서는 이해타산이 없는 자발적인 순종을 예수님은 높이 사셨을 것입니다. 이렇게 순종할 때 더 높은 새로운 차원의 삶이 시작됩니다. 고기 낚는 어부가 사람의 어부가 되고, 육신만의 부모가 영적인 부모가 되고, 지식만을 전달하던 선생이 진리를 가르치는 선생으로 변하게 됩니다.

그리고 행위에 대한 요구는 즉각적인 행위의 응답을 보일 때 기쁨을 더해 줍니다. 느린 응답은 응당 누릴 기쁨을 빼앗아 가는 경우가 많습니다. 하나님은 낡은 습관과 생각 속에 생활하는 우리에게 새롭고 놀라운 자유와 가능성을 향하여 부르시는데 우리는 너무나 주저하고 있습니다.

성경은 제자들이 부름을 받았을 때 "곧 버려두고 따르니라"라고 기록하고 있는데, 우리가 주님을 따르기 위해서 오늘날 버려야 할 것들은 얼마나 많습니까? 하나님은 과연 내가 무엇으로부터 떠나기를 원하십니까? 예수님을 믿고 따른다고 하면서도 옛날 구습을, 생각을, 가치관을 그대로 가지고 있다면 시작부터 잘못된 것입니다. '밭에 감추인 보화'(마 13:44)의 의미는 보화를 얻기 위하여 모든 것을 버리는 데 있습니다. 영원의 가치를 위해 순간의 가치를 포기하는 것입니다.

우리는 혼자 가는 것이 아니라 예수님을 따라가는 것입니다. 예수님을 모방하며 예수님이 가신 길을 걸어갑니다. 예수님이 앞서가시면서 보여 주시고 이루신 길을 우리가 따르는 것입니다. 이것은 이론이 아닙니다. 지시가 아니라 시범이요, 먼저 행하신 길을 따라가는 것입니다. 예수님이 부르셨다면 감당할 능력을 주십니다. 소명에는 능력이 보증되어 있습니다. 예수님처럼 우리의 삶에 하나님의 통치가 임합니다. 예수님처럼 우리에게 하나님의 능력이 나타납니다.

1장 18절과 20절에 마가가 즐겨 쓰는 "곧"이라는 말이 두 번 나옵니다. 예수님의 부름에 대한 응답으로 시몬과 안드레가 따를 때 언급되고, 예수님이 야고보와 요한을 부르실 때 언급되었습니다. 이 유일회적이고 즉각적인 결단이 하나님 나라가 각 개인에게 임하는 때, '카이로스'입니다.

제자들은 부름을 받으면서 성장하기 시작하고, 예수님을 따름으로 성숙한 사람이 되어 갑니다. 예수님은 바다에서 산에서 길에서 일터에서 제자를 부르십니다.

예수님은 열둘을 불러 세우신 목적이 있습니다. 3장 14-15절에 자세히 소개된 것처럼, 첫째는 함께 있기 위해서 부르셨습니다. 이것이 예수님이 이 땅에 오신 목적이기도 합니다. 임마누엘, 예수님과 함께하는 것이 신앙생활의 본질입니다. 함께하면서 교제하고 훈련을 받으면서 예수님을 닮아가는 것입니다. 함께 있기 위해서는 뜻이 일치하고, 성품이 일치하고, 목적이 일치해야 합니다. 그러므로 예수님과 함께 거하기 위해서는 하나님의 뜻을 따르며, 거룩한 성품을 가져야 합니다. 구약 시대의 의인은 "하나님과 동행"했다고 기록되어 있습니다. 에녹, 노아, 아브라함이 하나님과 동행했습니다. 그리고 하나님과 동행할 때 모든 불가능한 것들도 행할 수 있는 힘을 얻었습니다. 제자들은 예수님 공생애 3년 동안 예수님과 함께 먹고 자고 일했고, 그 과정에서 예수님은 그들을 참 제자로 만들어 가셨습니다. 제자라는 말 '아포스톨로스'는 훈련이란 의미를 지니는데, 예수님의 부르심에 그들은 따랐고, 예수님은 그들을 만드셨습니다.

오늘날 우리는 기도와 성경공부와 성도의 교제를 통하여 주님과 함께 있음을 경험할 수 있습니다. 함께 있기를 힘쓰지 않으면 도무지 변화가 일어나지 않습니다. 함께하는 훈련은 주님과 즐거움뿐 아니라 고난도 함께하는 것을 포함합니다.

둘째는 파송(전도)하기 위해서입니다. 제자들을 선택하신 궁극적인 목적은 복음 전파입니다. '아포스톨로스'는 '메신저', '권위를 위임받아 보냄을 받은 사람'을 의미합니다. "사람을 낚는 어부가 되게 하리라"(막 1:17)는 말씀은 세상(바다)에 복음(그물)을 전하여(던져) 심령(고기)을 천국(배)으로 이끌어(낚아) 오는 것을 의미하는 비유입니다. 그러나 어부는 살아있는 고기를 낚아 올려 죽이지만, 사람 낚는 어부는 세상에서 죽어가는 사람들을 낚아 올려 살리는 일을 합니다. 어부는 죽음으로 이끌어 가지만 사람 낚는 어부는 생명으로 데려갑니다. 심판으로가 아니라 구원으로 인도합니다.

우리가 모이는 것도 나가기 위한 것입니다. 주님과 함께하므로 새 힘을 얻어 다시 나아가 복음을 전하기 위함입니다. 그러므로 모이기를 힘쓰고 사명을 다지며 나아가서 증인이 되는 생활이 성도의 생활입니다.

제자들은 나아갈 때 예수님으로부터 전할 메시지를 받아 갔습니다. 그리고 예수님이 주시는 권세와 능력으로 나아가 귀신들을 내어 쫓았습니다. 그러면서 하나님 나라의 통치를 선언하였고 실제 하나님 나라가 임하였습니다. 하나님 나라 선포와 귀신을 내쫓는 일입니다. 축귀는 하나님 나라가 임하는 가시적인 표징입니다.

그러기에 예수님이 우리를 부르신 것은 쉬는 곳으로 도피시킨 것이 아니라 사명의 자리로, 자신을 포기하고 결국 남과 복음을 위하여 목숨을 버려야 되는 섬김의 자리로 부르시는 것입니다.

3장 16-19절에 기록되어 있는 열두 제자는 이스라엘 열두 족장과 상응하는 숫자로, 열두 족장이 옛 하나님 백성(이스라엘)의 지파들의 대표였다면 열두 제자는 새로운 하나님 백성의 조상들입니다. 특별히 예수님은 시몬에게는 베드로(바위), 야고보와 요한에게는 보아너게(우뢰의 아들)라는 이름을 지어 주셨습니다. 예수님께서 새로운 이름을 더하셨다는 것은 구약에서 보듯이 새로운 관계와 새로워진 삶을 상징적으로 보여 줍니다. 형제지만 야고보는 최초의 순교자가 되고 요한은 최후까지 사랑과 소망을 증거합니다.

이 제자들의 명단은 단순한 기록이 아니라 하나의 약속입니다. 그 당시 많은 군중들이 있었지만, 병 고침 받고, 떡을 얻어먹고, 산상설교를 듣고, 많은 기적들도 보았지만, 그중에 오직 이 사람들만이 기록되었습니다. 물론 불명예스러운 이름도 하나 있습니다. 우리는 오늘 많은 사람들 가운데 예수님의 제자의 명부에 이름을 올릴 수 있는지 스스로 살펴야 합니다. 이전에는 많은 군중들 틈에 있었으나 이제는 남을 위로하고 돌보며 이끄는 예수님을 따르는 제자의 삶을 살고 있습니까?

5
영적 권위

[21]그들이 가버나움에 들어가니라 예수께서 곧 안식일에 회당에 들어가 가르
치시매 [22]뭇 사람이 그의 교훈에 놀라니 이는 그가 가르치시는 것이 권위 있
는 자와 같고 서기관들과 같지 아니함일러라 [23]마침 그들의 회당에 더러운 귀
신 들린 사람이 있어 소리 질러 이르되 [24]나사렛 예수여 우리가 당신과 무슨
상관이 있나이까 우리를 멸하러 왔나이까 나는 당신이 누구인 줄 아노니 하
나님의 거룩한 자니이다 [25]예수께서 꾸짖어 이르시되 잠잠하고 그 사람에게
서 나오라 하시니 [26]더러운 귀신이 그 사람에게 경련을 일으키고 큰 소리를
지르며 나오는지라 [27]다 놀라 서로 물어 이르되 이는 어찜이냐 권위 있는 새
교훈이로다 더러운 귀신들에게 명한즉 순종하는도다 하더라 [28]예수의 소문이
곧 온 갈릴리 사방에 퍼지더라 막 1:21-28(막 11:27-33 참고)

본문의 말씀은 회당에서 일어난 두 가지 사건을 기록하고 있습니다. 하나는 말씀을 가르치는 예수님이요, 다른 하나는 더러운 귀신을 쫓아내는 예수님의 행위입니다. 이는 언제나 예수님의 말씀과 행함이 함께 가고 있음을 보여 줍니다. 예수님의 삼중사역은 가르치시고, 고치시고, 설교하시는 것입니다. 예수님은 가르치셨을 뿐 아니라 말씀대로 사셨습니다. 이것은 말로는 가르치면서 행함이 없었던 바리새인이나 서기관과 같은 당시의 일반적인 교사들과는

대조를 보이는 것입니다(마 23:3). 예수님은 하나님 나라를 '듣게' 해주셨을 뿐 아니라 하나님 나라를 '보게' 해주셨습니다. 예수님의 가르치심은 '듣는' 하나님 나라이고, 축귀 사역은 하나님 나라가 임하는 '보이는' 표적입니다.

당시의 많은 사람들은 예수님의 가르침을 듣고, 치유의 이적을 보고 놀라며 "권위 있는 자", "권위 있는 새 교훈"이라고 일치하게 고백했습니다(22, 27절). 그들은 예수님이 가르치는 교훈이나 귀신을 쫓아내는 행위가 단순한 현상이 아니라 바로 예수님의 권위에서 비롯되는 것을 알고 있었습니다. 여기에서 마가의 관심은 예수님이 무엇을 가르치셨느냐, 어떤 기적을 행하셨느냐가 아니라 예수님의 권위에 있습니다. 그러므로 이 책에서도 예수님이 가르치신 내용이나 질병을 치료하신 사건보다도 예수님의 권위에 대해 말씀드리는 것이 좋을 것 같습니다. 놀라운 가르침이나 귀신 축출 모두 예수님의 영적인 권위에서 나오기 때문입니다. 앞으로 나오는 모든 치유와 이적 배후에는 예수님의 영적 권위가 본질이라는 것을 알아야 합니다. 그렇지 않으면 현상만 보고 본질을 놓칩니다.

예수님은 자신의 삶을 통해 가르침을 예시적으로 보여 주셨고, 율법을 해석하고 적용하는 생활을 함으로써 다른 랍비들과 차별성을 보여 주셨습니다. 그분의 말씀은 그분의 행동이었고, 그분의 행동은 그분의 말씀이었습니다. 예수님은 말씀의 성육신입니다. 그분의 삶의 방식이 사람들로 하여금 삶의 의미가 무엇일까 다시 살피게 만들었고, 새로운 관점에서 세상을 보는 눈을 열어 주었습니다. 예수님은 가르치는 이일 뿐 아니라 실천하는 이였습니다. 예수님에게는 앎이 삶에 담겼습니다. 그래서 진리입니다.

지금은 권위 붕괴의 시대입니다. 대통령, 총장, 당회장, 사장, 교수…. 직책이 가져다주는 수직적인 권위는 붕괴되었습니다. 현실적으로 권위는 필요한데 권위는 내면에서 우러나오는 권위, 관계의 질에서 나오는 권위여야 합니다. 자동적으로 주어진 권위는 거부하고 자발적으로 부여하는 권위만 있는 시대입니다. 이런 권위는 관계를 통하여 기능적, 도덕적, 영적 권위를 부여하는 시대입니다.

본문의 사건이 벌어지고 있는 곳은 회당(Synagogue)으로서 유대인들을 가르치는 장소입니다. 유대인들은 10명 이상 거주하는 곳이면 어디나 회당을 지어서 기도하고 율법책(Torah)을 읽고 암송하고 강론했습니다. 회당에는 서기관 즉 율법교사(랍비)가 있었는데 그들은 유대인들의 삶과 신앙생활의 최고의 법인 토라(Torah)를 해석하고 가르치고, 분별하기 어려운 각각의 경우에 판단을 해주는 일을 하고 있었습니다.

예수님은 이 회당을 중심으로 사람들을 가르치셨으며 자연히 사람들은 서기관들과 당시 종교지도자들에게서 찾아볼 수 없는 권위가 예수님께 있음을 알게 되었습니다. 그렇다고 예수님이 무슨 공식적인 직책을 가지고 있거나 인정받을 만한 교육을 받거나 특별한 이력이 있는 것도 아닌데 말입니다. 예수님의 권위는 가문이나 재산이나 학식이나 직위 같은 스펙에서 주어지는 외부적인 권위가 아니었습니다. 예수님의 인격에서, 진실성에서, 그리고 독창적이고 확신 있는 말씀 속에서 당시의 교사들과는 차원이 다른 권위를 느낄 수 있었습니다. 내면적인 권위입니다. 22절에 보면 예수님의 가르침을 받은 자들이 모두 놀랐는데 그 이유는 예수님의 가르침에는 권위가 있었고 서기관들의 권위 없는 가르침과는 판이하게 달랐기 때문입니다.

여기서 참된 권위는 무엇인지 그리고 어디에서 오는 것인지 묻지 않을 수 없습니다. 권위는 보통 특정 개인이나 단체가 부여하는 법률적, 제도적 승인과 절차에 따라 주어지는 것입니다. 사회의 직책이나 학위나 자격증 같은 것입니다. 종교인으로서는 인간적인 면에서뿐 아니라 신적인 면에서도 갖추어야 할 권위가 있습니다. 권위란 '엑수시아'(exousia), 즉 '존재하는 것으로부터' 자연스럽게 파생되는 실체입니다. 존재에 없는 권위를 억지로 꾸며 만들려고 할 때는 부정적 의미의 권위주의가 생겨나게 됩니다. 내면적인 것 없이 외부적인 권위를 추구하면 권위주의가 됩니다. 예수님의 권위는 당시 판에 박힌 인습적인 가르침의 전통을 깨는 새로운 해석의 지평과 치유활동과 기적을 통한 권위의 실천적 효용성에 기반을 두고 있습니다. 예수님의 권위는 생명을 향한 불같은 사랑과 긍휼, 그리고 진리를 향한 뜨거운 열정이었습니다. 이것은 제도권의 권위와는 다른 기원을 가지고 있습니다. 종전의 권위는 땅에서 오는 권위인 반면 예수님의 권위는 하나님에게서 비롯되었습니다. 예수님 권위의 하늘 기원설입니다. 권위의 땅의 기

원과 하늘의 기원에 대한 논쟁은 세례 요한에게도 있었습니다(막 11:27-33).[1)]

오늘날 많은 사람들이 자신의 학력과 경력 심지어 자기가 아는 먼 친척이나 유명 인사들의 이름까지 들먹이며 자기의 세력을 과시하고 자기의 말과 행위에 스스로 권위를 부여하려고 무진 애를 쓰고 있습니다. 고위층을 사칭하는 사기가 얼마나 많이 벌어집니까? 목사의 세계에서도 요사이 권위에 대한 심각한 도전들을 받고 있습니다. 권위가 없으면 말씀에 힘이 없고 확신을 가지고 목회를 이끌어 갈 수가 없습니다. 그렇다고 해서 이 권위가 자기가 주장한다고 생기는 것이 아닙니다.

참된 권위는 무엇인지, 예수님에게 있었던 권위(with authority)와 서기관들에게 없었던 권위(without authority)는 무엇인지, 그리고 참된 권위는 어디에서 나오는지를 생각해 보겠습니다.

마가는 예수님을 절대적인 권위를 가진 분으로 수없이 우리 앞에 소개하고 있습니다. 예수님의 권세는 새로운 가르침을 주며(막 1:27), 귀신을 쫓아내고(막 1:26), 각색 질병을 고치며(막 1:34) 육신의 질병뿐 아니라 죄를 사하는 권세도(막 2:10) 있습니다. 그리고 예수님은 금식과 안식일 같은 율법에 대해서도 절대적인 권위를 가지고 율법의 정신인 하나님이 본래 의도하신 뜻을 말씀하십니다(막 2:18-27). 즉 율법을 하나님의 직접적인 뜻에 비추어 재해석하십니다(막 10:5-12). 이는 낡을 부대를 버리고 새 포도주를 새 부대에 담는 일대혁신입니다. 마태복음의 산상수훈을 보면 더 확실히 율법과 선지자들 위에 있는 예수님의 권세를 보여 줍니다. "너희는 이렇게 들었다. 그러나 나는 너희에게 말한다."(마 5:21, 27, 31, 33, 38, 43)

그 외에도 예수님은 안식일의 주인이시며(막 2:28), 예수님의 권세에 자연도 복종하여 말씀 한마디에 바다도 잔잔케 되며(막 4:40-41), 주님의 권세는 사망도 이기고 죽은 자를 살립니다(막 5:21-43). 주님은 왕권을 가지고 제자들을 부르시며 그들에게 권세를 부여하여 파송하십니다(막 6:7-13). 주님의 권세는 오병이어로 5천 명을 먹이시고도 남습니다(막 6:35-44). 또한 변화산에서 율법을 대표한 모세와 선지자를 대표한 엘리야와 더불어 말씀하심으로 율법과 예언의 완성이신 주님의 능력을 보여 주십니다. 주님은 하나님적인 권위를 가지고 성전을 청결케 하시고(막 11:15-18), 말씀 한마디에 열매 맺지 못한 무화과나무가 마르므로(막 11:20-23) 심판의 권세를 가진 분이라는 것을 보여 주셨으며, 마지막 날의 일들을 말씀하시면서(막 13:1-36) 처음과 나중 되시며 구원의 주님이신 것을 말씀하고 있습니다.

이러한 예수님의 권세 있는 말씀과 행동에 대하여 많은 사람들, 바리새인, 서기관, 대제사장들 그리고 예수님의 제자들조차도 놀라고 무슨 권세로 이런 일이 일어나는지 의문을 가졌습니다(막 11:28, 4:41). 대제사장, 서기관, 장로들은 인정하는 것을 거부했지만 예수님은 하나님이 주시는 권위를 받아 말씀하시고 일하셨습니다. 그러기에 주님은 직접 자신의 권위에 기초하여 말씀하실 수 있었고, 귀신도 자연도 죽음도 예수님 앞에 복종했습니다.

반면에 대제사장, 헤롯당, 사두개인, 서기관, 바리새인, 장로들의 텅 빈 권위(an empty authority)는 무엇이었습니까? 주님은 직접 자신의 권위로 말씀하셨으나 이들은 언제나 전통이나 과거의 사람 또는 다른 사람의 권위에 의존하여 말했습니다. 그들은 "랍비 아무개의 해석에 의하면…" 하고 말했습니다.

이들은 하나님의 말씀을 알지 못하고(막 12:24) 사람의 계명을 가르칠 뿐이며(막 7:6-7) 사람들의 전통을 지켜 모양은 내면서도 하나님 말씀은 지키지 않는 무리들이었습니다. 하나님 말씀을 잘못 해석하고, 자기들의 목적을 위해 말씀을 인용하고 가르치면서도 자기들은 지키지 않는 자들이었습니다(막 7:10-13). 언행이 불일치하여 겉 다르고 속 다르며, 그러한 자신들에 대한 심판의 예언을 알지 못하면서 거짓된 권세를 가지고 남을 고발하고(막 2:23-24 안식일에 대해, 막 7:1-5 손 씻지 않았다고), 적의에 차서(막 13:9) 남을 곤경에 넣을 모의를 하고(막 11:18, 12:12, 14:1-2), 교활한 술수로 뇌물을 주어 사람을 매수하고(막 14:10-11), 악한 영향력을 많은 사람에게 끼치는 자들이었습니다(막 15:9-13). 자기들에게 맡겨진 양 떼들을 돌보지 않아 목자 없는 양처럼 방황케 하고(막 6:34), 완악하고 가식적이어서 칭찬과 치장을 좋아하고, 잔치의 상좌에 앉기를 좋아하고, 공공장소에서 자신을 드러내며 미사여구로 길게 기도하고, 의식적이고 형식적이어서(막 12:38-40) 금식한 티를 내고, 여러 가지 특권을 누리면서 불쌍한 자들의 것을 탈취하고, 약한 자를 억압하고, 군림하고, 정죄하는 자들이었습니다.

그럼에도 불구하고 이 거짓된 권위는 하나님의 아들 예수 그리스도의 메시아로서의 권세를 망령되다고 정죄하고 심판하였으니(막 14:61-65) 그들이 받을 심판은 엄중할 것입니다(막 12:40). 소위 세상 권세가 예수님을 못 박았는데도 성도들 가운데는 아직도 그것을 얻지 못해 안달인 사람이 있으니 무엇인가 잘못되어도 한참 잘못되었습니다. 지금도 이런 거짓된 종교지도자가 있다면 가슴을 찢고 회개하며 하나님 앞에 나와야 합니다.

그러면 예수님의 참된 영적 권위는 어디에서 나왔습니까?

첫째, 예수님의 권위는 언행일치 또는 신행일치의 삶에서 왔습니다. 예수님은 "바리새인들의 가르침은 행하고 그들의 행위는 본받지 말라"고 경계하셨습니다. 설교하는 자가 말로만 가르치고 행함으로 본을 보이지 않으면 무슨 힘이 있겠습니까? 말 잘한다는 것과 위선자라는 것과 종교행사를 주관하는 직업 종교인이라는 평만 남을 것입니다. 듣는 자들을 위선자로 만들고 무감각한 양심의 소유자들로, 기껏해야 교양 있는 종교인들로 만듭니다. 참된 복음이 들어가기 힘들도록 예방주사를 하는 격이 되고 말 것입니다.

앎과 삶이 분리된 사람들, 지식을 소유할 뿐 살지 않는 사람들이 그렇습니다. 앎을 삶에 담아 전해야 진리가 될 텐데 지식으로 그칩니다.

말씀의 권위는 어디서 옵니까? 전하는 사람의 삶에서 옵니다. 말씀에 삶이 실리면 힘이 있습니다. 메신저가 메시지입니다.

바리새인, 서기관, 대제사장은 마치 진리를 전매특허 받은 것처럼 말하면서도 행위의 열매를 맺지 않았습니다. 그래서 "회칠한 무덤"이요, "맹인을 인도하는 맹인"이요, "독사의 자식들"입니다.

듣기만 하고 행함이 없는 믿음은 죽은 믿음이요(약 2:17), 자신을 속이는 위선적인 믿음입니다(약 1:22). 하나님 나라는 말에 있지 않고 능력에 있다 하였고, 참과 거짓은 말로가 아니라 행함의 능력으로 가름할 수 있다고 하였습니다(고전 4:19-20).

예수님의 권세는 단순한 지적 능력이나 말의 힘이나 물리적인 힘이 아니었습니다. 이것들로는 사람의 마음을 움직일 수 없고, 구원을 이룰 수는 더더욱 없습니다.

예수님의 권세는 서기관들이 가르치지 않은 특별한 별개의 교훈에서가 아니라 말씀이 성육신된 가르침에 있었습니다. 하나님의 말씀은 예수님처럼 우리에게도 "육화"되어야 합니다. 하나님의 말씀이 내 몸을 입고 내 몸속에서, 생각 속에서, 생활 속에서 나타나야 합니다.

지금 목회자의 권위 문제가 심각한데 말씀으로 돌아가 말씀대로 삶을 살아낼 때 해결의 실마리를 찾을 수 있습니다. 바울은 어린 나이에 교회를 섬기고 있는 디모데에게 권면할 때 "오직 말과 행실과 사랑과 믿음과 정절에 있어서 믿는 자에게 본이 되어"(딤전 4:12)라고 말하면서 영적인 권위는 말씀대로의 삶에서 생기는 것임을 분명히 했습니다. 권위는 경륜이나 지식이나 가문이나 나이에서 나오는 것이 아닙니다. 거룩한 삶에서 권위가 나옵니다. 권모술수와 정치와 아첨을 버리고 말씀 앞에 서서 진실하고 성실한 마음으로 허리를 동이고 주님께 배워야 합니다.

둘째, 예수님의 영적 권위는 예수님의 겸손에서 나왔습니다. 겸손은 전적으로 하나님을 의존하는 마음입니다. 피조물로서의 자신을 자각하고 모든 영광을 하나님께 돌리며 자신은 아무것도 아니라는 전무(全無) 의식이 바로 겸손입니다.

예수님의 겸손은 바리새인, 서기관, 대제사장들의 자기 의와 교만과 비교해 볼 때 너무나도 다른 것이었습니다. 예수님은 하나님이 전부가 되기 위하여 그 자신을 부인하셨습니다. 제자들 가운데 자리다툼이 일어났을 때(막 9:33-37, 10:35-45), "누구든지 크고자 하는 자는 너희를 섬기는 자가 되고"라고 하셨습니다. 그러므로 누가 권세가 있느냐는 질문은 누가 더 겸손할 수 있으며, 누가 더 낮아질 수 있느냐는 질문이 된 셈입니다. 권세는 외부에서 주어지기 이전에 내부에서 이루어지는 일입니다. 외부적인 것은 마음대로 할 수 없지만 내면의 준비는 할 수 있습니다. 내면이 겸손으로 준비된 사람은 외부에서 주어지는 권세도 잘 활용할 수 있지만, 내면이 준비되지 않은 사람은 외부에서 주어지는 권세가 오히려 해악을 끼칠 수 있습니다. 우리는 힘의 양을 문제 삼지만 예수님은 힘의 질을 말씀하고 계십니다. 다스리는 힘에서 섬기는 힘으로의 변화입니다. 이 질문은 나 자신부터 대답할 문제입니다.

예수님은 하늘 보좌에서 낮고 천한 종의 모습으로 자신을 비하(卑下)하셨기 때문에 세상 모든 권세 위에 뛰어난 능력을 가지시고 우리를 구원하신 것입니다. 땅에서 난 권세가 아니라 하늘로부터 오는 권세입니다. 하늘의 권세는 채움이 아니라 비움으로써 주어지는 것입니다.

> "나는 마음이 온유하고 겸손하니 … 내게 배우라 그리하면 너희 마음이 쉼을 얻으리니"(마 11:29).

세상 권세를 얻지 못해 안달인 자들, 그래서 쉼이 없는 인생들은 주님의 겸손을 배울 때 비로소 참된 평안과 참된 권세를 얻게 됩니다. 우리의 신앙생활은 높아지기 위한 싸움에서 낮아지기 위한 훈련으로 바뀌어야 합니다. 신앙생활에서 겸손, 정직, 단순성을 회복해야 합니다.

셋째, 예수님의 영적 권위는 하나님에게서 나온 권위였습니다. 마가복음이 다른 복음서에 비해 두드러진 강조점 하나는 예수님의 사역에 대한 제자들의 무지를 소상하게 설명하고 있다는 점이요, 다른 하나는 예수님의 권위와 바리새인, 대제사장, 율법, 성전의 권위와의 계속되는 갈등을 소개하고 있다는 점입니다.

이 두 문제에 대한 대답은 마가복음 8장 33절에 기록된 대로 "하나님의 일을 생각하느냐, 사람의 일을 생각하느냐"의 차이입니다. 이것은 마가복음을 보는 안목을 열어 주는 중요한 말씀이므로 앞으로 더 설명할 기회가 있겠습니다만, 간단히 말하면 제자들이 예수님의 사역에 대해 무지했던 것은 하나님의 일보다 사람의 일을 생각했기 때문이요, 예수님의 권위가 서기관이나 바리새인보다 나은 것은 예수님의 권위는 하나님에게서 와서 하나님의 영광을 위하여 나타나지만 서기관과 바리새인은 사람에게서 와서 사람의 영광을 구하기 때문입니다.

예수님은 자신이 궁극적인 권위를 가지고 계셨습니다. 그것은 하나님에게서 직접 오는 권위입니다. 우리는 하나님이 주시는 영적인 권위를 받아야 합니다. 사람의 일보다 하나님의 일을 생각할 때 이 권위가 옵니다. 사람의 영광보다 하나님의 영광을 구하며 살 때 영적 권위를 가질 수 있습니다. 마가복음의 예수님은 하나님의 일을 생각하며 하나님적인 권위로 사셨습니다. 바리새인, 사두개인, 서기관, 헤롯당, 대제사장, 장로 같은 이는 사람의 일을 생각하고 인간적(세상적) 권위를 추구하며 사탄이 좋아하는 삶을 살았습니다. 아직 예수님에 대해 무지하였던 제자들은 이 둘 사이를 오가며, 즉 하나님의 일과 사람의 일을 오락가락하며 실수도 많이 했습니다.

양다리를 걸친 채 이것도 아니고 저것도 아닌 회색 신자가 얼마나 많습니까? 자기 편리한 대로 두 주인을 섬기며 마음에 정함이 없는 경우를 종종 봅니다. 믿음을 가지고 사는데도 능력이 나타나지 않고 좌절과 시험과 후회가 계속 찾아드는 이유는 우리가 한 손으로는 예수님을 붙들고 다른 손으로는 세상적인 일들을 붙들고 있기 때문입니다.

고압선 전깃줄에 앉아 있는 참새는 죽지 않는데, 실수로 고압

선에 접촉하는 사람은 왜 즉사하는지 이유를 아십니까? 참새는 그 줄에 모든 것을 걸쳤고, 사람은 땅을 디디고 있으면서 줄을 만졌기 때문입니다. 양다리를 걸치면 전기가 능력이 되지 못하고 자기 안에서 합선이 되어 곤경에 처하게 됩니다. 하나님의 권세는 온전히 자신의 무게를 주님께만 실은 사람에게 나타납니다. 오락가락하는 사람은 위험합니다. 그렇다고 완전히 세상 권세에만 매달리는 것도 하나님의 사람이 아닙니다. 목사 가운데도 학위를 더 내세우고, 자기의 배경을 과시하고, 직함을 나열하고, 자기를 설명하는 데 집중하는 사람이 있습니다. 가진 재물을 보이기 위해 몸치장, 집치장, 차치장 등 법석을 떱니다. 자고로 빈 깡통이 요란한 것처럼 하나님께 받은 것이 없으면 세상 것을 더욱 드러내는 법입니다. 이들은 육체의 모양은 내었는지 모르지만 예수의 흔적은 지니지 못한 육적인 신자들입니다.

영적인 권세는 선거나 학식을 통해 오는 것이 아닙니다. 종교적인 집회나 세상적인 승진이나 많은 경험에서 오는 것도 아닙니다. 학위나 권력이나 소유의 많고 적음에 달려 있는 것도 아닙니다.

많은 기도와 눈물로 끊임없이 자신을 부인하고 하나님의 뜻에 복종하기 위하여 죄와 타협하지 않고 죽음을 각오하고 십자가를 질 때 비로소 얻어지는 것이 영적 권세입니다. 영적 권세는 자신을 위해 위대한 것을 구함으로 얻어지는 것이 아니라 오히려 바울처럼 그리스도를 위하여 자신을 배설물처럼 비울 때 얻어집니다.

우리는 권세 있는 신앙생활을 해야 합니다. 그렇지 못하면 마귀도 비웃고 불신자들에게도 아무런 영향을 줄 수 없습니다. 영적 권세를 얻기 위하여 신행일치의 삶을 살며, 자기를 부단히 낮추는 겸손한 삶을 살며, 하나님의 일을 먼저 구하여 영적으로 권위 있는 삶을 사시길 바랍니다.

6
지붕 뚫는 믿음

1수 일 후에 예수께서 다시 가버나움에 들어가시니 집에 계시다는 소문이 들
린지라 2많은 사람이 모여서 문 앞까지도 들어설 자리가 없게 되었는데 예수
께서 그들에게 도를 말씀하시더니 3사람들이 한 중풍병자를 네 사람에게 메
워 가지고 예수께로 올새 4무리들 때문에 예수께 데려갈 수 없으므로 그 계신
곳의 지붕을 뜯어 구멍을 내고 중풍병자가 누운 상을 달아 내리니 5예수께서
그들의 믿음을 보시고 중풍병자에게 이르시되 작은 자야 네 죄 사함을 받았
느니라 하시니 6어떤 서기관들이 거기 앉아서 마음에 생각하기를 7이 사람이
어찌 이렇게 말하는가 신성모독이로다 오직 하나님 한 분 외에는 누가 능히
죄를 사하겠느냐 8그들이 속으로 이렇게 생각하는 줄을 예수께서 곧 중심에
아시고 이르시되 어찌하여 이것을 마음에 생각하느냐 9중풍병자에게 네 죄
사함을 받았느니라 하는 말과 일어나 네 상을 가지고 걸어가라 하는 말 중에
서 어느 것이 쉽겠느냐 10그러나 인자가 땅에서 죄를 사하는 권세가 있는 줄
을 너희로 알게 하려 하노라 하시고 중풍병자에게 말씀하시되 11내가 네게 이
르노니 일어나 네 상을 가지고 집으로 가라 하시니 12그가 일어나 곧 상을 가
지고 모든 사람 앞에서 나가거늘 그들이 다 놀라 하나님께 영광을 돌리며 이
르되 우리가 이런 일을 도무지 보지 못하였다 하더라 막 2:1-12

예수님의 영적 능력은 많은 치유의 이적으로 나타났고, 이 일은 유대인들 사이에 논쟁을 일으켰습니다. 본문은 1장 21절에서 2장 12절까지 계속되는 다섯 가지 치유기사 중 마지막 사건이며, 2장 1절부터 3장 6절까지 계속되는 다섯 가지 논쟁 중 첫 번째 논쟁기

사입니다. 그러니까 치유와 논쟁 기사가 겹치는 연결고리 부분입니다.

1장 23절에서 27절까지는 더러운 귀신 들린 자를 고치시고, 30절과 31절은 시몬(베드로)의 장모의 열병을 고치시고, 32절부터 34절까지는 각색 병든 많은 사람을 고치시고, 40절부터 45절까지는 한센병 환자를 고치시고, 2장 1절부터 12절까지는 중풍병자를 고치신 기사가 기록되어 있습니다. 마가복음에는 13개의 치유기적, 2개의 물질기적, 3개의 자연을 다스리는 기적이 나옵니다. 그래서 마가복음의 9장까지는 대부분 기적 기사가 나오는데, 전체적으로 1/3이 기적 이야기입니다.

예수님은 기도하심으로 하나님에게서 오는 새 힘을 소유하셨습니다. 영적인 능력은 꿇는 무릎으로부터 옵니다. 그리스도인들은 무릎으로 사는 사람들입니다. 영적인 거장들은 다 이런 기도의 사람이었습니다. 저희 교회에는 기도의 어머니들이 많이 있습니다. 소천하신 주정순 권사님은 기도의 사람으로 400여 명의 명단을 가지고 매일 네 시간 이상씩 기도하셨는데, 무릎에 군살이 잡힐 정도였습니다. 저는 지식 있는 사람의 말보다는 기도하는 사람의 말을 더 듣고 싶습니다. 가정에서도 무슨 일이 있을 때, 남편이라고 주장만 하지 말고 아내든 남편이든 기도를 더 많이 하는 사람의 의견을 듣고 따르라고 저는 조언합니다. 교회에서 리더의 사역을 감당하고 있다면 기도를 많이 하여 영력을 키워야 합니다. 어떤 교회에서는 하루에 한 시간 이상 기도하지 않는 제직은 제직회에서 발언하지 말라고 했다는 말도 들었습니다. 영적 지도력의 근원은 기도이기 때문입니다.

일련의 치유기사 중간에(막 1:35) 예수님께서 이른 새벽에 조용한 장소에서 혼자 기도하시는 기사가 나옵니다. 많은 사람을 만나고 말씀을 전하고 병을 고치고 제자들을 훈련시키는 바쁜 일정에도 불구하고 남들이 활동하지 않는 새벽 미명에 예수님은 기도하셨습니다. 예수님의 사역은 하나님의 역사를 사람에게 일으키는 것뿐 아니라 사람들의 일을 하나님께 아뢰는 것이었습니다. 말씀사역과 기도사역, 치유사역과 기도사역은 함께합니다. 예수님은 새벽기도뿐 아니라 40일 금식기도도 하셨고, 산기도, 철야기도도 하셨습니다(막 14:32). 복음서에는 예수님이 기도하신다는 기사가 24회 기록되어 있습니다.

히브리서 5장 7절은 예수님이 육체에 계실 때 심한 통곡과 눈물로 간구와 소원을 올렸다고 기록하고 있습니다. 이렇게 예수님은 하나님의 아들이라도 앞서 기도의 본을 보여 주셨습니다. 그분의 공생애가 3년뿐이라면 얼마나 바쁘셨겠습니까만, 주님은 기도하는 시간을 구별하셨습니다.

예수님의 영적인 능력은 기도에서 나옵니다. 그러기에 마가복음 9장 29절에서 제자들이 "왜 우리는 귀신을 쫓아내지 못했습니까?"라고 물었을 때 주님께서 대답하시기를 "기도 외에 다른 것으로는 이런 유가 나갈 수 없다"고 하신 것입니다.

그러므로 이 모든 치유이적 이면에는 우리의 질병과 죄의 짐을 지시기 위하여 피땀 흘려 기도하신 주님의 기도가 있습니다. 바빠서 기도할 시간이 없다는 사람들은 루터의 조언을 들어야 합니다. "나는 할 일이 많으므로 더욱 많이 기도한다." 그 많은 일들을 기도 없이 해서 망치면 어찌하시겠습니까? 기도와 일은 함께 가야 합니다.

본문의 말씀은 가버나움 어떤 집에서 (신학자 중 이 집을 시몬의 집이라고 하는 이도 있습니다) 하나님의 말씀을 가르칠 때를 배경으로 합니다. 수많은 사람들이 모여 입추의 여지가 없었던 상황에서 심한 중풍병으로 몸도 가누지 못하는 환자가 어떻게 주님을 만나고, 영육에 걸쳐 치료를 받게 되었는가를 상세히 설명해 주고 있습니다.

우선 가버나움과 나사렛은 같은 갈릴리인데, 나사렛에서는 기적이 전무한 반면 가버나움에서는 기적이 연속됩니다. 나사렛은 예수님의 고향인데도 혜택을 받지 못하는 것처럼 보입니다. 왜 그럴까요? 고향 사람들은 예수님을 어려서부터 잘 안다고 생각했던 것 같습니다. 따라서 기적을 기대하지 않았습니다. 오히려 예수님을 배척하여 산 낭떠러지까지 끌고 가서 떨어뜨리고자 했습니다. 예수님의 사역의 본거지는 오히려 가버나움이 되었습니다. 가버나움에서는 백부장의 하인 중풍병자(마 8:5), 열병에 걸린 베드로의 장모(마 8:14, 막 1:30), 회당에서 더러운 귀신 들린 사람(막 1:23)이 치유되었습니다. 예수님에 대한 소문이 나기 시작했고 원근각지에서 가버나움으로 사람들이 모여들게 되었습니다.

"많은 사람이 모여서 문 앞까지도 들어설 자리가 없게 되었는데 예수께서 그들에게 도를 말씀하시더니"(막 2:2).

1절부터 3절은 배경 설명을 해주는데 이미 여러 이적을 보고 "권세 있는 새 교훈"에 놀란 무리들이 예수님의 소문을 듣고 집 문밖까지 입추의 여지없이 몰려들었습니다. 3절은 특별히 중풍병자의 병의 심각성을 알려 주는데 그가 들것에 실려 왔다는 사실은 남의 도움 없이는 아무것도 할 수 없는 절망적인 상태라는 것을 보여 줍니다.

당시 집 구조는 집 옆에 계단이 있고 지붕은 편편하게 나무와 짚, 흙 등으로 엮어 놓았다고 합니다. 중풍병자를 메고 온 네 사람이 지붕에 올라가 지붕을 뜯어내고 예수님이 설교하시는 도중에 병자를 달아 내리니 예수님께서 "그들의 믿음을 보시고"(5절) 즉각적으로 저들의 소원을 들어주셨습니다. 사실 믿음은 보여 줄 수 없는 무형의 것이지만 행위를 통하여 그 믿음을 나타낼 수 있습니다. 주님은 네 사람의 행위로 표현된 믿음을 보신 것입니다. 누가 믿음을 볼 수 있습니까? 누가 보시는 믿음이어야 합니까? 하나님이 믿음을 보십니다. 예수님은 우리의 믿음을 보십니다. 때로는 "이 믿음이 적은 자야"라고 책망도 하시고, "네 믿음이 크도다"라고 칭찬도 하십니다. 네 사람의 행위의 믿음은 마음만 열면 우리도 볼 수 있습니다. 여기에서 믿음과 행함의 이분법이 사라집니다.

이 치유의 기적을 일으킨 믿음은 우선적으로 중풍병자의 믿음이 아니라 네 사람의 믿음이었습니다. 다른 사람의 믿음을 통하여 치유를 받게 되는 것입니다. 이것을 중보믿음이라고 할까요? 저는 한국교회가 세계적인 성장을 했음에도 불구하고 사회적 영향력이나 사회적 호감도가 낮은 것은 개인주의적인 신앙생활 때문이라고 보고 있습니다. 이웃이나 사회에 대한 책임을 감당하기보다는 개인의 구원과 축복을 지나치게 강조했습니다. 신앙적 이기주의입니다. 이것은 종교가 개인의 사적인 영역에 머무는 사사화와 고립화로 나가는 길입니다. 이렇게 되면 사람들의 관심에서 멀어집니다. 그리고 영향력을 잃고 결국에는 소멸되고 맙니다.

그러면 예수님이 보신 그들의 믿음의 내용은 무엇이었습니까?

첫째, 먼저 그들은 예수님께는 모든 것이 가능하다는 사실을 믿었습니다. 예수님께로 나가기만 하면 문제가 해결될 것으로 믿었습니다. 수없이 많은 처방을 동원하였어도 고치지 못했던 중풍병자를 예수님께서 고칠 수 있다는 확신을 가졌습니다. 만일 그들이 "밑져야 본전이지" 하는 식으로 왔다면 많은 군중들을 보고는 이내 돌아가고 말았을 것입니다. 그리고 남의 집의 일부를 뜯는 무리한 행위를 하지 않았을 것입니다.

둘째, 그들은 확실한 소망이 있었습니다. 아마 절망 상태에 자포자기하고 있는 중풍병자에게 예수님을 만나면 해결된다는 소망을 불어 넣었을 것입니다. 그분이 어떤 한 사람에게 역사했다면 또 다른 사람에게도 역사할 수 있다는 것입니다. 예수님께 최상의 것을 기대하는 사람은 늘 최상의 것을 얻습니다. 세상에서 볼 수 없는 참된 소망이 예수님께 있습니다. 그들은 행함으로 기도하였던 것입니다. 그들이 한 것은 행동기도입니다. 말 한마디 없이 주님과 마음으로 통한 것입니다.

셋째, 그들은 진실한 사랑을 가지고 있었습니다. 남의 짐을 대신 지는 사랑입니다. 예수님이 오셨다는 소식을 듣고 그들은 먼저 중풍병자를 생각했을 것입니다. 각종 질병을 고치시는 분이 오신다는데 중풍병자를 생각했을 것입니다. 당시 관습으로는 이런 병에 걸린 사람은 중한 죄인으로 간주되고 사회에서 배척을 당했는데, 그들은 사랑을 가지고 찾아가서 그를 불쌍히 여기며 설득하며 서로 협력하여 그를 예수님께 인도했습니다.

넷째, 그들은 함께 일할 줄 알았습니다. 사랑으로 역사하는 믿음입니다. 중풍병자가 영적 육적 치유를 받은 것은 다른 많은 경우에서와 같이 환자 개인의 믿음에 의해서가 아니었습니다. 집단의 믿음, 즉 몸을 가눌 수 없는 한 중풍병자를 위해 네 사람이 필사의 노력을 행함으로 나타난 믿음입니다. 그들은 마음을 같이하고, 뜻을 같이하고, 지혜를 모아 동역할 줄 알았습니다. 중풍병자는 움직일 수 없었지만 그를 위해 움직이는 8개의 발과 그를 붙들어 주는 8개의 팔이 있었습니다. 지붕에서 들것을 달아 내리기 위해서는 서로 보조를 맞추며 균형을 잡아야 합니다. "하나 둘, 하나 둘…." 다른 치유기사는 대개 환자 자신의 믿음이 칭찬받는 데 비해 여기에서는 중풍병자를 메고 온 "그들의 믿음"을 예수님께서 칭찬하셨습니다. 개인의 믿음이 아니라 함께하는 공동체의 믿음입니다. 네 사람은 지금까지 부름을 받은 네 제자, 안드레, 베드로, 요한, 야고보가 본받아야 모델입니다. 이것은 동역하는 믿음의 아름다움을 칭찬하신 것입니다. 혼자만의 신앙생활은 잘하면서도 함께하는 신앙생활에는 실패하는 사람들을 주변에서 많이 봅니다. 동역하는 믿음은 성숙한 믿음입니다. 우리는 이 사건에서 개인주의적인 신앙과 행동하지 않는 믿음이 치유되어야 합니다.

다섯째, 그들은 난관을 극복하는 인내와 결단성 있는 믿음을 소유했습니다. 지붕을 뚫는 창의적이고 적극적이고 긍정적인 믿음입니다. 막상 믿음으로 시작하여 사랑을 가지고 중풍병자를 메고 왔으나 예수님께 접근할 수가 없었습니다. 주위 사람들의 무관심, 몰이해, 비협조, 심지어 핀잔까지도 감수해야 했습니다. 앞에 자리를 많이 차지하고 앉아 예수의 말과 행동에서 흠을 잡으려고 하고 논쟁만 일으키는 서기관과 바리새인들. 서로 양보할 줄 모르고 예수님 얼굴이나 목소리 좀 들어보려고 문 앞을 막고 서 있는 이기주의자들. 어려운 이웃은 안중에도 없고 길을 열어 주려는 노력도 하지 않는 수수방관 구경꾼들. 예수님께 도달하기까지는 넘어야 할 많은 벽들이 있었습니다. 여기에서 선한 뜻은 종종 좌절되곤 합니다.

가장 큰 장애가 무엇인지 아십니까? 포기하고 싶은 마음입니다. 그러나 그들은 용기를 가지고 결단하여 장애 환경을 넘게 됩니다. 여기에 인내심과 어려움을 극복한 결단성 있는 믿음이 있습니다. 예수님에게 도달하기 위한 그들의 필사적인 노력을 보십시오. 지붕 뚫기는 어떻게 보면 황당한 행동일 수 있습니다. 여기서 우리는 난관에 부딪혔을 때 포기하지 않고 그 방법을 찾아내는 기발한 지혜와 끈질김을 봅니다. 누가 지붕으로 들어갈 생각을 했을까요? 지붕 뚫기는 예수님의 성품에 대한 신뢰가 있었기 때문에 가능한 것이었습니다. 사랑의 예수님에 대한 바른 지식 말입니다. 만약 설교를 방해한다고 화를 내면 아무 소용 없는 짓이 됩니다. 그런데 예수님의 반응도 그들의 엉뚱함 못지않게 의외였습니다. 예수님은 그들을 기뻐하며 칭찬하셨습니다. 하나님의 일이라는 확신이 들었을 때 결단을 늦추는 것은 인내가 아니라 나태요 직무유기입니다.

그들은 지붕을 뜯기로 결단을 합니다(4절). 그들이 오죽하면 지붕으로 올라갔겠습니까? 이때 그들은 손익계산을 하지 않습니다. 무엇이 더 중요합니까? 사람입니까, 지붕입니까? 예수님을 만나고 문제해결을 받기 위하여 지붕을 뜯는 믿음, 이 믿음이 예수님을 감동시켰습니다. 주님을 감동시키면 역사가 일어납니다.

평생을 살면서 예수님을 한 번만이라도 감동시켜 본 적 있으십니까? "예수께서 그들의 믿음을 보시고"(막 2:5). 예수님을 감동시켜 그분의 마음과 시선을 끄는 길은 이것밖에 없습니다. 이 어려움을 이길 수 있는 믿음을 주님은 귀하게 보십니다.

방 안에서 말씀을 듣던 사람들은 난데없이 흙이 머리 위로 쏟아지는 것을 지켜볼 수밖에 없었습니다. 흙이 머리 위로 쏟아지고, 뻥 뚫린 천정으로 하늘이 보이고, 들것에 실려 방 가운데로 내려오는 중풍병자가 보였습니다. 집주인은 어떤 표정을 지었을까요?

우리의 섬김은 바로 저들 네 사람과 같아야 합니다. 우리의 인도함이 없이는 예수님께 나올 수 없는 영적 중풍병자들이 우리 주변에 많이 있습니다. 전혀 움직이지 못해 업고 와야 할 처지의 사람들도 있습니다. 혼자의 힘으로 감당할 수 없어서 여럿이 함께해야 할 일도 있습니다. 우리가 그들을 고칠 수는 없으나 만병의 의사 되신 예수님 앞에 그들을 데려다 놓을 수는 있습니다. 이것이 바로 팀 전도의 정신입니다. 구원하시는 분은 예수님이십니다. 고치시는 분은 예수님이십니다. 네 명은 서로 협조하여 중풍병자를 주님께 인도하는 사명을 잘 감당했습니다. 믿음이 의심보다 강하면 역사가 일어납니다. 믿음이 장애물보다 높으면 역사가 일어납니다.

예수님은 먼저 죄 사함을 선언하셨습니다. "네 죄 사함을 받았느니라"(막 2:5). 병보다 죄의 문제를 먼저 다루어 주십니다. 모든 질병이 죄 때문에 생기는 것은 아니지만 때로는 죄 때문에 오는 질병도 있습니다. 이 중풍병자의 경우 예수님은 병증세 이전의 근본적인 문제인 죄의 문제를 말씀하셨습니다. 예수님은 일생일대의 가장 큰 문제를 죄로 보십니다. 예수님은 문제의 핵심을 지적하셨습니다. 의사들은 질병의 50% 이상이 심리적, 정신적 문제에서 온다고 말합니다. 오늘날 우리의 문제는 죄의 문제입니다. 죄에서 모든 불행이 싹틉니다.

예수님은 죄 사함을 위하여 하나님께 기도한다거나, 미래에 죄를 용서할 것이라고 약속하거나, 정죄하는 것이 아니라 즉시로 죄의 사함을 선언하셨습니다.

이 말씀은 서기관들의 마음속에 즉각적인 반발을 일으켰습니다. "신성모독이로다 오직 하나님 한 분 외에는 누가 능히 죄를 사하겠느냐"(7절). 이 말이 맞습니까, 아니면 틀립니까? 이 서기관의 말은 맞는 말입니다. 사죄권 논쟁입니다. 누가 죄의 문제를 해결할 수 있습니까? 어느 교회도, 신령한 목사도, 신부도, 성인도, 교단도, 종교도, 지식도, 재물도, 권력도 이 죄를 사할 수 없습니다. 오직 하나님만이 죄를 사하실 수 있습니다. 그러므로 오직 하나님 외에 죄를 사할 분이 없다는 서기관들의 말을 지당한 말입니다. 그러나 서기관들이 모르는 것이 있습니다. 자기 앞에 계신 예수님이 누구신지를 몰랐습니다. 예수님이 하나님이십니다. "네 죄 사함을 받았느니라"는 하나님적인 선언입니다. 이것은 예수님을 드러내는 계시사건입니다. 예수님이 바로 죄를 사하실 권세를 가진 하나님이라는 사실을 서기관들은 몰랐습니다.

예수님은 그들의 마음의 생각을 아셨습니다(8절). 예수님은 우리 마음의 생각을 아시고 감찰하십니다. 내가 교회에 있을 때뿐 아니라 일상생활에서도 나를 속속들이 알고 계십니다.

죄 사람과 병 나음 가운데 무엇이 더 어렵습니까? 말로는 "죄 사함을 받았느니라"가 "네 상을 가지고 걸어가라"는 것보다 쉽습니다. 왜냐하면 죄용서는 내면적인 것으로 증거를 보이지 않고도 죄용서 받았다고 주장할 수 있지만, 걸어가라는 것은 실제로 증거를 보여야 되기 때문입니다. 그러므로 중풍병자에게 죄용서를 선포하는 것은 "걸어가라"고 말하는 것보다 쉽습니다. 그러나 실제 능력에 있어서는 병을 고치는 일보다 죄를 사하는 일이 훨씬 어렵습니다. 병은 의사도 고칠 수 있지만 죄는 하나님만이 사하실 수 있기 때문입니다.

마가는 여기에서 예수님을 죄를 사하시는 하나님으로 묘사하고 있습니다. 죄용서는 보이지 않지만 병이 고침 받는 것은 보이는 일입니다. 예수님은 먼저 죄용서를 선포하고 나중에 치유함으로써 보이는 실제 역사를 통하여(치유이적) 안 보이는 역사(죄 사함)에도 확신을 주십니다. 여기에서 치유는 단순히 병 나음에 그치지 않고 죄용서에 대한 하나의 표적(sign)이 됩니다. 치유의 이적을 통하여 하나님을 확신시키고 죄용서를 확신케 하는 것입니다. 이것이 치료의 목적입니다. 앞에 한센병 환자를 치료하시고 발설을 금지(막 1:44)시킨 이유는 본질과 현상을 혼돈할 위험 때문이었습니다. 사람들은 현상에 팔려 본질을 놓치기 때문입니다. 예수님의 이적에서 예수님이 무슨 일을 행하셨다는 사건보다도 더 중요한 것은 예수님이 누구이신가를 알려 주신 것입니다. 그것을 알아야 본질을 놓치지 않습니다.

예수님은 죄 사함의 권세를 가지신 분입니다(10절). 예수님은 영혼육 전체를 치료하시고, 거룩하게 하시는 분입니다. 중풍병자나 그들을 데려왔던 사람들은 기대했던 것보다 더 위대한 것을 얻었습니다. 사람들은 치료를 원했지만 예수님은 죄용서를 먼저 주셨습니다. 사람이 요구하는 필요와 하나님이 보시는 필요는 다릅니다. 그는 육신의 치료뿐 아니라 심령의 치료도 받았습니다. 영적 치료를 하시고 그 증거로 육신의 치료를 하셨습니다.

당시 중풍병에 걸린 사람을 하나님께 저주를 받은 죄인으로 낙인찍어 사회적 종교적으로 격리시켰던 사람들로부터 사회적 종교적으로 회복시키는 일을 병 고치는 것과 함께하셨습니다. 이로써 그는 온전하게 치유된 것입니다. 만일 중풍병만 고쳐 주셨다면 그는 사회에 온전히 용납될 수가 없습니다. 죄용서에 대한 확신이 없기 때문입니다. 예수님은 구하기 전에 주시고 구한 것 이상을 주시는 분입니다. 구원과 치유 중에 무엇이 더 좋습니까? 꼭 일어나야 하는 기적은 구원입니다. 사람들은 병 낫기 위해 모여들었지만 예수님은 영적 필요를 우선적으로 채워 주십니다.

나는 중풍병자 같은 사람들을 만나고 있지 않습니까? 예수님을 만나면 해결될 수 있는 문제들을 가지고 고통당하는 사람들을 만나지 않습니까? 이들을 예수님께 인도해야 합니다. 안 오거나 올 수 없다면 메고라도 와야 합니다. 혼자서 안 되면 사람들을 동원해서라도 함께해야 합니다. 내가 그의 문제를 해결해 줄 수는 없어도 문제의 해결자인 예수님께 인도할 수는 있습니다. 예수님을 만나면 달라집니다.

중풍병자가 들어올 때와 나갈 때가 다릅니다. 막힌 지붕을 뜯고 들것에 누워 방에 들어왔던 중풍병자가 일어나 들것을 가지고 걸어서 사람들을 헤치며 열린 문으로 나갑니다. 막힌 것에서 열린 것으로, 질병에서 건강으로, 절망에서 영광으로, 정죄에서 사함으로 나아갑니다. 예수님도 보시고, 메고 왔던 자들이 뻥 뚫린 지붕에서 내려다보고, 사람들이 놀라 길을 내어주며 하나님께 영광을 돌립니다. 기적의 목적은 하나님께 영광 돌리는 것입니다.

> "그들이 다 놀라 하나님께 영광을 돌리며 이르되 우리가 이런 일을 도무지 보지 못하였다 하더라"(막 2:12).

치유이적 이후에 무엇이 남습니까? 그를 돌보시는 하나님의 사랑을 알고, 죄를 사하시는 예수님에 대한 믿음을 갖고, 하나님께 영광 돌리는 것입니다. 치유는 일시적이지만 말씀과 가르침은 영생과 진정한 삶을 가져다줍니다. 우리는 중풍병자가 예수님께 가는 길을 방해하거나 구경하거나 비방하는 자가 되지 말고 동역자가 되어야 합니다.

예수님의 설교는 여기에서 중지되었지만 말씀이 중풍병자의 몸에 들어가 그로 모든 사람 앞에서 걸어가도록 하였으니 설교는 "그들의 믿음"을 통해 삶에서 능력으로 나타납니다. 설교가 끝나기도 전에 역사가 일어났습니다. 그렇게 살면 되는 것입니다. 이것이 능력 전도입니다. 전도와 치유가 함께 갑니다.

7
새 포도주는 새 부대에

18요한의 제자들과 바리새인들이 금식하고 있는지라 사람들이 예수께 와서
말하되 요한의 제자들과 바리새인의 제자들은 금식하는데 어찌하여 당신의
제자들은 금식하지 아니하나이까 19예수께서 그들에게 이르시되 혼인 집 손
님들이 신랑과 함께 있을 때에 금식할 수 있느냐 신랑과 함께 있을 동안에는
금식할 수 없느니라 20그러나 신랑을 빼앗길 날이 이르리니 그 날에는 금식할
것이니라 21생베 조각을 낡은 옷에 붙이는 자가 없나니 만일 그렇게 하면 기
운 새 것이 낡은 그것을 당기어 해어짐이 더하게 되느니라 22새 포도주를 낡
은 가죽 부대에 넣는 자가 없나니 만일 그렇게 하면 새 포도주가 부대를 터뜨
려 포도주와 부대를 버리게 되리라 오직 새 포도주는 새 부대에 넣느니라 하
시니라 막 2:18-22

마가복음 2장 1절부터 3장 6절까지는 다섯 가지의 일련의 논쟁기사가 기록되어 있습니다. 이 부분에는 마가복음의 특징인 행동화된 언어가 많이 사용되고 있습니다.

2장 1절부터 12절은 예수가 누구이기에 하나님밖에는 할 수 없는 "죄를 사한다는 말인가"라는 서기관들의 의문에 대하여 예수님은 죄를 사하는 권세가 있으신 분임을 보여 줍니다. 이 서기관들의 반대는 그들의 마음속 생각을 주님이 아시고 대답하는 것

으로 되어 있으나 두 번째 논쟁부터는 바리새인, 서기관들의 반대가 더욱 공공연하게 표현되고 있습니다. 제자들을 통해 간접적으로 항의하다가(막 2:16), 나중에는 직접 예수님께 반문하고(막 2:18), 예수님의 행동을 현장에서 고발하는 등(막 3:2) 점점 대담해 집니다. 그리고 이 모든 논쟁에서 할 말이 없게 되자 그전에만 해도 원수지간처럼 지내던 바리새인과 헤롯당이 공모하여 예수님을 죽일 모의를 합니다(막 3:6).

본문은 두 번째 논쟁기사부터 시작되는데(막 2:13-17) "왜 세리 및 죄인들과 함께 먹는가"(16절)라는 공격에 주님은 "나는 의인을 부르러 온 것이 아니요 죄인을 부르러 왔노라"(17절)고 대답하셨고, 세 번째 "왜 당신의 제자들은 금식하지 아니하나이까"(18절)라는 공격에는 "혼인 집 손님들이(제자) 신랑(예수)과 함께 있을 동안은 금식 할 수 없다"(19절)고 답변하셨고, 네 번째 "왜 안식일에 이삭을 잘라 먹느냐"(24절)라는 공격에는 "안식일이 사람을 위하여 있으며, 인자가 안식일의 주인이라"(27-28절)고 말씀하셨고, 마지막 "왜 안식일에 병을 고치느냐"(막 3:2)라는 고소에는 "안식일에 생명을 구하며 선을 행하는 것이 옳다"고 답변하십니다. 논쟁의 주제는 죄용서, 정결법, 금식, 안식일로 옮겨갑니다. 이 일련의 논쟁에서 주님은 우리에게 귀한 진리들을 말씀해 주고 계십니다. 그러나 논쟁만 일으키던 직업 종교인들은 받아들이기는커녕 오히려 치밀하게 예수님을 고소할 기회를 찾다가 마가복음 기사 중 최초로 예수님의 죽음을 공모하는 시도가 나옵니다(막 3:6)

"생베 조각을 낡은 옷에 붙이는 자가 없나니 만일 그렇게 하면 기운 새 것이 낡은 그것을 당기어 해어짐이 더하게 되느니라 새 포도주를 낡은 가죽 부대에 넣는 자가 없나니 만일 그렇게 하면 새 포도주가 부대를 터뜨려 포도주와 부대를 버리게 되리라 오직 새 포도주는 새 부대에 넣느니라 하시니라"(막 2:21-22).

본문을 전체적으로 이해할 수 있는 중요한 구절은 2장 21-22절에 기록된 은유로 생베 조각으로 낡은 옷을 기울 수 없다는 말씀과 새 포도주는 새 부대에 담아야 한다는 말씀입니다. 두 개의 은유는 같은 뜻으로 새로움과 낡음의 대조를 보여 줍니다. 재단사와 양조업자의 경험에서 유래한 지혜입니다.

낡은 옷을 깁기 위해 새 옷을 찢는 바보는 없습니다. 여기에서 낡은 옷은 유대종교를, 새 옷은 예수님(복음)을 비유합니다. 당시 사람들은 염소 가죽으로 부대를 만들어 물이나 술을 담는 도구로 사용했습니다. 새 포도주를 담가 발효가 왕성하게 일어날 때 신축성이 강한 새 가죽 부대를 구하지 이전에 쓰던 낡은 부대에 다시 넣는 어리석은 자는 없습니다. 만일 새 포도주를 낡은 부대에 담는다면 술이 발효될 때 낡은 부대는 신축성이 떨어져 부대가 터져서 부대도 버리고 술도 버리게 될 것입니다.

그럼 마가의 은유에서 부대는 무엇이며 포도주는 무엇입니까? 부대는 담는 그릇이고, 포도주는 내용물입니다. 새 술은 하나님 나라에 대한 예수님의 새로운 가르침입니다. 새 부대는 하나님 나라를 이룰 새로운 실천이고 새로운 삶의 유형입니다. 믿음과 행위의 관계로도 볼 수 있습니다. 즉 우리의 참 믿음(새 술)은 실제 행위(새 부대)에서 나타나야 됩니다. 말씀이 육신을 입는 것입니다. 이것이 오늘 우리에게 일어나야 하는 말씀의 육화입니다.

여기에서 낡은 것을 버리는 것은 회개입니다. 본문에서 새 포도주는 예수 그리스도(복음)를, 낡은 부대는 유대종교를 나타냅니다. 유대주의로는 기독교를 담을 수 없습니다. 낡은 질서는 규범으로 생활을 규제했지만 새로운 질서는 관계로 생활을 규정합니다. 이것은 예수 운동의 역동성을 나타냅니다.

유대종교란 말과 복음(예수 그리스도)을 대비시켰는데 유대종교, 이슬람교, 불교, 유교 등 일반종교와 복음을 구별하고 싶었기 때문입니다. 종교는 인간이 자신의 방법으로 어떻게 하나님께 이를 것인가를 제각기 논하면서 생겨난 것들인 반면, 복음은 하나님 자신이 잃어버린 인간을 어떻게 찾아오시는가를 이야기합니다. 즉 종교는 죄 많은 인간이 거룩하신 하나님께 도달하기 위하여 어떻게 노력해야 하는가를 말합니다. 그러나 복음은 거룩하신 하나님이 죄 많은 인간을 위해 무엇을 하셨는가를 말합니다. 종교는 땅에서 시작되며 사람이 만든 것이지만 복음은 하나님으로부터 시작됩니다. 종교는 인간의 선행을 강조합니다. 그러나 복음은 그리스도 안에 있는 은혜를 강조합니다. 종교는 행할 수도 없는 짐을 지웁니다. 그러나 복음은 "수고하고 무거운 짐"을 맡아 주는 참된 안식과 평화와 축복으로 인도합니다. 그러므로 종교를 가지고 있느냐고 질문하지 말고 예수님을 모시고 있느냐고 질문해야 합니다.

본문 말씀 중에 직업 종교인들인 서기관, 바리새인들은 어떤 종교생활을 했습니까? 왜 그들은 주님이 보실 때 낡아 빠진 옷, 낡은 가죽 부대를 고집하고 있습니까?

첫째, 그들은 인간이 스스로 의로워진 다음에야 하나님의 사랑을 받는 줄로 오해했습니다. 왜냐하면 예수님께서 당시 율법적으로나 도덕적으로 죄인이라고 지목받던 세리, 창기, 병자들과 함께 식사하신 일을 들어 죄인들을 사랑하고 그들과 사귄다고 예수님을 비난했기 때문입니다(막 2:16). 그리고 자신들은 의로운 체했으며, 자기의 의를 내세웠습니다. 자신들의 노력으로 무엇인가를 이루었기 때문에 하나님께 인정받고 있다는 듯이 가식적으로 살았습니다. 이것은 마치 하나님께 땅의 일에는 관심을 끄시고 하늘에나 계시라고 말하는 것과 같습니다. 내가 스스로 의롭게 되어 하나님을 찾아뵙겠다는 말입니다. 이때 하나님은 심판자일 뿐 인간의 구원을 위해 하는 일은 하나도 없습니다.

그러나 복음(예수님)은 하나님께서 죄인인 우리를 사랑하사 독생자 예수를 이 땅에 보내셨다고 말합니다. 예수님은 의원의 비유를 들어 병든 자에게 의사가 필요한 것처럼, 주님은 죄인들을 부르러 오셨다고 말씀하셨습니다. 죄인이 없다면 예수님이 오실 이유가 없습니다. 그렇습니다. 하나님의 사랑은 우리가 죄인일 때에, 연약할 때에, 원수일 때에 우리에게 나타났습니다(롬 5:6-10).

성경은 '의인은 없나니 하나도 없다'(롬 3:10), '모든 사람이 죄를 범하여 하나님의 영광에 이를 수 없다'(롬 3:23)고 선언합니다. 그러므로 세상에 의로운 자는 하나도 없고, 스스로 의로운 체하는 위선자들과 자기의 죄를 자각하고 회개하는 죄인만 있을 뿐입니다. 용서받지 않은 죄인과 용서받은 죄인이 있을 뿐입니다. 하나님이 요구하시는 것은 절대적인 의인데, 거기에 도달할 사람은 없습니다. 우리가 내세우는 것은 남보다 낫다는 상대적인 의인데, 그것으로는 세상에서는 칭찬을 받을지 모르지만 하나님 앞에서는 내세울 수 없는 것입니다. 하나님 앞에서는 모두 다 죄인입니다. 그러므로 죄인을 부르러 왔다는 주님의 말씀은 스스로 의롭게 여기는 위선자에게는 아무 의미가 없고 다만 스스로 죄인임을 자각하고 심령의 치료를 받기 원하는 자들에게만 해당됩니다. 그가 과거에 무엇을 했든지 상관없이 주님의 사죄의 은총이 임합니다. 그래서 그렇게도 멸시받던 세리 레위가 구원(용서함)을 받고 그의 친구들을 불러 주님의 말씀을 듣게 했을 때 그 가운데서도 "그러한" 많은 사람이 구원을 얻고 예수님을 따르는 역사가 일어나게 된 것입니다(막 2:15). "건강한 자에게는 의사가 쓸 데 없고 병든 자에게라야 쓸 데 있느니라 나는 의인을 부르러 온 것이 아니요 죄인을 부르러 왔노라"(막 2:17).

예수님과 함께 먹는 식탁 교제는 하늘나라를 미리 땅에서 맛보는 것입니다. 예수님의 식탁에는 세리들, 죄인들, 병든 자들이 있었는데, 당시에 정결 규정을 지키지 않아 부정한 자들로 낙인찍힌 자들이었습니다. 바리새인은 맹목적으로 제의적 정결과 전통에 집착하는 자들입니다. 그들의 식탁교제법은 언제, 무엇을, 어떻게, 그리고 누구와 함께 먹을 수 있는가 하는 것을 규정하고 있습니다. 그들에게 식탁과 음식은 신분을 구분하고 제의적 성결을 갖추는 중요한 수단이었습니다. 그러나 예수님은 이러한 수직적, 차별적, 폐쇄적 구조를 수평적, 평등적, 개방적 관계로 변화시켰습니다. 예수님은 죄 사함에 근거하여 식탁 교제를 하셨으며 이미 얻은 생명을 유지시켜 나가기 위해 음식을 나누셨습니다.

둘째, 유대종교인들은 하나님을 섬기는 기쁨의 생활을 몰랐습니다. 그들은 금식 자체에 목적을 둔 금식을 했습니다. 열심 있는 바리새인은 일주일에 두 번씩, 월요일과 목요일에 금식했습니다. 일반적으로 해 뜨는 시각부터 해 지는 시각까지 12시간 동안의 금식이었습니다. 무슬림들도 라마단 기간에 금식을 하는데 해가 떠 있는 시간 동안 먹지 않습니다. 대신 해가 지고 나면 먹기 시작하는데 평소보다 더 많이 먹고, 그래서 라마단 기간에 오히려 식료품 품귀 현상이 일어난다고 합니다. 얼마나 모순적입니까? 종교인들은 자신들이 금식하는 사실을 사람들에게 알렸고 자신들이 얼마나 경건한 삶을 살고 있는지 드러내는 수단으로 삼았습니다. 그러면서 예수님의 제자들은 왜 금식하지 않는지 물었습니다.

금식, 기도, 구제는 유대인들의 세 가지 경건 행위였습니다. 산상수훈에도 언급된 바와 같이 예수님은 금식 자체를 반대하신 것이 아닙니다. "너희는 금식할 때에"(마 6:16-18)라고 교훈하신 것을 보아도 금식은 영적 훈련에 있어서 중요한 은총의 수단이 됩니다. 예수님 자신도 금식하며 기도하신 기사가 성경에 나와 있습니다. 다만 금식의 정신이 결여된 자기의 의를 드러내기 위한 바리새인들의 금식을 반대하신 것입니다. 바리새인들은 자기과시에서 비롯된 금식을 했습니다. 그들은 의도적으로 슬픈 기색을 띠며 사람들에게 보이기 위한 금식을 했습니다. 하나님에게보다 사람들로부터의 상을 구했습니다(마 6:16). 이것은 굶식은 될지 몰라도 하나님이 받으시는 금식은 아닙니다. 금식을 외식으로 바꾸었습니다. 여기 바리새인의 기도를 들어보십시오. 그는 서서 큰 소리로 "하나님이여 나는 다른 사람들 곧 토색, 불의, 간음하는 자들과 같지 아니하고, (옆에서 회개하고 있던 세리를 손가락질하며) 이 세리와도 같지 아니함을 감사하나이다. 나는 이레에 두 번씩 금식하고 또 소득의 십일조를 드리나이다"(눅 18:11-12). 아니, 이것이 하나님께 드리는 기도입니까? 아니면 사람들에게 하는 자기과시입니까? 이러한 자기만족을 위하여 금식하고 십일조를 드렸다면 이것은 또 다른 탐욕에 불과합니다. 문제는 경건의 근본정신을 화석화한 인간의 전통입니다. 율법은 하나님이 주신 은혜입니다. 그러나 율법주의가 되어서는 안 됩니다. 예배 안에 의식이 필요합니다. 그러나 의식주의가 되어서는 안 됩니다.

그들이 예수님께 금식에 대해 질문하는 태도에서도 "우리는 금식하는데 어찌하여 당신의 제자들은 금식하지 않느냐"라는 식의 교만이 들어가 있습니다. 비단 금식뿐 아니라 헌금이나, 봉사

생활 같은 선행도 자기를 드러내기 위한 동기여서는 안 됩니다. 마찬가지로 하나님이 사랑이시지만 사랑이 하나님은 아닙니다. 하나님 대신 사랑이 절대화되면 오히려 다른 사람을 판단하고 죽이게 됩니다.

바리새인들의 태도는 하나님의 상이 아니라 사람의 상을 구하는 것입니다. 은밀한 중에 보시는 하나님 앞에서 행해야지 사람에게 보이기 위한 것이 되어서는 안 됩니다. 그것이 외식입니다. 사람 앞에서 연극하는 것입니다. 예수님은 복음서에서 여러 번 하나님 뜻에 합당한 금식, 하나님이 받으시는 은밀한 금식에 대해 말씀하셨습니다.

예수님은 혼인집 신랑과 친구들의 비유를 들어 예수님과 제자들의 상황을 설명하셨습니다. 유대 율법주의자들도 금식에 대한 많은 유전을 가지고 있어서 금식에서 예외되는 경우가 있었습니다. 결혼을 하게 되면 신랑 친구들이 신랑의 집에서 신랑과 더불어 일주일 동안 잔치하며 함께 즐거워하는 관례가 있는데, 그때는 금식에서 예외되는 경우에 해당합니다. 우리는 즐거운 날에는 음식을 함께 먹습니다. 혼인은 새로운 삶의 시작을 의미하며 만남과 결합, 감격과 기쁨, 축제와 축복을 상징합니다. 이날에 금식해야 합니까, 아니면 잔치를 벌여야 합니까? 주님은 제자들과 주님의 상황을 혼인잔치에 비유하고 계십니다. 여기에 주님의 깊은 뜻이 담겨 있습니다. 주님과 더불어 하는 신앙생활은 기쁨의 생활이요 축제의 삶입니다. 희망과 새로움이 넘치는 삶입니다. 예수 운동의 축제적 성격을 뜻합니다. 말하자면 저들의 종교는 우울하고, 딱딱하고, 맥 빠진 형식의 노예들의 종교이지만 주님과 더불어 사는 삶은 밝고, 활기차고, 생동감 넘치는 자유로운 생활입니다. 예수님과 함께하는 것이 바로 이 행복의 열쇠입니다. 바리새인들은 스스로도 허기진 자신들의 신앙생활과 예수님의 제자들의 충만한 신앙생활이 판이하게 다름을 보았기에 시비조로 질문하고 있습니다.

셋째, 유대종교인들은 안식일이 사람을 위한 하나님의 선물이지 얽어매기 위한 멍에가 아니라는 사실을 몰랐습니다. 유대의 율법사들과 랍비들은 안식일 법에 39개의 금지조항을 세부 규정에 두었습니다. 불을 피우는 것, 그릇을 옮기는 것, 800미터 이상 걷는 것, 하나의 매듭을 매거나 푸는 것, 음식을 준비하는 것, 글자 두 개를 쓰는 것, 글자 두 개를 지우는 것, 씨를 뿌리는 것, 밭을 가는 것, 추수하는 것, 곡식 단을 묶는 것, 타작하는 것, 키질하는 것 등을 금지한 것입니다. 기원전 2세기 마카비 시대에는 유대인들이 안식일에 무기를 들고 방어하느니 차라리 살육당하는 편을 택했을 정도였습니다.

율법주의자들은 이렇게 안식일을 지키기 위해 살았는지 모르지만, 하나님이 사람들을 위하여 안식일을 주셨다는 사실을 몰랐습니다. 안식일을 섬기고 안식일의 노예가 되기 위하여 인간이 존재하는 것이 아닙니다. 안식일은 인간의 삶을 풍요롭게 하고 쉼과 평화를 가져다주기 위한 하나님의 선물입니다. 사람 났고 안식일이 있지, 안식일 있고 사람 난 것이 아닙니다. 무엇이 목적이고 무엇이 수단입니까? 무엇이 무엇을 위해 존재합니까? 율법주의자들의 가장 큰 잘못은 하나님이 주신 온갖 은혜의 선물을 멍에(올무)로 전락시킨 것입니다. 하나님의 말씀, 율법, 가르침은 우리를 억압하기 위해 주어진 것이 아니라 우리에게 참된 생명과 행복과 자유를 주기 위한 것입니다. 이것은 예수 운동의 창조성과 회복성을 보여 줍니다.

주일은 육신이 쉬고, 하나님이 주시는 복을 받고, 말씀으로 거룩해지는 날입니다. 안식을 믿음으로 누리지 못하고, 일에 바쁜 사람은 불쌍한 사람입니다. 안식일은 아무것도 안 하면서 보내는 날도, 남의 허물이나 찾기 위해 올무를 놓는 날도 아닙니다. 안식일에 웅덩이에 빠진 자기 양 새끼는 건져 올리면서 "손 마비된 사람"을 고쳐 생명을 얻게 하였다고 비방하고, 그래서 예수님을 잡아 죽일 궁리를 하는 날은 더더욱 아닙니다.

저들 논쟁의 초점은 장애인을 고친 데 있는 것이 아니라 안식일에 고쳤다는 데 있습니다. 중풍병자를 고쳤을 때와 마찬가지로 손 마른 사람을 고쳤을 때도 기적과 논쟁이 샌드위치 구조로 나옵니다. 안식일에 죽임이냐 살림이냐? 악행이냐 선행이냐? 방관이냐 도움이냐?

> "안식일이 사람을 위하여 있는 것이요 사람이 안식일을 위하여 있는 것이 아니니 이러므로 인자는 안식일에도 주인이니라"(막 2:27-28).

주님이 설명하신 안식일에는 세 가지 의미가 있습니다. 즉 안식일은 사람을 위하여 있습니다. 그리고 주님이 이날의 주인이십니다. 또 이날에 선을 행하는 것이 마땅하다는 것입니다.

하나님에게도 휴식이 필요합니까? 이날은 하나님을 위한 날이기보다는 인간의 쉼과 복 그리고 성별을 위한 날입니다. 그러나 안식일이 사람을 위하여 있다는 말씀을 인본주의적으로 해석하지 않기 위하여 이날의 주인이 주님이시라는 사실을 함께 기억해야 합니다. 이날의 주인이신 주님께서 안식일을 주신 것은 하나님께 예배하기 위해서입니다. 우리의 참된 안식과 평안 그리고 새로운 힘은 주님과의 교제를 통해 오기 때문입니다. 이날에 다른 사람을 섬기고 사랑하는 선행을 하여야 합니다. 아무 일도 안 하는 것도 주님께 합당하지 않습니다. 주님께서는 손 마른 사람을 고쳐 주심으로 이날에 우리가 생명을 구하는 구속적인 사역을 행해야 함을 보여 주셨습니다.

복음은 우리에게 '무엇을 하지 말라', '의식을 잘 준수하라'는 명령보다는 하나님의 뜻과 사랑의 요구에 자발적으로 응답하는 적극적인 삶을 요구합니다.

주님은 새 옷, 새 포도주입니다. 우리가 낡은 옷인 우리의 사고방식과 생활방식과 가치관에 적당히 복음을 혼합하여 살려고 한다면 새 옷을 낡은 옷에 깁는 것에 불과합니다. 주님은 우리에게서 총체적인 변화를 원하십니다. 과감히 낡은 옷을 벗고 새 옷으로 갈아입는 전체적인 변화가 없는 한 해결책이 아닌 미봉책에 그칠 것입니다.

주님은 새 포도주이십니다. 유대주의의 낡은 부대로는 주님을 감당할 수 없었습니다. 그 낡은 형식에 생명의 힘이 넘치는 그리스도의 복음이 담길 수 없었습니다. 그래서 그들은 터지고 결국 파산하고 말았습니다. 그들은 배역의 길을 갔습니다. 그러나 새 술인 그리스도의 복음이 유대교 대신 새 부대인 초대교회에 담겨 생명력을 발휘했습니다.

하나님 나라는 인간과 생명 그리고 축제입니다. 인간은 종교와 문화, 규범과 전통, 그리고 이념과 지도자들에 의해 사로잡혀 있는 존재이지만, 인간은 모든 것보다 존엄합니다. 그 안에 생명이 있기 때문입니다. 모든 억압된 생명은 사랑과 자유를 필요로 합니다. 생명의 활동을 가로막는 모든 것은 철폐되어야 합니다. 그것이 종교라 할지라도. 하나님 나라는 사랑이며 생명입니다. 하나님 나라는 대안사회입니다. 생명을 거스르는 이념과 제도와 전통과 규범과 기득권을 전복하는 것입니다.

드루 대학교 레너드 스위트(Leonard Sweet) 석좌교수는 'APC 교회'에서 'MRL교회'로 변화가 일어나야 한다고 했습니다. 낡은 교회의 세 가지 경향은 유인적(Attractional), 명제적(Propositional), 식민지적(Colonial)입니다. 유인적이란 하나님보다 사람의 눈길 끌기에 급급하고, 명제적이란 하나님과의 관계보다 교리나 신조에 매달리며, 식민지적이란 수동적이고 소극적인 신앙을 강요하는 교회를 의미합니다. 그러다 보면 교회는 능력보다는 프로그램을, 사랑의 관계보다는 전통의 규범에 사활을 걸고, 믿음의 실천보다는 믿음의 선전에 만족하게 됩니다. 레너드 교수는 선교적(Missional), 관계적(Relational), 성육신적(Incarnational) 모델을 대안으로 제시합니다. 복음을 들고 나가야 하고, 사랑의 역동적인 관계를 맺어야 하며, 복음을 살아내야 한다는 것입니다. 이런 지적은 예수님 시대나 지금이나 마찬가지인 것 같습니다. 이런 약점은 신생교회보다는 역사와 전통을 자랑하는 교회가 빠지기 쉽습니다. 낡은 부대를 고집하기 때문입니다.

지금도 새 포도주 되신 예수님은 새 부대를 찾고 계십니다. 교회는 날마다 새로워져야 합니다. 2000년이 지났어도 예수님의 복음은 여전히 생명력 넘치는 새 포도주입니다. 아무리 위대했더라도 어제의 그릇은 오늘의 복음을 담기에 부족합니다. 그러기에 교회는 갱신되어야 합니다. 교회는 재활성화되어야 합니다. 그것이 부흥입니다. 이대로는 유대교가 과거에 그러했던 것처럼, 중세의 가톨릭이 그러했던 것처럼 생명력 왕성한 그리스도를 감당할 수 없을 정도로 낡아 있다는 위기감이 있습니다. 교회는 거듭 새로워져야 합니다.

그러면 나는 어떻습니까? 나는 과연 과거의 낡아 빠진 모습을 버리고 새롭게 거듭나고 있습니까? 나는 가치관에서부터 삶의 방식, 목표, 생각이 새 부대로 준비되어 있습니까? 낡은 것을 고집하며 적당히 복음과 섞여 살아가려고 하지는 않습니까?

새 술을 위한 새 부대를 준비하시길 소망합니다.

8
용서받을 수 없는 죄

[20]집에 들어가시니 무리가 다시 모이므로 식사할 겨를도 없는지라 [21]예수의
친족들이 듣고 그를 붙들러 나오니 이는 그가 미쳤다 함일러라 [22]예루살렘에
서 내려온 서기관들은 그가 바알세불이 지폈다 하며 또 귀신의 왕을 힘입어
귀신을 쫓아낸다 하니 [23]예수께서 그들을 불러다가 비유로 말씀하시되 사탄
이 어찌 사탄을 쫓아낼 수 있느냐 [24]또 만일 나라가 스스로 분쟁하면 그 나라
가 설 수 없고 [25]만일 집이 스스로 분쟁하면 그 집이 설 수 없고 [26]만일 사탄이
자기를 거슬러 일어나 분쟁하면 설 수 없고 망하느니라 [27]사람이 먼저 강한
자를 결박하지 않고는 그 강한 자의 집에 들어가 세간을 강탈하지 못하리니
결박한 후에야 그 집을 강탈하리라 [28]내가 진실로 너희에게 이르노니 사람의
모든 죄와 모든 모독하는 일은 사하심을 얻되 [29]누구든지 성령을 모독하는 자
는 영원히 사하심을 얻지 못하고 영원한 죄가 되느니라 하시니 [30]이는 그들이
말하기를 더러운 귀신이 들렸다 함이러라 마 3:20-30(마 12:22-32, 눅 11:14-23,
12:10 참고)

예수님은 권세 있는 자와 같이 많은 병자들을 고쳐 주셨고, 권세 있는 새 교훈으로 많은 논쟁 가운데 하나님의 뜻을 분명하게 가르쳐 주셨습니다. 예수님이 가시는 곳마다 많은 무리들이 따르며 그분의 말씀과 하시는 일들을 목격하였습니다. 본문 20절에 보면 예수님께서 "식사할 겨를"도 없을 정도로 사람들이 몰려들었습니다.

그러나 세상은 하나님의 아들을 어떻게 대우했습니까? 3장 6

절에 바리새인들과 헤롯당들이 예수님을 죽일 모의를 하더니 이제 예수님에 대한 온갖 나쁜 소문을 퍼트리기 시작했습니다. 당시 예수님이 머무시던 가버나움에서 나사렛까지는 약 40km 정도 되는 거리인데 예수님이 미쳤다는 소문이 고향 나사렛에까지 퍼져 친족들이(친구들로 번역할 수도 있습니다) 예수를 붙들어 가려고 예수님이 계신 곳으로 나왔습니다.

본문에서 저는 세 가지 사실을 살펴보고자 합니다.

첫째, 사람들은 종종 착한 일에서 악한 동기를 찾으려고 노력합니다. 사람들은 착한 일을 착한 일로 인정하고 칭찬하기보다는 늘 그 저의부터 의심하는 버릇이 있습니다. 사람이 하는 말을 들어보면 그 사람됨을 알 수 있는데, 소인배들은 모이면 남에 대해 험담하기를 좋아하고, 보통 사람들은 주로 물질에 대한 대화를 합니다. 참으로 영적인 사람들만이 하나님의 일에 대해 이야기를 나눕니다. 세상에는 천사처럼 일해도 마귀처럼 반대하는 사람이 있고, 마귀처럼 일해도 천사처럼 받드는 사람이 있습니다. 교회에 일찍 나와서 봉사하는 사람을 보고 남에게 인기를 얻으려고 애쓴다고 비방합니다. 약한 사람을 도와주는 사람을 보고 잘난 체한다고 욕합니다. 아이가 부모를 돕기 위해 일을 거들어 주면 용돈을 얻기 위해 작전을 쓴다고 합니다. 목사가 하나님께 드리는 헌금생활을 강조하면 목사 월급 올리려고 그런 말 한다고 합니다. 어떻게 그리 잘 아는지 사람들은 종종 다른 사람들의 선한 일에서 악한 동기를 찾으려고 혈안입니다. 남의 장점을 칭찬하고 배우려는 것은 고사하고 그의 허물을 들추기 위해 노력합니다. 심지어 믿는 사람 가운데도 마치 하나님이 자신을 형사나 검사로 세운 것처럼 남의 결점을 들추어내는 일에 열을 올립니다. 그리고 심지어 그것을 자기의 영적 은사라고까지 생각합니다. 그러나 이런 사람일수록 자신의 약점은 깨닫지 못합니다. 예수님은 이런 사람들을 보고 "네 눈 속에 있는 들보는 보지 못하면서 남의 눈에 있는 티는 보느냐"고 하십니다. 자고로 자신을 고쳐나가는 일이 많을수록 남을 비판하는 일이 적어지는 법입니다. 우리는 다른 사람들에게서 잘한 것을 찾으려고 노력하고 배우도록 해야 합니다. 우리의 심적 에너지를 긍정적인 방향으로 써야 합니다.

예수님이 "정신 나갔다", "귀신 들렸다"라는 모함을 듣게 되는 상황은 이렇습니다. 예수님이 귀신 들려서 보지 못하고 말하지 못하는 자를 고쳐 주시어 그가 보고 말하게 되는 기적의 역사가 일어난 상황입니다. 얼마나 축하해야 하고 감사하고 즐겁고 놀라운 일입니까? 이것은 선행이고 하나님의 역사입니다. 그런데 이 일을 두고 예수님에게 바알세불이 지폈다, 귀신의 왕을 힘입어 귀신을 쫓아낸다고 모함을 합니다(막 3:22).

예수님이 하시는 치유가 명백한 사건으로 증거를 드러내자 흠집 내기를 하는데, 예수님의 기적 수행 능력의 기원이 어디냐는 것입니다. 악령이라는 것입니다. 예수 축귀 행위의 진정성에 회의를 불어넣는 것입니다. 말하자면 귀신들이 짜고 하는 짓이라는 것입니다.

이렇게 말하는 자들을 "예루살렘에서 내려온 서기관들"(막 3:22)이라고 기록하고 있는데, 서기관들이 멀리서부터 원정까지 와서 따라다니며 흠을 잡으려고 혈안인 것을 볼 수 있습니다. 그렇게 할 일이 없습니까? 전에는 율법 조항을 들먹이며 예수님이 마치 거짓 교사나 되는 것처럼 추궁하더니 결국 능력이 실제로 나타나니까 귀신의 힘으로 능력을 행한다고 비난하는 것입니다. 예수님을 하나님의 아들 대신 사탄의 아들로 모함하고, 예수님의 능력이 하나님의 능력이 아닌 사탄의 힘이라고 망령되게 판단하고 있습니다. 하나님의 성육신이 아니라 악한 영의 화육으로 모함합니다. 예수님의 모든 것을 평가 절하하고 배척하려는 의도입니다.

여기에서 '예수님의 능력이 성령이냐, 악령이냐?'와 '악령에 사로잡혀 된 것이 악령으로 치유가 되느냐?'는 질문이 제기됩니다.

사탄이란 말은 원래 이스라엘 법정에서 온 것으로 고소하는 사람을 일컫는 말입니다. 비방하고, 대적하고, 모함하고, 고소하는 것이 사탄의 일입니다. 사탄은 인류 최초의 아담과 이브 앞에서 하나님을 비방한 이래 하나님의 사람들을 계속해서 대적합니다. 욥기에도 보면 사탄은 무고한 욥을 비방합니다. 사탄은 하나님이 욥을 칭찬하시는 것을 못 봅니다. 이런 비방꾼들을 향해 예수님께서 "너희의 아비는 마귀다"라고 말씀하신 것은 너무나도 지당한 말씀입니다. 왜냐하면 그들은 자기들의 아비를 닮아서 마귀처럼 거짓과 고소를 일삼기 때문입니다(요 8:41, 44).

성령의 사람은 성령의 사람을 칭찬하고, 육신의 사람은 성령의 사람을 비판합니다. 그러므로 세상 여론에 지나치게 신경을 쓰며 인정받기 위해 처신하는 것은 옳지 않습니다. 사람들의 인정을 받으려고 인기 관리에 힘쓰지 말고 하나님의 뜻을 따라, 하나님의 응답을 따라 일해야 합니다. 사람을 기쁘게 하려는가, 하나님을 기쁘시게 하려는가? 사람을 기쁘게 하는 것이 하나님을 기쁘시게 못하는 때가 많습니다. 내가 사람의 종인지 하나님의 종인지 자문해야 할 때가 많습니다. 하나님 뜻대로 살다 보면 오해와 비판이 있을 수 있으나 일일이 다 해명할 의무는 없습니다. 하나님께서 다 아시기 때문입니다. 내가 왜 사람들의 인정을 받지 못해 안달이며, 그들에게 오해를 살까 봐 전전긍긍하며, 그들의 말 한마디에 잠을 못 이룹니까? 알고 보면 아직도 내가 살아있기 때문입니다. 아직 그릇이 덜된 까닭입니다. 더욱 강해지기 위해서는 감정을 자제하는 법을 배우고 하나님께 맡기는 법을 배워야 합니다. 그리고 강하고 담대한 믿음이 필요합니다.

둘째, 우리의 삶은 악의 세력과 하나님의 세력과의 싸움장이라는 사실입니다. 예수님은 우리의 삶이 사탄의 세력과 하나님의 세력과의 싸움이라는 사실을 인정하셨습니다.

> "성령을 따라 행하라 그리하면 육체의 욕심을 이루지 아니하리라 육체의 소욕은 성령을 거스르고 성령은 육체를 거스르나니 이 둘이 서로 대적함으로 너희가 원하는 것을 하지 못하게 하려 함이니라"(갈 5:16-17).

무엇을 따라 살 것인가? 성령을 따라 살겠습니까, 육체를 따라 살겠습니까?

> "우리의 씨름은 혈과 육을 상대하는 것이 아니요 통치자들과 권세들과 이 어둠의 세상 주관자들과 하늘에 있는 악의 영들을 상대함이라" (엡 6:12).

우리는 지금 영적인 싸움을 하고 있습니다. 육체의 싸움이 아니라 영적인 싸움이라는 사실을 인정해야 합니다. 우리는 구원을 받기 위해 싸우는 것이 아닙니다. 구원은 싸워 쟁취하는 것이 아니라 하나님의 선물로 주어집니다. 구원받았기 때문에 싸우는 것이지 구원받지 않았다면 이런 싸움 자체가 없습니다. 그러나 마귀는 하나님 자녀가 된 사람들이 능력 없이 살거나 구원의 기쁨을 누리지 못하도록 합니다. 하나님의 자녀 된 기쁨과 능력을 나타내기 위해서는 영적 싸움이 있습니다.

전쟁은 인간의 영혼에서 벌어집니다. 먼저 생각에서 싸움은 시작됩니다. 말이나 행동의 죄는 분명하게 구별할 수 있지만 생각은 구별이 어려운데, 사탄은 생각에 거점을 만듭니다. 예수님의 축귀 사역도 영적 싸움을 수행하시는 모습을 보여 줍니다.

C. S. 루이스는 사람들이 마귀에 대해 두 가지 잘못을 하는데, 마귀의 존재 자체를 무시하거나(세속적 물질주의), 과도하게 마귀에게 관심을 갖는 것이라 했습니다(마술주의: 모든 것을 마귀의 일로

해석하는 것).

오늘날 우주 과학 시대에 살고 있다고 자처하는 많은 사람들이 사탄의 존재를 부인합니다. 그런데 놀라운 것은 사탄이 바로 그것을 원하고 있다는 사실입니다. 모세에게 나타나셨던 하나님은 "나는 스스로 있는 자"(I am that I am)라고 자신을 소개하셨는데, 만일 사탄에게 너는 누구냐고 묻는다면 당장에 "나는 없다"(I am who am not)라고 자신의 존재를 부인할 것입니다. 그러나 그 사탄은 때로는 유혹자의 모습으로, 친구의 모습으로, 심지어 사랑하는 자녀나 부모, 아내와 남편의 모습으로 자기의 모습을 감추고 우리를 유혹합니다. 그러기에 우리는 영을 분별할 수 있기 위하여 깨어 기도해야 합니다. 신자에게는 영적 분별력이 중요합니다. 신자는 하나님의 존재를 믿고, 사탄의 존재를 압니다. 그러나 사탄의 지배 아래 있는 자에게는 하나님도 없고, 사탄도 없습니다.

주님은 베드로가 십자가를 만류할 때 사랑하는 제자 배후에 역사하는 사탄의 실체를 영안으로 보시고 엄히 꾸짖어 "사탄아 내 뒤로 물러 가라 너는 나를 넘어지게 하는 자로다"(마 16:23)라고 말씀하셨습니다. 세상에는 하나님의 일군이 있는가 하면 사탄의 대행자가 있습니다. 하나님의 대변인이 있는가 하면 사탄의 대변인이 있습니다. 영계에는 정해져 있지만 인간은 육신을 입고 있기 때문에 사탄의 편에 섰다가 성령의 편에 섰다가를 왔다 갔다 합니다.

우리는 지금 영적인 전쟁을 수행하고 있습니다. 이 전쟁은 우리가 육체를 입고 있는 기간 동안 계속될 것입니다. 모든 악(evil)

은 생명(live)을 거스르는 것이며 마귀(devil)에서 나옵니다. 세상에 일어나는 모든 일은 사실 알고 보면 하나님의 세력과 악의 세력의 영적 싸움의 실체입니다. 용케도 서기관들은 영적 싸움은 인정하고 있습니다. 그런데 영적 싸움이 어떻게 전개되고 있는지 이편과 저편을 구분하지 못하고 있습니다. 자신들이 마귀에게 어떻게 이용되고 있는지를 보지 못하고 있습니다.

영적 싸움의 삼대 적은 육신과 세상과 마귀입니다. 이 싸움은 우리의 마음에서, 세상에서, 그리고 공중에서 일어납니다. 마음은 사탄이 공격하는 목표입니다. 사탄의 전략은 우리의 마음에 거점을 만드는 것입니다. "모든 지킬 만한 것 중에 더욱 네 마음을 지키라 생명의 근원이 이에서 남이니라"(잠 4:23). 사탄은 우리의 약점을 집중적으로 공격하여 마음에 진지를 구축합니다.

이스라엘이 가나안에서 남겨 두었던 족속들이 올무와 옆구리의 채찍과 눈엣가시가 되어 끊임없이 이스라엘을 괴롭혔습니다(수 23:12-13). 이처럼 근원적인 죄의 세력을 쫓아내지 않으면 우리 안에 고통스러운 가시를 만들게 됩니다.

마가복음 3장 27절 말씀을 주의하여 살펴보면 예수님께서도 사탄이 나름대로 힘을 가지고 있는 존재, "강한 자"라는 것을 인정하셨습니다. 앞에 언급된 귀신 들려 보지 못하고 말하지 못하는 사람을 보아도 사탄은 사람을 결박할 수 있는 힘을 가진 것으로 볼 수 있습니다. 힘은 있으나 권위는 없습니다. 하나님이 부여하신 권위가 없는 힘은 불법입니다. 그리고 악의 세력인 사탄은 서로 연합되어 있다고 주님은 말씀하십니다(막 3:23-26). 사탄은 분쟁하지 않고 악한 일을 위하여 연합하여 일한다는 것입니다. 사탄 세력의 자중지란 불가론입니다.

누가복음 11장 24-26절에는 더러운 귀신이 집 없는(homeless) 동료 귀신 일곱을 데리고 전에 살던 자기 집으로 집단 입주하는 내용이 나옵니다. 이를 보아도 악한 세력은 서로 연합되어 있습니다. 사탄도 의리가 있습니다. 세상에서도 선한 일 하는 사람보다 악한 일 하는 사람들이 더 의리 있게 똘똘 뭉치는 것을 볼 수 있습니다. 믿는 자들끼리 연합하여 선한 일을 하기가 어려운데 어둠의 세력들보다 못한 모습입니다. 빛의 자녀들이 이 땅에서 어두움의 자녀들보다 어리석을 때가 많습니다. 같이 힘을 합쳐도 부족한데 서로 분열합니다. 교리 때문에, 교권 때문에, 자존심 때문에, 교만 때문에 나누어집니다.

주님의 사역은 악한 세력을 물리치고, 사탄을 결박하고, 사탄에게 붙들린 사람들을 끌어내는 것입니다. 예수님 안에 역사하는 능력은 성령님의 역사입니다. 27절 비유의 말씀을 다시 해석하면 다음과 같습니다. "사람(예수님)이 먼저 강한 자(사탄)를 결박하지 않고는 그 강한 자(사탄)의 집(사람)에 들어가 세간(심령)을 강탈(구원)하지 못하리니 결박한 후에야 그 집(사람)을 강탈(구원)하리라." 사탄을 결박함으로 사탄의 전리품들을 해방시킬 수 있습니다. 싸움은 예수님의 일방적 승리입니다. 예수님이 '더 강한 자'이기 때문입니다.

강한 자는 사탄, 강한 자의 집은 사탄의 나라와 권세, 집의 세간은 고통당하는 사람들, 강한 자를 결박하는 자는 예수님입니다. 예수님의 사역은 사탄의 내적 반란이나 내적인 갈등이 아니라 근원적으로 다른 세력 간의 싸움입니다. 사탄의 나라와 하나님의 나라의 싸움입니다. 예수님은 십자가와 부활로 사탄과 그의 세력을 제압하고 속박받는 사람을 구원하셨습니다. 축귀사역은 구원사역의 예표입니다. 여기에서 예수님은 사탄보다 더욱 강하신 분으로 나타나며, 사탄에게 결박당한 자들을 풀어 해방시키고 하나님의 나라에 이르게 하시는 주님의 사역을 보여 줍니다.

사탄의 세력에 사로잡힌 세상과 사람들에게 주님은 그 결박을 풀고 승리를 거두시어 하나님의 나라 쪽으로 하나씩 데려가십니다. 하나님의 손가락(출 8:19)이 성령의 역사로 나타나는 것입니다. 마태복음 12장 28절에 보면 성령의 힘으로 귀신을 쫓아내는 것이 하나님의 나라가 너희에게 임하는 것이라고 말씀하셨습니다. 이것은 전쟁에서 영토 싸움을 연상시키는데, 사탄의 왕국은 침로를 당해 점점 작아지고 하나님의 나라는 점점 더 확장되어 나가는 것입니다. 이는 예수님이 시험받으신 사건부터 사탄이 패주하기 시작하고, 주님이 사탄을 무찌르기 시작하여 지금 개별적으로 만나는 사람들에게서 사탄을 결박하고 어두움에서 하나님의 나라로 하나씩 초청하시는 것입니다. 사탄의 종 되었던 우리가 하나님의 나라 백성으로 참 자유를 얻게 된 것입니다. 그러므로 우리가 주님을 마음에 영접하면 사탄은 결박을 풀고 도망가며 우리는 심령의 천국을 이루고, 이것은 결국 주님이 재림하시는 날 완전한 사탄의 결박과 완전한 하나님의 나라로 드러나게 됩니다.

셋째, 성령을 훼방하는 죄는 영원히 사하심을 얻지 못한다는 말씀입니다(막 3:29). 이 말씀은 마가복음에 기록된 말씀 중 가장 해석하기 어려운 구절 중 하나입니다. 성령 훼방 죄는 공관복음서 모두 기록되어 있고(마 12:30-32, 눅 12:10), 바알세불 논쟁 문맥에 기록되어 있습니다.

우리는 하나님을 은혜의 하나님, 사랑의 하나님으로 알고 있습니다. 그리고 무한히 용서하시는 하나님으로 믿고 있습니다. 과연 하나님께 사함받지 못할 무슨 죄가 있는지 생각해 보십시다. 간음한 죄입니까? 간음은 결혼 관계를 파괴하고, 가정을 파괴하며, 인격적이어야 할 사람의 관계를 파괴하는 부도덕입니다. 하나님의 자녀인 인간이 육체가 된 것입니다. 아름다워야 할 사랑을 육욕으로 변질시킨 것입니다. 그러나 간음한 죄를 통회 자복하였던 다윗은 용서를 받았고, 간음하다 현장에서 잡혀 온 여인을 예수님은 용서하셨습니다. 그러면 살인한 죄입니까? 사람의 생명을 죽이는 것만큼 크고 돌이킬 수 없는 죄가 어디 있겠습니까? 그러나 살인한 적이 있는 모세는 이스라엘을 해방하는 지도자가 되었습니다. 하나님의 십자가상에서 예수님은 살인자들을 위하여 용서의 기도를 드리셨습니다. "아버지여 저들의 죄를 용서하소서." 기독교인 가운데 용서받지 못할 죄를 물으면 예수님을 부인하거나 저주하는 것, 또는 교회를 핍박하는 것 등을 말할지 모릅니다. 그러나 예수님을 저주하며 부인했던 베드로도 회개하여 용서함을 받았고, 교회를 핍박하고 신자들을 괴롭히던 바울도 돌이킨 후에는 사함을 받았을 뿐 아니라 귀하게 쓰임까지 받았습니다.

무릇 하나님의 그 크신 사랑 앞에 용서받지 못할 죄는 없습니다. 하나님의 사랑을 무효화시킬 수 있을 만큼 큰 죄는 없습니다. 하나님의 사랑은 결코 실패하지 않습니다. 적어도 하나님 편에서는 모든 죄를 용서할 준비가 되어 있습니다. 그러기에 오늘 본문 29절 앞에 나오는 28절 말씀을 보면 '사람의 모든 죄와 모든 모독하는 일'은 사함을 받는다고 선언부터 합니다.

29절의 예수님의 말씀은 용서받을 수 없는 죄의 항목을 밝히거나 누가 그것을 범했다고 정죄하는 것보다는 경고성 메시지입니다. 무엇을 경고합니까? 성령을 악령으로 바꾸는 것입니다. 정확하게 말하면 선을 악으로 바꾸고 하나님의 구원 행위를 사탄의 파괴적 행위와 바꾸는 것입니다. 하나님의 일을 사탄의 일로 치부하지 말라는 것입니다. 다시 말해 성령의 역사를 거역하지 말라는 경고입니다. 그러면 성령의 역사는 무엇입니까? 회개하도록 촉구하는 것입니다. 예수를 구주로 모시라는 초청입니다. 그러므로 성령을 거역하는 것은 회개하기를 거절하는 것이요, 예수를 주로 받아들이기를 거절하는 것입니다. 그래서 이는 영원히 용서받지 못할 죄에 해당합니다. 이는 하나님이 용서하기를 거절하신 것이 아니라 정확하게 말하면 사람이 용서받기를 거절한 것입니다.

이것은 다른 일시적인 죄와는 달리 영원한 죄입니다. 예수님의 의가 일시적인 의가 아니라 영원한 의가 되는 것과 마찬가지입니다. 죄의 효력이 세상과 저세상까지 계속되는 죄입니다. 이 영원한 죄는 죄에 대한 유일한 해결책을 거부하는 것입니다. 그것은 한 번의 실수가 아니라 반복적이고 습관적인 의도적인 행동입니다. 성령님을 향한 한 번의 생각이 아니라 하나님의 진리를 목격하고도 지속적으로 반항하는 태도입니다.

당시 서기관들과 비방자들이 예수님의 성령의 역사를 바알세불(가나안 신의 이름으로 귀신들의 왕)의 힘으로 한다고 대적했을 때 주님은 엄중한 말씀으로 경고하셨습니다. "내가 진실로 너희에게 이르노니…"(28절, Amen-Saying). 이런 서두는 예수님이 거룩한 법을 선포하실 때 사용하십니다. 성령을 훼방하는 것은 삼위일체 되신 하나님을 훼방하는 것입니다. 이는 성령님이 하나님이나 예수님보다 크다는 말씀이 아니라, 성령은 마지막으로 우리에게 주신 하나님의 부름으로서 성령의 역사를 거역하는 것은 영혼들에 대한 마지막 기회를 저버리는 결과가 되기 때문입니다. 구약의 하나님에 대한 증거도 거절하고, 예수 그리스도께서 직접 오셔서 말씀하신 것도 믿지 않고, 하나님의 마지막 증거인 성령의 역사도 거역한다면 더 이상 구원받을 기회가 없는 것입니다. 영원한 사망만이 있을 뿐입니다. 성령은 우리에 대한 하나님의 마지막 부르심입니다. 그 외에는 더 이상 없습니다. 성령은 우리에게 죄에 대해, 의에 대해, 심판에 대해 증거하십니다(요 16:8).

"하나님의 영으로 말하는 자는 누구든지 예수를 저주할 자라

하지 아니하고 또 성령으로 아니하고는 누구든지 예수를 주시라 할 수 없느니라"(고전 12:3). 성령님은 우리에게 회개를 촉구하십니다. 예수님을 영접하도록 초청하십니다. 성령님의 부름을 거절하면 영원히 죄 사함을 받을 수 없습니다. 이것이 성령님을 거스르는 죄입니다. 그러므로 용서받지 못할 죄는 회개하지 않은 죄요, 믿지 않는 죄입니다. 성령의 음성을 듣지 않는 죄입니다.

성령님은 우리에게 경고하십니다. 그런데 우리는 성령님의 역사에 대해 "아니요"라고 말할 때가 많습니다. 성령님을 소멸합니다. 그럴 때마다 성령님은 근심하십니다. 그러다 결국 떠나가십니다. 성령님의 인도하심을 더 이상 받을 수가 없습니다. 그럼 우리는 영원히 용서받을 수 없게 됩니다. 그래서 다윗은 회개할 때 "주의 성령을 내게서 거두지 마소서"(시 51:11)라고 기도했습니다.

용서받지 못할 자리에 더 이상 머물러서는 안 됩니다. 지금 자백하고 지금 기도합시다. "오, 성령님! 환영하오니 날마다 제게 충만히 임하소서."

9
하나님의 가족

[31]그 때에 예수의 어머니와 동생들이 와서 밖에 서서 사람을 보내어 예수를
부르니 [32]무리가 예수를 둘러 앉았다가 여짜오되 보소서 당신의 어머니와 동
생들과 누이들이 밖에서 찾나이다 [33]대답하시되 누가 내 어머니이며 동생들
이냐 하시고 [34]둘러 앉은 자들을 보시며 이르시되 내 어머니와 내 동생들을
보라 [35]누구든지 하나님의 뜻대로 행하는 자가 내 형제요 자매요 어머니이니
라 막 3:31-35(마 12:46-50, 눅 8:19-21 참고)

예수님이 미쳤다는 소식을 듣고 고향에서부터 달려온 가족들(21절)이 밖에서 사람을 보내어 예수님을 불러내는 상황입니다. 이때 예수님께서 진정한 의미의 가족을 말씀하십니다. 누가 하나님의 가족인가?(31-35절) 이 말씀은 바알세불 논쟁을 가운데 두고 샌드위치 구조로 되어 있습니다.

세계보건기구(WHO)는 '외로움'을 긴급한 세계 보건 위협으로 규정했습니다. "전 세계적으로 유행하는 외로움과 사회적 고립은 건강에 심각한 위협이 된다." 영국과 일본에서는 외로움 담당 장관직을 임명하여 국가적으로 외로움 문제를 다루고 있습니다. 통계에 의하면 성인 4명 중 1명이 "매우 외롭다"고 답변했습니다.

자신이 고독사 당할 확률이 있다고 응답한 사람은 32%로 나왔습니다. 자신과 가정에 대해서 새롭게 봐야 할 시점입니다.

플라톤은 「국가론」에서 가족해체론을 주장했습니다. 탈혈연적, 탈가족적 이상국가를 꿈꾸었습니다. 공공의 목표와 보편적 이념을 축으로 하여 유기체적 통일을 이룬 인륜적 공동체를 추구한 것입니다.

부처의 출가는 가족을 떠나는 것으로, 가족과의 인연을 단절하는 것이었습니다. 인간의 욕망은 이기적인 것으로 그것이 확장되면 혈연에서 학연으로, 그리고 지연으로 나가기 때문에 단절이 필요하다는 것이었습니다.

그러나 예수님의 공생애는 출가나 가족해체론과는 사뭇 다릅니다. 예수님은 이전에 자신을 지지하던 관계와의 단절을 꾀한 것이 아니라 그 토대 위에서 더 높고 넓은 곳으로 나아갔습니다. 예수님은 공적인 삶을 사셨고 자신의 삶을 나누어 주셨습니다. 예수님의 가족에 대한 생각도 기본적으로는 구약의 정신을 이어가고 있습니다. "네 부모를 공경하라", "이혼하지 말라"….

구약에서는 가족의 단위가 큽니다. 족장 시대의 대가족 제도인 가족은 조부모, 부모, 자녀, 종, 나그네, 가축까지 포함한 것으로 기초 공동체 개념이 들어가 있습니다. 예수님은 전통적 가족의 파격적 해체나 폐기가 아니라 확장과 재구성을 말씀하십니다. 전통적 가치를 부인하지 않으면서 그 배타적 외연을 끊임없이 확장하고자 하는 의도가 담겨 있습니다.

본문의 상황은 어떻습니까? 예수님이 미쳤다는 소문을 듣고 가족들은 예수님을 붙들러 옵니다. 밖에 서서 집 안에 있는 예수를 사람을 보내어 부릅니다. 형제들의 이름이 마가복음 6장 3절에 언급되는데 야고보, 요셉, 유다, 시몬과 누이들입니다. 그리고 모친 마리아까지. 몇 명이나 되었을까요? 최소한 일곱 명은 되었을 것입니다. 온 가족이 떼거리로 찾아온 것입니다. 이 가족들은 예수님을 이해하지 못했습니다. 예수님의 사명도, 예수님의 말씀과 행동도 이해하지 못했습니다. 그래서 예수님의 후원자나 제자도 되지 않았습니다. 하나님의 일은 성령으로 거듭나지 않고는 혈통으로는 도무지 알 수 없습니다. 육은 육의 일만을 알 뿐 영의 일을 알지 못합니다. 오히려 미쳤다는 소리를 듣고 붙들어 중단시키기 위해 왔습니다. 집안 망신시킨다고 생각했을까요? 그들은 예수님이 계신 곳에 왔지만 집에 들어가지 않고 밖에서 예수님을 불러내고 있습니다. 공관복음서 모두 이렇게 "밖에서" 불렀다는 것을 특별하게 기록하고 있는 것을 보아 공간적인 거리뿐 아니라 심리적 거리를 암시하는 듯합니다. 진정한 가족은 '밖에 있는 자가 아니라 안에 둘러앉은 자'입니다. 밖에서 부르는 형제가 아니라, 안에서 말씀을 듣는 제자가 진정한 가족입니다.

"보소서 당신의 어머니와 동생들과 누이들이 밖에서 찾나이다"(막 3:32).

예수님은 "누가 내 어머니이며 동생들이냐"(막 3:33)라고 반문하십니다. 만일 그 말을 어머니나 동생들이 직접 들었다면 얼마나 섭섭했겠습니까? 호래자식이라고 했을지도 모르죠.

이 "누가 가족이냐?"라는 질문은 상식적인 생각을 깨트리는 말씀입니다. "누가 이웃이냐?"라고 물으셨을 때도 마찬가지입니다. 공통점은 혈연관계를 뛰어넘는 확장된 가족관, 지연관계를 뛰어넘는 확장된 이웃관입니다. 확대 가족, 가족 확장론입니다. 기존의 혈연적인 가족관계를 부인한 것이 아닙니다. 예수님은 혼인을 인정하고, 이혼 불가와 부모 공경과 가정의 신성을 말씀하셨습니다. 그러므로 확대된 새로운 가족의 개념을 피력한 것입니다.

하나님 아버지를 가장으로 하는 모든 사람의 가족화, 형제화는 하나님 나라를 이루는 새로운 가족의 지평이며, 하나님 나라의 핵심적인 사상입니다.

가족 확장론은 초저출산율 시대에 공동으로 아이들을 돌보는 시스템이나 고령사회에 필요한 사회적 효, 노인 봉양 사상으로까지 발전될 수 있는 위대한 사상입니다. 제가 교수 생활할 때, 국가에서 연구비를 주어 기독교, 불교, 유교, 민속신앙에서 효를 어떻게 보는가를 연구하여 발표한 적이 있습니다. 저는 기독교의 효를 다루었는데, 어떤 다른 종교보다 현시대의 문제를 해결할 수 있는 확대된 가족 사상과 사회적 효 사상을 성경의 가르침에서 볼 수 있었습니다.

예수님은 십자가에서 임종하실 때 마리아와 요한에게 "보소서 아들이니이다", "보라, 네 어머니다"(요 19:26-27)라고 말씀하시며 십자가를 중심으로 부모와 자식의 관계를 맺어 주셨습니다. 혈연으로 맺어진 형제들이 있었음에도 어머니 마리아를 요한에게 부탁하신 것입니다. 이렇게 성경은 혈연적인 가족관계를 넘어서서 사회공동체를 포함하는 새로운 가족 공동체를 제시하고 있습니다.

주님은 혈육의 관계를 부인하신 것이 아니라 새로운 교훈을 주신 것입니다. 즉, 예수님은 하나님 나라의 새로운 비전을 가지고 모든 사람을 하나님의 뜻에 순종하는 한 가족으로 부르십니다. 여기에는 민족이나 인종이나 피부 색깔이나 지역이나 문화나 언어나 교육 정도나 빈부 격차나 남녀노소의 구별 없이 모든 나라 모든 사람을 하나님의 새로운 가족으로 부르시는 하나님의 초청이 담겨 있습니다.

예수님은 육신적인 가족관계를 부인한 것이 아니라 진정한 가족관계의 조건이 무엇인지를 밝히고 있습니다. 그것은 단순한 혈육 관계를 넘어 영적인 관계에까지 확대됩니다. 예수님은 분명히 영적인 관계를 육신적인 관계보다 높게 보았으며 하나님 안에서의 형제, 자매의 교제를 혈육 관계보다 더욱 중대하고 깊은 관계로 보았습니다.

하나님은 태초부터 인간이 한 가족을 이룰 것을 섭리하셨습니다. 하나님의 역사는 하나님 안에서 하나 되게 하시는 것입니다. 그러나 인간은 타락하여 하나님과 사람 사이에 벽을 쌓고 하나님을 아버지로 부르지도 않습니다. 사람과 사람 사이에도 두꺼운 벽을 쌓고 서로 대적하며 살아갑니다. 인간의 불신앙, 교만, 탐욕, 미움이 하나님과 사람, 사람과 사람 사이를 단절시킵니다. 그래서 가족의 단위와 의미는 계속해서 축소되고 이제 핵가족 시대, 가족해체 시대, 그리고 홀로 사는, 지금에 와서는 어떤 의미에서 보면 가족이라는 개념이 없는 세대에 우리는 살고 있습니다. 세상에는 외롭게 사는 사람들이 많이 있고, 교회에 나와서도 외로운 사람들이 많이 있습니다.

예수님이 이 땅에 오셔서 하신 일은 '하나' 되게 하시는 화해의 역사입니다. 하나님과 사람, 사람과 사람 사이에 막혔던 담을 허시고 하나님의 아들과 딸이 되고, 서로는 서로에게 형제와 자매가 될 수 있는 새로운 하나님의 가족, 새 이스라엘, 거룩한 백성, 교회를 만드는 일을 하셨습니다.

피는 물보다 진하다는 말이 있지만, 영은 피보다 더 진합니다. 영적인 관계는 육적인 관계보다 더욱 강하고 가깝습니다. 얼마 안 되는 신앙 여정 동안 저의 육신적인 부모는 예수님을 영접하기 전에는 저를 이해해 주지 못하고 신학 공부하는 것을 반대했었지만, 더 많은 영적인 부모들이 저를 사랑해 주고 눈물로 밤새워 기도해 주었습니다. 제가 목회를 시작한 이래 사역지에서 만나는 형제, 자매들이 친형제 이상으로 가까웠고, 더 많은 시간을 함께 보냈으며, 많은 이야기를 나누고 같이 밤새워 기도하며 서로 돕고 사랑하며 지냈습니다. 그들의 부모가 내 부모요, 그들의 자녀가 내 자녀요, 그들의 사업과 직장이 나의 일부인 양 같이 웃고 같이 울었습니다. 지금도 새벽마다 눈을 뜨면 이들을 위한 기도로 하루를 시작합니다. 이게 한 가족 아니고 무엇입니까? 교우 결혼식에 가면 저를 가족 예약석에 앉힙니다. 사실 육신의 형제들은 만날 기회가 많지 않고, 만나도 나눌 대화가 별로 없습니다. 물론 저의 친부모, 형제, 누이들은 모두 좋은 믿음의 소유자들이어서 육신으로뿐 아니라 영적으로도 통하는 가족인 것을 늘 감사하게 생각하고 있습니다.

제가 미국에서 유학 생활하면서 미국교회에서 사역할 때 미국 목사님과 성도들이 저를 형제로, 한국 교인들을 가족으로 대해 주시는 것에 많은 감동을 받았습니다. 교회 안에서 김치 냄새 풍기고 아이들이 그렇게 어지럽혀도 사랑으로 이해하고 용납해 주었습니다.

나중에 예수님의 가족이 실제 믿음 안에서 영적으로도 한 가족이 되는 것을 볼 수 있습니다. 모친 마리아와 형제 야고보는 초대 교회의 기둥 같은 역할을 합니다. 혈육의 끈은 믿음 안에서 거듭나 같은 믿음을 소유할 때 더욱 단단히 매어지는 것입니다.

마리아와 야고보도 나중에는 예수님의 "누구든지 하나님의 뜻대로 행하는 자가 내 형제요 자매요 어머니이니라"(35절)는 말씀을 이해했을 것입니다. 여기서 "누구든지"의 뜻을 살펴보겠습니다. 하나님의 나라는 피와 인종과 민족이 아닙니다. 그것보다 훨씬 큽니다. 하나님의 나라는 혈연과 지연과 학연이 아닙니다. 제한적이거나 폐쇄적인 것이 아닙니다. 모두에게 가능한 것입니다. 모두에게 열려 있는 것입니다.

다음으로 "하나님의 뜻대로 행하는 자"의 뜻을 살펴보겠습니다. 예수님은 하나님의 가족의 조건으로 '하나님의 말씀을 듣고 행하는 사람들'(눅 8:21)이라고 하셨고, 본문에서도 "누구든지 하나님의 뜻대로 행하는 자"(35절)라고 하셨습니다. 이 말씀은 예수님의 혈육이 유대인에 국한되지 않고, 누구든지 하나님의 뜻대로 행할 때 하나님의 가족이 될 수 있음을 보여 줍니다. 이방 나라 사람들도 얼마든지 하나님의 가족이 될 수 있습니다.

모든 것이 달라도 "하나님의 뜻"으로 일치를 이루어야 합니다. 하나님의 뜻이 가족을 이어 주는 끈입니다. 생명입니다. 피입니다. 하나님의 가족은 혈통(血統)이 아니라 영통(靈通)입니다. 하나님 뜻으로 통해야 합니다. 하나님의 뜻을 알 뿐 아니라 행해야 합니다.

하나님의 뜻을 함께 행할 수 없다면 더 이상 가족이 의미가 없습니다. 하늘나라에는 결국 하나님의 뜻대로 산 자들만이 모여 살게 될 것입니다. 혈통으로나 육정으로 나지 않고 성령으로, 하나님의 뜻대로 난 자들입니다. 영적인 가족이 영원한 가족입니다. 그렇지 않으면 지상에서만 일시적으로 사는 가족입니다. 하나님의 가족은 운명적으로 주어지는 것이 아니라 창조적 선택입니다. 하나님의 자녀에게는 자녀의 권세와 능력이 부여됩니다.

오순절 성령강림 이후 초대 교회의 모습은 그야말로 하나의 가족을 이루는 것이었습니다. 집에서 함께 모였고, 함께 먹었고, 모든 것을 공유하였고, 가진 자는 팔아 필요에 따라 나누어 주었습니다. 모두 같은 아버지에, 같은 형제, 자매가 되었습니다. 지금 우리에게 필요한 것은 한 가족으로서의 교회를 재발견하는 일입니다.

바클레이(William Barclay)는 한 가족이 되기 위한 4가지 조건을 말했습니다. 첫째는 "공동 경험"(a common experience)이 있어야 합니다. 이는 예수 그리스도를 통한 죄 사함의 경험이 있어야 한다는 말입니다. 둘째는 "공동 관심"(a common interest)이 있어야 합니다. 즉, 예수님을 더 알기 위한 노력이 있어야 합니다. 셋째는 "공동 순종"(a common obedience)이 있어야 합니다. 이는 그리스도를 주인으로 함께 모셨으므로 서로에게 나눔과 순종이 있어야 한다는 것입니다. 넷째는 "공동 목표"(a common goal)가 있어야 합니다. 이는 하나님 나라를 건설하며 하나님의 영광을 나타내기 위해 함께 노력해야 한다는 것입니다.

우리는 한 분 하나님의 가족들입니다. 그래서 우리는 같은 성(family name)을 갖습니다. 하나님의 성(姓: Last name)은 성(聖)입니다. 그래서 성부, 성자, 성령, 성도, 성경, 성전, 성물, 성례, 성구 등 모두 같은 성을 씁니다. 우리는 같은 하나님에게서 왔기 때문입니다. 하나님은 "오늘날 내가 너를 낳았다"라고 말씀하십니다. 우리가 성령으로 거듭날 때 하나님께로 다시 나는 것입니다. 그러므로 하나님을 "아바 아버지"라고 부릅니다. 우리는 한 분 주인으로 하나님을 모십니다. 하나님을 주인으로 모신 우리는 하나님의 자녀입니다.

우리는 한 피를 나누었으므로 한 가족입니다. 예수 그리스도의 십자가의 공로로 우리는 모두 죄 씻음을 받았습니다. 우리는 성찬식을 행할 때 주님의 살과 피를 같이 먹고 마십니다. 이로써 우리는 한 몸을 받고 한 피를 나눈 형제, 자매임을 확인합니다.

교회는 한 가족을 이루어야 합니다. 늙으신 분은 부모처럼 대하고, 젊은이는 형제처럼 대하고, 젊은 여자는 친 자매에게 하듯 사랑과 친절과 겸손함과 예절이 있어야 합니다(딤전 5:1-2).

예수님은 요한복음에 나오는 고별설교에서 우리가 하나님의 뜻 안에서 한 가족을 이룰 것을 당부하셨습니다(요 17:9-12, 20-24). 주님은 우리가 한 가족을 이룰 것을 기도하셨습니다. 교회 안에서 개인주의는 경계해야 합니다. 만일 교회가 한 가족 되기 위한 노력을 게을리하고 듣기 좋은 성가나 설교를 들려주고, 기발한 프로그램들을 행하는 기관이 된다면 이는 세속적인 모임으로 전락하는 것입니다. 오늘의 교회는 이것을 경계해야 합니다. 교회는 하나의 기구가 아니라 가족입니다. 그런데 이 한 가족 공동체를 파괴하는 자들이 있습니다.

예수 그리스도의 구속의 복음을 믿어 구원을 얻는다고 주장하면서도 교회를 부인하는 소위 무교회주의자들도 복음의 중요한 일면인 하나님의 가족으로서의 교회의 모습을 무시하고 있는 것입니다. 우리는 믿음(believing) 뿐 아니라 소속(belonging)이 되어야 합니다.

하나님의 가족인 교회는 하나님의 뜻을 찾고 행하는 일을 해야 합니다. 한 가족이냐 아니냐는 하나님의 뜻을 따라 행하느냐 아니냐에 따라 결정됩니다. 이는 말이 아니라, 혈통이 아니라, 행함의 문제입니다. 이제는 행함으로 하나님의 자녀임을 보여야 할 때입니다. 그래서 주님이 우리를 둘러보며 다른 사람들에게 "내 어머니와 내 동생들을 보라"라고 말씀하실 수 있어야 합니다. 만일 그렇게 말씀하시는 대신 "내가 너희를 도무지 알지 못하노라. 불법을 행한 자들아, 다 내게서 물러가라!"라고 하신다면 어떻게 하시겠습니까?

교회는 한 가족 같아야 합니다. 그리고 모든 가정은 교회 같아야 합니다. 저는 전에 "가정 같은 교회, 교회 같은 가정"이라는 슬로건을 교회의 모토로 삼았던 적이 있습니다. 지금 우리에게 슬픈 일은 교회에서 가족 같은 분위기가 사라지고, 가정들 안에서 교회의 존재가 사라지는 것입니다.

가정에서 교회를 이루어야 합니다. 왜냐하면 예수님을 중심으로 가족관계를 가질 때 진정한 사랑과 소망과 믿음이 넘치는 하나님의 가족이 될 수 있기 때문입니다. 저는 심방을 가서 그 집에 예수님의 성화나 성구 액자를 보면 마음이 흐뭇합니다. 최소한 그 가정이 하나님의 임재를 느끼며 하나님을 경외하는 가정임을 나타내 주기 때문입니다.

가정에 교회를 이루기 위해서는 하나님이 가정의 주인이심을 고백해야 합니다. 좋은 신앙의 글 가운데 "그리스도는 이 집의 주인이시요, 모든 대화에 말없이 듣는 이시요, 식사 때마다 보이지 않는 손님이시니"라는 말이 있습니다. 모든 가족이 그리스도를 통한 관계를 주고받습니다. 아내가 나의 소유가 아니라, 자녀가 나의 소유가 아니라, 나 자신조차도 나의 소유가 아니라 이 모든 것이 하나님의 것이요, 나에게 주신 하나님의 선물입니다. 우리는 서로에게 속해 있고, 서로가 서로에게 다만 은혜로 주어졌습니다. 이 은혜는 감사함으로 행할 때만 참으로 은혜가 될 수 있습니다. 그 선물들은 존중받으면서 귀하게 다루어져야 합니다.

가정에 교회를 이루어 서로 예수님의 마음을 품고 용납하고, 사랑하며, 용기를 불어넣어 주고 참된 평화가 있도록 해야 합니다. 자녀들이 "나는 집에 빨리 돌아가고 싶다. 나의 아버지는 나의 모든 허물을 용서해 줄 수 있고, 나의 고민을 나눌 수 있다. 나의 어머니는 남이 다 나를 버린다 해도 내 모습 이대로를 사랑하며 나를 위해 늘 기도하고 계신다. 내가 세상에서 위로와 기쁨과 소망과 사랑과 안식을 얻을 곳은 나의 집이다"라고 말할 수 있어야 합니다.

성공적인 가족은 그리스도가 중심에 계시고 부모와 자녀가 그리스도 안에서 친구가 되는 것입니다. 집의 참된 행복은 나의 집이 그분(하나님)의 집이 될 때 이루어집니다.

왜 종종 열심 있게 교회 생활을 한다는 부모들이 아름다운 가정을 못 이룹니까? 가정에 교회를 이루기 위해 노력하지 않았기 때문입니다. 신앙생활은 교회생활에서뿐 아니라 가정생활에서도 이루어져야 합니다. 교회생활과 가정생활을 나누어 별개의 것으로 생각하는 것은 큰 잘못입니다. 하나님은 창세기에서 가정을 세우시고, 사도행전에서 교회를 세우셨습니다. 교회 일만 하나님 일이고 가정 일은 세상 일이 아닙니다. 교회는 가정에 풍성한 삶을 제공하고, 가정은 교회에 새로운 활력을 불어넣어야 합니다. 가족 모두가 영적으로 하나가 되어야 진정한 가정이 됩니다. 하나님 나라와 세상 나라, 두 나라 사람이 동거하는 것은 아름다운 가정이 아닙니다.

교회 같은 가정은 가정에서 예배하고, 서로를 위해 손을 잡고 기도하고, 하나님을 중심으로 한 삶을 말씀으로 가르치고, 함께 찬양합니다. 때때로 가정을 다른 사람에게 개방하여 남을 섬기고 나누는 봉사의 일을 함께하고 같이 식사하고 건전한 오락을 함께 즐기는 생활을 지속합니다. 아버지는 가정의 제사장이 되고 어머니는 말씀을 가르치는 교사가 되고 자녀들은 하나님의 성호를 찬양하는 찬양대가 됩니다.

우리는 교회에서 진실로 한 가족이 무엇인지를 가르쳐 줄 수 있어야 하고 가정에서는 교회처럼 하는 것을 배워야 합니다.

이것이 심령의 천국, 가정의 천국, 교회의 천국을 이루는 것입니다. 결국 천국은 그리스도인의 영원한 가정이기 때문입니다.

10
네 종류의 밭

1예수께서 다시 바닷가에서 가르치시니 큰 무리가 모여들거늘 예수께서 바
다에 떠 있는 배에 올라 앉으시고 온 무리는 바닷가 육지에 있더라 2이에 예
수께서 여러 가지를 비유로 가르치시니 그 가르치시는 중에 그들에게 이르
시되 3들으라 씨를 뿌리는 자가 뿌리러 나가서 4뿌릴새 더러는 길 가에 떨어
지매 새들이 와서 먹어 버렸고 5더러는 흙이 얕은 돌밭에 떨어지매 흙이 깊
지 아니하므로 곧 싹이 나오나 6해가 돋은 후에 타서 뿌리가 없으므로 말랐
고 7더러는 가시떨기에 떨어지매 가시가 자라 기운을 막으므로 결실하지 못
하였고 8더러는 좋은 땅에 떨어지매 자라 무성하여 결실하였으니 삼십 배나
육십 배나 백 배가 되었느니라 하시고 9또 이르시되 들을 귀 있는 자는 들으
라 하시니라 막 4:1-9(마 13:1-23, 눅 8:4-15, 막 4:10-34 참고)

마가복음 4장에 처음으로 예수님의 비유가 우리에게 소개되고 있습니다. 밴더빌트대학교에서 저를 가르쳤던 메리 앤 톨버트(Mary Ann Tolbert) 신약 학자는 씨 뿌리는 자의 비유를 마가복음에 있어서 가장 핵심적인 교훈으로 이해하고 마가복음 전체를 이해하는 열쇠로 취급할 정도로 중요한 말씀입니다. 마가복음 4장에는 세 가지의 비유가 나오는데 모두 씨에 대한 비유이고(자라나는 씨, 겨자씨), 비유에서 밭에 따라 달라지는 씨의 일생을 볼 수 있습니다.

밭을 잘못 만난 씨는 뿌리도 내려 보지 못하고 사라집니다.

마가복음 4장에는 예수님께서 듣는 것에 주의하라는 말씀이 여러 번 나옵니다. 9절과 23절에서 "들을 귀 있는 자는 들으라"라고 거듭 말씀하셨고, 24절에서는 "듣는 것에 주의하라"라고 하셨으며, 잘못된 것에 미혹되지 말라는 경고도 하셨습니다. 이 말씀은 매스 미디어(mass media)의 홍수 속에 사는 우리에게 듣는 것에 주의하여 자신을 지키라는 말씀으로도 들립니다. 우리는 보는 것, 듣는 것, 말하는 것에 주의해야 합니다. 33절에 주님께서 저들이 알아들을 수 있을 만큼 말씀하신 것도 볼 수 있습니다. 말씀하심과 들음을 씨앗과 밭으로 비유하십니다.

씨 뿌리는 자의 비유는 뿌리는 자에 대한 말씀이라기보다는 네 종류의 밭에 대한 비유입니다. 다시 말하면 말씀을 듣는 네 종류의 청중(듣는 자)들에 대한 이야기입니다. 어떻게 듣느냐에 따라 밭의 종류가 달라지는 것입니다. 그러므로 마가복음 4장은 하나님의 말씀이 어떻게 각자에게 받아들여지고 있으며, 어떻게 자라며, 어떻게 세상에 나타나는가에 대해 설명하고 있는 것입니다. 씨 뿌리는 자의 비유는 듣는 자들에 대한 비유입니다. 예수님께서 말씀을 전하실 때 당시 사람들의 반응을 네 가지로 분류하여 비유로 말씀하신 것입니다. 이 말씀 앞에 우리는 자신이 어떤 종류의 밭인가를 냉철하게 진단해야 합니다.

이 비유는 먼저 씨 뿌리는 자에 대한 언급으로부터 시작됩니다. 여기에서 분명 씨 뿌리는 자는 예수님입니다. 오늘날로 말하면

복음 전도자입니다. 씨 뿌리는 자로서의 책임을 우리는 마땅히 감당해야 합니다. 뿌리는 자가 없으면 어떻게 열매를 기대하겠습니까? 우리가 복음을 전파하지 않는다면 어떻게 다른 사람들이 구원을 얻을 수 있겠습니까?(롬 10:14-15 참고) 씨를 뿌리는 자는 씨를 뿌리되 많이 뿌려야 합니다. "적게 심는 자는 적게 거두고 많이 심는 자는 많이" 거두기 때문입니다(고후 9:6). 자나 깨나, 앉으나 서나, 기회를 얻든지 못 얻든지 부지런히 복음의 씨를 뿌려야 합니다. 뿌리는 자는 이 밭 저 밭 가릴 겨를이 없습니다. 때로는 예기치 않는 곳에서 열매를 맺기 때문입니다.

미국 갈보리교회에서 목회할 때 이런 경험을 한 적이 있습니다. 교회 놀이터 공사 중간 휴식 시간에 수박을 먹다가 씨를 아무데나 뱉어 놓고 자갈을 깔았습니다. 그런데 예기치 않게 그 수박씨가 20센티도 더 되는 자갈밭을 뚫고 나와 탐스러운 11개의 수박을 맺은 것입니다. 씨가 내포하고 있는 생명력은 아무도 가늠할 수 없기 때문에 하나님께 맡기고 기회를 얻는 대로 힘써 말씀의 씨를 뿌려야 합니다. 물론 정성을 다해 사랑과 기쁨으로 할 때 더욱 효과가 있습니다. 그리고 비록 더딜지라도 인내하며 기다릴 줄 알아야 합니다(갈 6:9).

씨는 앞에 이미 언급한 대로 말씀입니다. 이 씨는 반드시 뿌려져야 합니다. 즉 말씀은 전파되어야 합니다. 이는 영생을 위하여 성령으로 썩지 않는 것을 심는 것입니다(갈 6:8). 이 말씀의 씨는 참으로 값진 것입니다. 처음에는 보잘것없는 작은 겨자씨와 같더라도 그것이 모르는 사이에 자라 거목이 되고 모든 새가 깃들이게 됩니다. 다시 말해 말씀은 생명력이 있어 커다란 결실을 거두고 하나님 나라를 이루고 모든 사람과 나라가 쉼과 평안을 누리게 하는 놀라운 능력이 있습니다. 씨는 잠재태입니다. 씨 자체만을 보고는 장차 그 나무의 실체를 예견하기가 어렵지만 실제로 심으면 그 씨 속에 무한한 힘이 있어 상상할 수 없는 위대한 결실을 가져옵니다. 씨를 심는 것은 잠재태를 현실태로 바꾸어 주는 것입니다. 씨를 책상 위에 놓아두면 1년이 지나도 결실할 수 없습니다. 땅에 심어야 합니다.

여기까지 보면 비유에서 씨를 뿌리는 농부는 동일하고, 복음의 씨도 같습니다. 그런데 다른 것은 밭입니다. 같은 농부가 같은 씨를 같은 시간에 뿌렸는데 밭의 종류에 따라 결실이 달라집니다. 농사일은 참 정직한 것 같습니다. 농부가 할 수 있는 일은 씨를 바꾸는 것이 아니라 밭을 잘 만드는 것입니다. 같은 씨라도 밭에 따라 결실이 달라집니다.

비유에서는 네 가지 종류의 밭을 소개하고 있는데, 이것은 네 가지 종류의 인간의 마음을 나타내고 있습니다. 본문을 잘 살펴보면 네 종류의 밭이 각각 멀리 떨어져 있는 것이 아니라 한자리에 모여 있습니다. 이 말씀을 좀 더 잘 이해하기 위해서 당시의 밭을 설명해 보겠습니다. 당시 밭은 보통 밭이랑 사이에 사람이 다니는 길이 있고 농부는 그 길에 서서 씨를 사방으로 뿌립니다. 씨를 한 움큼씩 움켜쥐어 흩뿌리는 파종법입니다. 하나씩 심는 것이 아니고 서서 뒷걸음치면서 한 줌씩 뿌리기 때문에 자연히 씨는 흩어져서 길 위에도, 돌밭 위에도, 가시덤불 사이에도, 옥토에도 떨어지게 됩니다. 또 하나의 다른 방식은 부대에 구멍을 내어 그 속에 씨를 넣고 나귀 등에 싣고 가며 뿌리는 방식으로 역시 결과는 마찬가지입니다.

이 말씀은 같은 장소에서 같은 전도자에 의해 동일한 말씀이 전파될지라도 듣는 사람의 태도에 따라 결과가 달라진다는 것입니다. 같은 자리에서 같은 말씀을 증언하여도 듣는 사람의 마음 상태에 따라 전혀 다른 결과를 가져온다는 이야기입니다.

예수님은 "들으라"(막 4:3) 하며 비유를 시작하십니다.

첫째는 길가와 같은 마음이 있습니다. 길은 여러 사람이 밟고 지나다니면서 굳어지고, 닳아지고, 온갖 더러운 것들이 뒹구는 곳입니다. 예수님은 네 종류의 밭을 설명하실 때 각각 그 밭에 해당하는 사람들을 염두에 두셨는데, 길가와 같은 사람은 당시의 종교 지도자들인 바리새인, 서기관 같은 사람들입니다. 완악한 마음을 가지고 진리에 귀를 기울이려 하지 않는 사람, 자기의 철학과 삶의 방식으로 굳어진 사람, 바쁘게 살면서 닳고 닳아져 세상의 온갖 더러움에 젖어 있는 사람입니다.

그들에게도 말씀의 씨가 떨어지기는 하였으나 즉시 새들이 와서 쪼아 먹었습니다. 씨는 싹도 피워 보지 못하고 사라집니다. 가장 빨리 사라진 씨입니다. 씨앗의 생명이 제일 짧습니다. 누가복음에 더욱 자세히 이 말씀을 해석하였는데 새는 마귀로서, 마귀가 그들로 믿어 구원을 얻지 못하게 하려고 말씀을 그 마음에서 빼앗는 것이라고 했습니다(눅 8:12). 길가와 같은 마음의 원수는 마귀입니다. 길가와 같은 마음을 가진 사람은 그 말씀의 귀한 값어치를 무시하고 그 말씀을 밟는다(눅 8:5)고 했으니 결국 개에게 진주를 던진 것이 되었습니다.

이 말씀은 오늘 우리에게 어떻게 적용됩니까? 때때로 하나님의 말씀이 우리 마음속에 부딪힐 때 자기의 철학으로 거부합니다. 마음을 닫아 버립니다. 말씀을 적용하지 않는 것입니다. 그리고 영적인 일에 대한 관심이 일어날 때 미루거나 무시해 버립니다. 그것이 바로 말씀의 씨를 밟거나, 말씀의 씨를 사탄이 빼앗아 가는 것입니다. 그것도 모르고 아무 일도 없었던 것처럼 살아가는 사람들이 얼마나 많습니까?

둘째는 돌밭과 같은 마음입니다. 밭을 전체적으로 갈아엎지 않고 잘못 갈면 돌밭 위에 약간의 흙이 덮이는 정도로 될 때가 있습니다. 이것이 흙이 얇은 돌밭입니다. 이 위에도 씨가 떨어졌습니다. 처음에는 쉽게 싹이 나왔습니다. 아래 있는 돌이 햇빛을 반사해 주기 때문일 것입니다. 그러나 조금 지나면서 습기도 없고 더 뿌리를 내릴 수 없어서 말라 버렸다는 것입니다. 이것을 주님은 말씀을 즉시 기쁨으로 받으나 그 말씀 때문에 환난이나 핍박이나 시험을 받으면 곧 넘어지고 배반하는 자라고 하셨습니다. 이 돌밭과 같은 마음의 원수는 자신의 육신입니다. 마음은 원이로되 육신이 약합니다.

이 돌밭은 베드로를 위시한 당시의 제자들의 상태를 잘 나타내 주고 있습니다. 예수님께서 베드로를 “바위”(자갈)라고 부르신 데에서도 그 이유를 찾을 수 있다고 톨버트(Mary Ann Tolbert) 교수는 주장합니다. 부활 이전의 베드로는 반석이라기보다는 잔돌입니다. 마가는 제자들의 실수와 불신앙을 우리 앞에 그대로 소개하고 있어서 더욱 그런 심증을 굳게 합니다.

마가복음 4장 35-41절에서의 제자들의 행동은 돌밭과 같은 상태를 여실히 보여 줍니다. 제자들이 예수님의 분부하심을 따라 갈릴리 바다 건너편으로 가기 위해 주님을 모시고 배를 타고 가다가 큰 광풍을 만나는 상황입니다. 우리의 삶을 항해에 비유해서 말할 수 있겠고, 또 배는 우리의 교회로 비유해 볼 수 있을 것입니다. 그 배가 예기치 못한 순간에 광풍을 만나게 되었습니다. 이것은 갑자기 병원에 가서 진단을 받으니 치명적인 암이었다든지, 잘되던 사업이 곤두박질치는 상황이라든지, 하루아침에 직장을 잃었다든지, 부모님의 상을 당했다든지, 교통사고가 났다든지 하는 갑작스러운 큰 광풍이 우리의 항해에 몰아치는 경우입니다.

이런 광풍의 원인을 몇 가지로 진단해 볼 수 있는데, 첫째는 자신의 불순종 때문에 올 때가 있습니다. 이것은 요나가 니느웨로 가라는 하나님의 말씀을 어기고 다시스로 가는 배를 탔다가 풍랑을 만난 경우입니다. 이렇게 자신의 욕심과 교만과 불신앙으로 오는 광풍이 있습니다. 이런 경우는 요나처럼 하나님께 자신을 맡기고 회개하면 잠잠해질 수 있습니다. 또 다른 경우는 우리를 훈련시키시려는 하나님의 특별한 섭리 속에 오는 광풍도 있습니다. 욥처럼 인내와 믿음으로 그 연단을 통과하면 정금같이 나올 것입니다. 마지막으로 사탄의 시험인 경우가 있습니다.

이들은 이전에 많은 기사도 보고 주님의 말씀을 들었는데도 자신이 맞이한 특별한 상황에서는 하나님의 능력을 믿는 그 믿음을 실제로 적용하지 못했습니다. 돌밭처럼 믿음이 시련을 당하게 되면 즉시 넘어지는 경우입니다. 지금까지 남의 이야기로, 남의 주님으로 믿은 것입니다.

주님은 풍랑을 꾸짖어 잠잠케 하시고 아울러 제자들의 믿음 없음을 꾸짖으셨습니다. "너희가 어찌 믿음이 없느냐"(막 4:40). "너희 믿음이 어디 있느냐"(눅 8:25).

4장 41절에는 한심의 극치를 보여 주는 말이 나옵니다. 예수님 말씀 한마디에 풍랑이 잠잠해지자 제자들이 "그가 누구이기에 바람과 바다도 순종하는가"라고 합니다. 아니 아직도 그것을 몰라서 묻습니까? 그분은 자연의 주요, 창조자시요, 우리의 생사화복을 주장하시는 하나님이시요, 우리를 구원할 그리스도이십니다.

이런 제자들은 결국 주님이 십자가를 지실 때 모두 도망가고, 베드로는 핍박이 두려워 주님을 세 번씩 부인하였습니다. 진짜 금인지 금도금인지는 불 속에 넣었다 빼면 알 수 있듯이 진짜 성도는 환난과 핍박 중에서 가려낼 수 있습니다. 돌밭 같은 사람은 말로는 믿는다고 하나 그 믿음 때문에 어려움을 당하면 쉽게 넘어져 결실치 못하는 자입니다. 귀가 얇은 사람, 육신이 편한 것만 찾는 사람, 복만을 바라고 예수를 믿는 실리주의자들은 흙이 얕은 돌밭입니다. "뿌리가 없으므로 말랐고"(막 4:6). 신앙의 전통과 깊이가 필요합니다. 일시적인 감정과 결단으로는 부족합니다. 길가와 같은 밭의 원수가 씨를 물어 가는 사탄이라면, 돌밭의 원수는 자신의 육신입니다.

셋째로 가시밭과 같은 마음입니다. 씨가 실제로 가시덤불 속에 떨어질 수도 있고, 아니면 밭을 갈며 가시덤불을 제거했다 하더라도 그 뿌리가 남아 있어서 밖으로는 아무 이상이 없었는데 씨를 뿌리고 나서 가시가 먼저 자라 기운을 막고 양분을 다 빼앗아 결실치 못하는 경우입니다.

이 가시밭의 원수는 세상, 즉 염려와 향락과 욕심이 복잡하게 짜여 있는 것입니다. 이 말씀은 당시의 얄팍한 군중들의 상태를 가리키고 있습니다. 그들은 예수님을 따르는 것 같으면서도 자기의 욕심과 필요를 위해 예수님을 찾고, 서로의 눈치를 살피며 자신에게 유리한 대로 행동하고, 세상의 많은 것들로 복잡하게 얽힌 사람들입니다.

이런 사람들은 세상에 마음이 팔려 무엇을 먹을까, 무엇을 입을까, 무슨 차를 탈까, 무슨 집을 지을까, 어떻게 명예를 얻을까, 어떻게 학위를 딸까, 어떻게 부자가 될까, 어떻게 즐길까, 무엇을 모아볼까 같은 것에 주된 관심을 두고 살아갑니다. 이런 온갖 것들로 마음을 꽉 채워 놓고는 머리가 아프다, 복잡하다, 헷갈린다 하는 사람들입니다.

미국에 사는 한국 사람들을 보면 좋은 집을 짓고 차고를 지어 놓았는데, 시간이 지나면 온갖 잡동사니로 차고를 가득 채워 놓아 정작 들어가야 할 차는 밖에다 세워 놓는 경우가 많습니다. 하나님이 차지하셔야 할 내 마음의 자리에 목적에 맞지 않는 잡동사니로 가득 복잡하게 채웁니다. 그러니 질서도 평안도 없고 복잡다단한 삶입니다.

넷째는 좋은 땅과 같은 마음입니다. 이 땅은 심은 그 씨와 같은 열매를 맺되 30배, 60배, 100배의 결실을 맺어 씨 뿌린 자와 그 열매를 기다리는 자를 기쁘게 하는 착하고 좋은 마음으로, 말씀을 듣고, 지키어, 인내로 결실하는 자입니다(눅 8:15).

다시 말하면 하나님의 말씀을 잘 듣고, 받아들이고, 행동에 옮기는 자입니다. 그것이 열매를 맺는 과정은 4장 26절부터 29절 사이에 소개된 순서대로 입니다. 하나님 나라를 이루어 가는 것에 비유할 수 있는데 자기도 모르는 사이에 말씀의 씨앗은 그 강력한 생명력으로 싹을 틔우고, 다음에는 이삭을 내고, 다음에는 충실한 곡식이 익어 그 열매를 추수합니다. 씨앗의 생명력과 땅의 생명력이 유기적으로 작용하면서 이루어 내는 결실입니다. 여기에 보이지는 않지만 햇빛과 영양분을 공급하시는 하나님의 돌보심도 들어가 있습니다. 여기에는 기다림의 기나긴 과정도 있습니다. 그것은 희망의 기다림입니다. 하나님 나라의 태동과 성장 그리고 결실이 이와 같습니다. 믿음도 이렇게 자라는 과정을 거칩니다. 회개와 믿음으로 중생하고, 성령과 말씀 안에서 성결한 사람으로 천국에 이를 때까지 자라는 것입니다.

겨자씨 한 알의 비유(막 4:30-32)를 보면, 비록 가장 작은 씨라도 나중은 창대하여 큰 나무를 이룬다고 했습니다. 이것은 에스겔서에 나오는 예언처럼(겔 17:22-24) 하나님은 적은 것으로부터 큰 일을 이루어 주실 것인데 비록 내가 겨자씨만 한 믿음을 가지고 있더라도 나중에는 큰 거목이 되어 많은 민족과 사람들에게 쉼과 평안을 주는 도구가 될 수 있다는 것입니다.

하나님 나라는 '자라나는 씨 비유'(막 4:26-29)와 '겨자씨 비유'(막 4:30-32)에 담겨 있습니다. 모두 옥토에 뿌려진 씨입니다. 씨의 일생은 이렇게 밭에 따라 달라집니다.

이 모든 것은 바로 내가 좋은 땅으로 마음 밭을 일굴 때 되는 것입니다. 주님은 이 비유의 말씀을 통하여 당시의 사람들이나 우리에게 좋은 땅으로 마음을 일구라고 촉구하십니다. 묵을 땅을 기경하여 자갈과 가시를 뿌리째 골라내어 옥토로 바꾸어야 합니다.

마가복음이 기록되던 AD 65년 초대 교회의 상황을 보면, 그들은 혹독한 박해와 세상의 많은 걱정들 그리고 개인적인 욕심들이 문제를 일으키고 있었습니다. 이러한 문제들은 오늘날도 마찬가지입니다. 하나님의 말씀을 들을 때 즉시 거부하는 사람도 있고, 기쁘게 들으나 지속하지 못하는 사람도 있고, 말씀을 듣고 실행하여 열매를 맺는 사람도 있습니다.

그때 이 옥토와 같은 사람들이 있었기 때문에 초대 교회 당시에 겨자씨 같은 무리들이 오늘날 세상을 덮고 모든 민족과 백성들이 그 안에 평안을 누리게 되었습니다. 겨자씨 한 알의 비유의 진리는 우리가 오늘날 증명할 수 있는 열매를 보여 주고 있습니다.

네 종류의 밭은 점층법의 기법으로 서술되어 있습니다. 싹조차 나지 않는 경우, 싹은 나지만 자라지 못하는 경우, 자라기는 하지만 결실하지 못하는 경우, 수많은 결실이 있는 경우입니다. 나는 어떤 종류의 밭에 속합니까? 열매 맺지 못하게 방해하는 원수는 마귀요, 육신이요, 세상입니다. 이것이 신자들의 삼대 적입니다. 길가의 원수는 마귀, 돌밭의 원수는 육신, 가시밭의 원수는 세상입니다. 공중을 통해서는 마귀가 쳐들어오고, 외적으로는 세상이 유혹을 하고, 내적으로는 육신의 약함이 나의 영혼을 위협하고 있습니다. 나의 약점은 어디에 있습니까? 이러한 영적 싸움에서 믿음으로 승리해야 합니다. 이상한 일은 잡초나 엉겅퀴는 그냥 놔두어도 무성하게 잘 자랍니다. 그러나 아무리 옥토라도 관리하지 않고 그냥 방치하면 돌밭이 되고 황폐해지며, 좋은 화초와 채소는 많은 정성을 들여야만 결실합니다. 기름진 밭으로 일구려면 땀과 눈물이 많이 요구됩니다. 그리도 값진 씨가 결실하기 위해서는 힘이 많이 듭니다. 한 평의 땅도 그냥 옥토가 되는 법이 없습니다. 마찬가지로 사람도 그냥 놔두면 얼마든지 저절로 죄의 정글이 될 수 있습니다. 쓸모없는 돌밭, 그리고 잡초밭이 될 수 있습니다.

만일 내 마음의 밭이 이전에는 기름진 땅이었는데 지금은 그렇지 못하다면 우리는 "묵은 땅을 기경"해야 합니다(호 10:12). 내 마음의 밭을 성령의 보습으로 깊게 갈아엎어야 합니다. 이것은 회개를 의미하는데, 완악한 부분은 부드럽게 하고, 돌은 골라내고, 가시덤불과 잡초는 제거하고, 눈물과 땀으로 내 마음의 밭을 기름지게 일구어야 합니다. 영혼의 밭을 가꾸어야 합니다. 그래서 말씀의 씨를 100배나 거두는 성도들이 되시길 바랍니다.

그리고 이 비유를 씨 뿌리는 자를 중심으로 보았을 때는 거듭되는 실패에도 불구하고 낙심하지 말고 계속 뿌려 결국은 결실하라는 이야기로 볼 수도 있습니다. 세 가지의 실패 사례(돌밭, 길가, 가시떨기)와 세 가지의 성공 사례(30배, 60배, 100배)가 나와 있습니다. 열매는 추수기 이전에 파종기에 이미 결정됩니다. 될성부른 나무는 처음부터 알아볼 수 있기 때문입니다.

11
잠잠하라 고요하라

35그 날 저물 때에 제자들에게 이르시되 우리가 저편으로 건너가자 하시니
36그들이 무리를 떠나 예수를 배에 계신 그대로 모시고 가매 다른 배들도 함
께 하더니 37큰 광풍이 일어나며 물결이 배에 부딪쳐 들어와 배에 가득하게
되었더라 38예수께서는 고물에서 베개를 베고 주무시더니 제자들이 깨우며
이르되 선생님이여 우리가 죽게 된 것을 돌보지 아니하시나이까 하니 39예수
께서 깨어 바람을 꾸짖으시며 바다더러 이르시되 잠잠하라 고요하라 하시니
바람이 그치고 아주 잔잔하여지더라 40이에 제자들에게 이르시되 어찌하여
이렇게 무서워하느냐 너희가 어찌 믿음이 없느냐 하시니 41그들이 심히 두려
워하여 서로 말하되 그가 누구이기에 바람과 바다도 순종하는가 하였더라
막 4:35-41

1990년 3월 18일 새벽 1시 보스턴 이사벨 스튜어트 가드너 박물관의 초인종이 울렸습니다. 경찰관 두 명이 박물관 뜰에서 소동이 있다는 신고를 받고 출동했다고 하여 경비원들이 문을 열어 주었습니다. 경찰관들은 경비원이 공개수배범과 인상착의가 비슷하다며 신분증을 요구하고 수갑을 채웠습니다. 그런데 그들은 경찰로 위장한 강도였고 세계적인 명화 13점을 가지고 달아났습니다. 작품들은 총 5억 달러(6500억) 상당의 가치를 지녔으며 미국 역사상

가장 큰 규모의 미술품 도난 사건으로 기록되었는데, 그중에 바로크 시대를 대표하는 화가이자 빛의 화가라고 불리는 렘브란트가 27세에 그린 유일한 바다 풍경화 〈갈릴리 바다의 폭풍〉(1633년)이 있었습니다. 아직도 못 찾았으니 아시는 분은 신고하세요. 1000만 달러 현상금이 걸려 있습니다.

그 그림은 오늘 본문을 배경으로 하고 있습니다. 하늘에는 짙은 먹구름이 덮여 있고 성난 파도가 배에 부딪혀 하얗게 부서집니다. 배는 절반쯤 기울어져 금방이라도 침몰할 것처럼 보입니다. 배 안에 예수님과 열두 제자가 보입니다. 뱃머리에 있는 다섯 제자는 배가 뒤집히지 않도록 사투를 벌이고 있습니다. 파도에 휩쓸리지 않기 위해 밧줄을 잡으며 균형을 잡아 보려 하지만 돛줄 하나가 벌써 떨어져 바람에 날리고 있습니다. 배의 후미에는 예수님께 구해 달라고 애원하는 다섯 사람이 보입니다. 그래도 비교적 예수님 쪽에는 파도가 잔잔해 보입니다. 배 밖으로 구토를 하는 사람도 있습니다. 그 와중에 파란색 옷을 입고 돛 줄을 붙들고 있는 모자를 쓴 한 사람이 보입니다. 성경에는 나오지 않는데 누구일까요? 화가 렘브란트 자신입니다. 그는 성화에 자신을 종종 그려 넣었습니다. 그런데 그의 시선은 우리를 향하고 있습니다. 이 시선이 우리를 그림의 현장으로 끌어들입니다. 렘브란트는 위대한 화가였지만 그의 삶은 불행했습니다. 네 자녀 중 세 명이 죽고, 아내도 죽고, 어머니도 죽고, 자신은 파산했습니다. 그야말로 인생의 바다에서 폭풍을 만난 것입니다. 그의 굴곡진 삶은 그를 깊은 내적 성찰로 이끌었고 상실과 아픔을 통해 하나님의 계획하심과 신실하심을 깨닫기 시작했습니다. 그런 믿음을 바탕으로 작품에 하나님의 사랑과 말씀을 담아 놓았습니다. 렘브란트의 마지막 작품은 〈탕자의 귀향〉이었습니다.

성경에는 광야에서 떠돌거나 바다에서 항해하는 이야기가 많이 나옵니다. 인생이나 신앙생활을 바다의 항해에 비유할 수 있기 때문입니다. 바다는 생명을 공급하는 수단이면서도 때때로 생명을 위협하기도 합니다. 순항이 예상되었던 항해에서도 예기치 못한 풍랑을 만납니다. 경험이 풍부했던 어부 출신 제자들조차 때때로 예상 밖의 풍랑을 만납니다.

본문은 왜 풍랑을 만났는지는 설명하지 않습니다. 단순한 자연현상일 수도 있고, 믿음을 시험하는 것일 수도 있고, 사역을 방해하려는 사탄의 소행일 수도 있습니다. 인생도 그렇습니다. 순탄한 길이 예상되는 곳에서 이유를 알 수 없는 생각지도 못한 풍랑을 만납니다. 코로나19는 인류 모두에게 갑자기 들이닥친 큰 풍랑이었습니다. 그 외에도 나라별로, 지역별로, 개인별로 당하는 풍랑이 있습니다. 여름에 잠깐의 장마에도 산사태가 나고, 지하차로가 침수되고, 강둑이 붕괴되고, 물이 차올라 어려움을 겪는 선량한 시민들이 많습니다. 러시아와 우크라이나, 이스라엘과 하마스 사이의 전쟁, 미얀마 쿠데타 등등 우리는 건강, 가정, 교회, 사업, 직장에서 큰 풍랑을 만납니다.

1. “그날 저물 때에”(35절a)

인생의 깊은 밤을 만났습니다. 어둠은 두려움의 온상입니다. 앞이 보이지 않기 때문에 잘 알던 길, 같은 길도 겁이 나고, 무력해지고, 혼란스러워집니다. 어둠은 길을 잃고 방향감각을 잃게 만듭니다. 어둠은 현실을 과장하고 왜곡하기도 합니다. 순간에 공포와 혼란이 밀려옵니다. 익숙했던 바다가 전혀 다른 바다처럼 느껴집니다. 바다에서 밤 항해는 어둠 가운데 바람과 파도를 맞는 태고의 신비와 두려움이 함께 옵니다. 그래도 밤에 좋은 점도 있습니다. 밝을 때 보지 못하던 별이 보입니다.

2. “우리가 저편으로 건너가자”(35절b)

인생에서 폭풍을 만났을 때 가장 먼저 기억해야 할 것은 우리의 모든 것이 하나님의 뜻 안에 있다는 것입니다. 당신의 삶을 향한 하나님의 계획을 믿으십니까? 예수님은 목적지를 “저편으로” 정하셨지만, 그곳에서 무슨 일이 있을지, 그곳에 어떻게 갈지 일일이 설명하지는 않으셨습니다. 그래도 목적이 분명하면 과정은 믿어야 하는 것입니다. 더구나 예수님이 말씀하셨으니 말입니다. 하나님께서 요셉에게 꿈과 비전을 주셨지만, 그곳에 도달하는 모든 과정을 자세히 다 가르쳐 주신 것은 아닙니다. 아브라함을 부르셨을 때, 민족의 조상이 되는 약속을 주셨지만, 그 모든 것이 이루어지는 과정을 미리 설명해 주신 것은 아닙니다. 살아가면서 몸으로 부딪치면서 알게 됩니다. 모세에게 사명을 주셨을 때도 이집트에서 가나안까지 민족을 이끌 약속을 주셨지만, 그 모든 과정을 설명해 주신 것은 아닙니다. 그러나 그 모든 과정에 하나님이 함께하십니다. 그것보다 더 확실한 것이 있습니까? 하나님의 임재보다 더 확실한 보증이 있을까요?

풍랑이 이는 배라도 예수님이 함께하시기 때문에 두려워할 필요가 없습니다. 더구나 예수님이 그곳으로 가자고 하셨으니 믿어야 합니다. 그분의 임재를 믿으십시오. 그분의 임재를 경험하십시오. 우리가 하나님의 약속을 더 많이 알수록 자신감도 더 커집니다. 제자들은 이런 과정을 통해서 믿음이 강해졌습니까, 아니면 약화되었습니까? 우리가 영적으로 자랄 때는 환란을 겪을 때입니다. 우리는 곤경 속에서 자랍니다. 바람에 흔들리며 자라는 나무처럼 우리도 흔들리며 성장합니다. 사진이 암실에서 인화되듯이 믿음은 어둠 속에서 가장 잘 자랍니다. 나의 영적 성장을 위한 하나님의 계획에는 파도와 폭풍도 시련도 들어 있습니다.

항해를 예수님이 먼저 명령하셨고, "저편으로 건너가자"고 목적지를 분명히 말씀하셨기 때문에 두려워할 필요가 없습니다. 결말을 알면 무섭지 않습니다. 예수님이 책임지십니다. 그러나 제자들의 안목은 너무 단기적입니다. 그들의 마음은 파도만큼이나 변화무쌍합니다. 제자들은 캄캄함, 바다, 풍랑, 밀려드는 물 때문에 죽음의 공포에 사로잡혔습니다. 그 순간 예수님의 임재, 약속, 사명, 모든 것을 잃어버렸습니다. 한 가지 부족하다는 것이 얼마나 모든 것을 다 무력화시키는가요? 풍랑 하나가 이 모든 것을 날려 보낼 수 있나요?

없는 것 한 가지에 너무 몰두하지 마세요. 아직도 있는 많은 것들을 한번 헤아려 보세요. 알렉스 켄드릭(Alex Kendrick), 스티븐 켄드릭(Stephen Kendrick)이 쓴 「그리스도인의 정체성을 말하다」에 이런 이야기가 나옵니다. 켄드릭 부부가 중국에서 고아를 입양하여 미국으로 데리고 오는데, 비행기에서 아이가 얼마나 우는지 가슴이 아팠다고 합니다. 낯선 사람들을 만나 비행기를 타고 모르는 곳에 가기 때문에 두렵기도 했겠지만 그 고아는 이제 신분이 변화되어 켄드릭 부부의 자녀가 되었다는 사실을 실감하지 못하는 것입니다. 목적 못지않게 과정도 중요하지만 험난하다고 해서 절망할 필요는 없습니다. 우리는 어둠 너머, 폭풍 너머, 수평선 너머로 펼쳐질 사명, 비전을 보는 안목이 필요합니다. 더 큰 그림을 볼 수 있어야 합니다. 사건의 표면은 보지만 심층은 보지 못하고, 일의 현상은 보지만 진상은 보지 못하고, 들리는 것에 사로잡혀 진짜 들을 소리를 듣지 못해서는 안 됩니다. 보이는 것에 정신이 팔려 진짜 볼 것은 보지 못하는 제자들처럼 되어서는 안 됩니다.

그럼 왜 "(호수) 저편으로 건너가자"고 하셨을까요? 나중에 알게 되겠지만, 그곳은 거라사인의 지방으로 무덤에 쇠사슬로 메여 있는 군대 귀신 들린 자를 만나서 고쳐 주시기 위해 가시는 것입니다. 사명이 확실하면 풍랑을 이길 수 있습니다. 사명을 붙드십시오. 완수해야 할 사명이 있는 한 죽지 않습니다.

3. "고물에서 베개를 베고 주무시더니"(38절a)

광풍이 예수님을 깨우는 것이 아니라 제자들이 깨웁니다. 이런 예수님의 모습을 그려 놓고 제목을 〈아, 이 평안〉이라고 붙이고 싶습니다. 이 평안을 얻고 싶습니다.

> 평안을 너에게 주노라
> 세상이 줄 수 없는
> 세상이 알 수도 없는 평안
> 평안 평안
> 평안을 네게 주노라

우리는 안락하고 고요하고 푹신한 침대에 누워도 잠이 오지 않는데, 그렇게 광풍이 몰아치고 바다 물결이 쳐들어와 배 안을 적시는데도 주무시는 예수님은 정말 대단하십니다. 무얼 믿고 이렇게 주무시나요? 아니면 제자들이 어떻게 하는지 보고자 자는 척을 하시는 걸까요? 같은 배에 있지만 제자들의 모습과는 너무 대조적입니다. 일어나셔서도 놀라거나 허둥대는 기색도 없이 오히려 제자들이 이상하다는 듯 나무라시는 예수님입니다.

우리가 타고 있는 배 안에는 예수님이 계십니다. 예수님을 투명인간 취급하지 말고 상황에 개입시키십시오. 어떻게 개입을 시키죠? 기도는 우리의 삶의 자리에 예수님을 개입시키는 것입니다. 예수님은 언제나 말없이 함께하시는 분, 잠자코 계시는 분, 초대할 때까지 기다리시는 분입니다. 우리가 무엇보다 제일 먼저 해야 할 일은 예수님을 깨우는 것입니다. 우리가 찾아야 할 분은 예수님밖에 없습니다. 내 안에 계시는 예수님을 깨우십시오. 그리고 나를 위해 일하게 하십시오. 기도보다 더 앞세울 일은 없습니다.

4. "선생님이여 우리가 죽게 된 것을 돌보지 아니하시나이까"(38절b)

절박한 제자들의 마음을 그대로 드러낸 말입니다. 그런데, 누가 죽는단 말입니까? 누가 돌보지 않는단 말입니까? 자기들 멋대로 해석하고 단정합니다. '이젠 죽었다. 아무도 돌보지 않는다. 망했다. 끝이다. 도저히 불가능하다. 방법이 없다.' '당신들 안 죽어요. 주님이 돌보고 있어요.'

그러면 예수님이 자기들 죽이려고 배 타고 저편으로 가자고 했다는 말입니까? 제자들 버려두고 예수님께서 피할 것 같습니까? 모두 오해이고 비약입니다. 불평, 불신, 절망하는 대신 부탁하고, 믿음을 가지고, 확신을 가지세요.

시골에 가서 보면 어린아이가 자기보다 훨씬 큰 황소를 데리고 다닙니다. 커다란 황소가 아이의 손에 이끌리는 이유가 있습니다. 소의 커다란 눈은 실제보다 사물을 크게 만들고, 거리감이 없기 때문에 자기의 그림자에도 놀란다는 것입니다. 게다가 소는 색맹이라 세상이 온통 무시무시한 그림자로 가득 차 있습니다.

제자들은 폭풍 속에서 두려움을 넘어 죽음을 상상하고 있습니다. 무슨 일을 만나면 상황을 악화시켜 생각하는 사람들입니다.

'스노우볼 이펙트'(snowball effect)라는 말이 있습니다. 걱정, 두려움, 의심 같은 부정적인 생각을 하며 잠자리에 들면 조그마하던 문제가 밤새 눈덩이처럼 불어나 사람을 짓누릅니다. 아침에 일어나면 아무것도 아닌데 말입니다. 그래서 정신병 환자는 밤새 집을 짓고, 정신과 의사는 그 집세를 받는다고 합니다.

예수님의 평안과 제자들의 두려움이 극적인 대조를 이루고 있습니다. 우리는 두려움을 먹고 삽니다. 그리고 두려움을 무릅쓸 때 성장하고 새로운 세계가 열립니다. 당신은 언제 두려움을 느낍니까? 지금까지 살면서 두려움을 느꼈던 경험은 언제 무엇 때문이었습니까? 저는 부모님의 극심한 반대에도 불구하고 신학교에 진학했을 때, 26살의 젊은 나이에 목사 안수를 받을 때, 결혼하기 전날 밤, 가진 것도 없이 가족 모두를 이끌고 미국에 도착한 첫날 밤, 강사 생활을 하기 위해 다시 한국으로 돌아올 때, 중앙교회에 오기 위해 교수직을 사표 냈을 때, 총회장에 출마하기로 결심하였을 때 등이 떠오릅니다. 그러나 돌이켜보면 그 두려움을 무릅쓸 때 새로운 세상이 열렸습니다. 제가 그런 두려움을 감수하지 않았다면 지금 여기에 서 있을 수 있을까요? 아마 '카우치 포테이토'(소파에 앉아 감자칩이나 먹고 TV나 보는), 안전빵으로 살았을 것입니다.

우리는 사방에 두려워해야 할 것이 널려 있습니다. 실직, 퇴직, 불황, 심장병, 암, 치매, 노후대책, 상해, 죽음, 성범죄, 묻지마 범죄, 음주 운전, 절도, 사기, 전쟁, 테러, 쓰나미, 지진, 화산폭발, 구제역, 코로나19, 태풍, 홍수, 지구 온난화…. 이것들은 스트레스, 불안, 강박 신경증, 우울증, 불면증을 유발합니다. 두려움은 혈압과 심박수를 증가시킵니다. 두통, 발한, 구토, 설사를 유발합니다. 현기증, 가슴 통증, 의식 상실을 부릅니다. 궤양, 불면증, 소화불량의 근본 원인은 모두 두려움입니다. 정신 건강 전문의는 분노를 두려움의 가면이라고 말합니다. 가장 큰 위협을 느낄 때 우리는 가장 많이 분노합니다. 분노하는 것은 내면의 두려움을 밖으로 표출하는 것입니다.

물론 두려움이 올바로 사용되면 해로운 것에서 우리를 지켜주는 보호막 역할을 합니다. 위험신호인 셈이죠. 그러나 막연하고 모호한 두려움은 우리를 위축시키고 자신감을 잃게 만듭니다. 두려움은 나를 점점 작게 만듭니다. 두려움의 영은 우리의 밤잠을 방해하고 대낮에도 우리를 놀라게 합니다. 그러면 상상 속의 위협과 실제의 위협은 어떻게 구분합니까? 두려움에 대한 정의 가운데 '실제처럼 보이는 거짓'이라는 말이 있습니다. 인생 대부분의 두려움은 실체가 없는 것입니다.

5. "어찌하여 이렇게 무서워하느냐 너희가 어찌 믿음이 없느냐"(40절)

인생의 싸움은 '두려움의 길을 가느냐? 믿음의 길을 가느냐?'입니다. 여기에 무서움과 믿음은 서로 대격으로 나와 있습니다. 무서움에는 믿음이 없습니다. 믿음이 있는 곳에는 무서움이 없습니다. 로이드 옥길비(Lloyd John Ogilvie) 목사는 성경에 가장 많이 나오는 말이 "두려워하지 말라"라고 합니다. 심지어, "믿어라", "사랑하라", "기도하라"보다 더 많이 나온다고 합니다. 무려 366번 나온다고 합니다. 1년이 365일이니 매일 두려워하지 말라고 365번, 그리고 윤년의 경우를 위해 1번을 더 말씀하셨다고 합니다. 믿음과 두려움은 공존할 수 없습니다. 믿음을 가지면 두려움이 사라지고, 두려움이 오면 믿음이 사라집니다. 두려워하지 말고 믿어야 합니다.

예수님이 같이 계심에도 불구하고, 예수님이 건너편까지 가자고 말씀하셨음에도 불구하고 왜 제자들은 그렇게도 두려워서 떨었습니까? 믿음이 없었기 때문입니다. 두려움은 믿음의 반대입니다. 두려움은 믿음이 없는 상태요, 믿음은 온갖 두려움을 몰아냅니다. 두려움은 광풍만을 보는 것이요, 믿음은 구원자 예수님을 보는 것입니다. 두려움은 환경과 현상을 보는 것이요, 믿음은 하나님을 보는 것입니다.

예수님은 제자들이 무서워하는 것을 보시고 "어찌 믿음이 없느냐"라고 하십니다. 우리는 큰 풍랑 앞에서도 두려움보다 큰 믿음을 보여야 합니다. '자신감'은 어디에서 옵니까? 자신감(confidence)은 믿음(fid-)이 함께(con-)할 생기는 것입니다. 자신감은 믿음을 가지고 행하는 것입니다.

6. "바람을 꾸짖으시며 바다더러 이르시되 잠잠하라 고요하라 하시니" (39절)

여기 바다와 풍랑이 의인화되어 있습니다. 자연현상만이 아니라 모든 인생사와 사탄의 시험까지 포함한 말씀으로 들립니다. "잠잠하라 고요하라”(Peace, Be Still).

“바람이 그치고 아주 잔잔하여지더라.” 자연현상도 이렇게 예수님에게 순종합니다. 이런 이적은 예수님이 누구신지 드러내는 표적입니다. 예수님은 모든 만물을 다스리는 주, 인생의 파도와 풍랑도 잠재우시는 분입니다. 이런 가시적인 표적을 통해서 보이지 않는 문제까지 확신을 주십니다.

베드로, 안드레, 요한, 야고보의 전직이 바로 어부였기 때문에 이 상황에 대치하는 방법을 잘 알고 있었을 것입니다. 그래서 그들은 주님께 의지하고 도움을 청하는 대신 자신들의 노력으로 해결해 보고자 했습니다. 그러나 이러한 시도는 아무런 소용도 없었고 더욱 사태만 심각하게 되어 죽음에 대한 공포 속에서 마지막으로 예수님을 깨웠습니다.

모든 풍랑, 두려움에 대한 답변은 예수님입니다. 예수님은 마지막 수단이 아니라 제일 처음 수단이어야 합니다. 예수님은 바다의 거친 물결과 거센 바람만 잠잠케 하신 것이 아닙니다. 제자들의 마음조차 평정하셨습니다. 두려움에서 믿음으로, 염려에서 평안으로, 죽음에서 생명으로. 예수님이 잠들면 폭풍이 일고 파도가 칩니다. 예수님이 일어나면 바람도 잠잠하고 파도도 가라앉습니다. 예수님이 바다를 잔잔케 하신 힘은 하나님의 권능이었습니다. “큰 광풍”(storm)의 원어는 “래이랍스”(λαιλαφ)인데, 종종 악의 세력을 상징적으로 표현하고 있습니다. 바다의 광풍이 사탄의 화신이었다면 평온케 하는 것은 하나님의 권능이었습니다.

모든 이적은 예수님이 누구신지를 설명해 줍니다. "그가 누구이기에 바람과 바다도 순종하는가"(41절). 구출 받은 자들이 예수님께 감사와 기쁨을 표현하기보다는 큰 충격과 두려움을 표하고 있습니다. 광인을 치유하시기 위해 밤의 풍랑을 헤치고 오신 예수님은 광풍만 평온케 하신 것에 이어 거라사의 광인도 평안하게 만드십니다.

여기 제자들에게 두 종류의 두려움이 있습니다. 풍랑에 대한 두려움(40절)과 예수님에 대한 두려움(41절)입니다. 두려움은 정체성에 대한 무지 때문에 옵니다. 자신의 정체성과 예수님에 대한 무지, 사명에 대한 무지, 삶의 지향점에 대한 무지 때문입니다. 자신감은 분명한 자기 정체성과 능력의 근원인 하나님을 아는 것, 하나님의 계획하심을 자신의 인생 목적으로 삼는 것입니다. 힘든 상황은 자신의 정체성을 검증하고 바른 정체성을 확립하도록 도와줍니다. 세상을 두려워하지 말고, 하나님을 경외하며 살아야 합니다. 그런데 하나님에 대한 경외심은 없고, 세상에 대한 두려움만 있습니다. 하나님을 두려워하지 않으면 세상에 두려워할 일만 있습니다. 하나님만을 두려워하는 사람은 세상에 두려워할 일이 없습니다.

12
거라사의 광인

[1]예수께서 바다 건너편 거라사인의 지방에 이르러 [2]배에서 나오시매 곧 더러
운 귀신 들린 사람이 무덤 사이에서 나와 예수를 만나니라 [3]그 사람은 무덤
사이에 거처하는데 이제는 아무도 그를 쇠사슬로도 맬 수 없게 되었으니 [4]이
는 여러 번 고랑과 쇠사슬에 매였어도 쇠사슬을 끊고 고랑을 깨뜨렸음이러라
그리하여 아무도 그를 제어할 힘이 없는지라 [5]밤낮 무덤 사이에서나 산에서
나 늘 소리 지르며 돌로 자기의 몸을 해치고 있었더라 막 5:1-5

저는 어렸을 때 고향에서 미친 사람을 본 적이 있습니다. 그는 거의 벌거벗은 상태로 머리를 길게 늘어트리고 온갖 냄새를 풍기며 자기 몸의 상처 난 부분을 손톱으로 후벼서 상처 부위가 거의 썩어 들어갔습니다. 비 오는 거리를 달리는가 하면 때로는 혼자 앉아 훌쩍이며 울다가 큰 소리로 웃다가 신이 나면 춤을 추다가 이내 성을 내며 돌을 집어 던지곤 했습니다. 그를 "더펄이"라고 불렀는데 아무도 그의 진짜 이름을 아는 사람이 없었습니다. 동네 사람들이 집밖에 먹을 것을 내놓은 적도 있고 때론 "더펄이"가 가게에 들어가 훔쳐다 먹기도 했습니다. 그는 주로 다리 밑에서 가마니를 덮고 잤는데 때때로 진달래가 많이 핀 동산 옆에 숨어 있다

는 말을 들었습니다. 아이들은 울다가도 "더펄이"가 잡아간다고 하면 울음을 그치곤 했습니다. 진달래를 따러 산에 가려다가 "더펄이"가 나와서 해친다는 말에 지레 겁을 먹고 그 근처에는 얼씬도 못 했던 기억이 납니다. 때론 아이들이 몰려가 멀리서 "더펄이"를 조롱하며 돌을 던졌습니다. 지금 생각하니 그는 45세쯤 되었던 것 같은데 그에 대한 많은 소문들이 있었습니다. 공부를 너무 많이 해서 미쳤다느니, 부인과 자식들도 있는 부자였는데 미쳐서 가족들이 이 시골에다 버렸다느니…. 저는 밤마다 문을 꼭 잠근 것을 확인하고 잠자리에 들고서도 "더펄이"가 올까 봐 걱정하며 자다가 악몽을 꾸기도 했습니다. 그런데 어느 추운 겨울날 그가 죽은 시체로 발견되었습니다. 시장터 쓰레기장 옆에 가마니로 덮어놓은 것을 학교 가는 길에 보았는데 한편으론 불쌍하기도 했고, 한편으론 두려움에서 해방된 기분이었습니다.

본문은 예수님이 거라사인의 지방에서 한 미친 사람과 만나는 장면입니다. 지난밤 불었던 광풍은 오늘 만날 광인을 예고한 것이었습니다. 거라사는 데가볼리라고 불리던 지역의 열 개 도시 가운데 하나로 갈릴리 동쪽에 위치하였고, 당시 이방인들이 거주하던 지역입니다. 예수님께서 거라사 지방에 내리자마자 처음 대면한 사람은 귀신 들린 사람이었습니다. 그는 이미 그 지방에서는 모르는 사람이 없을 정도로 소문난 광인이었습니다. 밤낮 소리를 지르며 돌로 자기 몸을 상하게 하는데, 얼마나 힘이 셌던지 손발에 채운 고랑과 쇠사슬을 깨트릴 정도였습니다. 마을 사람들은 그 미친 사람 때문에 불안과 공포 속에 지낼 때가 많았을 것입니다. 이 일 때문에 한 번쯤 반상회를 모여 상의도 했을 것입니다. 그래서 마을 밖 공동묘지에 그를 격리시키고 사람들이 접근하지 못하도록 했습니다.

그런데 이곳에 예수님이 오셨습니다. 이것이 복음의 시작입니다. 바위만이 뒹구는 황량한 들판, 고립되어 못 쓰게 된 공동묘지, 정신이 파멸되어 자신을 잃어버리고 사는 미친 사람, 가족에게조차 버림받고 다른 사람들의 혐오와 증오 대상이 된 사람에게 주님이 찾아오셨습니다. 그곳은 사람이 살 수 있는 곳이 아닙니다. 광인은 무덤 사이에 거처하고, 제어 불능과 자학의 상태에 빠져 있습니다. 아무도 관심을 두지 않는 곳입니다.

귀신은 예수를 단번에 알아보고 멀리서 달려와 절하며 큰 소리로 "지극히 높으신 하나님의 아들 예수여"라고 외쳤습니다. 이 말만 두고 보면 귀신 들린 사람이 믿음이 있다고 생각할지 모릅니다. 더구나 달려와 절까지 했으니 예배하였다고 말할지도 모릅니다. 그러나 이런 지식이 믿음은 아닙니다. 귀신도 예수님을 잘 알아보지만 믿음이 있다고 볼 수는 없습니다. 다음 말이 그것을 잘 나타냅니다. "나와 당신이 무슨 상관이 있나이까?"(It's not your business.)

예수님은 그에게 "네 이름이 무엇이냐"(막 5:9)라고 물으셨습니다. 누구도 그의 이름을 알려고도 하지 않고, 부르지도 않았는데 교제의 말을 거는 것입니다. 모든 변화는 관계를 형성하면서 시작됩니다.

"내가 그의 이름을 불러 주기 전에는 / 그는 다만 / 하나의 몸짓에 지나지 않았다 / 내가 그의 이름을 불러 주었을 때 / 그는 나에게 와서 / 꽃이 되었다"라고 노래했던 김춘수 시인의 시처럼 여기에서 예수님과 그의 관계가 시작됩니다.

오늘 우리는 인격적인 관계의 상실과 단절이 심각합니다. 가족과 이웃 사이에도 그러한데, 어려움을 당한 사람에게는 얼마나 더 심하겠습니까?

백혈병에 걸려 2년의 투병 끝이 13세에 죽은 이정표가 쓴 일기장 「정표 이야기」에 나오는 대화입니다. 혈액암 3회 차 항암제를 맞으면서 열두 살 정표는 "엄마, 장발장이 감옥살이를 그렇게 오래 했다는데 왜 그렇게 오래 살았는지 아세요?"라고 물었습니다. 엄마가 "남의 것을 훔쳐서 감옥에 들어갔다가 탈옥하고 그 죄가 또 붙어서 그렇다"라고 대답했더니 "엄마, 그건 빵 하나 때문이라고요"라고 했다고 합니다. 누가 그에게 관심을 가졌다면, 아니 그에게 빵 하나를 건네주었다면 일이 그렇게 커지지 않았을 것입니다. 우리는 항상 그에게서 문제를 찾으려 하고, 그의 고통에는 무관심합니다.

귀신 들림에 대한 사회 과학적인 연구는 경제적 착취나 억압적인 상황, 또는 식민통치 상황과의 상관관계를 설명해 줍니다. 귀신 들림은 사회적으로 긴장이 고조된 곳에서 빈번히 발생합니다. 귀신 들림이나 정신질환은 정신적 경제적 억압에 대한 비뚤어진 반발, 즉 해방의 퇴행적 표출입니다. 귀신 들림은 개인의 문제에서 끝나지 않고 가정, 사회, 경제, 정치적인 요인이 복합되어 나타납니다. 그러므로 모두의 책임입니다. 비굴함이나 실망감을 가지고 살고 있는 약자들은 귀신 들림에 의한 현실 도피적 빗나간 구원을 마련합니다. 지배자들은 그들을 위협하는 자들을 귀신 들렸다고 낙인을 찍어 사회에서 추방하므로 사회통치의 방편을 삼기도 합니다. 귀신 들린 자를 '사회적 속죄염소'로 삼는 것입니다. 예수님의 축귀 사역은 식민지 백성들이 거의 정신분열 상태에 빠져 있었다는 것과 귀신 축출이 실제로는 개인화된 상징적 혁명의 행위라는 점도 염두에 두고 보아야 합니다.

그 귀신 들린 사람은 "군대"(Legion)라고 대답했습니다. 당시의 로마 군대 단위 Legion은 6,000여 명에 해당하는 군인들, 즉 우리 군의 2개 연대에 해당합니다. 이는 6,000이 넘는 귀신의 무리가 자기 속에 들어 있다는 말입니다. 지난번에 귀신도 세력이 있다는 말씀을 드렸는데 6,000이나 되는 귀신들이 이 사람을 사로잡고 있으니 완전히 귀신의 세력 안에 있다는 이야기입니다. 귀신에게 억압당하고(oppression), 귀신에게 사로잡힌 상태(possession), 자신도 자기를 어떻게 할 수 없는 사람, 남에게 해로움만을 끼치는 사람, 죄의 노예가 된 사람입니다. 나는 내 안에 누가 살고 있느냐가 결정합니다. 귀신이 살고 있으면 더럽고 피학적인 생활을 하게 됩니다.

귀신의 악한 힘은 한 인간을 결박하고 그의 생활 터전을 황폐화시키고 분리시킵니다. 이제 아무도 제어할 수 없는 막강한 군대 6,000의 힘과 예수님의 능력이 대결을 펼치게 됩니다. 6,000이나 되는 막강한 군대 귀신의 힘이 그를 정복하여 그의 삶을 황폐화시켰지만, 예수님은 그 귀신의 힘을 능가하는 말씀 한마디로 순식간에 그들을 물리치셨습니다. 결과는 6,000 귀신들을 바다에 내몰아 수몰시키는 가시적인 모습으로 드러납니다. 이 사건은 바로의 군대를 홍해에 수장시키는 출애굽을 상징적으로 보여 줍니다.

예수님이 오셔서 우리가 이루어 놓은 첨단의 문명, 최고의 학문을 자랑하는 지성, 세상의 철학과 물질만능의 세속주의에 대해 "네가 누구냐?"라고 질문하신다면 과연 무슨 대답이 나오겠습니까? 어떻게 정체를 드러낼까요?

옛날에는 한 사람이 미쳐도 온 동네에 소문이 나고 난리였는데, 오늘날은 도처에 미쳐 날뛰는 군상들을 별 놀라움 없이 봅니다. 현대인들 가운데 많은 사람들이 정신분열증에 시달린다는 것은 차치하고라도 저마다 무엇엔가 사로잡혀 살아가고 있습니다.

마약에 미친 사람, 포르노그래피에 미친 사람, 폭력과 범죄에 미친 사람, 도박에 미친 사람, 돈에 미친 사람, 향락에 미친 사람, 술에 미친 사람, 게임에 미친 사람, 성적 쾌락에 미친 사람…. 모두 제정신이 아닙니다. 걸핏하면 사람을 죽이고, 가정을 파탄시키고, 테러를 자행하고, 전쟁을 벌이고, 아동을 성추행하고, 잔인하고 더러운 일들을 즐깁니다. 한쪽에서는 굶어 죽는데, 다른 쪽에서는 배가 불러 죽습니다. 자기 이기심과 자기 향락을 위해 남의 인격도,

자녀도, 목숨도 헌신짝처럼 저버립니다. 이 미친 정도는 고랑과 쇠사슬로도 제어할 수 없습니다. 모든 과학과 지식을 동원해도 제어할 수 없는 한계 상황에 도달해 있습니다. 통제 불능입니다. 그리고 결국은 자기를 학대합니다. 이제는 도무지 사람 사는 곳으로부터 격리시킬 재간이 없습니다.

주님이 나를 향하여 "너는 누구냐?"라고 질문하신다면 나의 실체는 어떻게 드러나게 될까요? 거라사 광인이 예수님 앞에서 그 속에서 역사하던 귀신의 실체가 드러났듯이 주님 앞에 서게 되면 나의 속사람이 그대로 드러납니다. 내가 아무리 고상한 인격으로 치장을 하고 아름다운 옷으로 변장을 할지라도 주님 앞에 서면 나의 본연의 모습이 드러납니다.

예수님은 이 땅에 오실 때 사탄의 실체를 밝히고 그 사탄의 일을 파하기 위해 오셨습니다. 그러기에 성경에 보면 주님이 가시는 곳마다 귀신들의 정체가 폭로되는 것을 볼 수 있습니다. 그 당시에 귀신 들린 자가 특별히 지금보다 많아서가 아니라 주님이 확실하게 분별하여 알아보셨고 귀신들도 예수님을 보자마자 자기들의 정체를 숨길 수 없었기 때문에 축사(귀신을 쫓아내는) 기사가 많이 나옵니다. 예수님은 귀신의 정체를 밝히는 리트머스 시험지라고 할 수 있습니다. 그러기에 심지어 베드로 속에 역사하는 귀신도 알아보셨습니다(마 16:23).

저는 주님을 처음 만났을 때 거라사의 광인과 같은 모습이었습니다. 저는 무엇인가 알지 못하는 것들에 사로잡혀 있었습니다.

온갖 죄로 가득 차 있으면서도 혼자 잘난 체하고, 무엇인가에 이끌려 나쁜 짓도 많이 했습니다. 자신도 주체할 수 없는 분노로 사납게 날뛰었고, 나 자신을 위해서라면 남에게 해가 돌아가도 괘념치 않았습니다. 언제나 스스로 옳다 여겼습니다. 그러나 주님을 만났을 때 비로소 저는 제정신이 들었습니다. 마치 탕자가 집을 떠나 살 때는 정신없이 지내다가 제정신이 들은 후에야 집에 돌아가고자 결심한 것 같습니다. 제정신이 든 날, 즉 주님을 만난 날, 비로소 저의 부끄러운 모습을 보면서 그것 때문에 가슴을 치고 울며 회개했습니다. 제가 행한 일들이 마치 마귀 졸개 같은 짓들이었기 때문입니다. 저는 자신을 황폐하게 하는 더러운 영의 통제 아래 있을 수 있고, 저를 거룩하게 하는 성령의 통제 아래 둘 수도 있습니다.

사람들은 무엇엔가 사로잡혀 살고 있습니다. 무엇인가에 의해 움직여지고 있습니다. 성경은 사탄의 사로잡는 힘의 실체를 인정합니다. "너희 대적 마귀가 우는 사자같이 두루 다니며 삼킬 자를 찾나니"(벧전 5:8). 하나님은 인간을 공백 지대로 만들지 않으시고 하나님에 의해 채워지도록 하셨습니다. 그러나 마음을 하나님과 성령으로 채우지 않으면 사탄과 죄로 채워지게 됩니다. 하나님도 우리의 몸을 입기를 원하시지만 귀신도 우리의 몸을 입기를 원합니다. 귀신에게 몸을 내어줄 때 그래서 귀신에 사로잡힐 때 그는 더 이상 본래의 그가 아닙니다. 사탄의 하수인에 불과합니다. 불의의 병기로 쓰이며 그의 삶의 모습과 결말은 비참합니다. 예수님

없는 삶이 그렇습니다.

거라사 광인처럼 자신도 제어할 수 없고, 세상의 방법으로도 치료할 수 없는 인생들이 예수님을 만날 때 변화가 일어납니다. 세상에서 버림받고, 쓸모없고, 돌이킬 수 없는 심각한 상태의 사람일지라도 변화될 수 있습니다.

마가복음 5장은 세 가지 고칠 수 없는 것이 예수님을 만나서 해결된 이적들을 소개하고 있습니다. 군대귀신 들린 사람을 고치셨습니다(막 5:1-20). 혈루병으로 열두 해를 앓던 여자를 고치셨습니다(막 5:25-34). 회당장 야이로의 죽었던 딸을 살리셨습니다(막 5:21-24, 35-43). 이것은 예수님께는 불가능이 없음을 보여 줍니다. 예수님은 정신적, 육체적, 죽음의 문제를 해결해 주십니다. 예수님 앞에 나오며, 주님이 그 문제 가운데 오시면 모든 문제가 해결됩니다.

무엇이든지 주님 앞에 내어놓으십시오. 그러면 그분이 변화시켜 더욱 좋은 것으로 돌려주실 것입니다. 귀신 들려 쓸모없는 내 인생을 주님께 드립시다. 그러면 온전한 마음을 가지고 하나님을 기쁘시게 하는 사람으로 살게 해주실 것입니다. 내가 감당할 수 없는 자녀를 믿음으로 주께 맡깁시다. 주의 은혜와 진리가 충만한 하나님의 자녀로서 살게 될 것입니다. 나에게 근심과 걱정을 가져다주는 사업을 주님께 맡깁시다. 주님의 복된 기업이 되게 하실 것입니다. 나의 약한 몸을 주께 드립시다. 의의 병기로 힘 있게 살도록 주님이 도와주실 것입니다. 온갖 값어치 없는 것들로 값진 하나님의 역사를 이루는 것이 하나님의 능력입니다. 예수님을 만난 사람마다 일생일대의 중대한 변화가 일어났습니다. 모세가 그랬고, 주님의 제자들이 그랬고, 거라사 광인이 그랬습니다.

이 거라사 광인은 군대귀신 들린 자였으나 나중에는 전도자가 되었습니다. 제가 확신하는 바는 누구든지 주님을 만나면 변화될 수 있다는 사실입니다. 당신이 교회에 나올 때 당신은 반드시 변화될 수 있습니다. 당신이 성경을 읽을 때 당신은 변화될 수 있습니다. 변화를 기대하며 성경을 읽고 설교를 들어야 합니다. 물이 변하여 포도주가 되듯이 예수님은 변화시키는 능력을 가지신 분입니다. 나의 과거의 생각과 생활방식을 고집하면서 정당화시키기 위해 성경을 뒤적이거나 설교를 듣지 마십시오. 당신은 달라져야만 합니다. 좋게 변화되기 위해 성경을 읽고 설교를 듣는다면 그때부터 하나님의 능력이 당신을 변화시킬 것입니다. 하나님의 말씀은 "주여 제가 듣겠나이다. 나를 변화시켜 주소서!"라고 응답하는 자에게 능력이 되어 역사합니다.

군대귀신이 나갈 때 마침 그곳에는 2,000마리 되는 돼지 떼가 먹이를 먹고 있었는데, 군대귀신이 돼지 떼에게 들어가 바닷속으로 내리 달려 몰사하게 된 사건이 이어집니다. 여기에 몇 가지 의미가 있습니다. 예수님의 사역은 하나님의 나라를 확장하는 것이요, 하나님의 나라가 임할 때 사탄이 쫓겨 간다는 것입니다. 그러나 사탄이 완전히 멸절되는 것이 아니고 다른 곳으로 도망간다는 것입니다. 이 말은 주의해서 들어야 하는데, 주님의 재림으로 하나님의 나라가 완성될 때까지는 사탄의 역사가 옮겨 다니며 계속된다는 것입니다. 그리고 돼지가 바다에 빠져 몰살한 것은 군대귀신이 그 사람으로부터 완전히 떠났음을 시각적으로 확인시켜 주는 사건입니다. 말하자면 그 사람에게서 악한 영이 완전히 떠났다는 치료의 확신입니다. 바람이 움직이는 것으로 알 수 있듯이, 성령의 역사가 그러합니다. 귀신도 그와 같이 움직입니다. 영적인 출애굽을 보여 주는 사건입니다.

우리도 주님을 만나면 주님의 은혜로 과거의 온갖 추한 모습들이 저 깊은 바닷속에 수장됩니다. 이집트에서 나온 이스라엘은 홍해를 건너면서 단체로 세례를 받았습니다. 그리고 바다에서 나올 때는 완전히 새로운 사람이 되었습니다. 다시는 옛사람을 입으려고 바닷속에 잠수하지 마십시오. 잠수 금지! 다시 그것을 건져내려고 방파제에 앉아 낚싯대를 드리우지 마십시오. 낚시 금지!

"그리스도 안에 있으면 새로운 피조물이라 이전 것은 지나갔으니 보라 새 것이 되었도다"(고후 5:17).

귀신 들렸던 사람은 이제 온전해져서 옷을 입고 앉아 있었습니다(막 5:15). 전혀 딴사람이 되었습니다. 이제야 하나님이 원하는 사람 모양을 갖추게 되었습니다.

그런데 이제 귀신 들린 자의 일과 돼지의 일을 보고 들은 그 지역에 살던 사람들의 반응을 보게 됩니다. 당연히 그들은 정신이 온전해진 사람과 더불어 기뻐하고, 잔치를 베풀어 주님을 환대하며 하루라도 더 묵으시면서 동일한 역사를 우리에게도 이루어 달라고 간청했어야 하는데, 반대로 그들은 두려워하며 예수님께 그곳을 당장 떠나 달라고 간청했습니다. 결국 예수님은 그 지역에 들어가 보지도 못하고 배에서 내린 즉시 문전박대를 당해 다시 배를 타고 돌아가십니다.

왜 저들은 그랬을까요? 무엇인가 본 것이 있고, 짚이는 것이 있었을 것입니다. 사람이 치료를 받는 것까지는 이해할 수 있으나 돼지 떼가 죽은 것 때문에 더 이상 그런 손해를 보고 싶지 않아서일까요? 좌우간 손익 계산에 빠른 것이 사람이라, 돼지 2,000마리 값이 얼마나 될까요? 값을 잘 모르니 우선 1마리에 20만 원씩 계산하면 4억 정도 되는 금액입니다. 그까짓 귀신 들려 소용도 없던 사람을 위해 4억 원을 들였다면 이 글을 읽는 분들 가운데도 본전 생각나는 분들이 상당히 있을 것입니다. 남을 위해 만 원어치 정도의 관심도 없는 사람에게는 이 얼마나 엄청난 손실입니까?

그만큼 든다고 미리 알았더라면 차라리 주님께 이렇게 말했을 것입니다. "주님! 그렇게 낭비하실 필요 있습니까? 그냥 놔두십시오. 다 제 팔자인데. 제발 끼어들지 마십시오. 평지풍파 일으키지 말고 그냥 지금 이대로 살게 해주십시오. 제발 방해하지 마십시오. 내 딴에는 편안하게 살고 있습니다. 나도 이제 어느 정도 재산도 모았고 살 만합니다. 제발 나를 혼란스럽게 마십시오. 나도 무엇인가 믿으면서 살고 있습니다."

거짓 평안을 가지고, 없어질 재물을 가지고, 생명 되지 못할 종교와 철학을 가지고 변화되기가 두려워서 주님이 오시는 길목을 막고 제발 돌아가 달라고 하는 것입니다.

예수님은 저들의 완악함 때문에 더 이상 그곳에서 역사하지 않으시고 다시 배에 오르셨습니다. 결과적으로 보면 지난밤 그 거센 바람과 파도의 바다에서 사투를 벌이며 이곳에 오신 것은(막 4:35-41), 이 귀신 들린 한 사람을 만나서 고쳐 주시기 위해서였습니다.

사람들은 돼지 2,000마리를 더욱 중하게 여기지만 주님은 한 영혼을 천하보다 더 귀하게 여기시고 온갖 고초와 위험 속에서도 찾아오십니다. 버려진 한 영혼을 구원하시려 하늘 보좌를 버리고 이 땅에 낮고 천한 모습으로 오시고, 멸시와 채찍과 십자가를 지심으로 구원코자 하는 것이 예수님의 사랑입니다. 당시 사람들은 한 사람이 치료되는 것보다 돼지 떼에 더 관심이 있었습니다. 오늘날 교회에서 한 사람의 영혼보다 물질적인 것에 더 관심을 두는 일이 있다면 회개해야 합니다. 주님은 우리가 쓸데없게 여기는 한 영혼을 위해 죽음의 풍랑을 지나오십니다. 그분은 선한 목자이십니다. 결국 그는 양 떼들을 위해 십자가를 지십니다. 나의 구원을 위하여 그분의 생명을 지불하셨는데, 이 버러지 같은 내가 어찌 주님의 생명보다 더 값지단 말입니까? 오늘의 교회가, 성도가, 목사가 이 예수님의 심정의 만분지일이라도 나누어 가졌다면 세상이 이렇게까지 어두울 수 있겠습니까?

마을 사람들은 예수님에게 그 지방에서 떠나시기를 간구한 반면, 귀신 들렸던 사람은 주님을 따르게 해달라고 간청했습니다. 사실 귀신 들렸을 때는 주님 앞에 나타나는 것을 겁내던 사람이었는데, 이제는 주님과 함께하기를 원했습니다. 그러나 주님은 허락지 않으시고 그에게 가족에게 돌아갈 것을 명하셨습니다.

> "집으로 돌아가 주께서 네게 어떻게 큰 일을 행하사 너를 불쌍히 여기신 것을 네 가족에게 알리라"(막 5:19).

온전한 치유는 자기를 버린 가족과 사회로 돌아가서 함께 어울릴 수 있을 때 이루어집니다. 예수님의 치유는 정신적, 육체적으로뿐 아니라 사회적 치유로도 나타납니다. 그는 삶의 현장에서 예수님의 역사를 증언했습니다. 당시에 지식 있는 자도, 부자도, 권세 있는 자도 있었겠으나 주님은 귀신 들렸다 예수님을 만난 이 사람에게 선교 명령을 주십니다. 그는 다시 돌아가시는 예수님 대신 그 이방 지역을 돌아다니며 하나님을 증거했습니다. 데가볼리는 10개의 마을이 모여 있는 곳입니다. 그는 10개의 마을을 돌아다니며 주님의 크신 일을 전파했다고 말씀에 기록되어 있습니다(막 5:20).

여기서 그가 증거한 것은 내가 주님을 위해 무엇을 했다는 것이 아니라 '주님이 나를 위해 무엇을 행하셨는가'였습니다. 증인은 변화체험이 있는 사람입니다.

당신은 주님을 만난 적이 있습니까? 주님이 당신을 위하여 해주신 것은 무엇입니까? 그렇다면 당신은 그것을 열 개의 마을은 차치하고 이웃에 사는 분에게라도 전파했습니까? 수가성 우물가에서 예수님을 만났던 사마리아 여인처럼 물동이를 내버려두고, 내가 만난 예수, 나에게 새 일을 행하신 예수님을 증거해 본 적이 있습니까?

귀신 들렸던 사람은 가서 무엇이라고 전했겠습니까?

"당신 나 알지요? 돌 던지던 미치광이, 괴성을 지르고, 자학하던 정신분열 환자…. 부끄러움도 모르고 남들을 괴롭게 하며 무덤 사이에서 뒹굴던 사람…. 일가친척에게도 버림받고 동네 사람들에게 조롱받던 쓸데없던 사람…. 사는 것이 원수요, 죽음만 기다리던 미친 사람…. 그런 내가 예수님을 만났습니다. 아니 그분이 내게 오셨습니다. 그리고 나를 이렇게 변화시키셨습니다. 그리고 이제는 당신이 그 예수님을 만날 차례입니다. 당신도 변화될 수 있습니다. 그가 당신을 변화시킵니다."

13
믿음의 용기

[21]예수께서 배를 타시고 다시 맞은편으로 건너가시니 큰 무리가 그에게로 모
이거늘 이에 바닷가에 계시더니 [22]회당장 중의 하나인 야이로라 하는 이가 와
서 예수를 보고 발 아래 엎드리어 [23]간곡히 구하여 이르되 내 어린 딸이 죽
게 되었사오니 오셔서 그 위에 손을 얹으사 그로 구원을 받아 살게 하소서 하
거늘 [24]이에 그와 함께 가실새 큰 무리가 따라가며 에워싸 밀더라 [25]열두 해
를 혈루증으로 앓아 온 한 여자가 있어 [26]많은 의사에게 많은 괴로움을 받았
고 가진 것도 다 허비하였으되 아무 효험이 없고 도리어 더 중하여졌던 차에
[27]예수의 소문을 듣고 무리 가운데 끼어 뒤로 와서 그의 옷에 손을 대니 [28]이
는 내가 그의 옷에만 손을 대어도 구원을 받으리라 생각함일러라 [29]이에 그
의 혈루 근원이 곧 마르매 병이 나은 줄을 몸에 깨달으니라 [30]예수께서 그 능
력이 자기에게서 나간 줄을 곧 스스로 아시고 무리 가운데서 돌이켜 말씀하
시되 누가 내 옷에 손을 대었느냐 하시니 [31]제자들이 여짜오되 무리가 에워싸
미는 것을 보시며 누가 내게 손을 대었느냐 물으시나이까 하되 [32]예수께서 이
일 행한 여자를 보려고 둘러 보시니 [33]여자가 자기에게 이루어진 일을 알고 두
려워하여 떨며 와서 그 앞에 엎드려 모든 사실을 여쭈니 [34]예수께서 이르시되
딸아 네 믿음이 너를 구원하였으니 평안히 가라 네 병에서 놓여 건강할지어
다 [35]아직 예수께서 말씀하실 때에 회당장의 집에서 사람들이 와서 회당장에
게 이르되 당신의 딸이 죽었나이다 어찌하여 선생을 더 괴롭게 하나이까 [36]예
수께서 그 하는 말을 곁에서 들으시고 회당장에게 이르시되 두려워하지 말고
믿기만 하라 하시고 [37]베드로와 야고보와 야고보의 형제 요한 외에 아무도 따
라옴을 허락하지 아니하시고 [38]회당장의 집에 함께 가사 떠드는 것과 사람들
이 울며 심히 통곡함을 보시고 [39]들어가서 그들에게 이르시되 너희가 어찌하
여 떠들며 우느냐 이 아이가 죽은 것이 아니라 잔다 하시니 [40]그들이 비웃더
라 예수께서 그들을 다 내보내신 후에 아이의 부모와 또 자기와 함께 한 자들
을 데리시고 아이 있는 곳에 들어가사 [41]그 아이의 손을 잡고 이르시되 달리다
굼 하시니 번역하면 곧 내가 네게 말하노니 소녀야 일어나라 하심이라 [42]소녀
가 곧 일어나서 걸으니 나이가 열두 살이라 사람들이 곧 크게 놀라고 놀라거
늘 [43]예수께서 이 일을 아무도 알지 못하게 하라고 그들을 많이 경계하시고 이
에 소녀에게 먹을 것을 주라 하시니라 막 5:21-43(마 9:18-26, 눅 8:40-56 참고)

마가복음은 기적 기사가 다른 복음서에 비해 월등하게 많이 나오는데, 예수님의 말씀은 기적 기사로 더욱 강화됩니다. 기적에는 하나님 나라의 통치가 드러나고 있으며, 예수님이 그리스도이시며 하나님의 아들이심이 증거됩니다.

거라사 지방 사람들의 배척으로 다시 배에 오르신 예수님은 본래 오셨던 곳으로 돌아가셨습니다. 여기에는 많은 무리가 예수님의 소문을 듣고 몰려들었습니다. 그리고 본문에는 열두 해를 혈루증으로 앓던 여자가 치유받은 사건과 열두 살이 되어 죽은 회당장 야이로의 딸이 다시 살아나는 사건이 박진감 있게 연속적으로 소개됩니다. 공통점은 열둘이라는 숫자와 여자입니다. 다른 점은 혈루증을 앓던 여인은 종교적으로 부정한 데다가 사회에서도 소외된 이름을 알 수 없는 여인(외경에는 예수님 십자가의 길에 물을 대접하던 베로니카)과 저명인사 야이로 회당장의 딸이라는 대조적인 신분입니다.

폴 틸리히(Paul Tillich)는 "존재의 용기"(Courage to Be)라는 유명한 설교를 하였지만 저는 "믿음의 용기"(Courage to Believe)에 대해 살펴보려고 합니다. 믿음을 갖는다는 것은 용기가 필요합니다. 핍박을 받는 상황에서는 말할 것도 없지만 불신의 세상에서 믿음을 갖는다는 것은 용기가 필요합니다. 연예인들이나 정치인 그리고 운동선수들이 자신은 그리스도인이라고 밝히는 것은 참으로 용기 있는 일입니다. 우리가 일터에서 예수님을 증언하고, 식당에서 감사 기도를 하는 것도 믿음의 용기입니다. 예수님을 공개적으로 시인하는 것입니다. 사회적으로 대단한 지위에 있는 야이로 회당장이 예수님 앞에 무릎을 꿇는 행위도 용감한 것이고, 당시 멸시받던 사람이 예수님 앞에 공개적으로 나타나 옷깃을 잡는 행위도 용기가 필요한 것입니다.

마가가 소개한 예수님의 치유이적기사 두 개와 수로보니게 여인의 믿음으로 귀신 들린 딸이 고침 받은 기사(막 7:24-30), 맹인 바디매오가 눈을 뜨게 된 이적(막 10:46-52) 등의 배후에는 용기 있는 믿음의 결단이 공통으로 갈려 있습니다. 루터는 "믿음은 하나님의 은혜에 대한 용감하고 살아 있는 확신이다. 그것은 너무나 확실하여 그 믿는 바를 위해 천만번 목숨을 걸 수 있는 것이다"라고 말한 바가 있습니다.

믿음은 "신뢰한다"는 말과 통하는데 영어의 "신뢰한다"(trust)라는 말은 "자기를 맡긴다" 또는 "던진다"는 뜻입니다. 만일 내가 수영장 안에서 밖에 있는 다섯 살배기 아들에게 손을 벌리고 들어오라고 한다면 그는 순간적으로 여러 가지 생각을 할 것입니다. "물이 차갑지 않을까? 나를 받아 준다고 손을 벌리고 있다가 막상 내가 뛰어들면 나를 물에 빠트려 골탕 먹이지 않을까? 아빠가 수영도 못하면서 나와 함께 빠지는 것은 아닐까?" 믿음이 가지 않을 때는 당연히 망설여집니다. 그러고는 들어가지 않습니다. 입으로는 아빠가 나를 사랑하며, 도와줄 능력이 있으며, 도와줄 줄 믿는다고 말하지만, 막상 뛰어들지를 못합니다. 이것은 엄밀한 의미에서 믿음이 아닙니다. 이렇게 행위의 결단이 수반되지 않는 말뿐인 믿음은 어떤 체험도, 어떤 변화도 가져올 수 없습니다. 그래서 아이는 여전히 수영장 밖 주변을 맴돌 뿐입니다. 아이에게는 믿음의 용기가 필요한 것입니다.

여기에서 용기 있는 믿음은 무엇입니까? 아이는 아빠가 자신을 사랑한다는 확신을 갖습니다(자기는 사랑받고 있다). 그리고 아빠는 자신을 충분히 도와줄 능력이 있다는 사실을 믿습니다(아버지는 능력이 있다). 그러므로 아빠의 말에 따라 자신을 아빠에게 맡기고 몸을 그에 품에 던지는 것입니다. 이때 비로소 아이는 수영장 안에 들어오게 됩니다. 그러고는 그 아버지의 사랑과 능력을 새삼 확인하게 됩니다. 그다음에 그는 아빠를 더욱 신뢰하는 마음을 가지고 살아가게 됩니다. 그리고 믿음이 더욱 견고해집니다. 그리고 또 다른 경우에도 믿음으로 행하게 됩니다.

어떻게 보면 신앙생활에는 모험적인 요소가 많이 있습니다. 알고 보면 모험이 아니나, 아직 알지 못하고 경험하지 못한 상태에서는 모험일 수 있습니다. 말씀에 순종하는 것도, 죄 사함을 받아들이는 것도, 기도하고 맡기는 것도, 헌금을 할 때도 모험적인 요소가 있습니다. 이때에는 믿음의 담력, 믿음의 용기가 필요합니다. 믿음의 용기가 없이는 약속을 체험할 수 없습니다.

어떤 책에서 "마중물 넣기"라는 실화에 가까운 이야기를 읽은 적이 있습니다. 어떤 사람이 아라비아 사막을 횡단하고 있었습니다. 오랜 여행길에 낙타에 싣고 가던 물을 다 마셨고, 거기에다 길도 잃어 사경을 헤매고 있었습니다. 그런데 그는 다행히 사막에서 빨갛게 녹슨 수동식 펌프 하나를 발견하게 되었습니다. 물은 없었지만 그 안에는 쪽지 하나가 있었습니다. 그 쪽지에는 지금 서 있는 위치에서 좌측으로 1미터 이동하여 1미터 깊이로 파보면 물주머니가 나온다는 내용이 적혀 있었습니다. 지시대로 했더니 실제로 물주머니가 나왔습니다. 그 물을 마시려고 보니 또 다른 메모가 물주머니 뚜껑에 매달려 있었습니다. 내용인즉 이 물을 그냥 마시지 말고 펌프에 부어 물을 길어서 마시고 그 후 이 물주머니에 물을 채워 다른 사람을 위해 똑같은 방법으로 보관해 달라는 것이었습니다. 그리고 그 펌프가 1979년 현재 이상이 없고, 그 밑에는 물이 많이 저장되어 있다는 말도 적혀 있었습니다.

이 사람은 갈등이 생겼습니다. 모처럼 얻게 된 이 물을 그냥 마셔 어느 정도 해갈을 해야 하느냐? 아니면 그동안 고장 났을지도 모르는 이 펌프에 생명수와 같은 물을 부어야 하느냐? 이것은 그 메모를 신뢰할 것인가 말 것인가에 대한 갈등입니다. 고민 끝에 그는 펌프에 물을 넣기로 했습니다. 그리고 반쯤 넣으면서 펌프질을 열심히 하는데 물이 나올 기미를 보이지 않았습니다. 순간적으로 다시 회의가 찾아옵니다. 이러다가 물을 마셔 보지도 못하고 다 부어 버리는 것 아닐까? 이제라도 포기하고 남은 반절을 마시는 편이 낫지 않을까? 그 쪽지에 쓰인 것을 믿는다는 것은 믿음의 모험이었습니다. 결국 그는 마중물을 전부 다 부어 넣고 사력을 다해 펌프질을 계속했습니다. 그랬더니 한참 후에 물이 올라오는 소리가 들렸습니다. 처음에는 쇠 녹물이 올라오고 나중에는 맑은 샘

물이 나오기 시작했습니다. 그는 사막에서 마음껏 물을 마시고, 그 물로 샤워도 하고, 낙타에게도 물을 주고, 가지고 있던 물통마다 가득 채웠습니다. 마지막으로 물주머니에 물을 채워 같은 위치에 묻어 두면서 그 쪽지 밑에 자기의 글도 남겼습니다. "1985년 8월 6일, 이 펌프는 아무 이상 없다. 나도 여기에서 물을 마시고 간다."

하나님의 말씀은 우리에게 영생을 얻는 길에 대해 가르쳐 줍니다. 성경은 그 말씀대로 살아 영원한 생수를 맛본 사람들의 증언과 사인이 담겨 있는 책입니다. 이제 나에게 필요한 것은 이미 된 일들을 오늘 나의 것으로 믿는 믿음의 결단과 용기입니다.

회당장 야이로는 예수님의 소문을 듣습니다. 그는 거의 죽게 된 외동딸을 집에 두고 예수님을 찾으려 멀리 이곳까지 달려옵니다. 분명 용기가 필요했을 것입니다. 당시 회당장은 누구입니까? 회당을 책임지고 관리하며 유지해 나가는 사람으로서 유대인 중의 유대인이요, 장로들의 대표로서 그 당시 지역 사회의 유력한 인사였습니다. 그러므로 그가 당시 나사렛 목수의 아들로 알려진 예수님 앞에 나와 "발 아래 엎드리어 간곡히" 구한 것은(막 5:22-23) 가히 파격적인 행동입니다.

그는 예수님에 대한 믿음과 확신 때문에 체면도 자존심도 버렸습니다. 자기 딸에 대한 사랑 때문에 모든 것을 감수하기로 했습니다. 그는 겸손하게 주님 앞에 나와 군중들이 뭐라 하든 상관없이 자신의 믿음을 그대로 드러냈습니다. 내가 믿는 주님을 위해서 나를 버리고, 가진 것을 버리고, 친구들이 떠난다고 할지라도 믿음만을 위하여 결단할 줄 아는 용기가 여기에 나타납니다. 그가 "간곡히 구했다"는 말은 그가 얼마나 끈질기게 매달려 결국 주님의 응답을 받게 되었는가를 보여 주는 말씀입니다. "오셔서 그 위에 손을 얹으사 그로 구원을 받아 살게 하소서"(23절). 결국 그의 용기 있는 믿음은 주님의 발길을 자기의 집으로 옮기게 했습니다.

우리의 기도가, 우리의 믿음이 주님의 발길을 우리의 현장으로 옮기게 하는 끈질긴 것이어야 합니다. 주님을 우리의 문제에 개입시켜야 합니다. 주님을 내 편으로 끌어당겨야 합니다.

감사하게도 주님이 야이로의 집을 향하고 많은 군중들이 앞으로 될 일을 보기 위하여 야이로의 집으로 바쁘게 움직이고 있을 때, 또 다른 믿음의 용기를 가지고 나타난 한 여인으로 말미암아 예수님의 발길이 멈추는 사건이 일어납니다. 계획된 행보에 돌발적 상황이 발생한 것입니다.

도대체 예수님의 발길을 멈추게 한 이 여인은 누구이며, 그 회당장과 수많은 군중의 물결을 일시에 정지시키고 갑자기 끼어든 이 여인은 무슨 용기를 가지고 있었습니까? 마가는 여기에서 시간적인 순서에 따라 두 사건을 기록하고 있습니다. 샌드위치 기법입니다. 사건의 연속성을 박진감 있게 보여 주고 있습니다. 지금 야이로의 딸은 촌각을 다투고 있는 상황인데 그리로 바삐 가는 예수님의 행렬에 갑자기 예기치 않던 여인이 나타나 주님의 행차가 지체되는 것입니다. 여기에 주님의 발길을 자신의 집으로 옮기게 했던 야이로와 주님의 눈길을 자신에게 머물게 했던 여인의 믿음이 쌍벽을 이루고 나타납니다.

이제 복음서의 관심은 회당장 야이로에게서 한 여인에게로 옮겨갑니다. 그 여인은 12년 동안 혈루증을 앓았습니다. 혈루증이란 한 번 피가 났다 하면 멈출 줄 모르고 계속 흘러 온몸이 마르고 결국 죽게 되는 병인데, 당시에는 한센병 환자와 같이 부정하다고 여겨졌고 환자가 접촉한 옷이나 물건 모든 것은 부정하다고 생각했습니다(레 15:15, 19-30).

그 여인은 12년 동안 혈루증에 시달리면서 용하다는 의사는 다 찾아다니고 좋다는 약도 다 먹어 보았으나 아무 소용 없이 더욱 악화되었습니다. 결국 가진 재산 모두를 허비하고 절망의 나날을 보내던 중, 주님에 대한 말씀을 듣게 된 것입니다. 의사인 누가도 이 동일한 사건을 기록할 때 어떤 의사도 고칠 수 없는 불치의 병이었다고 진단하고 있습니다. 그만큼 중한 병이었습니다(눅 8:43).

사실 오늘날로 말하면 우리 마음속에 내재되어 있는 죄의 병은 아무도 고칠 수 없습니다. 해답을 찾기 위해 쾌락이라는 의사를 찾아가고, 도덕이라는 의사를 찾아가고, 종교라는 의사를 찾아가고, 물질이라는 의사를 찾아가지만, 더욱 문제만 심각해질 뿐 어느 누구에게서도 우리의 근본 문제에 대한 해답을 얻을 수가 없습니다.

사람이 아프게 되면 얼마나 많은 사람들이 위한답시고 용한 의사, 좋다는 약을 소개해 줍니까? 하지만 기대가 큰 만큼 번번이 실망만 커져 갔습니다. 이 여인은 예수님에 대한 소문을 들었을 때 지난번에 수없이 기대하고 실망한 것처럼 이제는 더 이상 속지 않겠다고 다짐하며 움직이지 않을 수도 있었습니다. 그러나 그녀는 자신의 약한 몸을 이끌고 그 군중 사이를 뚫고 들어가 예수님의 옷자락을 만졌습니다. 그녀의 마음에는 '내가 예수님의 옷자락만 만져도 구원을 얻으리라'는 믿음이 있었기 때문입니다.

이 여인의 믿음은 소원이 있는 믿음입니다. 주님께 나올 때 기대하는 바와 기도하는 바가 있었습니다. 하나님은 우리의 기대를 채워 주십니다. 하나님 앞에 나올 때 무슨 기대와 소원을 가지고 왔습니까? 그저 사람이나 만나고 가려고 온 사람 없습니까? 사람들 뒤에서 구경이나 좀 하렵니까? 습관적으로 왔습니까? 주님의 옷자락이라도 만져서 나의 문제를 해결 받고, 구원을 얻어 돌아가야겠다는 간절한 기대가 왜 없습니까?

그 여인의 믿음은 중단 없이 계속되는 것이었습니다. 군중을 뚫고 나갔습니다. 개중에 어떤 사람은 그녀를 알아보고 부정 탄다고 했을지도 모릅니다. 사실 당시에 한센병이나 혈루증은 부정을 탄다 하여 공중 앞에 나타나서는 안 되는 병이었습니다. 잘못하다간 사람들에게 돌을 맞을 수도 있습니다. 그러나 그 여인은 주님과 접촉할 때까지 끝까지 포기하지 않았습니다. 당시의 습관으로는 여자가 남자의 옷자락을 먼저 만져 끌어당긴다는 것은 수치스러운 행동이었으나, 그녀는 믿음의 용기로 이 모든 것을 감행했습니다. 자신의 문제 해결을 위해서 이렇게 뻔뻔할 줄도 알았던 이 사람이 주님의 행렬을 멈추게 했습니다.

예수님은 "누가 내 옷에 손을 대었느냐?" 물으셨습니다. 능력이 빠져나가는 것을 느끼셨던 것입니다. 그 여인의 부정함이 예수님에게 오염된 것이 아니라 예수님의 거룩함과 능력이 그 여인에게 전달되었습니다. 그 여인은 엄청난 능력에 접촉되었습니다. 치유의 결정체는 믿음의 터치입니다. 그 여인은 자기의 주체적인 결단에 의하여 믿음을 가지고 예수님을 만진 첫 번째 사람이 되었습니다. 예수님이 그 여인을 안수하신 것이 아니라 그 여인이 예수님을 안수한 격이 되었습니다. 그 여인은 비밀리에 예수님에게 접근했지만 예수님은 알아보셨습니다. 그것은 분명 무리들이 예수님을 에워싸고 밀며 접촉한 것과는 다릅니다.

그녀의 믿음대로 주님의 옷자락을 만졌을 때 혈루증의 근원이 치료되었습니다. 주님은 증상만을 일시적으로 개선하는 것이 아니라 근본 뿌리부터 치료하십니다. 기독교는 인간의 개선이나 발전을 말하는 것이 아니라 새로운 사람으로의 창조를 말합니다. 그 여인이 예수님을 만졌을 때 곧 자신의 병이 나은 것을 알았다고 했습니다. 여기서 "안다"는 말은 "기노스코"(γινωσκω)라고 기록되어 있어 경험적으로 안다는 의미입니다. 예수님은 자신에게서 능력이 나갔음을 스스로 아셨습니다. 그리고 누가 내 옷에 손을 대었느냐고 물으셨습니다. 그때 제자들은 일반적인 답변을 했습니다. 많은 사람들이 모여 주님을 만지지 않은 사람이 없을 정도인데, 어떻게 가려낼 수 있느냐는 지극히 당연한 대답입니다.

그 말은 사실입니다. 많은 사람들이 예수님을 만졌습니다. 그러나 예수님의 능력은 믿음을 가지고 주님께 손을 편 그 여인에게만 나타났습니다. 많은 사람들이 교회에 나와 설교를 들을 수 있으나 믿음을 가지고 듣는 그 한 사람에게 하나님의 역사가 나타납니다. 많은 사람들이 기도할 수 있으나 믿음으로 간구하는 그 한 사람에게 하나님의 응답이 나타납니다. 많은 사람들이 헌금을 드릴 수 있으나 믿음으로 드린 그 한 사람의 예물만이 하나님께 열납됩니다. 예배도, 봉사도 마찬가지입니다.

능력은 주님의 것이나 믿음의 플러그로 주님께 접촉할 때 전깃줄을 타고 전기가 흐르듯 나의 삶에 주님의 역사가 전달됩니다.

예수님은 어느새 그 여인을 알아보시고 눈길을 여인에게로 돌리셨습니다(32절). 그 여인은 엎드려 자신의 모든 자초지종을 주님께 말씀드렸습니다(33절). 영어 성경에 보면 "모든 사실"(whole truth)을 말씀드렸다고 했습니다.

예수님은 그녀에게 일어난 모든 변화를 알고 계셨기에 많은 사람 앞에 고백하도록 하신 것입니다. 그 여인은 지난날의 아픔과 질병과 냉대와 외로움과 실망과 실패들을 다 예수님 앞에 내어놓았습니다. 그리고 예수님이 주시는 기쁨과 건강과 소망과 용서와 사랑으로 자신을 채우게 되었습니다.

"딸아 네 믿음이 너를 구원하였으니 평안히 가라 네 병에서 놓여 건강할지어다"(34절) 말씀을 보면 주님은 육신의 건강과 평안한 삶과 영혼의 구원을 말씀하셨습니다. 여기 "병을 고치다"(23, 28, 34절)라는 헬라어 '소조'(sozo)는 "구원하다"는 뜻으로 번역되고 있습니다. 병을 고친다는 것은 육체적으로 건강한 것 이상의 의미를 지닙니다. 그리고 예수님은 그 여인을 "딸아"라고 불러 주십니다. 하나님의 가족이 되었음을 선언하십니다. 그리고 그녀의 용기 있는 믿음이 그녀를 구원하였다고 칭찬하셨습니다. 역시 "네 영혼이 잘됨같이 네가 범사에 잘되고 강건하기를"(요삼 1:2) 축복하십니다. 영혼 구원, 마음 평안, 육신 건강이 나옵니다. 이 모든 것이 갖추어질 때 진정으로 온전해지는 것입니다. 샬롬을 의미하는 "평안히 가라"는 말의 헬라어 원문은 "평안한 중에 너의 삶을 살아가라"는 뜻입니다.

이렇게 예수님은 그 여인이 자신에게 일어난 일을 고백하도록 하셨고, 이 일을 통해 더욱 축복을 받게 되었습니다. 그리고 또 다른 유익은 다른 사람을 주님께 인도하고, 하나님께 영광을 돌리게 하는 것입니다. 그러므로 우리는 우리를 구원하신 주님을 증거해야 합니다.

앞서 마가복음은 "곧", "즉시"라는 말을 많이 사용하고 있어 박진감이 넘친다고 한 적이 있는데, 여기 주님의 말씀이 채 마치시기 전에 회당장 집에서 온 사람이 급히 전갈을 전합니다. "아직 예수께서 말씀하실 때에"(35절). 여인의 치유와 딸의 죽음을 동시화하고 있습니다. 그렇지 않아도 갑자기 끼어든 여인 때문에 야이로의 마음은 급하기만 한데 가장 절망적인 소식을 듣게 됩니다.

회당장의 딸이 이미 죽었다는 것입니다. 살아 있을 때도 소망이 별로 없었지만 이제 아주 못 돌아올 길로 갔으니 당신(야이로)

이라도 빨리 집으로 돌아가 장례식이나 치르라는 전갈입니다.

"당신의 딸이 죽었나이다 어찌하여 선생을 더 괴롭게 하나이까"(막 5:35).

아무리 믿음의 장부라도 이쯤 되면 어떻게 하겠습니까? 갑자기 길을 막은 여인을 탓하면서 요한복음의 마르다처럼 예수님께서 조금만 일찍 서둘러 죽기 전에만 도착하셨다면 고침을 받았을 텐데(요 11:21) 하고 아쉬워하지 않겠습니까? 그러나 예수님께는 후회하심이 없습니다. 요한복음에 마르다에게 "네가 믿으면 하나님의 영광을 보리라"(요 11:40) 하셨던 예수님은 회당장에게 말씀하시기를 "두려워하지 말고 믿기만 하라"(36절)라고 말씀하셨습니다. 예수님은 못 고칠 질병이 없으실 뿐 아니라 죽음조차도 극복하실 수 있다는 것입니다. 예수님께는 달라진 것이 없습니다.

불가능을 넘어, 어려운 순간에도, 계속해서 믿으라는 것입니다. 끝까지 희망을 저버리지 말고 어떠한 상황에서도 지속적인 믿음의 행동을 할 것을 촉구하십니다. "상황이 달라졌어도 흔들리지 말고 앞에 가졌던(23절) 그 믿음을 지금 이 순간에도 그대로 유지하라"는 것입니다. 그러면 왜 하나님은 상황이 어려워지는 것을 두고 보실까요? 불가능성이 많아질수록 크신 하나님을 경험할 수 있기 때문입니다.

"두려워 말라"는 이 말씀은 하나님께서 위대한 약속을 이루시기 전에 종종 하시는 말씀입니다. 여호수아에게 가나안 땅의 정복을 앞두고 수차 두려워 말라 하셨고, 목자에게 예수님의 탄생을 고지할 때도 두려워 말라고 하셨고, 부활하신 예수님을 여인들이 만났을 때도 두려워 말라 하셨습니다.

“두려워 말고 믿기만 하라.” 이것은 역사상 고민하는 수많은 사람, 불행한 사람, 절망하는 사람에게 소망을 주시는 말씀입니다. 믿음은 두려움의 대격으로 나와 있습니다. 두려움은 믿음이 없는 상태입니다. 믿음은 두려움을 이깁니다. 우리는 너무나 쉽게 포기하고 절망합니다. 키에르케고르는 “절망하는 것이 죽음에 이르는 병”이라고 말한 적도 있지만 믿음은 어떤 경우에도 절망하기를 거부하는 것입니다. 믿음은 소망하는 것입니다. 믿음이 의심보다 강하면 하나님의 역사가 일어납니다. 믿음이 역경보다 강하면 하나님의 역사는 일어납니다.

야이로는 사람들의 절망적인 말보다 예수님의 소망의 말씀을 더 믿었습니다. 우리에게는 죽음이 끝으로 보일지 모르지만, 영원하신 하나님에게는 죽음도 하나의 과정에 지나지 않습니다. 예수님 안에서는 죽은 자도 잠자는 자가 됩니다. 예수님의 능력은 혈루증이나 불치병이나 죽음이나 차이가 없습니다. 예수님의 능력은 죽음 너머에까지 미칩니다.

죽음의 굿판을 걷어치워야 합니다. 죽음, 통곡, 비웃음, 불신앙, 두려움, 의심, 절망…. 죽음의 흐름을 거스르는 생명의 흐름이 있습니다. 회의 없는 믿음, 불안 없는 소망, 염려 없는 신뢰란 있을 수 없습니다. 모두의 공통점은 두려움입니다. 우리의 믿음은 두려움과 싸웁니다. 두려움과 싸우면서 믿음이 자랍니다. 우리에게 믿음의 용기가 필요합니다.

사이먼 터그웰은 "안주하여 주저앉고 싶을 때마다 우리는 영원을 사모하는 마음에 자신을 맡겨야 한다"고 했습니다. 믿음의 용기를 위해서는 예수님의 인격에 대한 신뢰, 나의 부족함에도 불구하고 그분이 나를 수용하신다는 사랑에 대한 확신, 그분에게는 모든 것이 가능하다는 능력에 대한 확신이 있어야 합니다.

아직 끝이 아니고 여전히 소망이 있다는 말씀입니다. 예수님의 사역이 우리가 살아 있을 때만 있는 것이 아닙니다. 예수님의 능력은 죽음 너머까지 미칩니다. 세상의 모든 부귀와 영화, 권력, 아름다움, 지식, 재물, 철학, 과학, 그리고 종교와 역사는 죽음에서 끝이 납니다. 그러나 오직 기독교의 믿음만이 죽음 너머까지 인도합니다. 그리고 믿음의 눈에는 죽음이 하나의 잠자는 상태로 보입니다. 죽음과 잠이 다른 것은 잠은 깨어날 때가 있다는 것입니다. 성경에는 잠을 나타내는 두 개의 원어가 있어서 자연적인 잠과 죽음의 잠을 구분합니다. 여기 예수님의 말씀은 자연적인 잠인 '카듀데이'(καθευδει)를 사용하셨습니다.

"죽은 것이 아니라 잔다"(39절). 주님의 말씀은 두 가지 의미를 함축하고 있습니다. '죽음은 비극이 아니다. 그것은 바로 잠을 자는 것과 같다.' 누가 잠자는 사람을 보고 울겠습니까? 하나님이 원하실 때는 죽음조차도 부활을 맞이하게 됩니다.

이렇게 인간의 곤경은 하나님의 기회가 될 수 있습니다. 인간의 역사가 끝나는 곳이 하나님의 역사가 시작되는 곳입니다.

야이로는 죽음을 받아들이기를 거절하고 주님을 모시고 가는 믿음의 용기를 다시 한번 발휘합니다. 이 믿음은 아이가 죽었음에도 불구하고 예수님이 말씀하시면 된다는 "그럼에도 불구하고의 믿음"입니다. 죽음 앞에서 삶을 선택하고 생명을 말하는 것이 믿음입니다.

결국 야이로의 집에 당도하신 주님은 그 아이의 손을 붙잡고 "달리다굼"(Talitha, cumi)이라고 하셨습니다. 여기서 갑자기 아람어로 직접 기록된 것은 제자들에게 예수님의 그때의 음성이 생생하게 기억되었기 때문입니다. "달리다"는 "소녀야", "굼"은 "일어나라"는 뜻입니다.

"소녀야 일어나라" 하실 때 소녀가 일어나 걸었습니다. 우주만물을 말씀으로 창조하신 하나님의 능력으로, 지난번 바다를 잔잔케 하시던 말씀처럼 우리의 인생 문제를 향하여 말씀하십니다. 이 주님의 말씀에 모든 문제가 해결됩니다.

주님이 먹을 것을 주라고 하신 것은(43절) 치료의 확신을 보여주는 것입니다. 육신을 가지고 있는 자만이 먹을 수 있기 때문입니다.

인류 모두는 죽음을 향하여 가고 있습니다. 오늘 우리에게 주님이 오셔서 "달리다굼" 말씀하실 때 우리는 새로운 부활의 삶을 살아갈 수 있습니다. 이 소녀는 아버지 야이로의 겸손한 믿음, 열심 있는 믿음, 용감한 믿음의 기도로 구원을 얻게 되었습니다. 혈루병에서 치료를 받은 여인이 자기의 믿음을 통하여 고침을 받았다면, 이 소녀는 아버지의 믿음의 행위를 통하여 치유의 은혜를 받았습니다. 우리는 믿음과 기도로 다른 사람에게 구원의 은혜가 임하도록 힘써야 합니다.

두 사건의 공통점은 주님을 만나기 전에 모든 수단을 동원했지만 고칠 수 없었다는 것입니다. 그러나 그러한 곤경 중에도 주님에 대한 소문을 들었고, 용기 있게 믿음을 향하여 모험을 감행했다는 것입니다. 우리에게도 동일한 믿음의 결단이 필요합니다.

14
배척을 당하신 예수

1예수께서 거기를 떠나사 고향으로 가시니 제자들도 따르니라 2안식일이 되
어 회당에서 가르치시니 많은 사람이 듣고 놀라 이르되 이 사람이 어디서 이
런 것을 얻었느냐 이 사람이 받은 지혜와 그 손으로 이루어지는 이런 권능이
어찌됨이냐 3이 사람이 마리아의 아들 목수가 아니냐 야고보와 요셉과 유다
와 시몬의 형제가 아니냐 그 누이들이 우리와 함께 여기 있지 아니하냐 하고
예수를 배척한지라 4예수께서 그들에게 이르시되 선지자가 자기 고향과 자
기 친척과 자기 집 외에서는 존경을 받지 못함이 없느니라 하시며 5거기서는
아무 권능도 행하실 수 없어 다만 소수의 병자에게 안수하여 고치실 뿐이었
고 6그들이 믿지 않음을 이상히 여기셨더라 이에 모든 촌에 두루 다니시며 가
르치시더라 막 6:1-6(마 13:53-58, 눅 4:16-30 참고)

당시에는 랍비들이 제자들을 거느리고 회당을 방문하여 강론하고 대화하던 일이 종종 있었습니다. 랍비들처럼 예수님도 가시는 곳마다 회당에 들어가서 가르치셨습니다. 제자들을 데리고 고향의 회당에 들어가셔서 가르치실 때 일어난 일이 본문의 기사입니다.

예수님의 고향 방문은 단순히 친지들의 안부를 묻기 위한 것이 아니라, 하나님의 말씀을 전하며 하나님 나라에 이르는 길을 가르치고, 하나님의 능력을 나타내기 위함이었습니다.

많은 사람들이 예수님이 오신 소문을 듣고 회당에 몰려와 주님의 은혜로운 말씀(눅 4:22)을 듣고 주님을 통하여 나타나는 권능도 보았습니다. 그의 말씀은 "지혜"였고, 그의 행위는 "권능"이었습니다(2절). 그 가르치심이 어떤 서기관들보다 더욱 지혜롭고, 행동은 권세가 있다는 것을 목도하였습니다. 이 모든 것이 고향 사람들을 놀라게 했습니다. 그런데 예수님에 대한 현재의 경험과 과거에 알던 지식 사이에 괴리가 발생하였습니다. 고향 사람들은 예수님이 전에 가졌던 직업이나 가족관계에 의하여 예수를 규정합니다. 과거와 외적 조건에 의해서만 예수를 규정합니다. 그리고 예수의 가르침을 폄하합니다. 기존에 가지고 있던 그 알량한 지식이 예수님께 나아가는 길을 막고 믿지 못하도록 방해했습니다. 기존의 선입관과 편견 그리고 고정관념이 예수님에 대한 새로운 인식과 하나님 나라에 대한 희망을 퇴색시키고 있습니다. 이렇게 과거에서 현재로 나오지 못하는 사람에게는 미래도 없습니다.

서로 "이 사람이 어디서 이런 것을 얻었느냐"라고 수군거렸습니다. 왜냐하면 자신들이 알다시피 예수님은 고향에 있을 때 어떤 특별한 교육을 받은 적이 없었기 때문입니다. 그러나 그들이 몰랐던 것은 이 모든 것이 하나님에게서 왔다는 사실입니다. 그들은 예수님을 외모로 판단하고, 자신들의 편견에서 벗어나지 못하고, 과거에 사로잡혀 있습니다.

예수님이 존경을 받고 관심을 받는가 싶으니까 이제는 예수님께 비아냥거리며 질투심에 불타서 무엇인가 흠을 주고 무시하려고 합니다. 요사이도 사람이 훌륭해 보이면 뒤에서 출신 성분이 어떻다느니 옛날에는 어땠다느니 하며 끌어내리는 사람들이 있습니다. "부모가 보잘것없다, 시골 출신이다, 일가친척도 시원치 않다, 학벌도 별로다…." 그래서 이렇게 말합니다. "이 사람이 마리아의 아들 목수가 아니냐 야고보와 요셉과 유다와 시몬의 형제가 아니냐"(막 6:3). 고향 사람들 스스로 '나사렛에서 무슨 선한 것이 날 수 있겠느냐?'라고 생각했을지도 모릅니다.

"어디서 이 사람이 이런 것을 얻었느냐?" "지혜와 권능이 어찌 됨이냐?" "마리아의 아들 목수가 아니냐?" "야고보와 요셉과 유다와 시몬의 형제가 아니냐?" "그 누이들이 우리와 함께 여기 있지 아니하냐?" 이런 선입견 때문에 예수님에 대한 믿음으로 한 발짝도 앞으로 나가지 못합니다.

알고 보면 예수님에 대한 이들의 객관적인 정보는 정확합니다. 그들도 알다시피 요셉이 일찍 죽었으므로 예수님이 모친과 동생들을 부양하며 지냈습니다. 그들은 예수를 부를 때에 요셉의 아들이라 하지 않고 마리아의 아들이라 했습니다. 아무리 아버지 요셉이 먼저 세상을 떠났다고 하더라도 이렇게 말하는 것은 홀어머니의 자식이라는 모욕적인 언사가 들어가 있습니다. 그때 아마도 예수님의 형제들이 나사렛에 모두 함께 살고 있었던 것 같습니다. 예수님은 동생들이 장성할 때까지 목수의 일을 하며 그들의 생활을 책임졌을 것입니다. 당시 목수는 단순히 나무로 무엇을 만드는 정도가 아니라 배를 수리하고, 집을 짓고, 낡은 곳을 보수해 주고,

가구를 만드는 일을 했습니다. 아마도 동네 사람들의 일을 도맡아 해왔을 것입니다. 추정에 의하면 당시 나사렛은 30여 세대 150여 명이 사는 조그만 마을이었다고 합니다. 동네 사람들 중에는 예수님이 직접 만든 집이나 가구를 사용하는 사람도 있었을 것입니다. 동네 사람들이 보기에는 어느 날 목수일 보던 것을 그만두고 집을 나갔던 예수가 이제 랍비처럼 혹은 유명한 교사처럼 제자들을 데리고 돌아왔으니 정말 놀라운 일이었습니다.

오늘날로 보면 기술 계통에 있던 분이 인문계로 갑자기 전공을 바꾸고 도시에 갔다가 무엇인가를 성취하고 금의환향하는 격입니다. 말도 없이 성실하게 한 가정의 가장으로 직접 살림을 꾸려오던 예수가 이제는 능력 있고, 지혜 있고, 권세 있게 하나님의 말씀을 선포하는 것에 모두 놀랐습니다.

그래도 고향 사람들은 애써서 태연해하며 마리아의 아들 목수라는 사실과 함께 예수의 동생들의 이름을 나열하며 예수도 우리와 매한가지 보통 사람에 불과하다고 무시하려고 합니다. 사실 주님이 그들에게 무엇을 요구하거나 그들 위에 군림하려고 한 것도 아닌데 그들은 자신들의 본성으로부터 주님을 배척하기 시작했습니다.

이들의 예수에 대한 정보는 어느 정도 정확했으나, 사실은 이들은 육체로만 예수님을 알았지 하나님의 아들이신 예수님의 참 모습은 알지 못했습니다. 이런 경우는 아는 것이 병입니다. 알지 못하느니만 못합니다. 많은 사람들이 예수에 대해 안다고, 성경에 대해 안다고 스스로 아는 체를 하지만 알고 보면 육체대로 세상적으로만 예수님을 이해했지, 신앙으로서의 예수, 생명의 말씀에 대해서는 문외한인 것을 종종 보게 됩니다. 이것은 참 본질을 모르는 것이므로 사실은 모르는 것입니다.

예수님은 마리아의 아들이었습니다. 그러나 그분은 그 이상입니다. 예수님은 나사렛의 가난한 목수였습니다. 그러나 그분은 그 이상입니다. 그분은 성령으로 잉태하여 우리의 구원을 위하여 오신 하나님의 아들입니다.

그는 육신으로는 목수였으나, 하나님 나라를 건설하는 영적인 목수이셨습니다. 그분은 모든 선과 악을 재고 구부러진 것을 똑바로 펴게 하는 심판의 자와 먹줄, 우리의 감정과 욕망을 억제하는 원을 그리는 컴퍼스, 툭 삐져나와 쓸모없이 잘못된 곁가지들을 잘라내는 도끼, 진리를 깊이 박아 전체의 일부가 되게 하는 쇠망치, 울퉁불퉁하여 거칠고 고르지 않은 인격을 다듬어 매끈하게 하는 대패, 주인이 원하는 모양으로 아름답게 만들어 가기 위한 톱과 끌을 가지고 망가진 가구들을 수리하는 것처럼 상처받은 영혼들을 고치셔서 집을 짓듯이 천국을 건설하시는 영적 목수이셨습니다.

저는 설교자로서 우리가 이미 들은 말씀 외에 더 이상 무엇이 필요한가 생각합니다. 우리는 더 알기 위해 책을 뒤적이고, 더 듣기 위해 여기저기 찾아다니고, 설교도 수없이 듣고, 더욱 많은 지식을 얻기 위해 새로운 것을 찾아 바쁘게 움직이고 있습니다. 그러나 사실은 더 많이 알기 위해서 노력하는 것보다 오히려 지금까지 배우고 아는 바를 실천하는 데에 더 많은 노력이 필요합니다. 그렇지 않으면 우리가 아는 것은 정말로 아는 것이 아니라, 말장난이요 지적 유희에 불과합니다.

나사렛 사람들은 자신들이 이미 예수님에 대해 어느 누구보다 잘 알고 있다고 생각했습니다. 그래서 구경만 하고 믿지는 않았습니다. 더 깊은 의미를 알아보려고도 하지 않았습니다. 그들은 특별한 것을 기대하지 않았습니다. 그래서 다른 곳에서는 가는 데마다 병자들을 데리고 왔는데 그들은 그런 믿음도 없었습니다.

그리고 그들은 예수님을 배척하였습니다. 심지어 누가복음 4장 29절에 보면 나사렛 근처 절벽산(the leaping mountain) 낭떠러지까지 예수님을 끌고 가서 밀쳐 떨어뜨리고자 했습니다. 가까운 사이일수록 예의를 지킬 줄 알고 격려와 인정과 존중을 해주어야 합니다. 자기 자녀, 자기 가족, 자기 교인들 귀한 줄을 모르면 남을 어떻게 위하겠습니까? 자기가 다니는 교회를 귀하게 여기고 소개할 수 있어야 합니다. 그렇지 못하면 가장 가까운 사람들이 가장 먼 사람이 됩니다. 친밀함의 테러입니다. 외경에 보면 "예언자는 고향에서 대접받지 못하고, 의사는 아는 사람을 고치지 못한다"(도마 31)는 말이 나옵니다. 예수님도 "선지자가 자기 고향과 자기 친척과 자기 집 외에서는 존경을 받지 못함이 없느니라"(4절)는 말씀을 인용하셨습니다.

예수님께서 배척받으신 것을 설교하는 것은 유쾌한 일이 아닙니다. 사람들은 성공을 좋아하기 때문입니다. 즐거운 말을 하고 싶어 하기 때문입니다. 그런데 저는 이 말씀을 몇 번씩 반복하여 읽고 묵상하다가 큰 위로와 힘을 얻었습니다. 예수님도 배척을 받으셨다는 사실이 위로가 되었습니다. 그것도 가까운 사람들에게서….

성경은 어떤 사람의 전기처럼 잘 되고, 잘난 곳만 기록한 것이 아니라 슬픈 일, 실수했던 일, 실망했던 일, 어려웠던 일, 실패했던 일, 배반했던 일, 불신했던 일 등 보통 사람들의 일들을 그대로 기록하였기에 저는 성경을 더욱 사랑합니다. 왜냐하면 이 모든 것이 나의 이야기이기 때문입니다. 부족함에도 불구하고 버릴 수 없는 나이기에 이런 나와 닮은 사람들의 이야기를 통하여 나를 새롭게 하고 나에게 소망을 불어넣을 수 있기 때문입니다.

예수님이 배척받으신 것은 이번이 처음이 아닙니다. 마가복음만 보아도 이미 예수님의 친족들이 예수님이 미쳤다고 붙잡으러 나온 일을 비롯하여 제사장, 사두개인, 바리새인들의 계속되는 공격과 성전에서 손 마른 사람을 안식일에 고쳤다 하여 암살당할 위기에 직면했던 일이 있습니다. 그리고 거라사에서 군대 귀신 들린 사람을 고쳐 주고도 문전박대를 당하시더니 이제는 고향에서조차 배척을 당하십니다. 나중에는 쫓기다가 "여우도 굴이 있고 공중의 새도 깃들일 곳이 있는데 인자는 머리 둘 곳이 없다"는 말씀 그대로 완전히 혼자가 됩니다. 제자 중 하나인 가룟 유다는 돈 받고 예수님을 팔아넘겼으며, 떡도 얻어먹고 병도 고침 받았던 군중들은 거짓 종교지도자들의 하수인이 되어 예수님을 못 박으라고 소리칩니다. 그리고 죽을지언정 주를 부인하지 않겠다고 하던 제자들은 다 제 목숨 구하려고 뿔뿔이 도망가고 예수님 혼자서 십자가에 매달려 결국 땅에서 발 디딜 곳 없이 완전히 추방되는 배척을 받으셨으니 어찌 인간적으로 보면 이렇게도 비통하고, 억울하고, 가련한 행적이 있겠습니까?

무엇이 이렇게 생명의 주님을 배척했습니까?

거라사에서는 분명히 물질주의가 예수님을 배척했습니다. 예수님보다 돼지를 더 사랑하고 아꼈기 때문입니다. 한 영혼보다 돼지 2,000마리를 더 소중히 여겼기 때문입니다. 그 물질이 무엇인지 그 이름을 부르면 당장이라도 그 속에서 사탄이 정체를 드러낼 것인데, 그것들 때문에 예수님이 배척을 받고 있습니다. 기독교 신앙이 심각한 도전을 받고 있습니다. 주님께서 두 주인을 섬길 수 없다고 말씀하셨음에도 맘몬(Mammon)을 섬기는 자들과 양편을 다 취하려는 자들 때문에 주님은 배척받고 있습니다.

또한 고향에서는 저들의 불신앙 때문에 배척을 받으셨습니다. 그 알량한 단편 지식이 생명의 주를 믿지 못하도록 막았습니다. 누가복음 4장 25-27절에 예수님이 설명하신 대로, 엘리야 시대 흉년 때 이스라엘에 수많은 과부가 있었지만 그들의 불신앙으로 한 과부도 구원받지 못하고 오히려 이방 여자 사렙다 과부만이 믿음으로 구원을 받았고, 엘리야 시대에 수많은 나환자들이 이스라엘에 있었지만 그들의 불신앙 때문에 고침 받지 못하고 오히려 이방 사람 나아만이 믿음으로 고침을 받았습니다. 지금도 이스라엘은 예수님을 믿지 않고 유대교로 남아 있고 저들에게 이방인인 우리가 믿음으로 그리스도인이 되었습니다.

예수님은 도무지 저들에게 역사하실 수 없었습니다. 이것은 주님이 싫어서 안 하신 것이 아니라 하실 수 없는 것이었습니다(막 6:5). 왜냐하면 그들이 믿지 않았기 때문입니다(막 6:6a). 하나님께는 불가능이 없습니다. 예수님도 하나님의 아들로서 이전에 우리가 보았듯이 가시는 곳마다 큰 역사를 일으키셨습니다. 그런데 나사렛에서는 역사할 수 없었습니다.

무엇이 하나님의 역사에 제동을 걸었습니까? 불신앙입니다. 하나님의 능력이 불신앙의 공간에서는 제한될 수 있습니다. 여기에 믿음과 권능의 관계가 나옵니다. 믿음은 권능과 기적의 선결 조건입니다. 불신앙의 공간에서는 기적이 일어날 수 없습니다. 교회 안에서도 교인들의 불신앙 때문에 하나님의 능력이 제동 걸리거나 늦어집니다. 주님은 우리 마음의 문을 수없이 두드리십니다. 간혹 세게 두드리시는 경우가 있지만 결코 문을 부수고 쳐들어오시지는 않습니다. 불신앙의 공간에는 들어오시지 않습니다. 예수님을 받아들이지 않는 삶에는 들어가지도, 거하지도 않으실 것입니다.

어거스틴은 "신앙이란 뚜껑을 벗겨 놓은 그릇과도 같다"라는 말을 했습니다. 뚜껑을 닫아 놓으면 비가 억수로 와도 한 방울도 담기지 않습니다.

물질주의와 불신앙 외에도 교만과 위선과 시기와 미움이 예수님을 배척했습니다. 예수님을 잘 알고 있다고 생각합니다. 지금도 성경 공부를 하자고 하면 많은 것을 이미 알고 있다고 자만합니다. 부분적으로 알면서 다 아는 것처럼 생각합니다. 하나님의 사랑, 은혜, 구원, 성령님, 예수님, 성경, 교회 생활을 다 안다고 생각합니다. 익숙함의 편견입니다. 교만과 위선입니다. 이런 면에서 고향에서 배척받는 예수님은 우리에게도 역시 배척받는 예수님입니다. 남의 위대한 점을 인정하지 않으려는 마음 때문입니다. 들으려고 마음을 열지 않습니다. 매사에 부정적이고 비판적입니다. 마음속에 있는 이런 것들 때문에 예수님을 밀어내고 있는 것입니다.

이렇게 예수님의 사역에는 환영도 있었으나 배척도 많았습니다. 주님이 배척받으신 것은 예수님 사역의 실패가 아니라 나사렛 배척자들의 실패입니다. 3절에 나오는 "배척한지라"의 원문의 뜻은 "그 안에서 걸려 넘어졌다"(실족)입니다. 예수님이 아니라 그들이 넘어진 것입니다. 예수님이 고향 사람들에게 걸림돌이 되었습니다. 디딤돌(stepping stone)이 아니라 걸림돌(stumbling block)이 되었습니다. 은혜가 도리어 저주가 되었습니다. 같은 고향인 것이 해택(advantage)이 아니라 장애(obstacle)가 되었습니다.

예수님이 배척받으신 기사는 6장 7절부터 계속되는 제자들을 파송하는 사건 직전에 일어난 일입니다. 마가는 예수님이 배척당하신 경험을 제자들의 파송과 연결시킵니다. 만일 제자들이 예수님과 함께 다닐 때 예수님이 환영만 받고 예수님이 가시는 곳마다 승승장구의 기적만 계속되었다면. 그것만을 보고 배운 제자들이 앞으로 세상에서 자신들의 사역 중에 당할 그 수많은 고난과 배척과 불신과 미움과 시련을 어떻게 견더낼 수 있겠습니까? 그들은 자신들의 무능이나 탓하고 스스로 포기하지 않았을까요? 그러나 그들은 분명히 보고 배웠습니다. 세상은 하나님의 아들조차도 믿지 않고 배척하며, 그렇게 환영하다가도 이내 돌변한다는 사실을 말입니다. 제자들은 이 세상의 기준으로 환영한다고 즐거워하고 배척한다고 좌절하는 것이 아니라, 변함없으신 하나님만을 바라보며 강하고 담대하게 자신들에게 다가오는 냉대조차도 자신들의 실패가 아니라 감당해야 할 십자가로 확신했습니다.

우리는 복음을 뿌릴 때 열매까지 거두어 먹으려고 생각하지 말아야 합니다. 세상이 우리의 성공과 실패를 판정해 주지 않습니다. 오직 하나님께서만 심판하실 것입니다. 정성으로 열심을 다하여 뿌리십시오. 그리고 결과는 하나님께 맡기십시오. 열매를 거두지 못한 것이 우리의 실패가 아니라 심지 않은 것이 우리의 실패입니다.

마가복음 6장 11절에서 주님은 "어느 곳에서든지 너희를 영접하지 아니하고 너희 말을 듣지도 아니하거든 거기서 나갈 때에 발 아래 먼지를 떨어버려 그들에게 증거를 삼으라"라고 말씀하시면서 그 일 때문에 좌절하거나 그곳에 연연해하며 위축되지 말고 하나님께 맡기라고 권면하십니다. 주님은 배척받을 때에 어떻게 해야 하는지를 보여 주심으로 우리가 당할 배척과 그때에 대처할 용기를 주십니다. 그것은 나의 실패가 아니라 그들의 실패요, 나를 배척한 것이 아니라 나를 보내신 주님을 버리는 것입니다. 다만 나의 마음이 아픈 것은 그들을 사랑하기 때문입니다. 우리는 복음을 전할 때 배척받을 것을 예상하고 두려워서 전하는 것 자체를 포기할 때가 있는데 그럴 필요가 전혀 없습니다. '나는 도대체 누구이기에 나의 구주께서 받으신 그 십자가를 피하려는가? 종이 주인보다 크지 못하거늘 나는 왜 사람들의 칭찬과 환영만을 기대하는가?'

때때로 우리는 자신의 노력과 사랑이 열매를 맺지 못할 때 원망하는 마음이 생깁니다. 얼마나 견디기 힘들었으면 제자 중에도 요한과 야고보는 불을 내려 심판하자고 주님께 건의했겠습니까? 그러나 제자들은 전도하기 위해 갔지 심판하기 위해 간 것이 아닙니다. 주님은 제자들에게 권세와 말씀을 주어 파송하셨지만 그 어려움을 극복하는 것에 대해서도 가르치셨습니다. 아직 그들이 몰라서 그렇고, 그들 중에도 돌아올 자들이 있으므로 아직은 문을 열어 놓아야 합니다. 이것이 하나님이 베푸시는 은혜의 기간입니다. 내가 문조차 닫아서는 안 됩니다. 저는 창세기 노아의 방주 기사에서 왜 하나님께서 그(노아)를 들여보내고 직접 (방주) 문을 닫으셨는지(창 7:16) 생각해 본 적이 있습니다. 노아가 손이 없었습니까? 왜 노아가 만든 방주 문을 노아가 안 닫고 하나님이 닫으셨을까요? 제 상상으로는 노아가 안타까운 마음에 한 사람이라도 더 살리기 위해 비가 방주 속으로 들어왔음에도 문을 열고 기다린 것 같습니다. 이것이 당대의 의인 노아가 한 일일 것입니다. 그러나 은혜의 시대가 끝났으므로 하나님께서는 노아와 그의 방주에 있는 모든 것을 구원하기 위하여 문을 닫으셨습니다. 나는 나를 반대하는 자를 심판할 수 없습니다. 나를 따르지 않는다고 저주할 수 없습니다. 오히려 그를 위해 기도해야 합니다. 그러기에 주님은 십자가를 지시는 모진 배척을 받으실 때도 "내 아버지여, 저들의 죄를 사하여 주옵소서. 저들은 자기들의 하는 일을 알지 못합니다"라고 중보의 기도를 드리셨습니다.

하나님은 아직도 우리에게 유예기간을 은혜로 주셨습니다. 우리는 마지막 선상에 서서 끝까지 다른 사람을 인도하기에 힘써야 하겠지만, 하나님만이 아시는 그때에 하나님께서 이 모든 것의 종결을 선언하실 것입니다.

예수님은 나사렛에서 배척받으시며 저들의 불신앙에 놀랐습니다. 그러나 하나님의 일은 중단 없이 계속되었습니다.

15
너희가 양식을 공급하라

7열두 제자를 부르사 둘씩 둘씩 보내시며 더러운 귀신을 제어하는 권능을 주
시고 8명하시되 여행을 위하여 지팡이 외에는 양식이나 배낭이나 전대의 돈
이나 아무 것도 가지지 말며 9신만 신고 두 벌 옷도 입지 말라 하시고 10또 이
르시되 어디서든지 누구의 집에 들어가거든 그 곳을 떠나기까지 거기 유하라
11어느 곳에서든지 너희를 영접하지 아니하고 너희 말을 듣지도 아니하거든
거기서 나갈 때에 발 아래 먼지를 떨어버려 그들에게 증거를 삼으라 하시니
12제자들이 나가서 회개하라 전파하고 13많은 귀신을 쫓아내며 많은 병자에게
기름을 발라 고치더라 막 6:7-13

30사도들이 예수께 모여 자기들이 행한 것과 가르친 것을 낱낱이 고하니 31이
르시되 너희는 따로 한적한 곳에 가서 잠깐 쉬어라 하시니 이는 오고 가는 사
람이 많아 음식 먹을 겨를도 없음이라 32이에 배를 타고 따로 한적한 곳에 갈
새 33그들이 가는 것을 보고 많은 사람이 그들인 줄 안지라 모든 고을로부터
도보로 그 곳에 달려와 그들보다 먼저 갔더라 34예수께서 나오사 큰 무리를
보시고 그 목자 없는 양 같음으로 인하여 불쌍히 여기사 이에 여러 가지로 가
르치시더라 35때가 저물어가매 제자들이 예수께 나아와 여짜오되 이 곳은 빈
들이요 날도 저물어가니 36무리를 보내어 두루 촌과 마을로 가서 무엇을 사
먹게 하옵소서 37대답하여 이르시되 너희가 먹을 것을 주라 하시니 여짜오되
우리가 가서 이백 데나리온의 떡을 사다 먹이리이까 38이르시되 너희에게 떡
몇 개나 있는지 가서 보라 하시니 알아보고 이르되 떡 다섯 개와 물고기 두
마리가 있더이다 하거늘 39제자들에게 명하사 그 모든 사람으로 떼를 지어 푸
른 잔디 위에 앉게 하시니 40떼로 백 명씩 또는 오십 명씩 앉은지라 41예수께
서 떡 다섯 개와 물고기 두 마리를 가지사 하늘을 우러러 축사하시고 떡을 떼
어 제자들에게 주어 사람들에게 나누어 주게 하시고 또 물고기 두 마리도 모
든 사람에게 나누시매 42다 배불리 먹고 43남은 떡 조각과 물고기를 열두 바
구니에 차게 거두었으며 44떡을 먹은 남자는 오천 명이었더라 막 6:30-44(마
14:13-21, 눅 9:10-17, 요 6:1-14 참고)

본문의 말씀을 읽을 때, 마치 주님이 이렇게 말씀하시는 것 같았습니다. "기근이 심각하고 만연된 이 세대에 너희가 생명의 양식을 공급하라. 비단 영혼의 양식뿐 아니라 육신의 양식도 공급하라."

이 땅에 참 생명을 주시기 위한 하나님 아버지의 망극하신 사랑으로 이 땅에 오신 예수님께서 이제 하나님께서 자신을 보내신 것처럼 제자들을 세상으로 보내십니다. 제자들을 불러 파송하실 때 주님은 분명히 제자들이 가는 목적이 무엇인지를 가르쳐 주셨고, 그 일을 이룰 수 있는 능력을 부여해 주셨습니다. 제자들은 하나님 나라를 전파하며 회개의 복음을 전하고 병자들을 고쳤습니다. 그것은 더러운 귀신이 떠나는 가시적인 표적으로 나타났습니다. 이것은 사람들에게 참된 생명을 얻게 하는 양식을 공급하는 일입니다. 처음 파송을 받은 제자들뿐 아니라 우리 역시 예수님은 이 기근이 심각한 세대에 생명의 양식을 나누어 줄 자들로 보내십니다.

만일 우리가 어떤 회사에서 특별한 임무를 띠고 지사에 출장을 가게 된다면 회사는 필요한 여비와 서류 등을 준비해 주며 다녀오라고 할 것입니다. 며칠간의 여행을 떠난다 해도 숙소 예약도 해야 하고, 입을 옷이나 세면도구, 상비약 등 준비할 것이 많습니다.

여기 하나님 나라를 건설하는 십자가 군병들을 둘씩 짝지어 각개 전투장으로 보내실 때 주님은 그들의 보급품으로 무엇을 지급하셨습니까? 아니, 외형적으로는 하나도 지급하는 것이 없었습니다. 오히려 있는 것도 가지고 가지 말라고 만류하셨습니다. 지금 입은 신발과 옷, 그리고 지팡이 외에는 여분의 옷도, 비상식량도, 무엇을 넣을 수 있는 보자기도, 비상금도 가지지 말라고 하셨습니다. 더구나 숙식할 곳에 대한 사전 예약도 없이 무작정 가서 먹을 것을 주면 먹고, 재워 주면 자라는 것입니다. 그런 사람이 없으면 꼼짝없이 굶고 잘 곳도 없는 인간적으로 보면 불안하기 짝이 없는 파송을 하셨습니다. 이런 조건으로 제가 보냄을 받았다면 당황스러워서 가기를 주저하며 아마 주님께 항의를 했을 것 같습니다.

그러나 주님은 보이지 않는 한 가지를 지급하셨습니다. 그것이 무엇일까요? 7절에 보면 "권능을 주시고"라고 기록되어 있습니다. 주님의 능력을 주셨다는 말씀입니다.

여기에서 중요한 교훈 한 가지를 찾을 수 있습니다. 우리의 안전이나 사역의 승리는 돈이나 물질이나 사람들의 환대에서 나오는 것이 아니라 하나님만을 전적으로 의지하고 나갈 때 하나님의 능력에서 나온다는 사실입니다. 제자들은 나갈 때 돈을 의지하고 나가지 않았습니다. 가진 양식을 믿고 나가지 않았습니다. 자기의 외모나 능력을 의지할 수 없었습니다. 어떤 재력가의 후원이나 다른 사람의 환대를 기대할 수도 없었습니다. 그러나 한 가지, 하나님만을 전적으로 의지하고 그때그때 도와주실 하나님의 능력을 믿으며 나아갔습니다. 이때가 하나님의 선하심과 인자하심과 그 능력을 맛보아 알 기회였습니다. 하나님이 어떻게 역사하시는가를 경험할 기회였습니다.

주님은 제자를 파송하시면서 그들에게 검소한 삶과 하나님을 전적으로 신뢰하고 나가는 것을 가르치셨습니다. 제자들은 믿음으로 담대히 나아갔습니다. 그리고 그들은 "회개하라"고 외쳤습니다(막 6:12). 주신 능력으로 더러운 귀신들을 쫓아내고 많은 병자들을 고쳤습니다.

제자들이 나아가 열심히 전파했기 때문에 온통 예수님에 대한 이야기가 장안에 화제였습니다. 그리고 같은 시기 헤롯 궁에서는 구약 시대의 마지막 하나님의 사람 세례 요한의 최후에 대한 기사가 소개되어 있습니다. "사람이 난 자 가운데 가장 큰 자"라는 평을 예수님에게서 들은 세례 요한은 "육신의 정욕"과 "안목의 정욕"과 "이생의 자랑"으로 눈이 먼 헤롯과 헤로디아의 간계로 말미암아 억울하게 살해되었습니다. 생명의 역사가 일어날 때, 역설적으로 악한 자들의 죽음의 역사도 일어납니다. 생명과 죽음이 대조적으로 나옵니다.

하나님의 사람 세례 요한의 말씀에 회개하기보다는 귀를 막고 그것도 부족하여 예언자의 입을 죽음으로 막아 보려고 했던 양심에 화인 맞은 헤롯은 이제는 자기의 가슴속에서 소리치는 더 많은 세례 요한의 심판의 소리 때문에 죄책감에 사로잡혀 불안한 삶을 살았을 것입니다. 그러기에 예수님의 소문을 듣자 세례 요한이 다시 살아난 것으로 생각했습니다. 진리는 결코 죽일 수 없다는 것, 진리는 다시금 살아난다는 사실을 헤롯조차도 알았는지 모릅니다.

이제 30절에 "사도"라는 단어가 마가복음에서 유일하게 나오는데, 제자들이 "사도들이" 되어 돌아옵니다. 따르던 제자가 보내심을 받아 사명을 감당하고 돌아오면 사도가 됩니다. 그들은 전도 여행에서 돌아와 자신들이 행한 것과 가르친 것을 자랑스럽게 예수님께 보고합니다. 예수님은 제자들에게 잠깐 휴식을 취하도록 하십니다. "너희는 따로 한적한 곳에 가서 잠깐 쉬어라"라고 하십니다. 제자들을 위한 예수님의 배려입니다. 아무리 중대한 사역도 쉬어 가면서 해야 합니다.

그러는 사이에 많은 사람들이 예수님과 제자들 주변에 몰려들게 되었습니다. 제자들이 바로 전에 나아가 전도한 사실에 미루어 볼 때 제자들의 말을 듣고 예수님께 나아온 사람들입니다. 전도의 열매를 보는 것 같습니다.

그런데 예수님께서 나오셔서 이 큰 무리를 보셨을 때 "목자 없는 양 같음으로 인하여 불쌍히 여기사"(34절)라고 기록되어 있습니다.

양이 언제 제일 불쌍한지 아십니까? 목자를 잃어버렸을 때입니다. 양이 언제 제일 행복한지 아십니까? 목자가 함께할 때입니다. 양에게는 목자가 길이고 양식이고 평안이고 안전이고 집이고 생명입니다. 양에는 목자가 모든 것입니다. 반대로 목자가 없으면 다 잃는 것입니다. 푸른 풀밭과 잔잔한 물가도 목자가 없으면 제일 위험한 곳입니다. 맹수가 그곳에서 기다리고 있다가 잡아먹습니다. 목자가 함께하면서 인도해 주어야 축복입니다. 목자 없는 양을 생각해 보십시오. 길을 찾을 수가 없어서 우왕좌왕하고 있을 것이고, 방향감각을 잃어버리고 정처 없이 무리를 지어 사망의 길로 들어설 수도 있습니다. 목자 없는 양들은 초장을 찾을 수가 없습니다. 어디에 가야 물을 얻을 수 있는지, 식물을 먹을 수 있을지 몰라 굶주림에 허덕이게 됩니다. 목자 없는 양은 자신들에게 다가오는 위험으로부터 피할 수 없고, 무방비 상태로 노출되어 있습니다. 목자 없는 양은 보호받을 수단 없이 맹수들에게 노출되어 있습니다. 목자 없는 양은 목표도 없고, 안식도 없고, 양식도 없습니다.

예수님이 당시의 큰 무리들을 보셨을 때 마치 목자 없는 양들과 같아서 불쌍히 여기셨습니다. 그렇다고 그들에게 목자 역할을 해야 할 자가 전혀 없었던 것은 아닙니다. 그들에게는 제사장들이 있었고 율법 교사인 서기관들과 바리새인들이 있었지만, 목자의 역할은 고사하고 이리처럼 노략질하고 자기의 배만 채우는 삯꾼 목자요, 맹인을 인도하는 맹인이었습니다. 그래서 군중들은 여전히 살길을 찾지 못하고, 늘 굶주리며, 거짓 사상에 미혹되고, 사탄의 노략물이 되었습니다.

지금 예수님이 세상을 보셔도 역시 목자 없는 양과 같은 실정을 보시고 불쌍히 여기실 것입니다. 인생의 방향감각을 상실하고 목적 없이 방황하는 수많은 무리들, 세상의 물질과 향락으로 채울 수 없는 영적인 기근으로 말미암아 허덕이는 정신적 영양실조에 걸린 이 세대, 죽음과 질병과 거짓 사설과 이단과 물질주의와 세속주의와 사탄의 공격 앞에 무참히 쓰러져 가는 현대인들을 볼 때 예수님은 "목자 없는 양" 같음을 한탄하실 것입니다.

예수님은 이전이나 지금이나 선한 목자로 오십니다. 양들 앞에 앞서가시며 길을 여시고 "내가 곧 길이다. 나로 말미암지 않고는 아버지께로 올 자가 없다"라고 하시며 하나님께로 가는 분명한 길을 보여 주십니다. 선한 목자 주님은 푸른 초장과 맑은 시냇물 가로 우리를 인도하셔서 영원한 생명수와 영원한 영생의 양식을 우리에게 공급하십니다. 그러므로 사망의 음침한 골짜기에서 우리를 건지시고 모든 위험한 세력으로부터 자신의 몸을 바쳐 우리를 보호하시는 구원자이십니다.

예수님은 열과 성을 다하여 그 무리를 가르치셨습니다. 날이 저물 때까지 이탈하는 사람 없이 빈 들에서 배고픈 줄도 모르고 예수님의 말씀을 들었습니다. 예수님이 말씀을 마치시자 늦은 저녁 빈 들에 모였던 무리들이 배고픔과 피곤함을 느끼게 되었습니다.

군중들이 이 광야에서 허기를 느낄 때 어떻게 할 것인가?

여기에 두 가지 대조적인 반응이 나타납니다. 제자들은 즉각적으로 예수님께 건의했습니다. "이곳은 빈 들이요 날도 저물어가니 무리를 보내어 마을로 가서 무엇을 사 먹게 합시다." 상당히 합리적인 의견입니다. 그런데 예수님은 의외의 말씀을 하셨습니다. "너희가 먹을 것을 주라."

우리는 이 광야 같은 세상에서 지치고, 병들고, 굶주리고, 문제 많은 사람들을 접할 때 어떻게 하겠습니까? 제자들처럼 그들의 처지를 이해하고 동정은 하지만 결국은 각자 스스로 알아서 잘 해결하도록 내버려두겠습니까? 이렇게 말할지도 모릅니다. "다 자기 팔자 타고나는 것 아닌가? 자기 능력껏 알아서 해야지 그것까지 내가 어떻게 책임을 진다는 말인가? 도움이 될 만한 다른 사람 주소나 전화번호 정도 알려 주고 나는 빨리 손 떼는 것이 신상에 좋지 않겠는가?"

그러면 예수님의 의견은 어떠십니까? "너희가 먹을 것을 주라."

목자 없는 양을 돌보는 목자는 '불쌍히 여기는 마음'을 가져야 합니다. 애타는 마음, 책임지려는 마음입니다. '컴패션'(compassion)은 고통을 함께하는 마음입니다. 목자의 마음, 아비의 마음입니다. 제자들의 제안은 책임지지 않으려는 마음입니다. 기적은 책임지려는 마음에서 시작됩니다. 사실은 제자들에게 돈이 없는 것이 아니라 책임지려는 마음이 없는 것입니다. 책임지려는 마음만 가져도 하나님이 역사하십니다.

"불쌍히 여기시는" 예수님의 연민으로부터 이적은 나타납니다. 긍휼 사역입니다. 치유이적 때와 마찬가지입니다.

'이것이 우리의 책임인가? 우리가 이런 것까지 해야 되는가?' 이쯤 되면 제자들로서도 예수님께 사정을 솔직하게 말씀드릴 수밖에 없습니다. "우리가 돈 없는 것 뻔히 아시면서 200데나리온도 더 드는 양식을 무슨 수로 구한단 말입니까? 그것도 이 늦은 시간에… 이 빈 들에서…."

남의 필요를 채워 주려는데 두 가지 반응이 있습니다. 하나는 제자들처럼 뜻은 좋지만 "돈이 있어야 하지요"라고 하는 것입니다. 저는 교회에서 그런 이야기를 많이 들어왔습니다. 교회에서 사람을 키우자, 선교사 파송하자, 가난한 사람 구제하자고 하면, 교인 중에 한 부류는 "선교도 좋고, 구제도 좋고, 장학금 주는 것도 다 좋지만 문제는 돈이 있어야 하지요. 돈이 없어서 못 합니다"라고 말합니다.

하나님의 일을 좀 하자는데 왜 돈 이야기부터 나오는지 모르겠습니다. 하나님의 일은 돈이 아니라 믿음으로 합니다. 하나님의 역사가 안 나타나는 것은 돈이 없어서가 아니라 믿음이 없기 때문입니다. 나중에 베드로는 나면서부터 못 걷게 된 사람에게 "은과 금은 내게 없거니와 내게 있는 이것을 네게 주노니 나사렛 예수 그리스도의 이름으로 일어나 걸으라"(행 3:6)라고 합니다. 우리가 돈으로 삽니까? 믿음으로 살지 않습니까? 돈에 맞추어 일을 하는 것이 아니라 일에 맞는 물질을 하나님이 주십니다. 공급이 있어야 비전을 이루는 것이 아니라 비전(vision)이 공급(provision)을 앞섭니다. 비전이 있는 곳에 필요한 것이 공급됩니다. 우리는 능력에 맞는 일을 구하지 말고, 일에 맞는 능력을 구해야 합니다.

예수님의 "너희가 먹을 것을 주라"라는 말씀은 네 돈 가지고 먹을 것을 사 주라는 말이 아니라 네 믿음 가지고 먹을 것을 주라는 말씀입니다.

우리는 하나님의 능력을 수없이 체험하면서도 내 경험과 산술적인 계산으로 하나님을 얼마나 제한하는지 알 수 없습니다. 그래서 아는 것이 병입니다. "하나님이 당신만큼도 계산을 못 하실 줄 아는가. 왜 걸핏하면 계산기 가지고 대드나…." NIV 성경에서는 200데나리온이 당시 장정 8개월분 월급이라고 설명해 놓았는데,

제자들의 형편에서는 겁도 날 만한 금액이기는 합니다.

그래도 하나님을 믿어야지 예수님 앞에서 돈타령부터 할 게 무엇입니까? 만물의 주인 앞에서 말입니다. 요한복음의 기사를 보면 예수님께서 친히 어떻게 먹일 것인가를 미리 작정하신 후 제자들의 반응을 보기 위해 너희가 먹을 것을 주라고 하셨다고 했습니다(요 6:6). 그러니까 결국 예수님의 신앙적인 질문에 대하여 제자들은 이성적인 답변을 하고 있는 것입니다.

하나님이 무엇이 부족하셔서 내 것 가지고 일을 하자고 하시겠습니까? 하나님은 하나님의 능력으로 하나님의 일을 하시는데 다만 우리의 믿음을 통하여 역사하기를 기뻐하시는 것뿐입니다. 하나님이 우리를 부르실 때는 이미 하나님께서 필요한 모든 것을 준비해 놓으시고 우리를 부르십니다. 부를 만하니까 부르십니다. 할 능력이 있으니까 요청하시는 것입니다. 모세를 부르심을 보십시오. 모세가 능력이 많아서 하나님의 일을 해준 것이 아니라 하나님의 능력이 모세로 하여금 사명을 감당케 한 것입니다. 하나님이 부르실 때 우리에게 필요한 것이 있다면 믿고 순종하는 것입니다.

우리는 무슨 일을 할 때 없는 것부터 생각하는 경향이 있습니다. 무엇이 없다고 핑계를 대며 없어서 못 하겠다고 합니다. 제자들도 없는 것을 탓하며 예수님께 말했습니다. 그때 예수님은 있는 것을 상기시켜 주셨습니다. "너희에게 얼마나 있느냐?" 예수님은 우리 안에 있는 잠재력을 보십니다. "너희에게 얼마나 있느냐"라는 말씀은 너희 안에 잠재되어 있는 해결의 가능성을 보라는 말씀입니다. 잠재된 가능성을 현실화하라는 것입니다. '가난을 해결하고, 부모를 봉양하고, 선교할 수 있는 가능성을 보라. 길은 너에게 있다. 답은 너에게 있다. 그것을 꺼내어 사용하라.' 나에게 있는 것과 하나님의 능력이 함께 역사하면 위대한 역사가 일어납니다. 나에게 주신 하나님의 은혜와 은사를 생각해 봅시다. 그리고 비록 적은 것이라도 믿음으로 우리가 가진 보리떡 5개와 물고기 2마리를 예수님 앞에 내어놓읍시다. "예수님, 적지만 믿음으로 내어놓습니다. 이 위에 축복하셔서 예수님의 역사가 나타나게 하옵소서." (마가복음은 빌립, 안드레, 소년 모두를 익명으로 처리했습니다. 이 말씀은 비단 그들만의 이야기가 아니라 우리 모두의 이야기라는 것입니다. 누구든지 그렇게 해야 하고, 또 할 수 있기 때문입니다.) 이 적은 것에서, 온전한 헌신에서 하나님의 위대한 역사는 시작됩니다. 스스로 자기의 빵을 먹는 것이 아니라 빵을 나누어 먹이는 것입니다. 음식이 한정된 상황에서 나누어 먹는다는 것은 부담스러운 일입니다. 그러나 그렇게 함으로써 자신도 풍요로워지는 것을 배웁니다. 이것이 나눔의 기적입니다.

예수님의 관심은 그들이 먹는 것이 아니라 그들을 먹이는 것입니다. 급식 과정에서 예수님은 제자들의 역할을 주목하십니다. 제자들은 그들을 먹이도록 위임을 받았으며, 나눌 음식을 찾아야 하고, 그들을 떼를 지어 질서 있게 앉혀야 하며, 예수님께 받은 빵을 배급해야 하고 남은 것을 거두어야 합니다. 급식 과정에서 예수님의 능력뿐 아니라 제자들이 해야 할 역할을 구체적으로 서술하고 있습니다.

예수님은 보리떡 5개와 물고기 2마리를 "가지사" "축사하시고" 떡을 "떼어" "주셨습니다"(41절). 연속되는 4개의 동사, 가지사, 축사하시고, 떼어, 주신 'taken-blessed-broken-given'(막 6:41, 막 8:6, 막 14:22, 고전 11:23-24) 것은 예수님의 삶을 의미합니다. 예수님은 하나님께 붙들린(taken) 인생을 사셨고, 하나님께 감사하는(blessed) 삶을 사셨고, 십자가에서 자신의 몸을 깨트리셨고(broken), 자신의 몸을 모두에게 나누어 주셨습니다(given).[2] 그러고 보면 예수님의 인생은 떡의 인생입니다. 여기에 나오는 동사들은 최후의 만찬을 나누실 때도 똑같이 사용됩니다(막 14:22). 그러기에 이 말씀은 성례전적 의미를 담고 있습니다. 결국 빈 들에서 나누어 먹어야 할 떡은 다름 아닌 예수님입니다. 제자들에게 먹이라는 말씀은 양 떼들을 향한 사랑으로 예수님의 생명을 나누라는 것입니다.

예수님이 주신 것은 바로 예수님의 몸입니다. 특별히 떡을 "나누었다"(broke)는 동사는 헬라어 완료형으로 쓰였고, "주었다"(give)는 진행형으로 쓰여 있습니다. 이 말씀은 주님께서 우리를 위하여 이미 십자가에서 자신을 깨트려 주신 생명의 떡을 계속하여 나누어 먹이시는 것으로 이해할 수 있습니다.

제자들은 만 명도 넘는 군중들에게 먹을 것을 공급해 주었습니다. 자신들의 것을 준 것이 아니라 예수님에게서 받아 나누어 주었습니다. 더 많이 나눌수록 더 많이 남고, 더 많은 사람이 먹을 수록 더 많이 남았습니다. 유한한 양식이 아니라 무한한 생명의 양식이 되었습니다.

이 오병이어의 이적기사는 복음서 모두에 기록되어 있는데 특별히 요한복음은 생명의 떡 되신 예수 그리스도와 연관을 지어 설명하고 있습니다. 예수님이 빈 들에서 군중들에게 떡을 먹이신 이 사건은 모세가 광야에서 만나와 메추라기로 이스라엘 백성들을 먹였던 사실을 상기시키며 예수님이 바로 "생명의 떡"이요, 하늘로서 내려온 "산 떡"(Living bread)이요, "참된 양식"으로 예수님의 살을 먹는 자는 영원히 살 것이라는 말씀을 주셨습니다(요 6:58).

헤롯이 고관대작들과 함께한 왕궁의 잔치는 죽임의 식탁으로 끝났지만, 예수님이 민중들과 함께한 빈 들의 잔치는 살림의 식탁으로 마무리됩니다. 예수님의 식탁이 사랑과 나눔과 사귐과 생명의 식탁이라면, 헤롯의 식탁은 미움과 분노와 향락과 광기의 식탁이었습니다. 우리는 화려한 헤롯 궁의 잔치 자리보다 예수님의 빈 들의 잔치에 참여하는 것을 영광으로 알아야 합니다.

예수님은 "선한 목자"요, "생명을 주는 참된 양식"이십니다. 예수님의 연민과 배려가 제자들을 향한 것에서 무리를 향한 배려로 이어집니다. 제자들에게 한적한 곳에서의 쉼을 주심으로 하나님이 일하신다는 것을 알려 주시고, 무리들에게 빈 들에서 양식을 공급하심으로 하나님이 먹이신다는 것을 알려 주십니다.

우리는 "기근인 이 세대에 너희가 양식을 공급하라"는 명령을 믿음으로 받아들여 목자 없는 양과 같이 방황하는 이 세대를 선한 목자 되신 주님의 자취를 따라 인도해야 합니다. 아모스 선지자의 말대로 하나님의 말씀을 듣지 못하여 기근이요 기갈인(암 8:11) 이 세대에 하나님의 말씀을 먹여야 합니다. 우리는 영원하신 생명의 양식인 주님의 몸을 충실하게 나누어 주는 역할을 감당해야 합니다.

"너희가 양식을 공급하라."

16
마음의 성결

1바리새인들과 또 서기관 중 몇이 예루살렘에서 와서 예수께 모여들었다가
2그의 제자 중 몇 사람이 부정한 손 곧 씻지 아니한 손으로 떡 먹는 것을 보았
더라 3(바리새인들과 모든 유대인들은 장로들의 전통을 지키어 손을 잘 씻지
않고서는 음식을 먹지 아니하며 4또 시장에서 돌아와서도 물을 뿌리지 않고
서는 먹지 아니하며 그 외에도 여러 가지를 지키어 오는 것이 있으니 잔과 주
발과 놋그릇을 씻음이러라) 5이에 바리새인들과 서기관들이 예수께 묻되 어
찌하여 당신의 제자들은 장로들의 전통을 준행하지 아니하고 부정한 손으로
떡을 먹나이까 6이르시되 이사야가 너희 외식하는 자에 대하여 잘 예언하였
도다 기록하였으되 이 백성이 입술로는 나를 공경하되 마음은 내게서 멀도다
7사람의 계명으로 교훈을 삼아 가르치니 나를 헛되이 경배하는도다 하였느니
라 8너희가 하나님의 계명은 버리고 사람의 전통을 지키느니라 9또 이르시되
너희가 너희 전통을 지키려고 하나님의 계명을 잘 저버리는도다 10모세는 네
부모를 공경하라 하고 또 아버지나 어머니를 모욕하는 자는 죽임을 당하리라
하였거늘 11너희는 이르되 사람이 아버지에게나 어머니에게나 말하기를 내가
드려 유익하게 할 것이 고르반 곧 하나님께 드림이 되었다고 하기만 하면 그
만이라 하고 12자기 아버지나 어머니에게 다시 아무 것도 하여 드리기를 허락
하지 아니하여 13너희가 전한 전통으로 하나님의 말씀을 폐하며 또 이같은 일
을 많이 행하느니라 하시고 14무리를 다시 불러 이르시되 너희는 다 내 말을
듣고 깨달으라 15무엇이든지 밖에서 사람에게로 들어가는 것은 능히 사람을
더럽게 하지 못하되 16사람 안에서 나오는 것이 사람을 더럽게 하는 것이니라
하시고 17무리를 떠나 집으로 들어가시니 제자들이 그 비유를 묻자온대 18예
수께서 이르시되 너희도 이렇게 깨달음이 없느냐 무엇이든지 밖에서 들어가
는 것이 능히 사람을 더럽게 하지 못함을 알지 못하느냐 19이는 마음으로 들
어가지 아니하고 배로 들어가 뒤로 나감이라 이러므로 모든 음식물을 깨끗하
다 하시니라 20또 이르시되 사람에게서 나오는 그것이 사람을 더럽게 하느니
라 21속에서 곧 사람의 마음에서 나오는 것은 악한 생각 곧 음란과 도둑질과
살인과 22간음과 탐욕과 악독과 속임과 음탕과 질투와 비방과 교만과 우매함
이니 23이 모든 악한 것이 다 속에서 나와서 사람을 더럽게 하느니라 막 7:1-23

예수님의 사역이 계속되자 이에 대항하는 세력도 점점 더 기세를 올려 도전하는 것을 볼 수 있습니다. 성령의 은혜로운 역사가 있는 곳에 사탄의 방해하는 역사도 꼭 있습니다.

본문의 말씀은 "예루살렘에서"부터 갈릴리까지 원정을 온 바리새인들과 서기관들이 예수님과 제자들의 행동을 꼬투리 잡기 위해 혈안이 되어 있다가 드디어 한 사건을 터트리는 장면입니다. 이들은 나름대로 예수님과 제자들을 곤경에 빠뜨릴 호재를 현장에서 목격하고 많은 사람들 앞에서 예수님을 힐난했습니다. 언제든지 "예루살렘에서부터 온" 자들이 있어서 예수님과 교회를 대적합니다. 바울도 처음에서 예루살렘에서부터 대제사장의 공문을 가지고 다메섹까지 예수 믿는 자들을 핍박하기 위해 갔습니다.

고소하는 내용인즉, 유대인들은 장로들의 전통('코쉐르 법')을 지키어 식사하기 전에 손을 반드시 씻는데, 왜 당신의 제자들은 손을 씻지 않고 식사를 하느냐는 것입니다. 이는 부정할 뿐 아니라, 전통을 지키지 않는 이단이라는 주장입니다.

이들의 의도는 예수님과 그 따르는 제자들을 하나님과 상관이 없는 이단으로 모는 것입니다. 당시 통용되는 장로들의 전통을 들어서 모든 사람 앞에 명백하게 잘못된 것을 지적하는 것입니다. 그러나 예수님은 그들이 예기치 못했던 말씀, 당시로서는 가히 혁명적인 말씀을 하셨습니다.

6절에 주님은 말씀을 여실 때, 그들을 "외식하는 자"라고 부르셨습니다. 원어의 "외식"한다는 본래의 뜻은 "연극한다", "~체 한다"(to pretend)는 말로 주님은 바리새인과 서기관들을 향해, "이 연극배우들아", "이 잘난 체하는 자들아", "이 종교를 연출하는 자들아"라고 하셨습니다. 예수님이 이 땅에 계실 때 제일 싫어하신 것은 "위선"입니다. 예수님은 가장 단호한 어조로 그들의 주장을 반박하셨습니다.

예수님은 6-7절에서 이사야 29장 13절을 인용하여 말씀하십니다. "이 백성이 입술로는 나를 공경하되 마음은 내게서 멀도다 사람의 계명으로 교훈을 삼아 가르치니 나를 헛되이 경배하는도다." 이사야의 예언은 외식하는 바리새인과 서기관, 당시의 종교 지도자들의 상태를 그대로 지적하고 있습니다.

그들은 어떻게 외식했습니까?

첫째, 말로는 하나님을 내세우면서도 마음으로는 하나님을 섬기지 않는 형식적인 믿음 생활입니다. 마음이 없이 입으로만 찬양하고, 마음의 간절함 없이 입으로만 기도하고, 행함 없이 말만 앞세우는, 입술로만의 봉사와 예배입니다. 이것은 립 서비스입니다(lips service). 이것은 입술의 종교입니다. 예배 시간에 찬송할 때, "나의 죄를 씻기는 예수의 피밖에 없네. 나를 정케 하기는 예수의 피밖에 없네"라고 곧잘 찬송하면서 예수의 피의 능력을 진정으로 믿지 않으면 무슨 소용이 있습니까? "어디든지 예수 나를 이끌면 어디든지 예수 함께 가려네"라고 잘도 부르면서 주님이 소원하시는 뜻에 순종하지 않고 따르지 않으면 무슨 소용이 있습니까? 차라리 부르지 않는 편이 낫습니다. 작자 미상의 〈이렇게 기도하지 말라〉는 글이 주기도에 빗대어 나와 있습니다.

주기도문을 드릴 때 "하늘에 계신" 하지 말아라.

세상일에만 빠져 있으면서….

"우리"에게 하지 말아라.

네 혼자만 생각하며 살아가면서….

"아버지여" 하지 말아라.

아들딸로서 살지 않으면서….

"이름이 거룩히 여김을 받으시오며" 하지 말아라.

자기 이름을 빛내기 위해 안간힘을 쓰면서….

"나라이 임하옵시며" 하지 말아라.

물질만능의 나라를 원하면서….

"뜻이 하늘에서 이룬 것 같이 땅에서도 이루어지이다" 하지 말아라.

내 뜻대로 되기를 원하면서….

"오늘날 우리에게 일용할 양식을 주옵시고" 하지 말아라.

가난한 이들을 본체만체하면서….

"우리가 우리에게 죄 지은 자를 사하여 준 것 같이 우리 죄를 사하여 주옵소서" 하지 말아라.

누구에겐가 아직도 앙심을 품고 있으면서….

"우리를 시험에 들게 하지 마옵시고" 하지 말아라.

죄 지을 기회를 찾아다니면서….

"다만 악에서 구하옵소서" 하지 말아라.

악을 보고도 아무런 양심의 소리를 듣지 않으면서….

"아멘" 하지 말아라.

주님의 기도를 진정 나의 기도로 바치지 않으면서….

요한복음은 4장 24절에서 "하나님은 영이시니 예배하는 자가 영과 진리로 예배할지니라"라고 말씀하고 있습니다. 우리는 온 마음과 온 정성으로 주님을 섬겨야 합니다. 기독교는 마음의 종교입니다. 하나님은 우리 마음의 기도와 찬양을 받으십니다. 하나님은 우리가 우리의 마음을 드리기를 원하십니다. 우리의 몸과 마음을 아울러 주님께 드리는 것이 산 제사요, 영적 예배입니다(롬 12:1). 그렇지 않은 입술만의 예배는 "헛된 예배요"(막 7:7), 시간과 물질과 정력만 낭비하는 것입니다. 이런 예배는 하나님이 받으시지 않습니다.

천국에는 마음이 먼저 가야 합니다. 로마서 10장 10절은 "사람이 마음으로 믿어 의에 이르고 입으로 시인하여 구원에 이르느니라"라고 했습니다. 그래서 기독교는 마음의 종교입니다. 존 웨슬리(John Wesle)는 뜨거운 가슴을 강조했는데, 사랑과 믿음과 성령으로 왕성한 생명력을 가슴에 간직한 것이 기독교입니다.

둘째, 유대 종교지도자들은 사람의 계명을 하나님의 계명(말씀)보다 더 중요하게 여겼습니다. 더 정확하게 말하면 사람들의 전통을 지키려고 하나님의 말씀을 저버리는 것입니다(막 7:9).

본문에 나오는 논쟁의 발단은 제자들이 음식 먹기 전에 손을 씻지 않은 것입니다. 이것은 위생상 좋지 않다는 일반적인 이야기가 아니라 유대인들의 전통에 어긋난다는 종교상의 문제입니다. 유대인들에게는 하나님께서 주신 율법 외에도 부가적으로 그 율법을 지키는 데 도움이 되거나 하나님의 말씀을 더욱 잘 이해할 수 있도록 종교의 관행상 시행 세칙(판례법) 비슷한 유대인 장로들의 가르침이 있었습니다. 그것이 율법에 부가되면서 장로들의 전통으로 구전되어 내려오고 있었습니다. 그것을 "미쉬나"라고 불렀는데 너무나 많은 조항이 들어 있어서 그것을 모두 알기도 힘들거니와 지키는 것은 참으로 힘들었습니다. 그것은 사람들에게 마치 무거운 짐을 지우는 것과 같았습니다.

더구나 이 구전들은 본래 하나님의 뜻과 어긋나는 것도 있었고, 하나님의 계명과 혼돈되어 있어서 구전되는 전통이 하나님의 계명보다 더욱 중요시되거나 과장되기도 했습니다. 이런 요소들이 살아 있는 하나님의 말씀들을 형식적이고, 의식적이고, 무서운 멍에로 전락시키고 있었습니다.

사람들의 전통과 계명이 하나님의 말씀보다 더욱 비중을 두어 가르쳐지고 강조되니 사람들의 신앙생활은 하나님께 보이는 것보다는 사람들에게 보이기 위한 "전시 신앙"이 되었습니다. 하나님은 이차적 관심이고 보이는 사람들에게 먼저 인정을 받아야 하기 때문에 외식적일 수밖에 없었습니다. 하나님께 받을 상을 구하는 것이 아니라 이 세상에서 받는 사람(자기)의 상을 구했습니다. 당시 유대인들의 세 가지 덕목인 금식, 기도, 구제도 자기 상을 받기 위해 하는 것이 되었습니다. 금식을 해도 꼭 남이 알아볼 수 있도록 표시를 했습니다. 기도를 해도 남이 들을 수 있는 곳에서 기도하고 있음을 보여 주어야 했습니다. 구제를 해도 될 수 있는 대로 많은 사람들이 알 수 있도록 나팔을 불었습니다. 공공장소에서는 특별히 유의하여 구전되어 오는 전통들을 잘 지키는 것을 보여주었습니다. 그래야 인정을 받았습니다. 그렇지 않으면 비난을 받았습니다. 오늘 유대 종교지도자들은 예수님과 제자들에게도 이런 기준을 가지고 판단하고 비난하는 것입니다. 그들에게는 성경(하나님의 말씀)과 교리(장로들의 전통)가 충돌하여 하나님의 계명을 따르기보다 사람의 전통을 따르고, 본질적인 것보다 비본질적인 것에 집착했습니다.

예수님은 당시 모든 사람이 가는 외식적인 길에 서지 않으시고 그들 전체의 흐름을 거스르는 말씀을 하셨습니다. "너희가 하나님의 계명은 버리고 사람의 전통을 지키느니라"(막 7:8). 주님은 그들 가운데 현재 시행되고 있는 전통을 구체적으로 예를 들어 설명하십니다. 모세가 하나님으로부터 받은 십계명 중 제5계명은 "네 부모를 공경하라"라고 되어 있습니다. 그런데 그 의무로부터 예외 될 수 있는 사람들(장로들)의 전통이 있었습니다. 그것은 아마도 더욱 헌물을 많이 거두어들이기 위한 하나의 편법으로 생긴 듯한데, 만일 물건을 성전에 바치고 "고르반" 하면 부모에게 드릴 의무가 면제된다는 것입니다. 또한 물질이 있을 때 그것에 대해 "고르반" 하게 되면 하나님께 바칠 것임으로 부모님께 드릴 수 없다는 의미가 됩니다. "고르반"은 원래 "선물"(a gift)이라는 뜻인데, 사람들은 부모에게 마땅히 해야 할 것을 하지 않고 "고르반" 하여 하나님께 드린다고 하면서 실제로는 하나님께 전체를 드리지도 않고 부모에게 해야 할 의무도 하지 않았습니다. 자기들의 편리를 따른 것입니다. 이로써 부모와 자녀의 사랑의 관계를 파괴했습니다. 또한 종교의 미명하에 남을 돕는 선한 일을 행하지 않는 것을 합리화시켰습니다. 부모 공경을 기피하면서 고르반 서원을 이용하여 이를 정당화했습니다. 인륜을 저버리면서 비겁하게 종교를 빙자했습니다. 이것은 명백히 하나님의 부모 공경의 법을 인간의 전통으로 무시하는 것이었습니다. 하나님의 계명을 버리고 하나님의 말씀을 폐한 꼴입니다.

세상 사람이 모이는 곳이면 어디든지 전통이 있고 중요하게 여기는 것이 있습니다. 우리 민족도 특별한 전통이 있습니다. 한 가정의 내려오는 가풍이 있습니다. 어떤 조직의 유구한 전통이 있습니다. 교회의 특색이 있습니다. 이 모든 것이 중요합니다. 그러나 하나님의 말씀은 이 모든 것보다 우위에 있습니다. 하나님의 계명은 사람의 계명보다 우선합니다. 하나님 말씀의 권위는 이 모든 것들보다 우선합니다.

전통은 외적인 것이나 진리는 내적인 것입니다. 전통은 의식을 가지나 진리는 실재를 가집니다. 전통은 내가 보존하나, 진리는 나를 지켜 줍니다.

셋째, 유대 종교지도자들은 외모의 정결에는 힘쓰면서도 마음의 성결을 위해 노력하지 않았습니다. 손을 씻는 정결 예식은 제사장이 성소에 들어가 제사를 드리기 전에 자기의 몸과 마음을 정결케 하는 표로 물두멍에서 손을 씻던 것에서 비롯되었습니다. 그것은 하나님의 전으로 들어올 때 우리의 마음을 먼저 성결케 하고 들어오라는 영적인 의미가 있습니다. 단순히 손을 물에 담그는 의미가 아니라 그러한 상징을 통해 마음의 정결함을 요구하시는 하나님의 뜻을 읽어야 합니다.

바울도 육신적인 할례를 내세우는 유대인들에게 다음과 같이 권면했습니다. 로마서 2장 28-29절에서 권면하실 때 같은 말씀을 했습니다.

> "표면적 유대인이 유대인이 아니요 표면적 육신의 할례가 할례가 아니니라 오직 이면적(마음의) 유대인이 유대인이며 할례는 마음에 할지니 영에 있고 율법 조문에 있지 아니한 것이라 그 칭찬이 사람에게서가 아니요 다만 하나님에게서니라"(롬 2:28-29).

육신적으로 아브라함의 후손이 중요한 것도 아니고 육체에 상처를 내어 행하는 육신의 할례가 중요한 것이 아니라, 믿음으로 아브라함의 후손이 되고 마음의 할례를 받는 것이 하나님의 원 뜻입니다. 왜냐하면 하나님은 영이시므로 마음을 아시며 우리는 하나님 앞에서 신앙생활을 하고 있기 때문입니다. 육체의 모양을 내는 자마다 사람의 칭찬을 바라고, 될 수 있는 대로 아름답게 꾸미려고 치장합니다. 사람은 모르고 속는다고 해도 하나님의 눈에는 "회칠한 무덤"과 같습니다.

이들이 지금 고소하는 것은 그들의 마음에 있는 것을 드러내고 있습니다. 악한 마음에서 이런 생각들이 나오고 있습니다. 시기, 미움, 완악함, 교만, 판단…. 이것들은 씻지 않은 손보다 훨씬 더 더러운 것들입니다. 똥 묻은 개가 겨 묻은 개를 나무라는 꼴입니다.

마태복음 23장에서 주님은 계속하여 "화 있을진저 외식하는 서기관들과 바리새인들이여"라고 하시면서 단호하게 외식하는 자들을 심판하셨습니다. 천국 문을 막고 자신도 못 들어가고 남도 못 들어가게 하여 남들을 자신들보다 더 악한 지옥의 자식이 되게 하는 어리석은 자들, 물질의 십일조는 드릴 줄 알면서도 더욱 중요한 의와 인과 신을 저버리는 자들, 하루살이는 걸러내고 약대는 삼키는 자들, 잔의 대접의 겉은 깨끗이 하면서도 그 안에는 탐욕과 방탕으로 채우는 자들, 회칠한 무덤과 같아 겉으로는 아름답게 보이나 그 안에는 썩은 뼈와 더러운 것들이 가득한 자들, 뱀들, 독사의 새끼들, 지옥의 형벌을 피하지 못할 자들….

우리 교우 가운데 안식일 교회에 오래 다니다 오신 분이 있습니다. 그분에게 안식일 교회에서 대개 무엇을 배우셨냐고 물어보았습니다. 그 성도는 다른 것은 생각이 잘 안 나고 무엇 무엇을 먹지 말라고 많이 들었다고 말했습니다. "돼지고기 먹지 말라, 토끼고기 먹지 말라, 비늘 없는 생선 먹지 말라…." 그는 삼겹살을 좋아하는 데다 먼지 많이 나는 곳에서 일하기 때문에 가끔 삼겹살을 먹어야 하는데 먹을 때마다 죄를 짓는 것 같아 힘들었다고 했습니다.

사실 레위기 11장을 읽어 보면 하나님께서 금하신 것들이 나와 있습니다. 하나님은 이스라엘 백성들에게 가나안 토족들 또는 이방 신을 섬기는 자들과는 다른 구별된 생활을 가르쳐 주셨습니다. 그런데 가장 큰 목적은 "내가 거룩하니 너희도 몸을 구별하여 거룩하게 하라"(레 11:44-45)입니다. 하나님의 계명은 거룩한 삶과 마음의 성결을 더욱 강조하고 있습니다.

예수님은 여기에 대해서도 혁명적인 말씀을 하셨습니다. "모든 음식물을 깨끗하다 하시니라"(막 7:19). 마카비우스 봉기 때 돼지고기를 먹지 않기 위해 차라리 죽임을 당했던 유대인들에게는 혁명적인 말씀입니다. 바울도 음식을 먹을 자유에 대해 말했습니다. "음식은 우리를 하나님 앞에 내세우지 못하나니"(고전 8:8). 무엇을 안 먹었다고 해서 하나님 앞에 의롭다고 인정받는 것이 아닙니다. 음식이 선과 악을 결정하는 것이 아니라 사람이 선하게도 하고 악하게도 합니다. 바뀌어야 할 것은 물질이나 상황이 아니라 사람입니다. 하나님은 음식이 아니라 사람에 관심이 있으십니다. "무엇이든지 밖에서 사람에게로 들어가는 것은 능히 사람을 더럽게 하지 못하되 사람 안에서 나오는 것이 사람을 더럽게 하는 것이니라"(막 7:15-16). 이 말씀을 제자들조차도 이해하지 못했다고 마가는 기록하고 있습니다(막 7:17-18).

예레미야 17장 9절은 "만물보다 거짓되고 심히 부패한 것은 마음이라 누가 능히 이를 알리요"라고 말씀하고 있습니다. 세상의 온갖 죄악은 부패한 사람의 마음에서 나옵니다. 죄는 육신적인 것 이전에 영적인 것입니다. 죄는 외적으로 나타나기 이전에 내면에 잠재되어 있습니다.

우리의 "심장을 살피며 폐부를 시험"하시는 주님께서는 우리 마음에 내재되어 있는 죄의 목록을 7장 21절부터 23절까지 나열하셨습니다. 사람에게서 나오는 것이 사람을 더럽게 한다는 말씀 중 "에게서"의 원어는 "에크"(ek)입니다. 마음으로부터 다음과 같은 것들이 나옵니다. "악한 생각" 곧, "음란", "도둑질", "살인", "간음", "탐욕", "악독", "속임", "음탕", "질투", "비방", "교만", "우매함" 등 여기에서는 12가지를 지적하셨는데, 로마서 1장 29절부터 32절에 보면 그 이상의 온갖 더러운 것들이 인간의 마음에 있습니다.

신문을 읽어 보면 살인, 강도, 사기, 강간, 폭행, 전쟁, 마약 밀매, 조직 폭력배들의 패싸움, 공무원 횡령, 권력형 축재, 입시 부정, 인권 탄압, 인신매매 등 다양한 사건들이 나옵니다. 이렇게 신문에 나오는 일들이 예수님이 말씀하신 죄의 목록에 있습니다. 이 모든 것이 사람의 마음에서 나옵니다. 그러기에 세상의 온갖 보이는 문제는 사람의 마음에 내재되어 있습니다. 문제는 사람 마음입니다. 씻지 않은 손으로 먹은 음식이 사람을 더럽게 하는 것이 아니라 부패한 마음이 사람을 더럽게 합니다.

예수님은 마태복음 5장에서 "살인하지 말라"는 구약의 계명을 다시금 해석하실 때 미워하는 마음을 먼저 지적하셨습니다. 살인이라는 보이는 문제는 사실 미워하는 마음으로부터 시작되어 어떤 상황 속에서 일어나기 때문입니다. "간음하지 말라"는 계명을 말씀하실 때 "마음에 여자를 보고 음욕을 품는 자가 이미 간음했다"라고 하신 것을 보아도 예수님은 마음의 동기에 더욱 비중을 두고 계십니다.

십계명을 푸는 열쇠는 첫 계명 "나 외에 너에게 신을 두지 말라"와 마지막 계명 "탐내지 말라"에 들어 있는데, 그것은 바로 마음의 동기, 의도의 순수성을 말하는 것입니다. 나머지 계명은 바로 마음의 동기라는 면에서 해석해야 합니다.

하나님이 주신 율법의 총체는 사랑입니다. 심지어 음식에 관한 규정도 하나님의 사랑이 담겨 있습니다. 그리고 율법이 가르치는 요구는 거룩함입니다. 사실 사랑과 거룩함, 이 둘은 서로 통하는 말입니다. 우리가 거룩하다고 하는 것은 사랑으로 충만한 상태를 의미합니다.

하나님은 우리에게 "내가 거룩하니 너희도 거룩하라"고 요구하십니다. 참으로 영적인 사람은 행복해지기보다는 거룩하기를 갈망합니다. 무엇을 가지기보다는 거룩한 삶을 살기를 원합니다. 잘못 살기보다는 바르게 죽겠다는 마음을 가진 사람이 영적인 사람입니다.

기독교는 마음의 종교입니다. 하나님은 마음을 달아보시며 마음의 성결을 요구하십니다. 여기에서 성결은 마음의 의도가 순수하다는 것입니다.

전통을 따르는 자들은 형식적인 종교를 만들고, 손을 씻으며 스스로 의롭다고 여기고 살지만, 예수님은 우리가 내면의 죄와 죄악성을 회개하고 하나님의 은혜와 용서를 간구하며 살도록 가르치십니다. 종교가 잘못되면 오히려 그것으로 하나님의 아들 예수님을 비판하고 정죄하는 꼴이 됩니다. 인간의 전통으로 하나님의 말씀을 예단합니다.

'어떻게 하면 성결한 사람이 될 수 있을 것인가?' 하는 질문은 기독교인으로서 마땅히 물어야 하는 것입니다. 그것은 음식 문제가 아닙니다. 전통을 지키는 문제도 아닙니다. 말로 되는 것도 아닙니다. 먼저 우리의 더러운 마음을 주의 보혈로 씻어야 합니다. "예수의 피가 우리를 모든 죄에서 깨끗하게 하실 것이요"(요일 1:7). 그리고 성령의 인도하심을 따라 살면서 계속하여 신자의 회개와 믿음으로 주의 보혈에 나를 적셔야 합니다. 이것은 밖으로 내보이기 위한 것이 아니라 은밀한 중에 마음을 감찰하시는 하나님 앞에 날마다 서는 삶입니다. 성결한 삶은 밖으로부터가 아니라 안에서부터 밖을 향합니다.

하나님은 마음의 성결을 원하십니다. 그 한 사람이 그리운 시절입니다.

17
개가 되어도 좋다

[24]예수께서 일어나사 거기를 떠나 두로 지방으로 가서 한 집에 들어가 아무도
모르게 하시려 하나 숨길 수 없더라 [25]이에 더러운 귀신 들린 어린 딸을 둔 한
여자가 예수의 소문을 듣고 곧 와서 그 발 아래에 엎드리니 [26]그 여자는 헬라
인이요 수로보니게 족속이라 자기 딸에게서 귀신 쫓아내 주시기를 간구하거
늘 [27]예수께서 이르시되 자녀로 먼저 배불리 먹게 할지니 자녀의 떡을 취하여
개들에게 던짐이 마땅치 아니하니라 [28]여자가 대답하여 이르되 주여 옳소이
다마는 상 아래 개들도 아이들이 먹던 부스러기를 먹나이다 [29]예수께서 이르
시되 이 말을 하였으니 돌아가라 귀신이 네 딸에게서 나갔느니라 하시매 [30]여
자가 집에 돌아가 본즉 아이가 침상에 누웠고 귀신이 나갔더라 막 7:24-30

본문은 예수님께서 조용한 시간을 갖기 위하여 잠시 두로와 시돈 지방에 들어가셨을 때 생긴 일입니다. 이것은 예수님의 첫 번째 이방 여행으로 두로 지방은 오늘날로 말하면 레바논 베이루트 지역입니다.

예수님께서 한 집에 들어가서 잠깐 유하셨는데 이미 예수님이 오신 소문이 그 지경에 다 퍼지게 되어 많은 사람들이 예수님께 왔습니다. 예수님이 가시는 곳마다 사람들이 몰려들었고 예수님이 드러나게 되었습니다. 예수님이 계신 것은 어디서나 숨길 수가

없고 반드시 드러납니다(24절).

예수님을 우리가 마음에 진심으로 영접했을 때 알게 모르게 우리의 삶에서 예수님이 드러납니다. 예수님을 믿는지 안 믿는지 표가 전혀 나지 않는 사람, 다른 사람이 예수님 향내를 맡을 수 없는 신자는 자기가 잘 믿고 있는지 스스로 살펴보아야 합니다. 빛은 숨길 수가 없습니다. 진리는 반드시 드러나기 때문입니다.

본문은 앞에 나온 기사와 같은 맥락에서 이해할 수 있습니다. 앞에서 예수님은 유대인들이 유대인들의 전통을 하나님의 말씀보다 더욱 중하게 여기는 것을 책망하셨습니다. 예수님은 "모든 음식물을 깨끗하다"(19절)라고 선언하시므로 깨끗한 음식, 부정한 음식에 대한 유대인들의 구분을 철폐하시고 성결한 마음을 가질 것을 강조하셨습니다.

본문의 말씀은 거룩한 하나님의 선민 유대인과 부정한 이방인이라는 전통적인 유대인의 생각을 무너트립니다. 유대인이라고 해서 하나님의 자녀가 저절로 되는 것이 아니요, 이방인이라고 해서 하나님의 자녀가 되는 은혜가 거절되는 것이 아니라, 유대인이든 이방인이든 믿음으로 하나님의 자녀가 된다는 사실을 예수님께서 가르치십니다.

이제 더 이상 육신의 유대인이냐 아니냐가 중요한 것이 아니라 심령으로 하나님을 섬기는 자가 참으로 하나님의 자녀라는 사실을 선언하십니다.

이전에는 이방인이 하나님의 백성이 되기 위해서는 유대인같이 되어야 했습니다. 할례를 받고 같은 전통을 지키며 유대인으로 귀화해 살아야만 했습니다. 구약 시대에도 선교가 있었지만 "나아가는" 선교가 아니라 "들어오는" 선교였습니다. 즉 구심력적인 선교였습니다. 이방인들이 유대인의 틀 안으로 들어오는 것만이 하나님을 섬기는 길이었습니다.

그러나 예수님은 "나아가는 선교", "보내는 선교"를 시작하셨습니다. 수로보니게 여인의 사건은 예수님의 이방인 선교의 단면을 보여 줍니다. 예수님께서 이 땅에 성육신하신 사건부터 복음전도를 위해 제자들을 둘씩 파송하신 일이나 승천하시면서 마지막으로 당부하신 말씀에 잘 나타나 있습니다. "너희는 가서 모든 민족을 제자로 삼아 아버지와 아들과 성령의 이름으로 세례를 베풀고 내가 너희에게 분부한 모든 것을 가르쳐 지키게 하라"(마 28:19-20). "오직 성령이 너희에게 임하시면 너희가 권능을 받고 예루살렘과 온 유대와 사마리아와 땅 끝까지 이르러 내 증인이 되리라"(행 1:8). 이는 원심력적인 선교 방식입니다.

이제 종교적인 우월의식과 편협한 민족주의로 이방 사람들을 개 취급하고 자신들을 위해 만들어진 피조물로 여기던 전통적인 유대인들의 일반적인 관점에 일침을 가하십니다. 기존의 패러다임을 깨트리십니다. 하나님은 어느 특정한 "부족의 하나님" 또는 유대인의 전속신이 아니라 모든 인류의 하나님이며 믿는 모든 자들의 아버지 되심을 가르쳐 주셨습니다. 다만 유대인은 이 복음을 먼저 받았고, 이 복음을 전파하기 위해 먼저 부름을 받았다는 사실을 가르치셨습니다. 그러면서도 먼저 된 자가 나중 될 수도 있다는 사실을 주님은 말씀하셨습니다.

이로써 복음 앞에서는 어떤 민족이냐가 중요하지 않고, 피부 색깔도 중요하지 않습니다. 남자냐 여자냐가 중요한 것도 아니고, 생활 정도, 교육 정도, 지위의 고하, 언어나 문화의 차이가 문제가 되지 않습니다. 우리는 모두 믿음으로 하나님의 자녀가 되며, 믿음 안에서 한 형제자매가 될 수 있습니다. 예수님은 오늘 실제의 사건을 통해서 당시 사람들에게나 우리에게 이런 교훈을 주십니다. 예수님의 직접적인 말씀이 아니라 수로보니게 이방 여인의 믿음을 통해 더욱 생생하게 보여 주십니다. 그러므로 예수님의 말씀은 당시 유대인들의 전통을 반영하는 것이라고 보아야 하고, 그것이 예수님에게서 어떻게 달라지는가를 보아야 합니다. 예수님의 생각이 변화되었다기보다 유대인들이 어떻게 변해야 하는가를 보여 줍니다.

본문은 마태복음 15장 21-28절에 더 자세히 기록되어 있는데, 이름을 알 수 없는 이방 여자의 믿음에 초점을 두고 있습니다. 마태의 보도보다 마가의 보도는 긴박하고도 단순한 여인의 요청을 잘 묘사하고 있습니다. 그 여인은 헬라인으로서 수로보니게(시리아-페니키아) 족속에 속한 사람이었습니다. 비록 이방인이었지만 예수님은 "여자여 네 믿음이 크도다"(마 15:28)라고 칭찬하셨고, 마가복음에서는 "이 말을 하였으니 돌아가라 귀신이 네 딸에게서 나갔느니라" 하시면서 그 소원을 들어주셨습니다.

이 여인은 커다란 문제를 안고 있었습니다. 자신의 어린 딸이 귀신 들려 괴로운 나날을 보내고 있었던 것입니다. 여러 가지 수단을 동원하였지만 고치지 못하고 있던 차에 예수님에 대한 소문을 듣게 되었습니다. 더구나 예수님이 자신이 사는 지역의 어느 집에 오셨다는 것입니다. 그래서 예수님을 찾아가 발 앞에 엎드리어 자기 딸을 고쳐 주시기를 간청했습니다.

이 말씀을 들을 때 우리는 수로보니게 여인의 간구하는 태도를 주목해야 합니다. 왜냐하면 그 여인은 우리에게 기도의 한 전형을 보여 주기 때문입니다.

이 이방 여인은 자기 자녀의 문제를 가지고 주님 앞에 나왔습니다. 주님께서 해결해 주실 것을 믿었기 때문입니다. 오늘날 자녀들의 문제로 고민하는 부모들이 얼마나 많습니까? 수로보니게 여인의 딸은 귀신에 들렸지만, 오늘날도 여러 가지 문제로 자녀들이 병들고 그것 때문에 부모들이 괴로움을 당합니다. 불순종하는 자녀, 습관적으로 죄를 저지르는 자녀, 세상의 물질주의와 향락주의에 젖어 사는 자녀, 마약과 성적인 문란으로 병들어 가는 자녀, 반항적이고 파괴적인 자녀…. 누구에게도 드러내 놓고 말할 수 없는 자녀들의 문제 때문에 괴로움을 안고 살아가는 이 땅의 부모들이 얼마나 많습니까? 이러한 문제는 힘으로도 안 되고, 세상의 훌륭한 의사도 못 고치고, 좋은 상담가나 교육가도 시원한 대답을 안겨줄 수 없습니다.

이 이방 여인처럼 자녀에게 문제가 있을 때 만병의 치료자이신 예수님의 발아래 엎드려 간구해야 합니다. 문제의 근본적인 해결은 이 길밖에 없습니다. 아이들이 자랄수록 독립심이 점점 커가고 따라서 부모의 통제로부터 점점 멀어져 갑니다. 어느 시점이 되면 부모가 더 이상 자녀와 함께 갈 수 없게 됩니다. 이때를 위해서도 지금부터 기도로 자녀를 키워야 합니다. 내 자녀가 어디를 가든지 내 기도가 함께 가도록 해야 합니다. 이것이 자녀들을 예수님께 인도하는 것입니다. 내가 자녀에게 줄 수 있는 가장 위대한 유산은 자녀들로 하여금 예수님 손을 붙들고 가도록 하는 것입니다. 내가 함께할 수 없을 때라도 예수님이 함께하십니다.

수로보니게 여인은 예수님 발아래 엎드려 "주 다윗의 자손이여"(마 15:22)라고 예수님을 불렀습니다. 여기에 그 여인의 믿음이 담겨 있습니다. 여인은 예수님을 나의 주인으로 고백했습니다("주님"). 그리고 "다윗의 자손"이란 말은 당시 메시아에 대한 호칭으로 쓰였는데 예수님을 메시아로 믿은 것입니다.

예수님은 그 여자에게 "네 믿음이 크도다"(마 15:28)라고 말씀하셨는데, 그렇다면 큰 믿음이라고 칭찬을 받은 무명의 이방 여인의 믿음을 살펴봅시다.

우선 이 여인에 대한 보도는 논쟁적입니다. 이적기사라기보다는 논쟁기사라고 보아야 합니다. 맹렬한 여성처럼 보이는 이 이방 여인은 예수님에게 무시를 당하는 것처럼 보입니다. "자녀로 먼저 배불리 먹게 할지니 자녀의 떡을 취하여 개들에게 던짐이 마땅치 아니하니라"(막 7:27). 예수님의 말씀은 당시의 속담을 인용하고 있습니다. 자녀가 먼저 배불리 먹어야 한다는 것, 자녀가 먹을 떡을 그 값어치도 모르는 자에게 주어서는 안 된다는 것입니다. 그리고 너희는 유대인이 생각하는 것처럼 개 같은 이방인이라는 것입니다. 이 말을 보통 사람이 들었다면 당장에 시험부터 들었을 것입니다. 바리새인이나 서기관이 이렇게 말했다면 이해가 되는데 예수님까지 이렇게 말씀하셨다는 것은 이해가 안 됩니다. 경우에 따라서 인종차별, 성차별, 언어 폭력, 모욕, 편견으로 오해될 수 있습니다. 그러나 이것은 예수님의 진심이 아닙니다. 수로보니게 여인은 "주여 옳소이다마는 상 아래 개들도 아이들이 먹던 부스러기를 먹나이다"(막 7:28)라고 응수합니다. 개가 되는 것을 자처하고 나섭니다.

"오는 말이 고와야 가는 말도 곱다"라는 말이 있는데, 여인은 그렇게 하지 않았습니다. 예수님의 풍자적 발언에 여인은 골계적으로 응수했습니다.[3] 참으로 지혜로운 여인입니다. 나발과 다윗을 부끄럽게 했던 아비가일이 생각납니다. 이런 응수는 인생을 달관하며 살면서 마음의 여유를 가지고 있을 때 가능합니다. 많은 어려움을 겪고 있지만 정말 대단한 여인입니다. 어떻게 이런 상황에서 이런 말이 나올까요? 아이는 귀신 들렸고, 예수님은 냉대하는 것 같고, 사람들은 주목하여 보고 있는데, 심각한 상황을 코믹하게 만드는 능력을 가지고 자기를 부정하는(셀프 디스) 여유까지 가지고 있습니다.

이런 것을 배워야 합니다. 만일 교인이 찾아와서 "목사님, 오늘

설교 죽 쑤셨어요" 하면, 웃으면서 "환자들이 많으니 죽을 쑤었지요"라고 말할 수 있어야 합니다. 링컨과 더글라스가 선거 유세판에서 맞붙었는데, 더글라스 후보가 링컨을 비난하면서 "두 얼굴을 가진 이중인격자"라고 하자, 링컨 후보는 "더글라스 말이 사실이라면 오늘같이 중요한 날 왜 제가 이렇게 못생긴 얼굴을 하고 나왔겠느냐"라고 반문하여 좌중을 웃음바다로 만들었다고 합니다.

우리는 대화의 기술이 부족하여 논쟁에서는 이기고 관계는 파괴되는 경우가 얼마나 많습니까? 같은 말이라도 왜곡된 자화상은 왜곡된 해석을 낳습니다. 대화에서 건강한 자화상은 중요합니다. 원활한 소통을 위해서는 고정관념을 버리고 긍정적으로 받아들여야 합니다. 이분법적으로 사고하지 않고 그 안에 존재하는 수많은 대안을 찾는 것도 중요합니다. '자녀냐 개냐'라는 양자택일을, '자녀도 개도'라고 상반되는 것을 결합하면 특별한 아이디어를 얻을 수 있습니다. 이때 자녀는 애완견의 주인입니다. 주인이 누구냐에 따라 개도 귀해집니다. 심지어 보통 사람보다 더 호사스러울 수 있습니다. 개팔자는 주인에 따라 달라집니다.

개의 천박한 이미지는 자기 겸비의 긍정적 이미지로 바뀝니다. 이렇게 말을 바꾸면 생각이 바뀌고 새로운 사건이 일어납니다. 말 한마디로 졸지에 개가 되었지만 개가 되어도 좋다고 말함으로 치유가 발생합니다. 이것은 여인의 딸의 치유뿐 아니라 예수님 사역을 넓히는 계기가 되었습니다. 이 사건 이후 예수님의 사역은 이방을 향합니다.

이만큼 내려놓을 수 있습니까? 인내의 여인은 예수님의 말을 인정하고 들어갑니다. 예수의 발언을 수용하면서 자기의 요구를 개진합니다. 부스러기 은혜라도 큰 역사를 일으킬 수 있다는 믿음을 보입니다. 예수님의 부스러기의 능력이라도 우리의 믿음을 더하면 위대한 능력이 나타납니다. 반대로 우리의 부스러기의 헌신이라도 오병이어의 이적처럼 예수님이 축사하시면 위대한 역사가 일어납니다.

여인은 "주여 옳소이다마는 상 아래 개들도 아이들이 먹던 부스러기를 먹나이다"(막 7:28)라고 말했고, 예수님은 "이 말을 하였으니 돌아가라 귀신이 네 딸에게서 나갔느니라"(막 7:29) 하셨습니다. 말 한마디로 천 냥 빚을 갚는다는 말이 있지만, 이 여인은 '이 말 한마디 때문에' 딸이 병 고침을 받았습니다.

이 여인의 모습은 기도의 전형을 보여 줍니다.

첫째, 그 여인의 기도는 긍휼(자비)을 구하는 기도였습니다. "나를 불쌍히 여기소서 내 딸이 흉악하게 귀신 들렸나이다"(마 15:22). "곧 와서 그 발 아래에 엎드리니"(막 7:25).

이 자비를 구하는 기도는 세리가 자신의 가슴을 치며 "하나님이여 불쌍히 여기소서 나는 죄인이로소이다"(눅 18:13)라고 하여 하나님의 긍휼하심을 받은 기도와 같습니다. 우리가 하나님 앞에 나올 때는 예수님의 은혜에 의지하여 하나님의 긍휼밖에 구할 것이 없습니다. "주여! 나를 불쌍히 여겨 주옵소서."

우리는 하나님 앞에 나올 때마다 두 손을 들고 항복할 수밖에 없습니다. "천부여 의지 없어서 손들고 옵니다. 주 날 박대하시면 내 어디 가리까. 내 죄를 씻기 위하여 피 흘려주시니 곧 속죄하는 마음으로 주 앞에 옵니다."

누가복음 15장의 돌아온 탕자처럼 우리는 아버지 앞에 무릎 꿇고 긍휼이 여기심만을 바랄 뿐입니다. 이는 내게 은혜를 받을 만한 어떤 자격도 없기 때문입니다. 내게서는 어떤 의로움도 공로도 찾을 수가 없습니다. 나는 아버지의 마음을 아프게 했던 죄만을 가지고 있기 때문입니다. 진정으로 주님을 만난 사람은 그 입에서 먼저 "주여! 나를 불쌍히 여겨 주옵소서. 나는 죄인이로소이다"라고 고백하게 됩니다.

둘째, 이 여인의 기도에는 인내가 있었습니다. 마가복음이 이전에 소개한 이적들은 사람들의 요구에 즉각적으로 예수님이 응답하시는 것들이었습니다. 한센병 환자(막 1:40-41), 중풍병자(막 2:3-5), 손 마른 자(막 3:5)를 고치실 때나, 야이로의 딸을 살리실 때나(막 5:41), 혈루증으로 고생하던 여인을 고치실 때나(막 5:34), 오병이어의 기적을 행하실 때도(막 6:41) 즉시로 간구에 대한 응답을 주셨습니다.

그런데 이번에는 좀 뜸을 들이십니다. 여기에서 주님은 낙심치 말고 계속해서 인내로 기도하라는 교훈을 주십니다. 무엇이든 한 번 말했을 때 들어주는 방식으로 자녀를 교육시킨다면 나중에는 감사함도 사라지고, 그 일의 소중함도 잊고, 인내심도 없어지고 말 것입니다. 예수님은 기도를 가르치실 때, 과부가 불의한 재판관에게 여러 번 간청한 비유(눅 18:1-8)와 한밤중에 온 친구를 위하여 이웃에게 떡을 여러 번 구했던 비유(눅 11:5-8)를 통해서 낙심치 말고 계속해서 구할 것을 가르쳐 주십니다.

수로보니게 여인이 예수님께 큰 소리로 간구했을 때 처음에는 예수님께서 한마디도 대답하지 않았다고 했습니다(마 15:23). 그래도 그 여인은 낙심치 않고 예수님을 따라오며 더욱 소리를 높여 부르짖었습니다. 때때로 우리는 예수님이 우리의 기도에 침묵하고 계시는 것처럼 느껴질 때가 있습니다. 그러나 사실은 예수님께서 우리의 믿음을 보고 계십니다. 더욱 간절하게 하고, 확신 있게 나가기를 바라십니다. 하나님의 침묵이 때로는 우리의 믿음을 더욱 키워 줍니다.

옆에 있던 제자들이 거들었습니다. 저 여인이 우리 뒤에서 계속 소리를 지르며 따라오니 어떻게 해서 좀 보내라고 합니다(마 15:23). 제자들은 아마 그 여인이 귀찮아서 참다못해 한마디 한 것일 수도 있습니다. 그래도 그 여인은 계속해서 부르짖었습니다. 예수님은 마침내 한 말씀을 하셨습니다. 그것은 거절의 말씀이었습니다. 우리는 주의하여 성경을 보아야 합니다. 예수님이 하신 거절의 말씀은 당시 유대인들의 전통을 그대로 반영한 것입니다. 예수님은 그 여인에게 진실로 구원의 문을 닫으신 것이 아니라 행할 일을 미리 작정하시고 그 여인의 믿음과 그곳에 모인 유대인들에게 교훈을 주시기 위해 말씀하십니다. “나는 이스라엘 집의 잃어버린 양 외에는 다른 데로 보내심을 받지 아니하였노라”(마

15:24).

그런데도 수로보니게 여인은 낙심치 않고 계속 간구했습니다. 그녀는 자신을 잃어버린 영적인 이스라엘로 간주했는지 모릅니다. 예수님께서 또 말씀하셨습니다. "자녀의 떡을 취하여 개들에게 던짐이 마땅치 아니하니라"(막 7:27). 여기에서도 예수님은 그녀를 모욕할 의도로 말씀하신 것이 아니라, 유대인들의 견해를 해학적으로 표현하신 것입니다. 당시 유대인들은 이방인을 개로 취급했습니다. 같은 말이라도 쓰는 뉘앙스에 따라 느낌이 달라집니다. 여기에서의 개는 들개가 아니라 애완견으로 표현되고 있습니다. 저는 이 대화를 이렇게 풀어 쓰고 싶습니다. "나는 유대인이다. 너는 유대인들이 너희를 어떻게 생각하는 줄 아느냐. 그들은 자신들만 하나님의 자녀라고 생각하고 너희를 개로 취급한다. 너는 어떻게 생각하느냐?" "맞습니다. 자녀들이 먼저 떡을 먹는 것이 옳습니다. 그러나 그 집의 강아지도 자녀들이 떡을 먹는 동안 상에서 떨어지는 부스러기를 먹을 수 있지 않습니까?"

이때 수로보니게 여인의 지혜와 지속적인 믿음이 나타납니다. 여러 가지 어려운 난관이 있었음에도 불구하고 결국 예수님의 응답을 받는 인내가 있습니다. 여기에 "그럼에도 불구하고"의 믿음이 있습니다. 자녀가 절망적인 상태에 있음에도 불구하고, 자신이 개같이 취급받는 이방 여자임에도 불구하고, 사람들과 제자들의 냉대에도 불구하고, 예수님의 침묵과 시험의 말씀에도 불구하고 인내로 기도했습니다.

셋째, 수로보니게 여인의 기도에서 겸손을 찾아볼 수 있습니다. 여인은 주인의 자녀는 못 되어도 주인의 개라도 되기를 원하는 마음으로 자신을 개에 비유했고, 상에 놓여 있는 떡 덩어리는 먹을 수 없어도 상 아래로 떨어지는 먹다 남은 부스러기라도 얻기를 원했습니다.

예수님이 어찌 우리를 개로 여기시겠습니까? 우리 먹으라고 먹던 부스러기를 쓸어 땅에다 뿌리시겠습니까? 그러나 예수님은 우리에게 겸손을 원하십니다. 우리가 예수님께 배울 것도 겸손입니다.

저는 사탄의 자녀가 되기보다는 하나님의 집에 강아지가 되고 싶습니다. 사탄의 상에 앉아 산해진미를 먹는 것보다 주님의 상에서 떨어지는 부스러기를 받아먹으며 살고 싶습니다.

이 부스러기 은혜라도 구했던 여인처럼 우리는 왜 간절한 마음이 없습니까? 이 간절함 때문에 이 여인은 떡을 덩어리로 받았습니다. 이 떡은 생명의 떡입니다. 이것을 상징적으로 보면, 하나님의 자녀라고 자칭하던 유대인들이 거부한 생명의 떡이 통째로 이방인들에게 임합니다.

수로보니게 여인은 예수님으로부터 응답을 받습니다. "돌아가라 귀신이 네 딸에게서 나갔느니라"(막 7:29). "여자여 네 믿음이 크도다 네 소원대로 되리라"(마 15:28).

원거리 치료입니다. 이렇게 약속을 주님에게서 먼저 받고 집으로 돌아가 그 응답을 확인했습니다. 우리의 기도는 소망 중에 먼저 응답을 받습니다. 주님께 믿음으로 기도하여 확신을 얻고 나아가 기도의 응답을 눈으로 목격합니다. 이는 우리가 예수의 보혈을 믿어 소망 중에 구원을 얻고 확신을 가지고 살다가 하나님의 나라에 이르는 것과 같습니다.

수로보니게 여인은 마태복음 8장 5-13절에 나오는 백부장과 여러 가지 면에서 공통점이 있습니다. 그들은 이방 사람들이었습니다. 그들은 자신이 아닌 다른 사람을 위하여 예수님 앞에 대신 간구하였습니다. 그들은 병자를 보지도 못하신 예수님이 원거리에서 말씀으로 고치시고 그 말씀이 이루어진 것을 확인했습니다. 그리고 무엇보다도 유대인들이 받지 못한 칭찬을 예수님께 들었습니다.

"이스라엘 중 아무에게서도 이만한 믿음을 보지 못하였노라"(마 8:10).

"여자여 네 믿음이 크도다"(마 15:28).

우리는 육신적으로는 이방인이지만 백부장과 수로보니게 여인처럼 칭찬받는 믿음의 사람들이 되어야 하겠습니다.

18
에바다

31예수께서 다시 두로 지방에서 나와 시돈을 지나고 데가볼리 지방을 통과하
여 갈릴리 호수에 이르시매 32사람들이 귀 먹고 말 더듬는 자를 데리고 예수
께 나아와 안수하여 주시기를 간구하거늘 33예수께서 그 사람을 따로 데리고
무리를 떠나사 손가락을 그의 양 귀에 넣고 침을 뱉어 그의 혀에 손을 대시
며 34하늘을 우러러 탄식하시며 그에게 이르시되 에바다 하시니 이는 열리라
는 뜻이라 35그의 귀가 열리고 혀가 맺힌 것이 곧 풀려 말이 분명하여졌더라
36예수께서 그들에게 경고하사 아무에게도 이르지 말라 하시되 경고하실수록
그들이 더욱 널리 전파하니 37사람들이 심히 놀라 이르되 그가 모든 것을 잘
하였도다 못 듣는 사람도 듣게 하고 말 못하는 사람도 말하게 한다 하니라 막
7:31-37

본문은 예수님께서 두로에서 지중해를 따라 북쪽 36km에 위치한 시돈에 가시고(지금의 레바논 지역), 갈릴리 남동쪽인 데가볼리에서 사역하셨다가(지금의 요르단 지역), 다시 갈릴리 호수로 돌아오시는 긴 여행의 행로(route)를 기록하고 있습니다. 현재 구글 지도로 이동 경로를 연결하면 500km 거리의 유대인들이 살지 않는 지역을 다니신 것입니다. 두로, 시돈, 데가볼리는 모두 이방인들이 거주하는 지역으로 이사야 선지자의 예언이 성취되었음을 보여줍니다.

"전에 고통받던 자들에게는 흑암이 없으리로다 옛적에는 여호와께서 스불론 땅과 납달리 땅이 멸시를 당하게 하셨더니 후에는 해변 길과 요단 저쪽 이방의 갈릴리를 영화롭게 하셨느니라 흑암에 행하던 백성이 큰 빛을 보고 사망의 그늘진 땅에 거주하던 자에게 빛이 비치도다"(사 9:1-2).

어떤 학자들은 이 여정이 8개월 정도 걸렸을 것이라고 추측하기도 합니다. 그렇다면 예수님은 이방인을 위한 사역을 하셨으며, 그동안 제자들과 더욱 가까이 계시면서 그들을 개별적으로 집중 훈련하고 가르치셨을 것입니다.

갈릴리 호숫가에 예수님께서 당도하셨을 때 사람들은 "귀 먹고 말 더듬는 자"를 데리고 나아와 안수해 주시기를 간구했습니다.

"사람들이 귀 먹고 말 더듬는 자를 데리고 예수께 나아와 안수하여 주시기를 간구하거늘"(막 7:32).

이들도 벳새다에서 맹인을 데리고 예수님께 나아와 "손대시기"를 구한 사람들처럼 귀한 사람들입니다(막 8:22).

"예수께서 그 사람을 따로 데리고 무리를 떠나사 손가락을 그의 양 귀에 넣고 침을 뱉어 그의 혀에 손을 대시며"(막 7:33).

예수님께서 그를 맞으시고 무리를 떠나 따로 데리고 한적한 곳으로 가십니다. 벳새다에서 맹인을 데리고 마을 밖으로 데리고 가신 것과 일맥상통합니다(막 8:23). 예수님은 무리와 그를 잠시 단절시키시고, 그와 조용하고도 깊은 일대일 접촉을 하십니다.

이번 기사는 치료하는 과정이 가장 구체적이고 상세하게 묘사되어 있습니다. 사람들은 단순히 안수하여 고쳐 주시기를 청했는데, 예수님은 요구한 것보다 더욱 복잡하게 치료 과정을 진행하십니다. 통상 말씀이나 안수나 침으로 치유하셨는데, 이번 경우는 아주 독특합니다. 모든 것이 종합적으로 나옵니다. 침을 예수님의 손에 뱉었는지 그에게 뱉었는지 뱉으시고, 예수님의 두 손 손가락을 장애가 있는 사람의 양 귀와 혀에 대시면서 "에바다"라고 말씀하셨습니다.

> "하늘을 우러러 탄식하시며 그에게 이르시되 에바다 하시니 이는 열리라는 뜻이라"(막 7:34).

예수님이 하늘을 우러러 탄식하신 것은 기도를 통하여 하나님과 장애인을 연결시키신 것입니다. 예수님을 통하여 우리가 하늘에 접속하면 기적이 일어납니다. 그것이 예수님 이름의 권세입니다. 예수님이 '탄식'하신 것은 그의 아픔을 공감하시는 것입니다. 예수님이 긍휼히 여기시는 마음으로 하늘을 우러르며 아람어로 "에바다"(Ephphatha!), 즉 "열려라" 하실 때 그의 귀가 열려 듣게 되고 입이 열려 말하게 되는 역사가 일어나게 되었습니다.

> "그의 귀가 열리고 혀가 맺힌 것이 곧 풀려 말이 분명하여졌더라"(막 7:35)

그의 장애는 듣지 못하는 것으로부터 시작했습니다. 원래 귀가 열려야 입이 열립니다. 아이들이 말을 배우는 것을 보면 알 수 있습니다. 그리고 듣지 못하는 것과 말하지 못하는 것은 연결되어 있는데, 그가 말을 더듬었다는 것으로 보아 듣지는 못해도 남들이 말하는 모양을 보고 말을 하려고 노력했다는 것을 알 수 있습니다. 그런데 이제 분명하게 말하고 듣게 되었습니다. 시각 장애를 가지고 사셨던 강영우 박사님은 못 보는 것보다 더 큰 큰 장애는 못 듣는 것이라고 저에게 말한 적이 있습니다. 예수님께서 벳세다에서 맹인을 눈뜨게 하시고(막 8:22-26) 맹인 바디메오를 고치시는(막 10:46-52) 이적 이전에 듣지 못하고 말하지 못하는 사람을 먼저 고쳐 주시는 것입니다. 귀, 입, 눈 모두 다 열리는 것입니다.

새롭게 듣고, 말하고, 보게 되면 새사람이 되는 것입니다. 이전 것은 지나갔으니 보라 새것이 되었습니다. 새 창조입니다. "에바다" 말씀하실 때, 새사람이 되어 보시기에 좋았습니다.

> "사람들이 심히 놀라 이르되 그가 모든 것을 잘하였도다 못 듣는 사람도 듣게 하고 말 못하는 사람도 말하게 한다 하니라"(막 7:37).

누가복음 4장 18-19절에서 예수님은 이사야를 인용하여 자신의 사역 선언을 하셨습니다. 이사야는 주님의 사역을 예언했습니다. "그 때에 맹인의 눈이 밝을 것이며 못 듣는 사람의 귀가 열릴 것이며 그 때에 저는 자는 사슴같이 뛸 것이며 말 못하는 자의 혀는 노래하리니"(사 35:5-6).

예수 그리스도의 사역에서 이사야의 예언이 성취되고 있습니다. 예수님의 이적은 하나님의 지배와 통치가 드러나는 메시아의 왕국 하나님 나라와 깊은 관련이 있습니다. 이적은 하나님 나라와 다스림의 구체적인 모습입니다.

귀가 열리고, 눈이 열리고, 입이 열리는 것은 예수님의 공생애 때뿐 아니라 지금도 주님을 영접하는 자들에게 계속해서 일어나는 변화의 역사입니다. 예수님께서 수없이 "에바다! 에바다!··· 열려라! 열려라!···" 말씀하시는 것을 느낍니다.

듣지 못하고 어눌하여 수많은 어려움을 겪었던 이 사람, 말할 수 없어 가슴이 사무치도록 답답했던 사람이 예수님을 만남으로 분명하게 말을 하게 되고 똑똑하게 알아들을 수 있게 되었으니 얼마나 기쁘고 감사했겠습니까? 그는 아마도 새로운 생명을 얻은 기쁨으로 감격에 감격을 거듭했을 것입니다. 그것을 목격한 사람들도 모두 놀라 하나님께 영광을 돌렸습니다.

듣지 못하고 어눌한 사람이 듣게 되고 말하게 된 이적에 이어 맹인이 눈을 뜨는 이적(막 8:22-26)이 짝을 이루어 나오는데, 두 기사에서 모두 예수님은 침을 뱉고 손을 사용하셨으며 치유하신 후 침묵 명령을 하셨습니다. 이런 치유의 이적은 육신적으로 커다란 기쁨과 축복을 가져다주었지만, 마가는 여기에서 끝내지 않고 그 속에 담겨 있는 영적인 축복과 교훈을 우리에게 줍니다. 기적은 단순히 이적으로 끝나지 않고 더 깊은 것을 드러내는 표적입니다.

처음에 예수님에게 왔던 사람들은 설교를 듣기 위해 온 것이 아니었습니다. 본인이나 자기와 관계된 사람들이 병이 들었기 때문에 고침을 받기 위해 왔습니다. 그러나 자세히 살펴보면 가르침과 병 고침 사이에는 큰 차이가 없습니다. 비유들과 마찬가지로 치유 사건은 하나님 나라를 보여 주고 있습니다. 병 고치는 이야기에는 메시지가 잔뜩 들어 있습니다. 어떻게 보면 실물설교이고 행위설교입니다. 보여 주고 말하기(show & tell)입니다. 예수님은 치유 과정에서 질병은 하나님의 형벌도 아니며 자연이 왜곡된 것으로 하나님의 뜻이 아니라는 생각도 피력하십니다. 그러므로 당시에 만연하던 질병에 대한 잘못된 견해와 병을 일으키는 요인을 고치는 것은 하나님 나라 모습의 일부분입니다.

말 못하는 자가 말하고, 듣지 못하는 자가 듣고, 보지 못하는 자가 보게 되는 것은 사람들 간의 의사소통의 수단이 온전해지는 것으로, 한때의 지나간 역사에 대한 증언이 아니라 오늘도 계속해서 예수님을 만나는 사람들에게 일어나야 하는 영적인 변화입니다. 그러기에 우리도 "에바다"라고 우리를 향하여 외치시는 예수님의 음성을 들어야 합니다. 이 "에바다"라는 음성을 들을 때, 영적으로 닫혔던 모든 것이 회복되어 하나님과 온전한 의사소통이 가능해집니다.

예수님은 이 땅에 오셔서 보지 못하는 우리의 눈을 열어 신령한 세계를 보게 하시고, 듣지 못하는 우리의 귀를 열어 세미한 성령의 음성까지도 듣게 하시고, 벙어리 개처럼 짖지 못하는 우리의 입을 열어 하나님의 성호를 찬양하며 진리를 전하는 "에바다"의 사역을 하셨습니다.

마가복음 8장 11-13절을 보면, 영적으로 눈이 멀어 하나님의 역사를 보지 못하고, 귀가 막혀서 주님의 진리 말씀을 알아듣지 못하고, 입이 둔하여져서 무엇을 구할지, 무엇을 말하는지 알지 못하는 완전히 영적으로 눈먼 바리새인들이 나옵니다.

그들은 계속하여 예수님을 트집 잡고, 비난하면서 시험하고, 계속되는 예수님을 통한 하나님의 역사를 보면서도 깨닫지 못하고 오히려 하늘에서부터 오는 또 다른 표적을 구하고 있습니다.

듣지 못하고 어눌한 이를 보시고 "탄식"(막 7:34)하신 예수님께서는 영적으로 완전히 닫혀 버린 완악한 무리들, 즉 바리새인들을 보시며 마음속으로 "깊이 탄식"(막 8:12)하셨습니다.

예수님은 이렇게 영적으로 무지한 이들을 볼 때 한탄하십니다. 육신적인 장애자도 긍휼히 여김을 받아야 하지만, 사실은 영적인 장애자는 더욱 심각합니다. 어느 날 우리가 하나님 나라에 가게 되면 이 땅에서 보지 못하던 사람이 아름다운 눈으로 보는 것을 목격하게 될 것입니다. 이 땅에서 휠체어에 몸을 싣고 다니던 분들이 천국에서 뛰노는 것을 보게 될 것입니다. 이 땅에서 육신적인 장애는 그 나라에서 문제 될 것이 없습니다. 우리는 다 변화되어 영광스러운 몸을 덧입게 되기 때문입니다. 그러나 영적으로 듣지 못하고, 보지 못하고, 말하지 못하면 그는 영원한 영적인 장애자가 될 것입니다.

그러기에 예수님의 눈에는 육신의 맹인보다 본다고 하는 영적인 맹인이 더 문제였습니다(요 9:41). "보기는 보아도 알지 못하고, 듣기는 들어도 깨닫지 못하는" 영적인 장애자, 이들이 진실로 "에바다"라는 음성을 들어야 합니다.

당시의 종교지도자들과 바리새인, 사두개인들은 스스로 보고, 들으며, 말할 줄 안다고 생각했으나, 예수님은 그들이 보는 것이 참 보는 것이 아니며, 듣는 것이 참 듣는 것이 아니며, 말하는 것이 참 말하는 것이 아니라고 선언하셨습니다. 다 맹인이요, 귀머거리요, 벙어리라고 하셨습니다. 그들이 백성을 가르치는 것은 맹인이 맹인을 인도하는 격이라고 말씀하셨습니다.

그러기에 예수님은 "들을 귀"에 대해, "보는 눈"에 대해, 깨닫는 마음에 대해 여러 번 말씀하셨습니다. 팔복을 말씀하실 때도 "마음이 청결한 자는 복이 있나니 그들이 하나님을 볼 것임이요"(마 5:8)라고 하셨습니다. 비유를 말씀하실 때도 "귀 있는 자는 들으라"(막 4:9, 23)라고 하셨습니다. 불신앙의 상태는 바로 하나님의 세계를 보는 눈이 없는 것이요, 하나님의 말씀을 분별하여 들을 귀가 없는 것이요, 예수님께 드려야 할 마땅한 고백이 없는 것이요, 받아들여야 할 예수님을 영접하지 않는 닫힌 마음입니다.

예수님은 이러한 영적인 무감각한 상태를 경계하셨습니다. 예수님은 바리새인들이 표적을 구하며 믿지 않는 것을 보시고 제자들에게 경계하시기를 "바리새인들의 누룩과 헤롯의 누룩을 주의하라"(막 8:15)라고 하셨습니다.

마태복음의 같은 기사에 보면 "헤롯의 누룩" 대신 "사두개인의 누룩"이 나옵니다. 여기에서 "누룩"이란 말은 "악의 경향", "보이지 않는 악의 영향력"이라는 의미로 쓰였습니다. 전반적으로 저들의 불신앙 상태에 대해 경계하신 것입니다. 그러나 구체적으로 보면 바리새인의 누룩은 율법주의, 형식주의 같은 위선적인 신앙생활을 뜻합니다. 율법적인 신앙생활이 침투하지 못하도록 조심하라는 것입니다. 왜냐하면 조그마한 누룩이 온 떡덩이에 퍼져 부풀게 하듯이 외식적인 신앙생활이 우리의 영적인 건강을 파괴하기 때문입니다. 이 바리새인들은 예수님의 수많은 회개의 메시지에도 마음을 완악하게 하고 돌이키지 않았습니다. 이런 완악한 불신앙이 자리를 잡지 못하게 하라는 말씀입니다.

사두개인의 누룩은 지금으로 말하면 자유주의 신학 경향입니다. 당시 사두개인은 부활을 믿지 않았습니다. 지금도 하나님의 말씀에서 이탈한 진보주의와 인본주의로 인해 교회는 큰 피해를 보고 있습니다. 잘못된 교훈을 삼가고 진리에 바로 서는 노력을 해야 합니다. 헤롯의 누룩은 당시 식민 정권과 하나가 되어 현세적이고, 향락적이고, 세속주의적인 육욕적 삶을 지칭한 것입니다. 물질 위주의 삶을 경계하신 것입니다. 헤롯은 세례 요한의 회개의 말씀에도 불구하고 완악한 마음으로 회개하지 않고 그 진리를 칼로써 막아 보려고 했던 어리석은 사람입니다.

이런 부류의 사람들이 영적으로 닫힌 사람들입니다. 그러면 예수님의 제자들은 어떠했습니까?

마가복음 8장 1-10절에는 떡 일곱 개와 생선 두어 마리로 사천 명을 먹이시고 일곱 광주리를 거둔 이적이 소개되어 있습니다. 이것은 오병이어의 이적(막 6:35-44) 이후 한두 주 되지 않아 일어난 같은 부류의 급식이적입니다. 마가는 의도적으로 동일한 유형의 레퍼토리인 '짝 이야기'(twin story)를 배치합니다. 짝 이야기는 첫 사건의 의미를 반복할 뿐 아니라 강화합니다. 처음 사건에서 의미의 개연성은 둘째 사건에서 필연성으로 자리를 잡습니다.

오병이어 이적 후 제자들은 남은 떡 일곱 광주리 가운데 떡 한 덩어리만 가지고 배를 탔습니다. 예수님께서 앞의 "누룩" 이야기를 하시니까 제자들이 갑자기 두고 온 떡 생각이 났습니다. 그리고 떡 한 덩어리로 한 명 먹기도 부족한데 예수님과 더불어 열두 제자가 어떻게 먹을지 걱정되었습니다. 그래서 서로 수군거리고 있었습니다. 아마도 서로 가져오지 않은 것을 탓했을 것이고 어떻게 끼니를 때우느냐고 볼멘소리도 했을 것입니다. 이때 예수님이 말씀하셨습니다.

> "너희가 어찌 떡이 없음으로 수군거리느냐 아직도 알지 못하며 깨닫지 못하느냐 너희 마음이 둔하냐 너희가 눈이 있어도 보지 못하며 귀

가 있어도 듣지 못하느냐 또 기억하지 못하느냐"(막 8:17-18).

여기에서 제자들은 예수님께 또다시 크게 책망을 받습니다. 제자들은 빵이 없음을 걱정하였으나 예수님은 제자들이 보지 못하고, 듣지 못하고, 깨닫지 못하는 것을 책망하셨습니다.

빵이 없는 것이 문제가 아닙니다. 하나님의 능력의 손을 보지 못한 것이 문제입니다. 예수님께서 먹여 주시라는 약속을 믿지 못한 것이 문제입니다. 하나님께서 이전에 행하신 일을 기억하지 못한 것이 문제입니다.

마가는 제자들의 무지를 그대로 소개하고 있습니다. 그들은 모세의 인도함을 받던 이스라엘 백성들의 모습과 같았습니다. 그들은 하나님의 열 가지 재앙을 보았습니다. 구름기둥과 불기둥을 보았습니다. 바로의 군대가 홍해에 수장되는 것을 보았습니다. 먹을 것을 구할 때 만나와 메추라기를 먹었고, 마실 생수를 반석에서 얻어 마셨습니다. 이 모든 과정 속에서도 그들의 광야 생활은 끊임없는 원망과 불신앙의 연속이었습니다. 만나를 얻어먹고서도 그다음 날은 고기를 달라고 불평했습니다. 그들은 이전 일을 기억하지 못했습니다. 늘 새로운 불안과 새로운 의심과 불신앙이었습니다.

저는 이것을 "신앙의 건망증"이라고 부릅니다. 본문에서 예수님은 제자들에게 "기억하지 못하느냐"(Don't you remember?)고 물으시며 자상하게도 그들에게 기억을 상기시켜 주셨습니다.

"내가 떡 다섯 개를 오천 명에게 떼어 줄 때에 조각 몇 바구니를 거두었더냐 이르되 열둘이니이다 또 일곱 개를 사천 명에게 떼어 줄 때에 조각 몇 광주리를 거두었더냐 이르되 일곱이니이다"(막 8:19-20).

떡 다섯 개로 오천 명을 먹이시는 이적을 보고도, 떡 일곱 개로 사천 명을 먹이시는 이적을 보고도 아직도 깨닫지 못합니까? 그때 먹고 남은 떡 한 덩어리를 지금 가지고 있는데도, 벌써 하나님의 능력도 예수님의 역사도 다 잊었단 말입니까? 그 은혜로 얻어먹고 배불렀던 배가 다 꺼지기도 전에 믿음부터 없어졌습니까? 떡 한 덩어리를 지금 증거로 가지고 있으면서, 그 흥분과 감격과 열기가 채 가시기도 전에 또 다른 불안과 염려가 일어났습니다. 예수님은 "믿음이 없는 자들아 얼마나 너희를 참으리요" 하실 것입니다.

우리의 신앙은 이럴 때가 많습니다. 그렇게 어려운 고비에서 하나님의 은혜로 구함을 받고, 질병에서 치료를 받고, 예수님을 영접함으로 확실한 죄 사함의 경험을 하고, 아직도 그 받은 은혜 속에서 살고 있으면서도 새로운 일이 생길 때 또 불신앙의 자리로 내려갑니다. 우리는 쉽게 은혜를 망각합니다. 여전히 걱정하고, 맡기지 못하고, 의심하고 불평합니다. 신앙의 건망증 환자들입니다.

"아직도 깨닫지 못하느냐"(막 8:21)(Do you not yet understand?).

다음에 이어지는 벳세다에서 맹인을 눈뜨게 하신 이적(막

8:22-26)과 맹인 바디메오를 고치시는 이적(막 10:46-52) 사이에 예수님의 가장 중요한 교훈인 십자가와 부활에 대한 말씀을 세 번씩 하십니다. 맹인이 눈을 떠 사물을 밝히 보게 되는 것처럼 제자들을 포함한 우리가 예수님의 십자가와 부활을 영안이 열려 보게 될 것을 촉구하시는 것입니다. 그러기에 이 말씀을 하실 때에 예수님은 "에바다" 하시는 것입니다.

눈을 열어 볼 것을 보십시오. 귀를 열어 들을 것을 들으십시오. 입을 열어 마땅히 해야 할 고백을 하십시오. 새로운 세계가 열려야 합니다. 새로운 인생이 열려야 합니다. "열려라, 참깨!" 하듯이. 그러려면 안목이 바뀌어야 합니다. 언어가 바뀌어야 합니다. 가슴이 열려야 합니다. 예수님이 보여 주시고, 듣게 해주시고, 열어 주셔야 합니다.

마이크로소프트 회장인 빌 게이츠는 "세상의 불평등을 깨닫지 못하고 하버드를 떠난 것이 가장 후회스러웠다"라고 말했습니다. 모든 것이 유복한 환경에서 잘 나가던 사람에게는 주변의 어려운 사람들이 보이지 않았던 것입니다. 그러나 그는 대학에서 나와 세상을 돌아다니면서 자신이 얼마나 큰 특혜를 입은 인생인지, 세상에는 노력해도 벗어날 수 없는 가난과 질병과 환경에 노출된 사람들이 얼마나 많은지 알게 되었습니다. 그리고 그러한 불평등을 해소하는 일이 인생의 목적이 되었습니다.

벳세다의 맹인을 고치신 사건은 복음서 전체에 걸쳐서 가장 특징적으로 기록되어 있습니다. 예수님의 다른 치유 기적은 단번에 일어났습니다. 그러나 이 사건은 예수님이 두 번 안수하신 것으로 되어 있습니다.

처음에 안수하셨을 때 그는 사물을 희미하게 보게 되었습니다.

> "눈에 침을 뱉으시며 그에게 안수하시고 무엇이 보이느냐 물으시니 쳐다보며 이르되 사람들이 보이나이다 나무 같은 것들이 걸어 가는 것을 보나이다"(막 8:23-24).

그러나 사람을 나무로 보았으니 제대로 보지 못하는 것입니다. 다시 안수하셨을 때 그는 만물을 밝히 보게 됩니다.

> "이에 그 눈에 다시 안수하시매 그가 주목하여 보더니 나아서 모든 것을 밝히 보는지라"(막 8:25).

저는 이 기사를 읽으면서 안경을 맞추던 때가 생각났습니다. 검안사가 저를 시력 검사대에 앉혀 놓고 안경 틀에 렌즈를 바꿔 끼워가며 물어봅니다. 희미하게 잘 안 보이던 것에서 확실히 잘 보이는 도수를 찾아줍니다. 여기 단번에 고치실 수도 있으신 예수님께서 두 번에 걸쳐 안수함으로 우리에게 주시고자 하는 교훈이 있습니다. 이 점진 치료는 영적인 의미가 있습니다. 우리가 믿음에 눈뜨게 되는 것은 단번에 될 수도 있으나, 더욱 많은 경우에 점진적으로 자란다는 사실입니다. 우리는 계속하여 영적으로 자라야 합니다.

저는 앞에 바리새인들이 완전한 맹인이었다면 책망받은 제자들은 반쯤 눈뜬(half-healed) 맹인이라고 보고 싶습니다. 우리 주변에도 반쯤 치료된 신자가 많이 있습니다.

빛은 있으나 소리가 없었고, 소리는 있으나 빛이 없었던 사람들, 빛은 있으나 말하지 못하던 자들이 회복되었습니다. "보기는 보아도 알지 못하며 듣기는 들어도 깨닫지 못하던" 사람이 보고, 듣고, 말하게 되었습니다.

다 열려야 합니다. 하나님의 신령한 세계를 보기 위하여 영안이 열려야 합니다. 성령의 세미한 음성조차 알아들을 수 있도록 영적인 귀가 열려야 합니다. 신령한 노래와 기도와 전도를 위하여 영적인 입이 열려야 합니다.

예수님은 온갖 닫힌 것들을 열기 위해 오셨습니다. 세상의 어떤 것으로도 열 수 없으나 창조의 주께서 말씀으로 세상을 창조하신 것처럼 우리에게 "에바다" 하시면 됩니다.

그래서 찬송가 〈어메이징 그레이스〉(Amazing Grace)에 나오는 것처럼 "전에는 내가 보지 못했으나 이제는 내가 본다"(I once was blind, but now I see)라고 간증할 수 있어야 합니다.

19
광야의 식탁

1그 무렵에 또 큰 무리가 있어 먹을 것이 없는지라 예수께서 제자들을 불러
이르시되 2내가 무리를 불쌍히 여기노라 그들이 나와 함께 있은 지 이미 사흘
이 지났으나 먹을 것이 없도다 3만일 내가 그들을 굶겨 집으로 보내면 길에서
기진하리라 그 중에는 멀리서 온 사람들도 있느니라 4제자들이 대답하되 이
광야 어디서 떡을 얻어 이 사람들로 배부르게 할 수 있으리이까 5예수께서 물
으시되 너희에게 떡 몇 개나 있느냐 이르되 일곱이로소이다 하거늘 6예수께
서 무리를 명하여 땅에 앉게 하시고 떡 일곱 개를 가지사 축사하시고 떼어 제
자들에게 주어 나누어 주게 하시니 제자들이 무리에게 나누어 주더라 7또 작
은 생선 두어 마리가 있는지라 이에 축복하시고 명하사 이것도 나누어 주게
하시니 8배불리 먹고 남은 조각 일곱 광주리를 거두었으며 9사람은 약 사천
명이었더라 예수께서 그들을 흩어 보내시고 10곧 제자들과 함께 배에 오르사
달마누다 지방으로 가시니라 막 8:1-10

"그 무렵에 또 큰 무리가 있어 먹을 것이 없는지라"(막 8:1).

이것은 앞에 나오는 오병이어와는 별개의 사건입니다. 이적이 일어난 장소도 다르고, 대상도 다르고, 수효도 다르고, 내용도 다릅니다. 오병이어(막 6:34-43) 사건은 네 복음서 모두에 기록되어 있고 하루에 된 일입니다. 갈릴리 바다 서쪽 벳세다에서 남자만 오

천 명이 먹고 열두 바구니가 남은 사건입니다. 그런데 떡 일곱 개와 작은 물고기 두어 마리 사건은 마태복음과 마가복음에만 기록되어 있고, 3일 동안 먹지 못하고 있다가 갈릴리 동남부 데가볼리(지금의 텔 하다르)에 거주하던 이방인 지역에서 일어난 일입니다. 수효도 남자만 사천 명이 먹고 일곱 광주리가 남은 기사입니다.

"그 무렵에." 두 급식이적 사건은 한두 주 사건의 간격에서 일어난 일로 보입니다(막 6:35-44, 8:1-10). 마가는 같은 종류의 이야기를 이중적으로 배열하는 짝 이야기 기법으로 동일한 사건을 반복하여 의미를 강화하고 있습니다.

정리하면 마가복음 빵 이야기 사이클 1, 2는 이렇게 진행됩니다.

- 갈릴리 서쪽 유대인 땅에서 먹이신 기적(막 6:32-44), 바다를 건너심(막 6:45-52), 빵에 대한 신학적 논쟁(막 7:1-16), 빵에 대한 가르침(막 6:32-44)
- 갈릴리 동쪽 이방인 땅에서 먹이신 기적(막 8:1-9), 바다를 건너심(막 8:10), 빵의 표적에 관한 논쟁(막 8:11-12), 빵에 대한 가르침(막 8:13-21)

처음 사건은 의미의 개연성에서 놀라움을 주고, 두 번째 사건은 필연성으로 자리를 잡습니다. 빵의 메시지를 각인시키고 일상화하는 것을 강조합니다.

저는 이전에 이 이적을 오해한 적이 있습니다. 오병이어는 더 많은 수효를 먹이고도 더 많이 남았고, 칠병이어는 더 적은 수효를 먹이고도 더 적게 남았다고 생각했습니다. 그런데 그게 아니었습니다. 우선 칠병이어 기적에서는 7병 2어가 아니라 7병 두어 마리였으며, 오병이어는 열두 바구니(코피누스)가 남았고 7병 두어 마리는 일곱 광주리(스퀴리돈)가 남았습니다. 바구니가 큽니까, 광주리가 큽니까? 광주리가 바구니보다 더 큽니다. 7병 두어 마리가 더 많이 남은 것입니다. 마가복음 8장 19-20절에 보아도 열두 바구니 '코피누스'와 일곱 광주리 '스퀴리돈'이 구분되어 나옵니다. 이것이 이스라엘 열두 지파와 이방 가나안 일곱 족속을 의미한다고 해석하는 분도 있습니다. 사도행전에도 히브리파 열두 사도와 헬라파 일곱 집사가 짝을 이루는 대목이 있습니다. 복음은 모든 민족을 위한 것입니다.

언제부터 먹고 사는 문제에서 벗어나셨습니까? 누구나 먹어야 살지요. 지금도 무료 급식하는 곳을 지나다 보면 긴 줄이 서 있습니다. 우리나라 사람들도 어렵게 살았기 때문에 먹는 것을 중시합니다. 그래서 "먹는 것이 남는 것이다"라는 말이 있지 않습니까?

우리는 가족을 식구(食口)라고 합니다. 밥 먹는 입을 말합니다. 식구가 몇이냐고 먹는 입 숫자로 가족 수를 세었습니다.

제가 너무 좋아하는 반 고흐의 그림 〈감자 먹는 사람들〉(1885)이 있습니다. 고흐는 스스로 이 작품이 첫 작품이라고 이야기하면서 이전 작품은 습작이라 했습니다. 개척교회 목사였던 아버지를 따라 네덜란드 남부 시골 뉘넨 농부들의 빈곤한 삶에 공감하며 어려운 삶에도 희망을 잃지 않고 살아가는 모습을 그렸습니다. "내 그림 가운데 가장 훌륭한 작품으로 남을 것이다"라고 고흐는 말했습니다. 그림에는 작은 램프 불빛, 앙상한 얼굴, 열심히 일한 거칠고 정직한 손, 가난한 농부가 표현되어 있고, 가족 다섯 명이 저녁 식사를 하고 있습니다. 농부 가족들의 식탁은 그들의 제단이고, 음식은 노동을 통한 성찬이며, 단 하나의 빛 아래 고독함과 가혹한 환경은 극복됩니다. 성스러운 성화처럼 보입니다. 그래서 저는 제 서재에 걸어놓았습니다. 감자는 구황식품으로 미국 청교도도 먹었고, 한국에서도 어렸을 때 많이 먹었습니다.

지금도 그렇지만 이렇게 먹는 것이 중요한 시대가 있었습니다. 음식은 필수품입니다. 모세 시대에는 하나님께서 광야에 만나와 메추라기를 내리셔서 식탁을 차려주셨습니다. 엘리야에게도 하나님은 그릿 시내에서 까마귀를 통해 아침저녁으로 음식을 공급해 주셨습니다. 나중에는 사르밧에서 통의 밀가루와 기름병의 기름이 마르지 않는 이적을 통해 엘리야와 과부 그리고 그녀의 외아들을 먹이셨습니다. 엘리사 때도 선지자의 죽은 생도 집에 있던 기름 한 병으로 이웃에게 빌려온 그릇을 가득 채우는 이적을 통하여 궁핍함을 벗어나게 하셨고, 보리떡 20개와 자루에 담은 채소로 100명이 먹고 남는 이적이 있었습니다(왕하 4:42-44).

이것이 급식이적이고 긍휼사역입니다. 이것은 계속됩니다.

"내가 무리를 불쌍히 여기노라 그들이 나와 함께 있은 지 이미 사흘이 지났으나 먹을 것이 없도다"(막 8:2).

우선 군중들이 대단합니다. 예수님 말씀을 3일 동안이나 먹지 않고 듣고 있었다니요. 3일 금식하며 설교 듣기! 3일 금식 기도보다 훨씬 더 힘든 일입니다. 여기 예수님의 관심과 사랑이 나옵니다. 저들이 요구하기 전에 예수님이 저들의 필요를 아셨습니다. 모든 이적의 근저에는 예수님의 긍휼히 여기시는 마음이 있습니다. 긍휼사역입니다.

"만일 내가 그들을 굶겨 집으로 보내면 길에서 기진하리라 그 중에는 멀리서 온 사람들도 있느니라"(막 8:3).

멀리서부터 예수님의 말씀을 듣기 위해 온 사람들도 대단하지만, 이제 집으로 가는 길도 멀어 허기진 배를 참고 가야만 합니다. 이방인을 향한 예수님의 연민입니다. 아무리 귀한 말씀을 풍성하게 들어도 여전히 배가 고픈 문제는 남아 있습니다. 영적 양식을 공급했으니 그냥 보낼 것입니까? 아니면 영적 양식에 이어 육신의 양식까지 줄 것입니까? 제자들은 즉각적으로 답변했습니다.

"이 광야 어디서 떡을 얻어 이 사람들로 배부르게 할 수 있으리이까"(막 8:4).

오병이어 때와 마찬가지로 부정적이지만, 이번에는 돈이 없다는 것은 아니고 장소 탓을 합니다. 똑같은 상황에서, 똑같은 문제에, 똑같은 반응을 보이는 것입니다. 제자들의 신앙에 전혀 진전이 없어 보여서 실망스럽습니다. 정말 초지일관입니다. 일관성이 있습니다. 무슨 일만 있으면 저절로 작동하는 자동적 사고입니다. 출애굽 시절 광야에서 모세를 원망하던 이스라엘의 불신앙적 태도를 상기시켜 줍니다.

> "이스라엘 자손이 그들에게 이르되 우리가 애굽 땅에서 고기 가마 곁에 앉아 있던 때와 떡을 배불리 먹던 때에 여호와의 손에 죽었더라면 좋았을 것을 너희가 이 광야로 우리를 인도해 내어 이 온 회중이 주려 죽게 하는도다"(출 16:3).

그래서 하나님께서 광야에서 만나와 메추라기를 내려 주십니다. 이것은 하나님이 광야에 차려주신 식탁입니다. 온 인류를 먹이시는 하나님의 풍성한 양식입니다.

제자들은 이미 많은 것을 경험했는데 아직 깨닫지도, 기억하지도 못하고 있습니다. 아니면 유대인들에게는 특별한 이적이 일어나도 되고, 이방인에게는 일어나면 안 된다고 생각하는 것입니까? 아니, 우리도 이전에 하나님의 극적인 도우심을 경험하고도 똑같은 순간에 이전의 도우심을 기억하지 못합니다. 일용할 양식 때문에 의심하고, 불안해하고, 불평하고, 절망합니다. 그러나 이것은 예수님의 생각과 다릅니다.

"너희에게 떡 몇 개나 있느냐"(막 8:5).

예수님은 없는 것이 아니라 있는 것을 찾으십니다. 있는 것에서 역사를 일으키기 위해서입니다. 그리고 오병이어에서처럼 제자들을 참여시키십니다. "일곱이로소이다."

"무리를 명하여 땅에 앉게 하시고 떡 일곱 개를 가지사 축사하시고 떼어 제자들에게 주어 나누어 주게 하시니 제자들이 무리에게 나누어 주더라"(막 8:6).

축사(유카리스트)하시는 것은 성찬을 베푸실 때와 마찬가지로 하나님께 감사하시는 것입니다. 그리고 떼어 나누게 하셨습니다. 오병이어나 칠병 두어 마리나 예수님의 희생에서 비롯된 생명의 양식을 나누는 것입니다. "하나님의 떡은 하늘에서 내려 세상에 생명을 주는 것이니라"(요 6:33). "나는 생명의 떡이니"(요 6:35).

예수님은 생명의 떡에 대해 말씀하면서 이스라엘이 광야에서 하나님께 받은 일용할 양식인 만나를 대비시켰습니다. 하늘로부터 온 떡 만나는 광야에서 생명을 이어 주는 수단이었습니다. 광야에서 떡은 사람이 공급하는 것이 아닙니다. 인간으로서는 불가능한 일입니다. 예수님은 사람의 필요를 아십니다. 예수님은 하나님으로서 사람의 필요를 채우십니다. 하늘에서 내려온 생명의 떡을 무상으로 주십니다. 그것도 먹고 남을 만큼 충분히 주십니다.

그리고 떡에 대한 토론이 마가복음 8장 14절부터 20절까지 이어집니다. "우리에게 떡이 없음이로다"(막 8:16). 아마 먹고 남은 일곱 광주리를 먼 데에서 온 사람들에게 싸 주었던 것 같습니다. 다 가져가고 남은 것이 하나밖에 없었나 봅니다. 그래서 다시 걱정합니다.

> "너희가 어찌 떡이 없음으로 수군거리느냐 아직도 알지 못하며 깨닫지 못하느냐 너희 마음이 둔하냐"(막 8:17).

영원한 생명의 떡이신 예수님 앞에서 제자들은 떡을 염려합니다. 두 번이나 이적을 체험한 사람들이 그 남은 떡 한 개가 아직도 있는데도 벌써 떡을 염려합니다. 서로 걱정하면서 수군거리고, 예수님이 하신 일도 깨닫지도 못하고, 마음이 둔합니다. '마음의 둔함'은 완악함, 강퍅함을 나타냅니다. 길가와 같은 마음입니다.

> "너희가 눈이 있어도 보지 못하며 귀가 있어도 듣지 못하느냐 또 기억하지 못하느냐"(막 8:18).

두 번이나 보여 주었는데 "너희가 아직도 깨닫지 못하느냐"(17, 21절)라고 물으십니다. 예수님은 그들에게 기억을 시키기 위해 문답하십니다. 떡 다섯 개로 오천 명 먹이고 몇 바구니 남았었느냐? 열둘. 떡 일곱 개로 사천 명 먹이고 몇 광주리 남았었느냐? 일곱. "기억하느냐?" 대답은 잘합니다.

그런데 뭘 깨닫지 못했다는 것입니까? 하나님이 먹이신다는 것, 하나님이 돌보신다는 것, 하나님이 필요를 채워 주신다는 것, 하나님이 공급하신다는 것, 하나님이 책임지신다는 것입니다. "여호와는 나의 목자시니"(시 23:1). 이렇게 고백하면 하나님은 목자가 되고 나는 양이 됩니다. 하나님은 자기에게 오는 모든 사람을 양육하고 보호하십니다.

안식일 준수는 내가 일해서 먹고사는 것이 아니라 하나님이 먹이신다는 고백입니다. 광야에서 배우는 것은 하나님이 공급하신다는 것입니다. 음식은 하나님이 주신 선물입니다. 인생의 가장 중요하고 필요한 것들은 은혜로, 선물로 주어집니다. 음식은 상식을 뛰어넘는 비상한 것이고, 축제이고, 은총입니다.

농부가 곡식을 만들고, 어부가 물고기를 공급하는 것 같지만 사실은 그렇지 않습니다. 곡식은 토양, 햇빛, 기온, 비, 미생물이 없으면 얻을 수가 없습니다. 씨 뿌리고, 가꾸는 것은 전체 곡물 수확 공정의 1/10도 안 됩니다. 어부도 마찬가지입니다. 물고기는 자연이 가져다준 선물이요, 하나님이 주신 것입니다. 모두 하나님께 감사해야 합니다.

사람의 노력으로만 먹을 수 없습니다. 하나님이 먹이십니다. 예수님도 주기도에서 "일용할 양식을 주옵소서"라고 기도하라고 하셨습니다. 양식을 위해 기도하고, 주신 양식을 나누어 먹어야 합니다. 먹을 뿐 아니라 먹여야 합니다. 일용할 양식만 먹지 말고 생명의 떡을 함께 먹어야 합니다. "사람이 빵으로만 살 수 없느니라."

예수님은 하나님의 아들로서 절대적인 능력이 있으셨지만 돌로 떡을 만들지는 않으셨습니다. 아무리 어려워도 돌을 떡으로 만들어 먹이지는 않으셨습니다. 이것은 유혹입니다. 자기과시입니다. 예수님은 자기를 드러내기 위한 수단으로 능력을 행사하지 않았습니다. "네가 하나님의 아들이라면 돌을 떡으로 만들어 보라." 돌을 떡으로 만든다면 목적을 위해서 수단 방법 안 가리는 불법입니다. 예수님은 떡과 물고기를 재료로 사용하셨습니다. 돌과 무엇이 다릅니까? 생명이 있는 것입니다. 생명의 희생이 담겨 있는 것입니다. 예수님은 생명 있는 것을 사용하셨고, 이것이 영원한 것이 되었습니다.

예수님의 별명은 '먹보'였습니다. '먹기를 탐하는 자'라는 말을 들으셨습니다. 예수님은 실제로 자주 사람들과 함께 먹으셨습니다. 세리와 창기와 죄인들과도 함께 먹으셨습니다. 밥상을 나누거나 차별하지 않으셨습니다. 십자가를 앞두고 최후의 만찬에서, 부활하신 후 엠마오의 저녁 식사에서, 디베랴의 조반 식사에서 제자들과 함께 먹으셨습니다. 우리에게 혼밥 하지 말고 함께 먹으라고 하십니다. 혼자 먹을 식사 분량으로 많은 사람들이 먹고도 남게 하셨습니다. 밥맛 없으신 분들, 혼자 밥 먹는 분들 교회로 오세요. 평일 점심에도 오세요. 교회는 밥상 공동체입니다. 우리는 식사 시간마다 기도를 통해 하나님의 은혜를 기억합니다. 음식을 먹으면서 은혜를 함께 먹습니다. 그것이 일상에서 경험하는 성찬입니다.

두 이적의 공통적인 가르침은 작은 것이라도 서로 나누어 함께 먹어야 하고, 그러면 부족할 것 같아도 충분히 먹고도 남는다는 것입니다. 그리고 우리가 일해서 먹고사는 것이 아니라 그리스도께서 그의 백성을 먹이신다는, 예수님이 하늘로부터 온 생명의 양식이라는 것입니다. 밥만 먹지 말고 예수님도 함께 먹으라는 것입니다.

20
무엇이 보이느냐?

[22]벳새다에 이르매 사람들이 맹인 한 사람을 데리고 예수께 나아와 손 대시기
를 구하거늘 [23]예수께서 맹인의 손을 붙잡으시고 마을 밖으로 데리고 나가사
눈에 침을 뱉으시며 그에게 안수하시고 무엇이 보이느냐 물으시니 [24]쳐다보
며 이르되 사람들이 보이나이다 나무 같은 것들이 걸어 가는 것을 보나이다
하거늘 [25]이에 그 눈에 다시 안수하시매 그가 주목하여 보더니 나아서 모든
것을 밝히 보는지라 [26]예수께서 그 사람을 집으로 보내시며 이르시되 마을에
는 들어가지 말라 하시니라 막 8:22-26

왜 예수님은 안수 한 번으로 고치시지 않고 안수를 두 번 해서 고치셨을까요? 성경에 이런 이차 시도 치유기사는 유일합니다. 그리고 왜 치유해 주시고 나서 그 사람에게 마을로 가지 말고 집으로 가라고 하셨을까요? 이런 의문을 가지고 말씀을 나누었으면 좋겠습니다. 우선 본문은 이렇게 시작합니다.

> "벳새다에 이르매 사람들이 맹인 한 사람을 데리고 예수께 나아와 손 대시기를 구하거늘"(막 8:22).

여기 우선 벳새다의 좋은 사람들이 나옵니다. 벳새다 들판이 어딥니까? 오병이어의 이적이 일어났던 곳입니다. 그곳에 맹인이 있었나 봅니다. 당시 보통은 맹인을 대할 때 누구의 죄 때문인가 정죄하며 괴롭히는 자들도 있었고, 맹인을 데리고 앵벌이 시키는 자들도 있었고, 맹인을 무시하고 방치하는 자들도 있었는데, 일부 사람은 맹인을 불쌍하게 여겼습니다. 자신들이 그를 도와줄 수 없느니, 능력이 많으신 예수님께 데리고 왔다는 기사입니다. 이들이 어떤 사람들인지는 몰라도 맹인을 데리고 예수님께로 데리고 온 사람들을 우선 칭찬하고 싶습니다. 그들에게는 긍휼히 여기는 마음, 예수님의 능력을 믿는 믿음이 있었습니다.

마가복음 2장에서 중풍병자를 데리고 예수님 계신 집 지붕을 뚫었던 네 사람을 보는 것 같습니다. "손대시기를 구하거늘." 그들은 예수님께서 그에게 안수하여 고쳐 주시기를 구했습니다. 치료하는 방법까지 제안하는 것 같습니다.

> "예수께서 맹인의 손을 붙잡으시고 마을 밖으로 데리고 나가사 눈에 침을 뱉으시며 그에게 안수하시고 무엇이 보이느냐 물으시니"(막 8:23).

"맹인의 손을 붙잡으시고." 마을 밖으로 데리고 나가시는 예수님을 상상해 보십시오. 맹인을 인도해 본 적이 있습니까? 저는 강영우 박사님과 친하게 지내면서 그분을 종종 인도하며 함께 걸어

본 적이 있습니다. 제 팔에 그의 손을 대고 서로 체온을 느끼면서 발을 맞추어 천천히 걸어가면서 이야기를 나누던 생각이 납니다. 예수님과 맹인이 함께 손을 붙잡고 마을 밖으로 나가는 뒷모습을 한번 그림으로 그려 보면 좋겠습니다. 참 따듯한 그림일 것입니다. 벌써 그 온기가 느껴집니다. 그리고 마을 밖에서 예수님은 눈에 침을 뱉으며 안수하셨습니다. 저들이 제안한 대로 안수하시면서, 추가적으로 치료에 물질을 사용하셨습니다.

요한복음 9장에 맹인을 고치실 때도 땅에 침을 뱉어 진흙을 이겨 맹인의 눈에 바르고 실로암 못에 가서 씻으라고 하셨습니다. 바로 앞 마가복음 7장에서도 듣지 못하고 말 더듬는 자에게 침을 뱉어 안수하시면서 "에바다"라고 하셨습니다(막 7:33). 아마 고대에는 침에 효능이 있다고 믿는 사람들이 있었을 것이고 그들에게 믿음을 주기 위한 행동이었을 것입니다.

빌 가이터(Bill Gaither)는 이 본문을 가지고 〈He Touched Me〉(1963)라는 찬송을 썼습니다. 엘비스 프레슬리가 이 노래를 불러 그래미상을 수상하기도 했습니다. "예수님의 손이 나를 만지셨고 그 후로 나는 더 이상 같은 사람이 아니었다"(Then the hand of Jesus touched me / And now I am no longer the same)라는 내용입니다.

1. 험한 세상 나그넷길 / 나의 맘이 곤할 때 / 사랑스러운 주의 손길 늘 나의 맘을 위로하네 / 오 주님 나의 주님 / 내 맘에 기쁨 넘치네 나의 기쁨 나의 생명 / 주 손길 날 구원했네

2. 죄와 수치 무거운 짐 / 괴롬 슬픔 당할 때 / 그때 예수 손 내미사
오 놀라운 구원 주셨네 / 오 주님 나의 주님 / 내 맘에 기쁨 넘치네
나의 기쁨 나의 생명 / 주 손길 날 구원했네

"무엇이 보이느냐."(에이 티 블레페이스) 예수님의 질문입니다. "사람들이 보이나이다. 나무 같은 것들이 걸어가는 것을 보나이다." 사람이면 사람이고, 나무면 나무지, 어떻게 이렇게 보일 수 있습니까? 나무 같은 게 걸어 다니니 사람 같다는 뜻입니다. 이 사람은 우선 중도실명인 것이 확실합니다. 날 때부터 실명인 사람은 나무와 사람을 구분하지 못합니다. 그래도 사람이 나무로 보이면 되겠습니까? 제대로 못 보는 것입니다. 인격체가 비인격체로 보이는 것입니다. 세상에는 사람이 돈으로 보이는 사람도 있습니다. 심지어 사람을 짐승으로 보는 사람도 있습니다. 사람을 사랑할 대상이 아니라 이용할 대상으로, 수단이나 도구로 봅니다.

이 사람이 어떻게 대답했으면 좋았을까요? "예수님이 보입니다. 제가 할 일이 보입니다" 했으면 좋았을 텐데 말입니다.

보기는 보는데 제대로 보지 못하는 것입니다. 그래서 예수님이 그 눈에 다시 안수하셨습니다. "무엇이 보입니까?"라는 질문을 받은 적 있습니까? 저는 안경을 쓰고 있기 때문에 안경점에서 시력을 측정할 때, 시력을 교정할 때 검안사에게 질문을 받습니다. 잘 안 보인다고 하면 렌즈를 바꾸어 가며 다시 또 묻습니다.

예수님께서 "그 눈에 다시 안수"하시면서 치유 행동이 두 번에

걸쳐 진행됩니다. 두 단계 치료입니다. 그 과정이 고스란히 나와 있습니다. 이전에는 즉시 치료였는데, 이번에는 점진 치료입니다. 단번에 고치실 수도 있으나 점진적으로 치유하신 것입니다. 치유의 과정적 측면을 보여 준 것은 예수님의 치유이적 중 이 사건이 유일하지만, 저는 이 기사가 있어서 감사합니다. 만약에 단번 치료만 기록되었다면 과정 치료는 무시될 수 있습니다. 그런데 어떻습니까? 우리의 실제 삶에 있어서는 즉각 치료보다 점진적인 치료가 더 많습니다. 통증도 즉각 사라지기보다 점점 없어집니다. 그래서 계속 기도해야 합니다. 영적으로도 계속해서 자라야 합니다.

첫 단계는 '보는 것'의 물리적 시력의 회복이라면, 둘째 단계는 '보는 것'의 내적인 인식의 회복입니다. 눈만 보인다고 다 보는 것이 아닙니다. 마음으로 보는 법을 배워야 합니다. 세상에는 반쯤 치유된 신자(half healed Christian)가 많습니다. 주님도 보고 세상도 보는 이중초점도 많습니다. 보는 것이 희미하거나 보고 싶은 것만 골라서 보는 사람도 많습니다. 믿음이 희미한 사람들에게는 두 번째 만져 주심(The second touch)이 필요합니다. 안 보이는 것에서 희미하게 보는 것, 희미하게 보는 것에서 온전히 보는 것으로 나가야 합니다. 더구나 예수님의 이적 가운데는 맹인이 눈을 뜨는 기사가 제일 많습니다. 거기에는 영적 의미가 있기 때문입니다. 보는 게 보는 것이 아닙니다. 예수님을 통해서만 제대로 볼 수 있습니다. 예수님만이 빛이십니다.

누가복음 4장 18-19절에 예수님의 목회선언이 나옵니다. 그

가운데 "눈먼 자에게 다시 보게 함을 전파"하는 것이 주요한 사역입니다. 육신의 맹인만이 아니라 영적인 맹인을 의미합니다.

> "내가 심판하러 이 세상에 왔으니 보지 못하는 자들은 보게 하고 보는 자들은 맹인이 되게 하려 함이라 하시니"(요 9:39).

예수님이 보이지 않으면 영적 맹인입니다. 마가복음 8장 11-13절에서 예수님은 영적으로 눈이 어두운 바리새인들 때문에 깊이 탄식하셨습니다. 예수님에게는 육신의 맹인보다 본다고 하는 영적인 맹인이 더 큰 문제였습니다. 제자들에게 보기는 보아도 보지 못하고, 듣기는 들어도 듣지 못한다고 책망하셨습니다.

> "너희가 눈이 있어도 보지 못하며 귀가 있어도 듣지 못하느냐 또 기억하지 못하느냐"(막 8:18).

"떡 다섯 개로 오천 명을 먹이고 얼마나 거두었느냐?" "열둘입니다." "떡 일곱 개로 사천 명을 먹이고 얼마나 거두었느냐?" "일곱입니다." "아직도 깨닫지 못하느냐(Insight), 아직도 안 보이느냐?(Sight)"

저의 최애 성경구절은 마태복음 13장 44절입니다. 밭에 감추인 보화에 대한 한 절 비유입니다. 여기에 밭에 감추인 보화를 본 자와 보지 못한 자의 행동의 차이가 나옵니다. 소작을 하던 사람이라도 본 자는 자신의 얼마 되지 않은 재산을 다 팔아 그 밭을 사지만, 밭의 주인이라도 못 본 자는 싼값에 그 밭을 팔아 버립니다. 무슨 차이입니까? 보화를 본 것과 보지 못한 것의 차이입니다. 저는 고등학교 때 주의 영광을 보았습니다. 그 보화를 얻기 위해 부모님의 반대와 핍박에도 불구하고 주의 부르심을 따라 신학교에 갔습니다. 불신자였던 부모님은 보화를 보지 못했고 저는 보았습니다. 그래서 부모님은 저를 이해하지 못했습니다.

어둠만 아는 사람은 어둠도 모르고 빛도 모르는 사람입니다. 빛을 아는 사람만이 빛과 어둠을 압니다. 예수님은 빛이십니다.

우리는 육안, 뇌안(이성), 심안(예술), 영안, 이렇게 네 가지로 봅니다. 영의 눈, 이성의 눈, 마음의 눈, 육신의 눈으로 봅니다. 이 중에 하나라도 막혀 있으면 제대로 보지 못하는 것입니다.

유발 하라리가 쓴 「호모 데우스」에 나오는 이야기입니다. 파리가 도자기 가게를 부수는 방법입니다. 파리는 힘이 없어서 찻잔 한 개도 움직이지 못합니다. 그런데 어떻게 도자기 가게를 부술까요? 파리는 황소를 찾아 귓속에 들어가 윙윙댑니다. 공포와 화를 참지 못한 황소는 괴롭고 눈에 뵈는 것이 없어서 도자가 가게 안에 들어가 엉망을 만듭니다.

오늘날은 역사상 처음으로 너무 많이 먹어 죽는 사람이 못 먹어 죽는 사람보다 많고(영양실조 100만, 비만 300만), 늙어서 죽는 사람이 전염병으로 죽는 사람보다 많고, 자살하는 사람이 전쟁, 테러, 범죄로 죽는 사람보다 많다고 합니다. 유발 하라리의 이런 이야기를 들으면 어떤 생각이 드시나요? 우리가 보지 못하는 것을 본다는 생각이 듭니다.

같은 미술 작품을 보아도 심미안이 있는 사람은 시간과 공간을 뛰어넘어 작가와 소통합니다. 색채, 구도, 빛, 질감 같은 것을 통해 화가가 시공을 넘어 말을 걸어오는 것을 느낍니다. 밀라노에 갔다가 산타 마리아 델레 그라치 성당 식당 벽화인 레오나르도 다 빈치의 〈최후의 만찬〉을 감상했습니다. 그런데 맞은편 벽에는 조반니 도나토 다 몬토르파노의 〈십자가 처형〉이 걸려 있었습니다. 예수님 십자가 아래 막달라 마리아가 십자가를 붙들고 있는 모습인데, 그 그림을 보는 순간 감동이 되어 눈물이 나왔습니다. 사람들이 오지 않는 시간에도 같은 공간에서 두 그림이 서로 마주 보며 수없이 많은 이야기를 나누고 있는 것 같았습니다.

누가복음 10장에는 착한 사마리아인의 비유가 나옵니다. 어려움 당한 이웃을 "보고 피하여" 지나간 바리새인과 제사장은 마음의 맹인이고, "보고 불쌍히 여겨" 다가간 사람이 착한 사마리아인입니다(눅 10:33). 외면하는 사람과 직면하는 사람의 차이입니다.

크리스토퍼 더플리(Christopher Duffley)는 코카인에 중독된 엄마에게서 6개월 만에 800g의 저체중에다 앞도 못 보고 자폐증을 앓는 아이로 태어났습니다. 생후 1년 만에 부모에게 버림받아 위탁기관에 맡겨졌는데, 독실한 신자인 고모가 15개월 된 아이를 자기 자녀로 입양하여 믿음과 사랑으로 양육했습니다. 그런데 어느 날 말도 못 하고 온종일 앉아 있던 아이가 한 번도 배운 적이 없는 피아노를 치기 시작했습니다. 고모는 아이가 피아노를 치면서 노래를 부르는 모습을 보고 피아노와 노래를 가르칩니다. 결국 그는 초등학교 1학년 때 메모리얼 데이에 미국 국가를 부른 것을 계기로 2013년 앨범을 발매하고 전국을 순회하는 찬양사역자가 되었습니다. 고모는 "하나님이 도우시면 변화가 일어납니다"라고 말합니다. 크리스토퍼는 "눈이 보인다고 해서 다 볼 수 있는 것은 아닙니다. 눈이 가려진 자들도 있습니다. 나는 내 마음과 예수 그리스도로 인해 볼 수 있습니다"라고 말합니다. 그가 부른 〈Open the Eyes of My Heart〉를 들어보십시오. 그는 육신의 눈을 열어 달라고 기도하지 않고 마음의 눈을 열어 달라고 노래합니다. 눈이 보이지 않으니 마음으로 더 잘 본다고 합니다.

윤형 방황에 대해 들어보셨습니까? 알프스 산맥에서 길을 잃은 사람이 13일간 헤매다 구출되었는데, 매일 12시간씩 걸었으나 자기가 있던 곳의 반경 6km 안에서 왔다 갔다 했다고 합니다. 사람은 눈을 가리면 똑바로 걷지 못합니다. 눈을 가리고 걸으면 20미터를 갈 때 4미터 간격으로 벌어지고, 그렇게 10km를 가면 결국 원을 그리면서 돕니다. 이런 현상을 윤형 방황이라 합니다. 하나님이 주시는 비전을 가지지 못하면 그 안에서 헤어 나올 수 없습니다. 인생을 방황할 것인가, 항해할 것인가? 어두운 밤 사막 같은 곳에서 길을 찾는 방법은 별자리입니다.

"집으로 보내시며 이르시되 마을에는 들어가지 말라 하시니라." 왜 마을이 아니고 집일까요? 예수님 소문도 내고, 보게 된 간

중도 하고, 세상 구경도 하고, 일자리도 찾아 먹고살라고 하지 않으시고, 그동안에도 집에 혼자 있었는데 집으로 가라고 하시다니요? 집에 가서 뭐 하라고요? 성경에는 아무 설명이 없습니다. 그래서 제가 생각해 봅니다. 예수님과의 만남과 체험을 내면화하라는 말씀으로 들립니다. 섣불리 나가서 활동하지 말고 육신의 눈을 뜬 것에서 마음의 눈과 영의 눈을 뜨는 것으로 나가라는 것입니다. 우리의 믿음은 내면화하고 숙성하는 묵상의 시간이 필요합니다. 인생을 안에서 밖으로 경영해야 합니다.

바울도 다메섹 체험(눈이 멀었다 뜨게 된 사건) 후 아라비아 사막에 들어가서 3년을 보냈습니다. 무엇을 했는지 알 수가 없고 구체적인 기록도 없습니다. 그러나 신앙의 내면화 작업을 했을 것입니다. 사역이 중한 것이 아닙니다. 내가 먼저 되어야 합니다.

> "나보다 먼저 사도 된 자들을 만나려고 예루살렘으로 가지 아니하고 아라비아로 갔다가 다시 다메섹으로 돌아갔노라"(갈 1:17).

제가 한때 대도 조세형 씨가 초청된 유명한 대학교 신앙부흥집회에 강사로 부름을 받은 적이 있습니다. 제가 갔을 때는 중강당에서 학생들이 모였는데, 광고 시간에 들어보니 다음 날은 조세형 씨가 오기 때문에 많은 학생들이 올 것을 대비해 대강당에서 모이겠다는 공지사항이었습니다. 저는 약간 혼란스러웠습니다. 평생 신학을 한 사람은 사람들이 많이 오지 않을 것을 예상하여 중강당에 모이고, 평생 도둑질을 한 사람은 사람들이 많이 올 것으로 예상하여 대강당에 모이겠다는 것입니다. 그런데 예상은 맞았습니다. 조세형 씨 간증집회에는 대강당이 모자랄 정도로 학생들이 많이 모였습니다. 그런데 그것이 끝이 아닙니다. 그 학기 겨울 방학 때 신문에 큰 기사가 하나 났습니다. 조세형 씨가 일본에 갔다가 물건을 훔쳐서 검거되었다는 뉴스였습니다. 저는 어떤 분을 비난하려는 것이 아닙니다. 이것이 우리의 현주소이기 때문입니다. 한국 교회가 언제부터 이렇게 천박해졌습니까? 은혜받았다는 사람, 변화되었다는 사람, 기적과 능력이 나타났다는 사람, 다 좋습니다. 그러나 시간을 좀 주십시오. 그 모든 체험과 은혜를 내면화할 수 있는 시간이 필요합니다. 너무나 쉽게 사람을 세우지 마십시오. 혹해서 따르지 마십시오. 이런 센세이셔널리즘이 우리의 문제입니다. 그래서 우리나라에 이단이 많이 나오는지 모르겠습니다. 우리의 신앙은 표적과 기적에 근거한 신앙이 아닙니다. 십자가와 부활로 나가야 합니다.

21
앎과 삶의 일치

27 예수와 제자들이 빌립보 가이사랴 여러 마을로 나가실새 길에서 제자들에
게 물어 이르시되 사람들이 나를 누구라고 하느냐 28 제자들이 여짜와 이르
되 세례 요한이라 하고 더러는 엘리야, 더러는 선지자 중의 하나라 하나이다
29 또 물으시되 너희는 나를 누구라 하느냐 베드로가 대답하여 이르되 주는
그리스도시니이다 하매 30 이에 자기의 일을 아무에게도 말하지 말라 경고하
시고 31 인자가 많은 고난을 받고 장로들과 대제사장들과 서기관들에게 버린
바 되어 죽임을 당하고 사흘 만에 살아나야 할 것을 비로소 그들에게 가르치
시되 32 드러내 놓고 이 말씀을 하시니 베드로가 예수를 붙들고 항변하매 33 예
수께서 돌이키사 제자들을 보시며 베드로를 꾸짖어 이르시되 사탄아 내 뒤로
물러가라 네가 하나님의 일을 생각하지 아니하고 도리어 사람의 일을 생각하
는도다 하시고 34 무리와 제자들을 불러 이르시되 누구든지 나를 따라오려거
든 자기를 부인하고 자기 십자가를 지고 나를 따를 것이니라 35 누구든지 자기
목숨을 구원하고자 하면 잃을 것이요 누구든지 나와 복음을 위하여 자기 목
숨을 잃으면 구원하리라 36 사람이 만일 온 천하를 얻고도 자기 목숨을 잃으면
무엇이 유익하리요 37 사람이 무엇을 주고 자기 목숨과 바꾸겠느냐 38 누구든지
이 음란하고 죄 많은 세대에서 나와 내 말을 부끄러워하면 인자도 아버지의
영광으로 거룩한 천사들과 함께 올 때에 그 사람을 부끄러워하리라 1 또 그들
에게 이르시되 내가 진실로 너희에게 이르노니 여기 서 있는 사람 중에는 죽
기 전에 하나님의 나라가 권능으로 임하는 것을 볼 자들도 있느니라 하시니
라 막 8:27-9:1

본문의 말씀을 읽으면서 문득 유학 생활 중에 경험한 부끄러움이 생각이 났습니다. 교수가 세미나에 모인 학생들에게 질문을 했습

니다. 저는 용감하게 단답으로 대답을 했습니다. 교수는 모처럼 환한 표정을 지어 보이며 좀 더 설명해 보라는 했습니다. 저는 제 대답이 교수 마음에 들었던 것이라 생각하고 신이 나서 좀 더 길게 열심히 설명해 나갔습니다. 그런데 웬일인지 교수가 고개를 갸우뚱하는 것이 아닙니까? 첫 번째 대답은 맞았는데 그 설명이나 이유에 대해 논할 때 전혀 딴소리를 하고 있었던 것입니다. 그러니 교수로서는 앞에 말한 정답도 의심스러울 수밖에 없었지요. 제대로 모르고 답변했던 것입니다.

세상에는 수많은 문제가 있습니다. 그러나 그 모든 문제가 다 가치 있는 것은 아닙니다. 그리고 그 모든 것에 대답을 해야 하거나 알아야 하는 것도 아닙니다. 얼마든지 모르고도 살 수 있는 것이 많습니다. 그러나 오늘 예수님은 우리 인생들에게 궁극적인 질문을 제기하고 계십니다. 이것은 모든 인류가 반드시 개별적으로 대답을 해야만 하는 것입니다. 물론 이 질문에 답할 수 있도록 도와줄 수는 있으나, 누구도 이 물음에 대신 답해 줄 수는 없습니다.

그것은 "예수는 누구신가?"라는 질문입니다. 이 질문에 대한 대답에 따라 나의 삶의 모습이, 그리고 나의 가는 길이 정해지기 때문입니다. 이것은 단순한 대답이 아니라, 일생일대의 중대한 선택의 결단입니다. 이것은 인생관에 대한 선택이요, 삶의 이유와 목적 그리고 방법에 대한 중대한 결단입니다. 예수님에 대한 인식은 자신에 대한 인식을 결정합니다. "예수는 누구인가?"는 "나는 누구인가?"와 긴밀한 관계가 있습니다. 예수님은 과연 나에게 어떤 존재입니까? 우리는 모두 예외 없이 개인적으로 이 질문 앞에 서게 됩니다. 그리고 그 대답이 예수님을 결정하는 것이 아니라 나를 결정합니다.

어떤 사람은 예수님을 도덕적인 교사로 봅니다. 그에게 예수님은 이 세상에 거하는 동안 좋은 교사가 될지는 모르나 그 이상은 아무것도 아닙니다. 예수님에게 아무런 관심도 없는 인생은 역시 하나님 나라에서 예수님에게 일고의 값어치가 없는 인생이 되고 말 것입니다. 자기가 아는 대로 될 것입니다. 이들은 예수님을 아는 지식이 없으므로 망합니다. 그러나 진실로 주를 그리스도이시며 하나님의 아들이라고 믿고 고백하는 사람은 그의 고백처럼 예수님이 그의 구세주가 되시고 이생뿐 아니라 하나님 나라로 인도하는 하나님의 아들이 되실 것입니다. 나의 대답이 주님의 본질을 결정짓는 것이 아니라, 나의 상태를 결정짓습니다. 내가 믿거나 말거나 그분은 하나님의 아들이시며 구세주이십니다. 나의 대답이 그의 본질에 하등 영향을 못 줍니다. 다만 나의 삶에 절대적인 영향을 미칠 뿐입니다. 예를 들면 지구가 어떻게 생겼느냐는 물음에 내가 편편하게 생겼다고 대답했다고 해서 갑자기 둥근 지구가 편편해지는 것이 아닙니다. 지구는 여전히 둥급니다. 다만 나의 무식이 드러날 뿐입니다.

본문은 마가복음 전체의 구도에서 전환점을 이루는 말씀입니다. 이제 예수님의 관심은 십자가와 부활로 이어지고, 무리에 대한 관심에서 제자들에게 초점을 두는 사역에 집중됩니다. 예수님과 제자들이 가이사랴 빌립보 지방에 이르렀습니다. 가이사랴는 원래 파네아스로 아우구스투스 카이사 로마 황제를 기념하는 도시입니다.

예수님은 지금까지 간직하신 가장 핵심적인 질문을 제자들에게 하십니다. 저는 친구를 따라 중학교 3학년 때 처음 교회를 나갔습니다. 그때부터 고등학교 2학년 여름방학까지 열심히 교회도 나가고 교회에서 바쁘게 봉사활동도 했는데, 제가 예수님과 어떤 관계가 있는지는 잘 모르고 지냈습니다. 당시 저는 고등부 학생회 임원이었는데, 토요일마다 교회당 청소를 했습니다. 교회 청소를 마치고 오후 늦게 텅 빈 교회당에 앉아 이런저런 생각을 하다 갑자기 마음속에 대체 "예수님이 누구신가?"라는 질문을 하게 되었습니다. "내가 이제까지 예배했던 그분, 때로는 남들에게 믿어 보라고 권유했던 그분은 누구인가", "대체 예수님이 누구시길래 나는 이 토요일 오후에도 입시 공부를 미루어 놓고 교회에 나와 있는가"라는 계속되는 질문이었습니다.

그날부터 저의 교회 생활은 조금씩 달라지기 시작했습니다. 저는 예배에 참석할 때 마음속으로 끊임없이 물었습니다. "예수님이 도대체 나와 무슨 상관이 있는가?" 성경을 읽을 때도 "예수님은 누구신가?"라는 의문을 제기하였습니다. 그렇게 한 지 1개월이 못되어 여름 수양회 도중 저는 일생에 처음으로 두 손을 들고 눈물로 예수님을 '나의 주님, 구원자'로 고백하게 되었습니다. 질문이 있으면 대답이 있기 마련입니다.

파스칼은 세 부류의 사람을 말하면서 하나님과 무관한 사람, 하나님을 탐구하는 사람, 하나님을 믿는 사람이 있다고 했습니다. 저는 이 세 부류의 인간 상태를 한 단계씩 거쳐 하나님을 믿는 사람이 되었습니다.

예수님과 함께 숙식하며 모든 교훈을 듣고, 기적을 보고, 어려움도 경험했던 제자들에게 예수님은 어느 날 갑자기 가장 궁극적인 질문을 이렇게 건네시는 것입니다.

이 질문은 예수님이 말씀하시기 전에도 간간이 당시 사람들 속에서도 제기되었습니다. 누가복음 9장 9절에 보면 헤롯이 "이 사람이 누구냐?"라고 했고, 마태복음 8장 27절에서 제자들도 "이 사람이 어떤 사람이기에 바람과 바다도 순종하는고?"(막 4:41 참고)라고 하였으며, 바리새인과 서기관들 사이에도 "무슨 권세로 이런 일을 하느냐?"라는 비슷한 질문들이 제기되었습니다.

예수님은 그들이 궁금하게 여기던 것들을 직접 들추어내시며 처음에는 "사람들이 나를 누구라 하느냐?"라고 물으셨습니다. 이는 객관적인 문제입니다. 남의 의견들을 대신 개진하면 되는 비교적 쉬운 문제입니다. 남의 이야기를 잘하는 우리로서는 들은 대로 앞다투어 남의 의견을 대변할 수가 있습니다. 세례 요한, 엘리야, 예레미야나 선지자 중 한 사람…(마 16:14). 제자들이 대변한 것을 살펴보면, 대체로 긍정적인 의견들입니다. 사실은 소수의 의견이지만 "미쳤다", "귀신의 왕이 들렸다", "거짓 교사", "반란자" 등등 악의에 찬 부정적인 의견도 많았습니다.

예수님은 이 대답에 일일이 대꾸하지 않으셨습니다. 다만 우리가 이 예수님에 대한 의견들을 살펴볼 뿐입니다. "예수는 누구신가?"에 대한 물음은 거기에서 끝나지 않고 "예수를 어떻게 할 것인가?"로 이어집니다. 부정적인 답변의 소유자들은 예수님을 이단자로 대적하고, 혁명가로 몰아 십자가를 지웁니다.

본문은 세례 요한, 엘리야, 선지자 중 하나라고 세 가지로 소개하고 있는데, 이 답변에는 공통점이 있습니다. 세례 요한은 길을 예비하러 온 사람입니다. 엘리야는 말라기 4장 5절에 보면 메시아가 오기 전에 올 것이라고 예언된 사람입니다. 선지자는 하나님의 심판과 구원을 전한 사람입니다. 그러므로 이 세 사람은 메시아가 아니라, 메시아가 오시기 바로 전에 와서 길을 예비할 자들입니다. 그러므로 이러한 답변의 소유자들은 아직도 메시아를 기다리고 있는 것입니다.

예수님은 아무런 논평도 가하지 않으시고 제자들에게 단도직입적으로 "너희는 나를 누구라 하느냐?"라고 물으셨습니다. 앞의 객관식에 비해 이번 것은 주관식으로 남의 의견이 아니라 자신의 개별적인 답변을 해야 하는 좀 더 어려운 상황입니다. 수능 "찍기"에 익숙한 세대의 사람들은 상당히 당황할 문제입니다. 예수님께서 한 사람씩 둘러보실 때 그 무거운 침묵 속에서 제자들은 필시 주저했을 것입니다. 이때 베드로가 자신의 신앙을 고백했습니다.

"주는 그리스도시니이다"(막 8:29).

“주는 그리스도시요 살아 계신 하나님의 아들이시니이다”(마 16:16).

우리가 더 이상 기다릴 것이 없습니다. 예수님이 바로 오시겠다고 약속하신 메시아, 우리의 구원자이십니다. 예수님은 “더 크신 분”입니다. 다윗보다(막 12:37), 성전보다(마 12:6), 요나보다(선지자보다)(마 12:41-42), 모세보다(율법보다)(5-7장), 야곱보다(요 8:56, 58), 세례 요한보다(막 1:7), 아브라함보다 더 크신 분입니다. 예수님은 바로 성육하신 하나님이시요, 창조의 주이시기 때문입니다.

“누구든지 사람 앞에서 나를 시인하면 인자도 하나님의 사자들 앞에서 그를 시인할 것이요 사람 앞에서 나를 부인하는 자는 하나님의 사자들 앞에서 부인을 당하리라”(눅 12:8-9절). 기독교의 많은 순교자들은 하나님을 시인하고 고백하다 목숨을 바친 분들입니다. 그러므로 신앙 고백에는 비장한 각오가 담겨 있습니다. 베드로의 말은 하나의 대답이 아니라 고백입니다. 고백은 자신의 모든 것을 건 이야기입니다. 경우에 따라서는 목숨을 걸 다짐입니다. 베드로의 이 고백이 교회의 반석이 되고, 천국에 이르는 열쇠가 되고, 신약성경의 근간을 이루는 케리그마가 되고, 사도신경의 핵심을 이룹니다.

예수님은 역사상에 나타난 단순히 하나의 위대한 사람이 아니라, 신앙의 대상이요, 고백되어야 할 대상입니다.

마태복음을 보면 주님은 이 고백을 들으시고 “바요나 시몬아 네가 복이 있도다"(마 16:17)라고 하셨습니다. 예수를 그리스도로 아는 것이 복이 있다고 하셨습니다. 그렇습니다. 세상에서 가장 복된 것은 예수를 자기의 구세주로 고백하는 것입니다.

그리고 예수님을 그리스도로 고백하게 되는 것은 완전히 성령님의 역사입니다. "이를 네게 알게 한 이는 혈육이 아니요 하늘에 계신 내 아버지시니라"(마 16:17). 성령으로 하지 않고는 예수를 주시라 할 수 없는 것입니다.

마가복음에는 예수님을 "그리스도"(막 1:1, 8:29, 15:39)로 고백합니다. 역시 하나님도 아들이라고 선포(막 1:11, 9:7)하십니다.

마가복음 8장 27-30절에서 "예수님은 누구인가?"를 질문하신 예수님은 31-33절에서 "그리스도는 무엇을 의미하는가?"를 설명하십니다. 베드로의 고백을 들으신 후, '비로소' 십자가의 고난과 부활을 제자들에게 가르치시는 것입니다. 수난을 예고하시는 것입니다. 이것은 마가복음에 첫 번째 나오는 십자가와 부활에 대한 예언의 말씀입니다. 예수님은 장로와 대제사장, 서기관들에 의해 고난을 받고 십자가에 넘겨질 것과 부활할 것을 예언하셨습니다.

"그리스도는 무엇을 의미하는가?" 예수님은 하나님께서 역사상에 나타나신 것으로 그분은 언행이 일치되고, 은혜와 심판이 있고, 현재와 미래가 상호 결합되고, 시간과 영원이 만나는 분으로 우리의 메시아가 되시는 분인데, 그리스도는 우리를 위한 대속의 고난과 십자가를 의미합니다.

메시아는 군림하고, 대접받고, 찬란한 광채를 나타냄으로 되는 것이 아니라, 오히려 고난을 받고, 버림받고, 조롱당하고, 죽임을 당함으로 된다는 사실을 예수님은 제자들에게 설명하십니다.

예수님은 십자가와 부활을 말씀하셨습니다. 그러나 베드로는 십자가가 싫었습니다. 십자가는 나의 결단이 필요하고 부활은 하나님의 단독행위로 됩니다. 부활은 문제가 안 되지만 십자가는 마음에 걸립니다.

이때 베드로가 예수님을 붙들고 만류하며, 그렇게 되어서는 안 된다고 완강하게 말했습니다. "아니 주님께서 고난을 받고 십자가를 지신다는 것은 말이 안 됩니다. 절대로 그렇게 해서는 안 됩니다. 주님의 능력을 발휘하셔서 그것을 도모하는 무리들을 멸하고 영광스럽게 하나님 나라를 세워 보십시다."

마치 좋은 친구처럼, 예수님을 가장 많이 생각하는 사람처럼 이야기했을 것이나, 베드로의 만류는 사탄의 시험과 맥을 같이 하고 있습니다. 광야에서 예수님을 시험하던 사탄의 전략은 다름이 아닙니다(막 1:12-13). 십자가 없는 지름길을 제시하는 것이었습니다. 그 시험은 하나님이 정하신 고난과 적대와 십자가의 죽음을 거부하고 사탄이 제시하는 방법인 돌로 빵을 만드는 경제적인 지름길, 성전에서 뛰어내리는 기적을 행하는 종교적인 지름길, 사탄에게 한 번 경배함으로 권력을 휘두르는 정치적인 지름길로 유혹하는 것이었습니다. 그러나 그때에도 예수님은 "사탄아, 물러가라" 하시면서 십자가 없는 지름길을 거부하셨습니다. 그런데 그 시험에 이어 예수님의 제자 베드로를 통하여 다시 한번 십자가 없는 지름길로 가라고 유혹하는 것입니다.

어찌하여 우리는 그분의 부활은 찬미하면서 부활의 어머니인 십자가의 죽음은 건너뛰려 합니까? 부활이 없는 십자가는 비참이지만, 십자가 없는 부활은 거짓이며 위선입니다. 십자가 없는 지름길은 없습니다.

예수님은 여기에서 베드로를 꾸짖으십니다. "사탄아 내 뒤로 물러가라 네가 하나님의 일을 생각하지 아니하고 도리어 사람의 일을 생각하는도다"(막 8:33).

여기서 "꾸짖다"는 헬라어로 "에피티마오"입니다. 최고의 강경한 공격 행위를 의미합니다. 이것은 앞에 나오는 베드로의 "항변하매"와 동일한 단어입니다. 베드로가 강경하게 꾸짖듯이 예수님을 만류한 것입니다. 이것은 예수님과 베드로 사이의 말싸움입니다. 베드로가 먼저 걸어온 예수님과 사탄 사이의 싸움입니다. 여기에서 베드로는 사탄을 대변합니다.

"사탄아 내 뒤로 물러가라." 이 말씀은 베드로에게 앞길을 막고 서 있지 말고 내 뒤에서 따르라는 명령입니다. 여기에 하나님의 일과 사람의 일에 대한 설명이 나옵니다. 사람의 일을 하면서 하나님의 일을 하는 사람이 있고, 하나님의 일을 하면서 사람의 일을 하는 사람이 있습니다. 자기를 부인하고 자기 십자가를 지고 예수님을 따르는 것, 그것이 하나님의 일입니다.

짧은 본문이지만 베드로는 '천사와 악마' 사이를 오고 간 것입니다. 방금 전에는 하나님으로부터 오는 영감을 받아 예수를 그리스도로 고백하더니 이번에는 사탄으로부터 오는 생각으로 십자가를 만류했습니다. 그러므로 예수님은 베드로 속에서 역사하는 사탄의 실체를 목도하시고 "사탄아 물러가라"라고 꾸짖으신 것입니다.

베드로에게는 앞에서 살펴본 반쯤 치료된 맹인의 모습과 유사한 점이 있습니다. 두 문제 중 하나를 맞추는 50점밖에 안 되는 실력입니다. 보기는 보았으나 제대로 보지 못한 것입니다. 말로 하는 고백과 몸으로 하는 고백이 달랐습니다.

저는 여기에서 "삶과 고백의 불일치"를 이야기하고 싶습니다. 베드로에게 있어서 고백은 있으나 그것을 실천으로 옮기는 삶이 없었던 것입니다. 그는 예수님을 하나님이 보내신 그리스도로 고백했으나 생활은 여전히 하나님의 일보다는 사람의 일을 생각했습니다. 하나님의 방식대로 살기보다는 사람의 경험과 지혜를 더욱 의지했습니다. 말 따로 행동 따로입니다.

기독교에 대한 호감도가 날로 떨어지고 그로 인해 기독교에 대한 대외신뢰도가 자꾸만 하락합니다. 그래서 교회가 침체 상태로 빠지고 있습니다. 그들의 발길을 교회로 돌리게 하는 길은 신앙의 생활화밖에 없습니다. 이제 앎은 삶으로 표현되어야 합니다. 앎과 삶이 일치해야 합니다.

우리의 신앙생활은 어떻습니까? 입으로만 고백하고 삶으로는 고백하지 못하는 경우가 너무나도 많습니다. 입으로는 "주여, 주여" 하면서도 하나님의 뜻대로 행하지 않고 여전히 불법을 행하는 경우가 많습니다. 우리의 문제는 삶과 고백의 엄청난 괴리에 있습니다. 교회에 다닐수록 말은 더욱 세련되고 논리가 정연한데도 삶은 따라오지 않습니다. 지금 베드로와 같은 책망을 듣는 것은 그래도 예수님의 은혜입니다. 앞으로 돌이킨 후에 고백과 삶이 일치된 신앙생활을 할 수 있기 때문입니다. 그러나 마지막에 예수님 앞에 섰을 때 "불법을 행한 자들아, 다 물러가라. 내가 도무지 너를 알지 못한다" 하시면 어떡하시겠습니까? "네가 하나님의 일을 하지 않고 사람의 일을 했구나!"라고 하시면 어떡하시겠습니까?

"정말 나는 언제 주님이 원하는 제자가 되려는가? 이 제자들은 언제 주님의 참 제자가 되었는가?" 제자들이 부름을 받았을 때 즉시로 제자가 된 것이 아닙니다. 이들을 부르실 때 주님은 "나를 따라 오너라 너희로 사람 낚는 어부가 되게 하리라"라고 미래 시제로 말씀하셨습니다. 적어도 마가복음의 제자들은 예수님이 십자가를 지시고 부활하시기까지 참 제자가 되지 못합니다. 마가복음의 마지막 기사를 보아도 아직 제자들은 참 제자가 못 되고 있습니다(막 16:8). 오순절 성령의 역사가 그들을 참다운 제자로 만들었던 것입니다.

반쯤 치료된 맹인에게 예수님께서 두 번째로 손을 얹으신 것처럼 제자들은 다시 한번 온전히 변화되어 사명을 감당할 수 있었습니다. 삶과 고백이 일치되지 못하는 우리, 하나님을 따라간다고 하면서도 끊임없이 인간의 길을 걷고 있는 반쯤 치료된 맹인 같은 우리에게 예수님의 만져 주심이 성령의 역사로 다시 한번 임해야 합니다.

고백은 삶으로 연결되어야 합니다. 이 고백은 예수님에게는 십자가로, 제자들에게는 십자가를 지는 것으로 표현됩니다. 예수님 사역의 본질도, 제자들 사역의 본질도 종의 도리입니다. 언행일치, 신행일치, 앎과 삶의 일치입니다.

예수님은 제자들에게 34절부터 9장 1절까지 "제자는 무엇을 의미하는가?"를 설명해 주십니다. "그리스도는 무엇을 의미하는가?"에서 "제자는 무엇을 의미하는가?"로 나아갑니다. 즉 "나는 무엇인가?"를 알려 주십니다. 주님은 제자도를 세 단계로 말씀하셨습니다. 제자는 사람에게 대접받고, 자기의 야망을 성취하고, 이 땅에서 세도를 부리는 자가 아니라, 예수님이 그랬던 것처럼 자기를 부인하고, 자기 몫의 십자가를 지고, 주님을 따르는 자입니다(34절). 예수가 그리스도이시고 그리스도는 십자가와 부활을 의미한다면 나는 무엇을 의미하는가? 제자는 무엇을 의미하는가? "나는 내 것이 아닙니다. 나는 그분의 것입니다."

그리스도의 길이 그리스도인의 길입니다. 참 그리스도의 길, 참 제자의 길은 일치합니다. 그것은 십자가의 길입니다.

갈라디아서 2장 20절에서 바울은 이렇게 고백합니다. "내가 그리스도와 함께 십자가에 못 박혔나니 그런즉 이제는 내가 사는 것이 아니요 오직 내 안에 그리스도께서 사시는 것이라 이제 내가 육체 가운데 사는 것은 나를 사랑하사 나를 위하여 자기 자신을 버리신 하나님의 아들을 믿는 믿음 안에서 사는 것이라." 우리도 이와 같이 고백해야 할 것입니다.

35절에는 기독교의 중요한 역설(paradox)의 진리가 나와 있습니다. "누구든지 자기 목숨을 구원하고자 하면 잃을 것이요 누구든지 나와 복음을 위하여 자기 목숨을 잃으면 구원하리라."

37절에는 "어디에다 너의 삶의 가치를 두었느냐"는 질문이 나와 있습니다. 나의 영혼의 가치가 중대하다는 것, 나의 영적 삶이 온 세상보다 중요하고 우선한다는 사실을 깨닫게 하십니다.

그리고 38절은 예수님의 비밀 제자는 없다는 사실을 알려 줍니다. "네가 내 사람인 것을 사람들 앞에서 모두 알 수 있도록 말하라. 그러면 나도 하나님 앞에서 네가 나의 사람인 것을 증거하리라"라는 뜻입니다.

말하지 않는 것은 진리가 아닙니다. 고백되지 않은 것은 신앙이 아닙니다. 그리고 이 고백은 반드시 삶을 통해서 고백되어야 합니다.

22
성산의 체험

2엿새 후에 예수께서 베드로와 야고보와 요한을 데리시고 따로 높은 산에 올
라가셨더니 그들 앞에서 변형되사 3그 옷이 광채가 나며 세상에서 빨래하는
자가 그렇게 희게 할 수 없을 만큼 매우 희어졌더라 4이에 엘리야가 모세와
함께 그들에게 나타나 예수와 더불어 말하거늘 5베드로가 예수께 고하되 랍
비여 우리가 여기 있는 것이 좋사오니 우리가 초막 셋을 짓되 하나는 주를 위
하여, 하나는 모세를 위하여, 하나는 엘리야를 위하여 하사이다 하니 6이는 그
들이 몹시 무서워하므로 그가 무슨 말을 할지 알지 못함이더라 7마침 구름이
와서 그들을 덮으며 구름 속에서 소리가 나되 이는 내 사랑하는 아들이니 너
희는 그의 말을 들으라 하는지라 8문득 둘러보니 아무도 보이지 아니하고 오
직 예수와 자기들뿐이었더라 9그들이 산에서 내려올 때에 예수께서 경고하시
되 인자가 죽은 자 가운데서 살아날 때까지는 본 것을 아무에게도 이르지 말
라 하시니 10그들이 이 말씀을 마음에 두며 서로 문의하되 죽은 자 가운데서
살아나는 것이 무엇일까 하고 11이에 예수께 묻자와 이르되 어찌하여 서기관
들이 엘리야가 먼저 와야 하리라 하나이까 12이르시되 엘리야가 과연 먼저 와
서 모든 것을 회복하거니와 어찌 인자에 대하여 기록하기를 많은 고난을 받
고 멸시를 당하리라 하였느냐 13그러나 내가 너희에게 이르노니 엘리야가 왔
으되 기록된 바와 같이 사람들이 함부로 대우하였느니라 하시니라 막 9:2-13

본문은 베드로의 신앙고백 이후 엿새 만에 예수님께서 베드로와 야고보와 요한을 데리고 높은 산에 올라가셨을 때 있었던 일들을 기록하고 있습니다. 모세가 시내산에 올라가 구름 속에서 하나님

의 영광을 보았던 사건을 연상시킵니다. 두려움과 계시를 동시에 경험합니다.

베드로와 야고보와 요한은 열두 제자 중의 측근 제자(inner circle)로서 예수님을 좀 더 가까이 보는 것을 종종 볼 수 있습니다. 예수님이 회당장 야이로의 딸을 살리실 때도 이들만은 예수님과 함께 치유의 역사를 직접 목격하는 특권을 누렸습니다(막 5:37). 후에 나오게 될 겟세마네 동산에서 예수님이 피땀 흘리며 기도하실 때도 이들 세 제자는 가장 가까운 곳에서 예수님과 함께했습니다(막 14:33). 이렇게 보면 예수님께서 이 땅에서 사역하실 때 많은 무리들을 상대하셨지만, 그중에 열두 제자를 훈련시키시고, 그 가운데 세 제자를 특별하게 준비시키신 것을 알 수 있습니다.

요즈음 양 날개로 비상하는 교회라고 해서 전체 교회가 모이는 예배와 작은 교회인 소그룹 모임이 활성화되어야 건강한 교회라고 하는데, 제자훈련은 예수님의 소그룹 사역으로 볼 수 있습니다. 우리는 여러 가지 직분과 사역으로 바쁜 날들을 보내고 있지만 반드시 제자를 키우는 사역을 해야 합니다. 교회의 많은 회중들을 향하여 설교하고 심방하는 것 외에 반드시 소수의 사람을 가깝게 교제하며 말씀과 삶으로 제자를 양육해야 합니다. 그래서 그들로 하여금 또 다른 제자를 삼을 수 있도록 해야 합니다.

예수님과 제자들이 오른 "높은 산"(막 9:2)은 다볼산으로 알려져 있는데, 예수님이 변모되셨다고 하여 변화산이라고도 부릅니다. 후에 베드로는 이때의 체험을 이렇게 기록했습니다.

"우리 주 예수 그리스도의 능력과 강림하심을 너희에게 알게 한 것이 교묘히 만든 이야기를 따른 것이 아니요 우리는 그의 크신 위엄을 친히 본 자라 지극히 큰 영광 중에서 이러한 소리가 그에게 나기를 이는 내 사랑하는 아들이요 내 기뻐하는 자라 하실 때에 그가 하나님 아버지께 존귀와 영광을 받으셨느니라 이 소리는 우리가 그와 함께 거룩한 산에 있을 때에 하늘로부터 난 것을 들은 것이라"(벧후 1:16-18).

마가복음의 기사도 아마 베드로의 간증에 기초하여 기록되었을 텐데, 베드로는 자기가 전하는 예수님의 능력과 강림이 꾸며낸 이야기가 아니라 자신을 비롯한 여러 명이 실제로 본 사실이라는 것, 그리고 그 높은 산에서 예수님이 바로 하나님의 아들이요, 하나님의 보냄을 받은 분으로서 우리를 구원하실 자라는 음성을 하나님께 직접 들었다고 증거하고 있습니다.

그래서 베드로는 이 '높은 산'을 '거룩한 산'이라고 불렀습니다. 이 거룩한 산에서 베드로는 예수님의 참모습을 보게 되었고, 하나님을 만나 그분의 음성을 직접 듣는 영적 체험을 했던 것입니다.

기독교는 확실히 체험의 종교입니다. 베드로는 자신이 보고 들은 것을 말한다고 했습니다. 초대교회의 사도들은 핍박과 협박 속에서도 자신들이 보고 듣고 깨달은 진리를 말하지 않을 수 없다고 했습니다.

요한복음에서 예수님이 제자를 부르실 때 "와서 보라"(come and see)(요 1:39)라고 하시고, 제자들이 또 다른 사람에게 예수님을 소개할 때도 "와서 보라"(요 1:46)라고 한 것처럼, 기독교는 어떤 학설과 잘 증명된 이론으로 된 것이 아닙니다. 기독교는 신앙 사건입니다. 이것은 뜨거운 가슴에서 뜨거운 가슴으로 전해진 것입니다. 이것은 보고 듣고 만져서 터득된 믿음입니다. 하나님은 과거의 역사 속에 한때 알려졌던 분이 아니라, 아브라함과 함께 사셨고, 이삭과 함께 사셨고, 야곱과 함께 사셨고, 모세에게 알려졌고, 엘리야에게 보였고, 베드로에게 체험된 그리고 오늘 나에게 살아 역사하시는 하나님이십니다.

"너희는 여호와의 선하심을 맛보아 알지어다"(시 34:8).

오늘 교회에 가장 요구되는 것은 성령님의 역사입니다. 성령님의 역사만이 살아 계신 하나님과 우리의 죄를 대속하신 예수님을 실제로 체득하는 믿음을 주기 때문입니다. 성령님의 역사로 내 가슴이 뜨거워지지 않으면 그 공백에 사탄이 틈을 탑니다. 성령의 역사가 자취를 감추게 되면 그 허전한 공백을 채워 보려는 인간의 술수가 스며 들어오게 됩니다. 이 부정적인 바꿔치기 과정은 미묘하며 위험합니다. 그 표적을 추적해 보면, 인간적인 재능, 교육, 친교 프로그램이 점점 교회 활동의 중심을 차지합니다. 교회는 통계 숫자의 증가와 재정상의 번영에 전력투구합니다. 목회자는 건물의 크기와 신자 수에 관심을 빼앗깁니다. 신자들은 교회 안에서 자신의 무게(지위)와 명예에 집착합니다. 그래서 교회는 개교회화,

교리화, 교권화됩니다. 교회는 인간의 기관으로 전락하고 맙니다. 성공의 표준이 하나님의 기준과 영적인 것이 아니라, 인간적이고 육신적인 것으로 전락합니다. 합리적이고, 조직적이고, 과학적이어서 하나님의 역사에 기대하지 않습니다. 이것이 교회가 세속화하는 미묘한 과정입니다. 세상을 변화시키는 빛과 소금의 사명을 망각하고 오히려 세상의 영에 감염되어 밝히는 빛도 짠맛도 없는 어둡고 밟히는 자가 되는 것입니다.

우리에게 필요한 것은 성령의 역사입니다. 그러려면 기도의 운동을 일으켜야 합니다. 하나님 앞에 모두 다 나와 재를 뒤집어쓰고 죄를 통회하는 결단이 필요합니다. 구름기둥과 불기둥을 앞세우고 행진했던 것처럼 성령의 역사를 앞세우고 순종하는 믿음의 행보가 되어야 합니다.

첫째, 베드로와 야고보와 요한은 성산에서 확실한 신앙 체험을 하게 되었습니다. 세 제자는 이루 말로 형용할 수 없는 황홀한 체험을 합니다. 그들은 영안이 열려 변모되신 예수님의 진면목과 시공을 초월하여 나타난 모세와 엘리야를 보았습니다. 그리고 영적 귀가 열려 삼자 간의 대화를 듣게 되고, 이어 하늘에서 들리는 음성이 고막을 울렸습니다. 이 성산의 체험은 열두 제자 가운데 세 명이 했습니다. 물론 다른 제자들도 오순절의 역사라든지 여러 가지 체험을 할 기회가 있었습니다. 그리고 체험은 유일회적인 것이 아니고 여러 번 할 수 있습니다. 그러나 중요한 것은 언제나 준비된 소수의 사람들이 경험한다는 사실입니다. 예수님을 모시고 다녔던 모든 제자가 다 같은 신앙의 체험을 가진 것이 아닙니다. 이 말은 교회 안에 모여 예배하는 우리가 모두 체험적인 신앙을 가진 것은 아니라는 말입니다. 이것은 귀한 진주와 같아서 준비된 심령에게 임합니다. 그러므로 우리는 늘 세상의 근심과 죄와 욕심을 버리고 사모하는 마음으로 주 앞에 나와야 합니다. 하늘 문이 열리고, 신비한 것을 보는 눈과 듣는 귀가 열려야 합니다.

둘째, 예수님께서 기도하시기 위해 종종 산에 오르신 기사가 복음서의 여러 곳에서 발견되는데, 이번에도 산에 올라 기도하셨습니다(눅 9:28-29 참고). 우리는 기도를 통하여 체험적인 신앙을 가질 수 있습니다. 기도는 내 뜻대로 하나님께서 일하시는 것이 아닙니다. 하나님 뜻대로 내가 살 수 있기를 구하는 것입니다. 그러므로 기도를 통하여 변하는 것은 하나님이 아니라 나입니다. 내가 점점 하나님을 닮아가고, 하나님을 알아가고, 하나님을 체험하게 됩니다.

특별히 세상의 일로부터 나와 조용한 산속에서 하나님과 나와 예수님이 함께하는 조용한 시간을 가질 때, 확실한 체험을 할 수 있습니다. 그러나 아무리 무인 산중에 깊숙이 들어간다고 할지라도 내 마음속에 온갖 세상의 것들을 가지고 간다면 무슨 소용이 있겠습니까?

셋째, 신앙체험에 있어서의 중심은 예수 그리스도이십니다. 베드로와 야고보와 요한은 자기들 앞에서 변형되신 예수 그리스도를 보게 됩니다. 그리고 모든 예언자를 대표하는 엘리야와 율법을 대표하는 모세가 나타나 예수님과 더불어 말씀하는 것을 듣게 됩니다. 그 내용은 장차 지실 십자가에 대한 것이었습니다(눅 9:31). 이는 구약의 모든 율법과 예언이 십자가로 성취될 것을 말한 것입니다. 그렇습니다. 예수님의 십자가는 율법의 완성이며, 모든 예언의 성취입니다. 그리스도의 복음은 율법과 예언의 마침입니다.

베드로는 자기도 모르게 말하기를 초막 셋을 짓고 엘리야와 모세와 예수님을 모시자고 했습니다. 그러나 잠시 후에 모세와 엘리야는 사라지고 예수님만이 보였습니다(막 9:8). 오직 예수님뿐입니다. 신앙체험에 있어서 주님은 모세도 아니요, 엘리야도 아니요, 오직 예수 그리스도이십니다. 율법도 아니요, 예언도 아니요, 그리스도의 십자가의 복음입니다. 그리스도의 십자가 복음을 중심으로 율법도 해석되고, 예언서도 읽혀야 합니다. 여기 율법의 종교인 유대교도, 예수님을 예언자 중의 하나로 보는 무슬림도, 예수님의 십자가를 부인하는 어떤 기독교적인 이단도 배격합니다. 다음에 나오는 하나님의 증거는 이것을 더욱 분명히 합니다.

> "마침 구름이 와서 그들을 덮으며 구름 속에서 소리가 나되 이는 내 사랑하는 아들이니 너희는 그의 말을 들으라 하는지라"(막 9:7).

"이는 내 사랑하는 아들이니"라는 하늘의 음성은 예수님이 세례받으실 때도 들렸던 음성입니다(마 3:17). 예수님에 대한 하나님의 직접적인 보증입니다. 하나님의 선언이요 하나님의 계시입니다. 율법과 선지자의 완성이라는 사실을 제자들에게 직접 알려 주시는 하나님의 은혜입니다.

예수 그리스도는 하나님의 아들로서 우리를 위하여 십자가를 지셨습니다. 온 인류는 예수 그리스도의 말씀을 듣고 따라야 합니다. 예수님의 말씀을 듣지 않고서 하나님을 믿을 수 있다는 자들에게 하나님은 "너희는 예수의 말을 들으라"라고 말씀하십니다. 왕의 즉위식 때 들리는 말입니다. 메시아 등극 선언입니다.

넷째, 베드로와 요한과 야고보가 경험한 성산의 체험은 사실은 천국의 경험입니다. 여기에서 우리는 천국의 모습을 부분적으로나마 엿볼 수 있습니다.

1. 천국에서는 영광스럽게 변모됩니다. 예수님께서 제자들 앞에서 변형되셨는데, 광채가 나며 세상에서 그렇게 희게 할 수 없을 만큼 희어졌다고 했습니다(막 9:2-3). 바울은 부활의 날에 신령한 몸을 입는다고 말하면서 썩지 아니하고 영광스러우며 강한 것(고전 15:42-44)이라 설명했습니다. 이것은 하늘에 속한 자의 형상(고전 15:49)입니다.

변모(transfiguration)는 변화(transformation)와 다릅니다. 베일이 벗겨지는 순간을 체험하면서 본체가 드러난 것입니다. 계시와 같습니다. 제자들은 그것을 보는 눈이 열렸습니다.

2. 천국은 시공을 초월하는 세계입니다. 모세는 당시로 보면 1,800여 년 전의 사람입니다. 그리고 엘리야는 1,000여 년 전의 사람입니다. 이들이 시공을 초월하여 제자들과 예수님과 함께할 수

있는 것이 천국입니다. 우리는 3차원에 살고 있기 때문에 시간과 공간의 제약을 받고 있습니다. 그러나 천국은 우리가 살고 있는 3차원의 세계보다 더 높습니다. 천년이 하루 같고 하루가 천년 같은 하나님의 지혜를 누가 측량할 수 있겠습니까?

3. 천국에서는 서로 소개 없이도 알 수 있습니다. 제자들은 엘리야와 모세를 본 적이 없었고 사진도 없는 시대였지만 그들은 단번에 소개도 없이 엘리야와 모세를 알아보았습니다(막 9:4). 내가 천국에 가게 되면 예수님과 아브라함과 베드로를 알아볼 수 있고, 그들도 나를 알아봅니다.

4. 그 나라에서는 진정으로 보고 듣고 말하게 됩니다. 산 아래 있을 때 제자들은 보기는 보아도 알지 못하고, 듣기는 들어도 깨닫지 못하던 사람들이 아니었습니까? 이들은 이제 말할 수 없는 것을 보고 듣고 말하게 됩니다. 영적인 눈이 열리고, 귀가 열리고, 입이 열리는 순간입니다.

5, 천국의 경험은 너무나도 황홀합니다. 그때 베드로는 예수님에게 진지한 제안을 했습니다. 이 순간 이 자리에 영원히 머무르고 싶다는 것입니다. 초막 셋을 지어 예수님, 모세, 엘리야를 모시고 싶다는 것입니다. 하늘을 지붕 삼아 노숙을 해도 여한이 없다는 것입니다. 복잡한 세상으로 다시 내려가고 싶지 않다는 것입니다. 천막 세 개를 지어 하나는 예수님, 하나는 모세, 하나는 엘리야를 주고 자기들은 바닥에서 하늘을 지붕 삼아 노숙하더라도 계속 머물고 싶은 그런 곳이었습니다.

이 성산의 체험을 통하여 우리는 두 가지 중요한 교훈을 배웁니다. 하나는 우리로 하여금 하나님의 영광을 두려워하게 합니다. 또 하나는 우리로 하여금 우리의 영광을 확신하게 합니다.

마지막으로 성산에서의 신앙적인 체험은 반드시 산 아래로 내려와야 합니다. 앞에서 '신행일치'에 대해 설교했지만, 우리의 신앙은 반드시 삶의 현장에서 실천되어야 합니다.

산 아래에는 제자이면서도 이런 체험을 하지 못한 아홉 명의 제자가 있고, 말 못 하고 간질까지 걸린 아들을 데리고 예수님을 기다리는 아버지가 있고, 예수를 죽이려는 음모가 있고, 먹을 것을 걱정해야 하는 가난한 자들이 있고, 온갖 부조리와 억압과 죄와 더러움으로 얼룩진 세상이 있습니다. 예수님은 무엇을 선택하셨을까요? 천당 같은 산 위인가요, 산 아래 세상인가요?

예수님은 베드로의 제안에 대꾸도 하지 않으시고 그저 묵묵히 산 아래로 내려가셨습니다. 내려오시면서 저들이 본 사실조차 예수님이 죽고 부활하실 때까지 일정 기간 비밀에 부칠 것을 강하게 요구하셨습니다. 산 위의 체험은 산 아래를 지향합니다. 우리의 믿음은 산 위에서가 아니라 산 아래서 삶을 통하여 증명됩니다. 우리의 믿음은 교회가 아니라 세상에서 증명됩니다. 사람들은 베드로 대신 다볼산에 수도원을 지었지만 예수님은 이미 세상 속에서 일하고 계십니다.

물론 산 위의 체험, 특별히 변화체험은 신자들에게 필수불가결한 것입니다. 먼저 기도와 말씀으로 변화를 받아야 합니다. 그러나 그 체험은 산 위의 생활을 위한 것이기보다는 산 아래의 생활을 위한 것입니다. 변화체험 없이 세상에만 머무는 것도 위험하고, 변화체험만 추구하고 내려가지 않는 것도 위험합니다. 우리의 영적 체험은 교회 안에만 머무르지 말고 부단히 삶의 현장으로 옮겨져 "세상의" 소금과 빛이 되어야 합니다. 영적 체험이 교회 안에만 머물면 독선과 교만에 빠지기 쉽습니다. 또 준비되지 않은 영성이 사회에 나가면 놀림감으로 전락할 우려가 있습니다. "산은 내려오기 위해 오른다"라고 어떤 산악가가 말했듯이, 신앙체험의 산에 올랐다면 이제 세상의 변화를 위해서 내려가야 합니다. 그것이 진정한 부흥입니다.

23

믿는 자에게 능치 못할 일이 없다

14이에 그들이 제자들에게 와서 보니 큰 무리가 그들을 둘러싸고 서기관들이 그들과 더불어 변론하고 있더라 15온 무리가 곧 예수를 보고 매우 놀라며 달려와 문안하거늘 16예수께서 물으시되 너희가 무엇을 그들과 변론하느냐 17무리 중의 하나가 대답하되 선생님 말 못하게 귀신 들린 내 아들을 선생님께 데려왔나이다 18귀신이 어디서든지 그를 잡으면 거꾸러져 거품을 흘리며 이를 갈며 그리고 파리해지는지라 내가 선생님의 제자들에게 내쫓아 달라 하였으나 그들이 능히 하지 못하더이다 19대답하여 이르시되 믿음이 없는 세대여 내가 얼마나 너희와 함께 있으며 얼마나 너희에게 참으리요 그를 내게로 데려오라 하시매 20이에 데리고 오니 귀신이 예수를 보고 곧 그 아이로 심히 경련을 일으키게 하는지라 그가 땅에 엎드러져 구르며 거품을 흘리더라 21예수께서 그 아버지에게 물으시되 언제부터 이렇게 되었느냐 하시니 이르되 어릴 때부터니이다 22귀신이 그를 죽이려고 불과 물에 자주 던졌나이다 그러나 무엇을 하실 수 있거든 우리를 불쌍히 여기사 도와 주옵소서 23예수께서 이르시되 할 수 있거든이 무슨 말이냐 믿는 자에게는 능히 하지 못할 일이 없느니라 하시니 24곧 그 아이의 아버지가 소리를 질러 이르되 내가 믿나이다 나의 믿음 없는 것을 도와 주소서 하더라 25예수께서 무리가 달려와 모이는 것을 보시고 그 더러운 귀신을 꾸짖어 이르시되 말 못하고 못 듣는 귀신아 내가 네게 명하노니 그 아이에게서 나오고 다시 들어가지 말라 하시매 26귀신이 소리 지르며 아이로 심히 경련을 일으키게 하고 나가니 그 아이가 죽은 것 같이 되어 많은 사람이 말하기를 죽었다 하나 27예수께서 그 손을 잡아 일으키시니 이에 일어서니라 28집에 들어가시매 제자들이 조용히 묻자오되 우리는 어찌하여 능히 그 귀신을 쫓아내지 못하였나이까 29이르시되 기도 외에 다른 것으로는 이런 종류가 나갈 수 없느니라 하시니라 막 9:14-29

21세기는 보이는 것에서 보이지 않는 것으로의 변화가 일어납니다. 과거에는 토지, 노동, 자본 같은 유형의 자산이 각광을 받았습니다. 그러나 현재는 지식, 정보, 관계 같은 무형의 자산이 대세입니다. 신앙인들은 이미 지식보다 더한 지혜, 정보보다 탁월한 영감, 관계 너머의 감동 같은 무형의 자산을 가지고 있습니다. 무형의 자산의 최고봉은 믿음입니다. "보이는 것은 나타난 것으로 말미암아 된 것이 아니니라"(히 11:3). 보이지 않는 믿음이 어떻게 위대한 역사를 만들어 내는가를 본문에서 살펴볼 수 있습니다.

본문의 사건은 공관복음 모두에 기록되어 있는 유명한 기사입니다(마 17:14-21, 눅 9:37-43). 변화산 체험 후에 일어난 사건으로 예수님의 영광과 제자들의 굴욕이 대조적으로 나옵니다.

아주 귀한 아들이지만(외아들, 눅 9:38) 귀신이 들리면 간질이 일어나 괴성을 지르고 경련을 일으키며 자신을 상해하다가 거품을 흘리며 쓰러집니다. 부모로서는 이 광경을 차마 볼 수가 없었을 것입니다. 우리는 누가 우리를 지배하느냐, 누가 우리 안에 사느냐에 따라 모습이 달라집니다. 귀신은 우리를 더럽게 하고, 괴롭게 하고, 망하게 합니다. 귀신은 사람을 지배하고 끌고 다닙니다. 사람에게 귀신이 들어가면 불행해집니다. 더구나 더러운 귀신은 온갖 죄를 짓도록 만듭니다. 반면에 성령이 충만하면 거룩하게 삽니다. 예수님이 내 안에 사시면 나는 행복해집니다. 그래도 귀신은 예수님을 귀신같이 알아봅니다. 예수님 앞에 무서워 떱니다.

"귀신이 예수를 보고 곧 그 아이로 심히 경련을 일으키게 하는지라 그가 땅에 엎드러져 구르며 거품을 흘리더라"(막 9:20).

이렇게 보이지 않는 세계가 보이는 세계를 다르게 만듭니다. 보이지 않는 것이 보이는 것을 지배합니다. 중병을 앓고 있는 아이의 문제는 보이지 않는 데에 원인이 있습니다. 귀신이 들린 것입니다. 보이지 않는 귀신이 원인입니다. 귀신은 보이지 않지만 나쁜 일을 일으킵니다. 귀신은 그 아이에게 간질을 일으키고, 말하지 못하게 하고, 듣지 못하게 합니다.

귀신이 조종하는 대로 물에 뛰어들어 익사 위기에 처하고, 불길로 들어가 화상을 입고, 괴로워하고, 스스로 상처 입히고 죽으려고 합니다. 귀신은 사람을 소유하고(Possessed), 강탈하고(Robbed), 사로잡고(Seized), 내던집니다(Throw). 한 시도 안심할 수가 없습니다. 불쌍하고 절망스러운 것은 당사자나 부모나 매한가지입니다. 그동안 용하다는 의원도 찾아가 보고, 좋다는 처방도 받아 보았지만 백약이 무효였습니다.

영적인 세계가 보이는 현실 세계에 이렇게 영향을 미치고 있습니다. 모든 것을 귀신의 짓으로 치부해서는 안 되지만, 그렇다고 귀신의 존재를 믿지 않는 것은 사탄의 전략에 말려드는 것입니다. 예수님은 귀신을 도둑으로 비유하여 말씀하신 적이 있습니다.

"도둑이 오는 것은 도둑질하고 죽이고 멸망시키려는 것뿐이요 내가 온 것은 양으로 생명을 얻게 하고 더 풍성히 얻게 하려는 것이라"(요 10:10).

그런데 예수님은 귀신들의 일을 결박하십니다. 영적 싸움입니다. 예수님은 귀신의 일을 멸하기 위해 오셨습니다. "하나님의 아들이 나타나신 것은 마귀의 일을 멸하려 하심이라"(요일 3:8).

마침내 아이가 고침을 받습니다. 그것도 보이지 않는 믿음으로 아이를 고칩니다. 믿음은 보이지 않는 세계의 힘을 끌어다가 보이는 세계를 변화시키는 것입니다. 어거스틴은 이런 말을 했습니다. "믿음이란 아직 보지 못한 것을 믿는 것이다. 이 믿음에 대한 보상은 자신이 믿는 것을 보게 되는 것이다." 당신이 믿으면 기적을 보게 될 것입니다.

예수님과 세 제자가 변화산에 머무르는 동안, 아버지는 아이를 데리고 와서 남은 아홉 제자에게 부탁을 했지만 아무 소용이 없었습니다. 결국 모두 예수님 오실 때까지 서로 변론만 주고받고 있었습니다. 예수님이 오시자 자초지종을 아룁니다. 아버지는 아이의 상태와 제자들의 무능력을 보고했습니다. 예수님은 "믿음이 없는 세대여 내가 얼마나 너희와 함께 있으며 얼마나 너희에게 참으리요"라고 제자들부터 책망하셨습니다.

"믿음이 없는 세대여." 제자들은 예수님의 기대에 부응하지 못했습니다. 예수님은 제자들의 무능력을 그들의 믿음의 결핍으로 보셨습니다. 예수님은 물질이 없거나, 지위가 낮거나, 건강이 없을 때가 아니라 주로 믿음이 없을 때 실망하십니다. 예수님은 제자들의 믿음 없음과 기도의 부족을 나무라십니다. 얼마나 더 예수님이 함께 있어야 하며, 얼마나 더 인내하고 기다려야 하는가를 반문하고 계십니다. 이만큼 예수님과 함께했으면 더 큰 믿음과 더 많은 능력과 더 많은 기도를 보여야 할 텐데, 아직도 초보 단계에 머물러 있는 답보 상태의 제자들을 경책하신 것입니다. 변화산에 함께 올라갔던 베드로는 초막 셋을 짓고 현실에 안주하려는 모습을 보였고, 십자가 사건을 예고할 때는 십자가 지는 것을 만류했고, 시간만 나면 '누가 크냐?'며 서로 높아지려고 했습니다.

예수님은 마가복음 6장 7절에 이미 제자들에게 "더러운 귀신을 제어하는 권능"을 주셨습니다. 다만 문제는 제자들이 그 믿음의 권세를 활용하지 않는 것입니다. 예수님이 부여하신 권위와 그것을 행사하는 믿음 사이에 긴밀한 상관관계가 있습니다. 능력은 자연발생적으로 나타나는 것이 아니라 시행자의 믿음을 필요로 합니다. 기적의 대상자뿐 아니라 그 기적을 행하는 시행자에게도 믿음이 필수적입니다. 예수님이 시공간적으로 함께하시는 것과 관계없이 언제 어디서나 하나님을 전적으로 신뢰하는 믿음으로 능력은 나타납니다. 예수님이 꼭 그 자리에 있어야 역사가 일어나는 것은 아닙니다. 예수님을 믿는 믿음이 있으면 역사가 일어납니다. 사람들과 제자들 사이에는 변론만 있었지, 믿음을 시행하는 사람도 예수님에게 간청하는 제자도 없었습니다. 예수님은 제자들의 믿음 없는 것을 책망하십니다. 이 이적은 제자들의 믿음을 일깨우는 것입니다.

세상은 말할 것도 없이 "믿음이 없는 세대"입니다. 국민은 지도자를 믿지 못하고, 자식은 부모를 믿지 못하고, 학생은 선생을 믿지 못합니다. 나라와 나라, 정당과 정당, 사람과 사람 사이에 신뢰가 없습니다. 온통 불신사회입니다. 사탄은 불신을 집어넣어 공동체를 파괴하고, 신자들을 넘어트립니다.

예수님은 나사렛 고향에서 사람들의 불신앙 때문에 아무 기적도 행하실 수 없었습니다. "그들이 믿지 않음으로 말미암아 거기서 많은 능력을 행하지 아니하시니라"(마 13:58). 고향 사람이라고 예수님을 잘 안다는 것이 믿음을 강화시키지 않고 오히려 약화시켰습니다. 예수님에 대한 새로운 기대가 없었습니다. 기대가 없으면 신적 능력이 발휘될 기회를 얻지 못합니다. 불신앙의 공간에는 하나님의 역사가 일어나지 않습니다.

그래도 아버지는 실망하지 않고 기대하며 예수님을 기다렸습니다. 여기에 아버지의 포기하지 않는 꿈과 기대가 나와 있습니다. 삼중고를 가지고 있는 아이였지만 아버지는 아이가 건강해질 것이라는 꿈이 있었습니다. 지금은 저런 상태이지만 건강을 되찾아 사람다운 삶을 살 수 있을 것이라고 기대했습니다. 수없이 많은 방법을 시도해 보았고 번번이 무산되는 것 같았지만 절망하지 않고 계속해서 찾고 기대했습니다. 이제는 운명이려니 하고 포기하지 않았습니다. 이 아버지야말로 꿈을 포기할 충분한 이유가 있는 사람입니다. 그러나 마음속으로 '실망하지 말자, 포기하지 말자,

내 아이를 이렇게 내버려둘 수는 없다'라고 생각했습니다.

아버지는 예수님의 소문을 듣고 아이를 예수님에게 데리고 왔지만 만날 수가 없었습니다. 예수님이 산에 올라가시고 안 계시니, 대신 제자들에게 내쫓아 달라고 요청했습니다. 그러나 제자들이 하지를 못합니다. 그래도 포기하지 않고 예수님을 기다리고 있습니다. 사람들은 관심도 두지 않고 남의 불행을 놓고 변론을 일삼지만, 스스로를 격려하며 기다렸습니다. 여기 아버지의 포기하지 않는 열정이 있습니다. 기대하십시오. 일어날 일을 마음으로 형상화해 보십시오. 그리는 것은 곧 현실이 됩니다. "예수님, 제 자식이 이렇게 어려운 중에 있습니다. 당신의 제자들에게 얘기해도 들어주지 못합니다. 그러나 당신이 고쳐 주실 줄 믿습니다."

아이를 예수님께 데리고 오는 길에 귀신은 이미 예수님을 알아보고 아이를 거꾸러뜨리며 심한 경련을 일으켰습니다. 아버지는 예수님에게 거듭 부탁합니다. "귀신이 그를 죽이려고 불과 물에 자주 던졌나이다. 그러나 무엇을 하실 수 있거든 우리를 불쌍히 여기사 도와주옵소서." 하나님의 긍휼과 자비를 구합니다. "무엇을 하실 수 있거든"(If you can?)이라고 말하는 아버지는 아직 예수님이 요구하는 믿음에 도달 못 했지만, 성장의 가능성은 있습니다.

의심(If you can)에서 믿음(I can)으로. "할 수 있거든이 무슨 말이냐 믿는 자에게는 능히 하지 못할 일이 없느니라"(막 9:23).

예수님이 요구하시는 것은 오직 하나, 할 수 있다는 믿음입니다. 기적을 위하여 요구되는 것은 단 한 가지, 믿음입니다. 능력이 없는 것이 아니고 믿음이 없습니다. 물질이 없는 것이 아니라 믿음이 없습니다. 믿음이 능력을 가져옵니다. 아버지는 다시 부르짖습니다. "내가 믿나이다 나의 믿음 없는 것을 도와주소서"(막 9:24).

예수님은 실패의 원인을 믿음의 부족으로 보고 계십니다. 같은 기사 마태복음에서 제자들은 예수님께 "우리는 어찌하여 쫓아내지 못하였나이까?"라고 묻습니다.

> "너희 믿음이 작은 까닭이니라 진실로 너희에게 이르노니 만일 너희에게 믿음이 겨자씨 한 알 만큼만 있어도 이 산을 명하여 여기서 저기로 옮겨지라 하면 옮겨질 것이요 또 너희가 못할 것이 없으리라"(마 17:20).

겨자씨만 한 믿음이라도 삶에 적용하다 보면 산을 옮길 만한 큰 믿음으로 성장하게 됩니다. 믿음은 고정된 것이 아니라 탄력적입니다. 성장하고 성숙하고 견고해집니다. 그런 점에서 믿음을 근육에 비유할 수 있습니다. 근육은 쓸수록 발달하고 더 큰 힘을 낼 수 있습니다. 믿음은 쓸수록 커집니다.

뉴욕 맨해튼 5번가를 지나다 보면 노만 빈센트 필(Norman Vincent Peale) 목사가 52년간 담임했던 마블협동교회가 나옵니다. 교회당 전면에 그분의 동상이 있습니다. 〈가이드포스트〉를 창간했고, 「적극적 사고방식」이라는 책으로 유명한 분입니다. 로버트 슐러(Robert Schuller), 조용기, 조엘 오스틴(Joel Osteen) 목사에게 큰 영향력을 미친 분입니다. 도널드 트럼프는 그 교회 신자라고 하면서 교회에서 필 목사의 설교를 더 듣고 싶은데 예배 시간이 끝나는 것이 싫었다고 말한 적이 있습니다. 무조건 긍정적으로 생각하라는 짝퉁 긍정적 사고는 경계해야 하지만 사실 인식에 근거한 긍정적인 사고는 필요합니다.

저는 대학 시절에 필 목사의 책을 읽었는데, 거기에는 이런 이야기가 나옵니다. 필 목사가 머물던 호텔 22층 건물 유리창을 닦는 사람이 안전모를 쓰고 안전벨트를 줄에 매달고 노래를 부르며 일을 하고 있었는데, 그에게 22층 건물 높이가 두렵지 않느냐고 물었다고 합니다. 그는 두렵지 않다고 하면서 자신은 안전벨트에 줄이 확실하게 고정되어 있는 것을 확인하고 작업을 하니 두려움에서 자유롭다고 했습니다. 어떻게 우리가 공포와 걱정에서 자유로울 수 있습니까? 하나님께 믿음의 줄을 고정하면 두려울 것이 없는 것입니다.

'어려움'은 상대적인 용어입니다. 가용할 수 있는 힘의 정도에 따라 어렵거나 쉬워집니다. 내가 100kg을 들어 올리는 것은 어렵습니다. 그러나 20kg은 쉽습니다. 힘이 충분하면 어려움은 축소됩니다. 만일 그 힘이 전능한 수준이라면 어려움 자체는 존재하지 않습니다. 하나님은 전능하십니다. 어떤 상황, 어떤 문제든지 하나님 한 분만으로 충분합니다. 하나님을 믿는 믿음, 하나님의 능력을 끌어들이는 기도는 불가능을 모릅니다.

"내게 능력 주시는 자 안에서 내가 모든 것을 할 수 있느니라"(빌 4:13).

예수님은 더러운 귀신을 꾸짖으시며 명령하셨습니다. "말 못 하고 못 듣는 귀신아 내가 네게 명하노니 그 아이에게서 나오고 다시 들어가지 말라"(막 9:25). 귀신은 소리를 지르며 아이로 심히 경련을 일으키게 하고 나갔습니다. 아이는 죽은 것처럼 되었다가 다시 일어났습니다(죽음과 부활을 예표하고 있습니다). 예수님은 귀신을 꾸짖어 쫓아내므로 아이를 치유하셨습니다. 제자들은 예수님께 조용히 나아와 자신들의 실패의 원인을 물었습니다. "우리는 어찌하여 능히 그 귀신을 쫓아내지 못하였나이까?"

예수님은 "그런 것은 나만 할 수 있는 일이다! 그런 경우에는 내게 데리고 와야 한다"라고 말씀하지 않으셨습니다. 예수님은 "기도 외에 다는 것으로는 이런 종류가 나갈 없다"라고 하셨습니다. 예수님도 자신만의 고유 능력으로 하지 않으시고 기도로 하셨습니다. 우리를 위한 모본입니다. 권능은 하나님에게만 머무는 것이 아니라 기도하는 자 모두에게 약속되어 있습니다. 기도를 통하여 하나님의 능력이 나타납니다. 우리도 기도로 귀신을 쫓아낼 수 있습니다. 기도로 문제를 해결할 수 있습니다. 기도는 영적인 에너지를 끌어옵니다. 인생의 모든 문제를 푸는 자원은 바로 기도입니다.

"나의 하나님이 그리스도 예수 안에서 영광 가운데 그 풍성한 대로 너희 모든 쓸 것을 채우시리라"(빌 4:19).

믿음과 기도는 불가분의 관계에 있습니다. 믿음이 본론이라면 기도는 결론입니다. 믿음을 극대화하기 위해서는 기도해야 합니다. 모든 문제를 빨아들일 만한 큰 기도를 하십시오. 기도가 없다면 믿음도 결국 힘을 잃게 됩니다. 기도는 믿음의 표현이자 믿음을 구체화하는 힘입니다. 칼뱅은 "기도는 우리가 믿음으로 발견한 주님의 복음에 들어 있는 보물을 파내는 것이다"라고 했습니다. 보이지 않는 믿음을 가시화시켜 주는 것이 바로 기도입니다.

믿음이 없는 기도는 능력이 나타나지 않습니다. 제자들은 서기관들과 변론만 했지 기도하지 않았습니다. '사람과 변론하지 말고, 하나님께 기도하라.' '사람들과 변론할 시간 있으면 조용히 하나님께 기도하라.' '회의만 하지 말고 기도하라.'

프랭크 로바크(Frank Laubach)는 섬광기도(Flash Prayer)에 대해 이야기했는데, 생활하면서 걸어가면서 기도를 발사하는 것입니다. 사람들에게, 일에 대하여, 일상에서 선의의 기도를 발사하면 기도의 능력이 방출됩니다. 이런 기도는 언제 어디서나 할 수 있고 이것이 세상을 바꿉니다.

하나님의 능력을 우리에게 임하게 하는 수단은 믿음이고 기도입니다. 기도는 하나님과 악수하는 것이고, 하나님의 손이 우리에게 나타나는 것입니다. 기도 외에는 다른 방법이 없습니다. 기도 없이는 능력도 없습니다. 믿음은 우리로 기도하게 합니다. 기도함으로 우리의 믿음은 자랍니다. 기도는 믿음의 방편입니다. 기도하는 사람은 하나님만 의지합니다. 기도하는 사람에게 하나님의 능력이 나타납니다.

24
천국에서 큰 자

30그 곳을 떠나 갈릴리 가운데로 지날새 예수께서 아무에게도 알리고자 아니
하시니 31이는 제자들을 가르치시며 또 인자가 사람들의 손에 넘겨져 죽임을
당하고 죽은 지 삼 일만에 살아나리라는 것을 말씀하셨기 때문이더라 32그러
나 제자들은 이 말씀을 깨닫지 못하고 묻기도 두려워하더라 33가버나움에 이
르러 집에 계실새 제자들에게 물으시되 너희가 길에서 서로 토론한 것이 무
엇이냐 하시되 34그들이 잠잠하니 이는 길에서 서로 누가 크냐 하고 쟁론하였
음이라 35예수께서 앉으사 열두 제자를 불러서 이르시되 누구든지 첫째가 되
고자 하면 뭇 사람의 끝이 되며 뭇 사람을 섬기는 자가 되어야 하리라 하시고
36어린 아이 하나를 데려다가 그들 가운데 세우시고 안으시며 제자들에게 이
르시되 37누구든지 내 이름으로 이런 어린 아이 하나를 영접하면 곧 나를 영
접함이요 누구든지 나를 영접하면 나를 영접함이 아니요 나를 보내신 이를
영접함이니라 막 9:30-37

35세베대의 아들 야고보와 요한이 주께 나아와 여짜오되 선생님이여 무엇이
든지 우리가 구하는 바를 우리에게 하여 주시기를 원하옵나이다 36이르시되
너희에게 무엇을 하여 주기를 원하느냐 37여짜오되 주의 영광중에서 우리를
하나는 주의 우편에, 하나는 좌편에 앉게 하여 주옵소서 38예수께서 이르시되
너희는 너희가 구하는 것을 알지 못하는도다 내가 마시는 잔을 너희가 마실
수 있으며 내가 받는 세례를 너희가 받을 수 있느냐 39그들이 말하되 할 수 있
나이다 예수께서 이르시되 너희는 내가 마시는 잔을 마시며 내가 받는 세례
를 받으려니와 40내 좌우편에 앉는 것은 내가 줄 것이 아니라 누구를 위하여
준비되었든지 그들이 얻을 것이니라 41열 제자가 듣고 야고보와 요한에 대하
여 화를 내거늘 42예수께서 불러다가 이르시되 이방인의 집권자들이 그들을
임의로 주관하고 그 고관들이 그들에게 권세를 부리는 줄을 너희가 알거니와
43너희 중에는 그렇지 않을지니 너희 중에 누구든지 크고자 하는 자는 너희를
섬기는 자가 되고 44너희 중에 누구든지 으뜸이 되고자 하는 자는 모든 사람
의 종이 되어야 하리라 45인자가 온 것은 섬김을 받으려 함이 아니라 도리어
섬기려 하고 자기 목숨을 많은 사람의 대속물로 주려 함이니라 막 10:35-45

앞에서 언급한 대로 마가복음 8장 27절에서 10장 52절까지는 예수님께서 특별히 열두 제자를 중점적으로 가르치시는 부분입니다. 마지막으로 제자들을 준비시키고 훈련하고자 하시는 예수님의 의도가 엿보입니다. 예수님은 세 차례에 걸쳐서 앞으로 다가올 십자가의 죽음과 부활에 대해 미리 말씀하셨습니다. 그런데 예수님의 십자가 고난에 대한 예언에 이어 나오는 제자들의 반응은 무지와 실망스러움이었습니다. 예수님은 베드로의 신앙고백을 들으신 후 "이때부터" 또는 "비로소"(막 8:31) 십자가와 부활을 말씀하십니다. 그런데 베드로는 바로 이어 십자가를 만류합니다(32절). 예수님은 재차 당신이 팔리고 죽임을 당하며 3일 만에 부활할 것을 미리 말씀하십니다(막 9:30-32). 그런데 제자들은 예수님의 말씀은 안중에도 없고 "누가 크냐?" 하고 서로 다툽니다(33-34절). 예수님이 예루살렘에 올라가 대제사장과 서기관들에게 능욕을 받고 로마 병정들에 의해 채찍을 맞고 십자가에서 죽임을 당하여 3일 만에 살아날 것을 세 번째 말씀하실 때도(눅 10:32-34) 여전히 제자들은 서로 자신들의 영광을 구합니다(35-45절). 자기들끼리 다투는 실수와 무지를 연발합니다. 세배대의 아들들인 요한과 야고보는 자기의 모친까지 동원하여 예수님을 통해 한자리 얻는 것에만 관심을 집중하고 있습니다. 세 번에 걸친 예수님의 수난 예고와 세 번 반복되는 제자들의 어리석음 그리고 세 번 이어지는 베드로의 부인은 결코 우연이 아닙니다. 예수님의 예고와 제자들의 무지가 이렇게 대조적으로 나옵니다.

베드로도, 요한과 야고보도 그리고 나머지 제자들도 모두 예외 없이 예수님의 말씀을 이해하지 못하고 자기 방식을 고집하고 있습니다.

예수님이 말씀하신 대로 "하나님의 일을 생각하지 아니하고 도리어 사람의 일을 생각"하고(막 8:33) 있습니다. 예수님은 하나님의 길을 걷는데 제자들은 사람의 길을 고집합니다. 예수님은 하나님의 일을 말씀하시는데 제자들은 사람의 일을 계획합니다. 예수님은 하나님 나라를 건설하고자 하시는데 제자들은 세상 나라를 구합니다. 그러므로 제자들의 실수와 몰이해는 하나님의 일보다 사람의 일을 생각하는 것에서 비롯된 것입니다.

본문은 하나님의 생각과 나의 생각이 얼마나 다른가를 보여 줍니다. 하나님의 길과 인간의 길이 얼마나 다른가를 보여 줍니다. 성공에 대한 하나님 나라의 기준과 세상 나라의 기준이 어떻게 다른가를 보여 줍니다.

제자들 사이에 일어난 "누가 크냐"(막 9:34)의 쟁론은 아마도 베드로와 요한과 야고보가 변화산 체험을 한 후에 다른 제자들에게 자신들이 좀 특별한 위치에 있음을 암묵적으로 과시했기 때문에 일어난 것으로 보입니다. 다른 제자들도 질세라 나름대로 이유를 내세워 자신이 더 높다고 이야기했을 것입니다. 이러한 논쟁은 인간 세상에서는 너무나도 자연스러운 것입니다. 이것이 예수님의 십자가 예언 이후에 배치되어 있어서 좀 더 대조적이고 희극적으로 보이지만 사실은 우리 가운데 늘 있는 문제입니다.

우리는 두 사람이 모이면 서로 비교하기 시작하고 우열을 겨룹니다. 누가 누가 더 잘하냐? 이런 비교병이 어떤 암보다 사람을 많이 죽였습니다. 우리의 삶을 천박하게 만듭니다. 교회 안에서도 직분을 지위나 계급으로 인식합니다. 그리고 셋이 모이면 편을 가릅니다. 굴복하고 자기의 열세를 인정할 때까지 서로의 경쟁은 끊임없이 계속됩니다. 주도권 싸움을 합니다. 세상은 이것을 부추기고 있습니다. 세상은 위대함의 척도를 교육, 재산, 능력과 지위, 출신과 가문으로 평가합니다. 그러나 예수님은 진정으로 누가 위대한 사람인가를 가르쳐 주십니다. 주님은 이 땅에서의 위대함과 그 나라에서의 위대함이 분명 다르다고 말씀하십니다.

마가복음 10장 35절 기사는 야고보와 요한이 예수님께 나아와 간구하는 것으로 시작됩니다. 같은 기사가 마태복음 20장 20절부터 소개되어 있는데 야고보와 요한의 어머니인 살로매가 청원하는 것으로 되어 있습니다. 자기의 아들들을 예수님의 나라가 임할 때 좌편과 우편에 앉게 해달라고 합니다. 마태복음의 기사는 제자들의 체면을 조금 고려하여 제자들 대신 어머니를 등장시킵니다. 마가복음의 기사는 이러한 일이 바로 제자 즉, 야고보와 요한에게서 직접 비롯되었다는 사실을 솔직하게 기록하고 있습니다. 사실 마태복음에서 야고보와 요한의 어머니 입장은 제자들의 의견과 일치하고 있기 때문입니다.

그들은 말할 때 "무엇이든지 우리가 구하는 바를 우리에게 하여 주시기를 원하옵나이다"(막 10:35)라고 말문을 열었습니다. 이것은 마치 아이가 당연히 들어줄 것을 예상하며 "아빠, 제 부탁 하나 들어주실래요?"라고 말하는 것과 같습니다. 이렇게까지 공을 들이며 요구하는 것이 과연 무엇입니까? 자기들이 가장 소중하게 여기는 것을 말하지 않겠습니까?

예수님은 "너희에게 무엇을 하여 주기를 원하느냐"(막 10:36)라고 물으셨습니다. 조금 전에 예수님은 십자가의 고난에 대한 예언의 말씀을 하셨습니다.

이것은 우리가 기도할 때 듣는 예수님의 음성입니다. "내가 너희를 위하여 십자가를 짊으로 너희를 사망에서 영생으로 옮기고 부활의 소망을 주었다. 내가 무엇을 아끼겠느냐. 네가 오늘 나에게 무엇을 원하느냐?"라고 말씀하십니다.

이때는 정말 대답을 잘해야 합니다. "지혜"를 구한 솔로몬의 대답, "영감"을 구한 엘리사의 대답에서 힌트를 얻어야 합니다. 그런데 제자들은 무엇을 구했습니까? 주님의 나라를 구한 것도 아니고, 주님의 영광을 구한 것도 아니고, 다른 사람들의 영혼 구원을 구한 것도 아니고, 예수님의 고난에 동참하기를 구한 것도 아니고, 고난도 감수할 수 있는 믿음의 담력을 구한 것도 아니었습니다. 십자가를 말씀하시는 예수님 앞에서 자신들의 영광을 구했습니다. 자신들이 부귀와 권세를 누리게 해달라고 구했습니다. 높은 자리에 앉게 해달라고 구했습니다.

예수님이 세상을 위하여 자신을 내어주고 낮아질 것을 설명하실 때 제자들은 자신들이 얻을 이권을 계산하고 높아질 것을 구했습니다. 얼마나 실망스럽습니까? 이런 사람들이 예수님의 제자라니요. 아니 엄청난 고난을 앞에 두고 계신 예수님께 고작 한마디를 한다는 것이 그것뿐입니까?

예수님의 십자가에 대한 말씀은 잘못 알아들은 그들은 얼핏 부활의 영광만 듣고 "주의 영광중에서 우리를 하나는 주의 우편에, 하나는 좌편에 앉게 하여 주옵소서"(막 10:37)라고 했습니다.

우리는 교회에서 희생과 봉사에 대한 말은 천천히 알아듣거나 못 알아들은 척합니다. 그러나 축복과 영광에 대한 것들은 재빨리 알아듣습니다. 사람은 자기에게 이로운 대로 선택적으로 듣습니다. 십자가 지기는 싫어하고 부활의 영광은 차지하고 싶은 게 우리의 문제입니다. 십자가는 나의 결단이 필요한 것이고, 부활은 전적으로 하나님이 하시는 후속 조치입니다. 십자가만 지면 부활은 자동적으로 따라옵니다. 그런데 제자들은 십자가는 마다하고 부활의 영광만 구하니 "십자가 없는 지름길"을 구하고 있는 것입니다.

십자가 없는 부활은 있을 수가 없습니다. 지난번에 베드로가 예수님을 만류했을 때도 예수님은 "나를 따라오려거든 자기를 부인하고 자기 십자가를 지고 나를 따를 것이니라"(막 8:34)라고 말씀하신 바가 있습니다.

부활은 십자가 너머 있는 하나님의 역사입니다. 내가 부활을 만들 수는 없습니다. 그러나 내가 순종함으로 십자가를 질 때 하나님께서 부활의 영광을 주십니다. 영광으로 가는 길은 늘 고난의 길을 통과하여 있습니다. 내가 지금 예수님을 위하여 섬김의 삶을 살고 있다면 앞으로 얻을 영광을 염려하지 않아도 됩니다. 하나님이 다 하십니다. 그것은 말로 부탁한다고 되는 것이 아닙니다. 먼저 말했다(찜했다고)고 기득권이 있는 것도 아닙니다. 천국에는 봐주기도, 뇌물수수도 없습니다. 천국에서는 사기꾼도 없습니다. 내가 아무리 좋은 신앙인임을 가장하고 남들이 그렇게 추천했다고 할지라도 하나님께서 꼭 그렇게 판단하시리라는 보장이 없습니다.

야고보와 요한이 예수님께 영의정, 우의정을 구했다는 소리를 듣고 나머지 열 제자들이 분이 가득했습니다(막 10:41). "자기 형제끼리 다 해 먹다니! 우리는 어디 바지저고리냐?" 하고 역정을 냈을 것입니다. 왜 화를 냈을까요? 이유는 뻔합니다. 자기들도 같은 생각을 하고 있으면서 부탁할 기회를 엿보고 있었는데, 야고보와 요한에게 선수를 빼앗겼기 때문입니다. 영의정, 우의정을 자기가 차지하고 싶었는데 경쟁상대를 만났기 때문입니다.

이렇게 높아지려고 하는 그릇된 욕망은 잘 지내던 제자들 가운데에도 분열을 일으키고 서로 다투게 합니다. 그러나 섬기려는 마음은 서로 하나가 되게 하고 화목하게 만듭니다.

예수님은 이번 기회에 참된 위대함에 대하여 가르쳐 주십니다. 여기에서 예수님은 제자들의 관심인 "무엇이 될 것인가?"보다는 "어떻게 살 것인가?"를 가르치십니다.

진실하고 영원한 야망은 "무엇이 될 것인가?"보다는 "어떻게 살 것인가?"에 더욱 관심을 둡니다. 세상 사람들은 위대함을 남을 지배하는 데서 찾고, 재물과 권세와 학위를 가지는 것에서 찾습니다. 그래서 주님은 "이방인의 집권자들이 그들을 임의로 주관하고 그 고관들이 그들에게 권세를 부리는" 것이 위대한 줄 알고 있지만(막 10:42), "너희 중에는 그렇지 않을지니"(43절)라고 말씀하십니다. "세상은 너희가 위대해지려면 남을 다스리는 자가 되라고 하지만 하나님께는 그렇지 아니하다. 만일 너희가 위대해지려면 남을 섬기는 자가 되라"라고 하십니다.

> "너희 중에 누구든지 크고자 하는 자는 너희를 섬기는 자가 되고 너희 중에 누구든지 으뜸이 되고자 하는 자는 모든 사람의 종이 되어야 하리라"(막 10:43-44).

세상에서는 높아질수록 더욱 섬김을 받지만, 하늘나라의 이치는 높아질수록 더욱 남을 섬겨야 하는 것입니다. 세상은 남을 지배함에서 위대함을 구하나, 예수님은 섬김에서 오는 위대함을 말씀하십니다. 세상은 소유나 직함에서 오는 위대함을 구하나 예수님은 내 안에 있는 삶의 태도에서 오는 위대함을 말씀하십니다. "누가 더 위대한가?"가 아니라 "누가 더 잘 섬기는가?"가 중요합니다. 세상에서는 위대한 사람일수록 많은 사람을 부리고 섬김을 받는다고 생각합니다. 그러나 예수님은 위대한 사람일수록 더욱 많은 사람들을 섬길 것이라고 가르치셨습니다. 서서평 선교사는 "성공이 아니라 섬김이다"(Not Success but Service)라는 정신으로 사역했습니다. 지배가 아니라 섬김에서 나오는 권위입니다. 섬김의 리더십(Servant leadership)입니다. 이제는 세상에서도 차츰 이것을 알아가고 있습니다.

세상은 권력(힘)의 양에 관심이 많지만, 예수님은 권력(힘)의 양뿐 아니라 권력(힘)의 질을 말씀하십니다. 힘의 양을 문제 삼는 세상은 힘을 분산시켜 견제함으로 균형을 잡아야 정의가 유지된다고 하지만, 힘의 질을 말할 때는 통치하는 힘에서 섬기는 힘으로 질적 변화가 있어야 합니다. 힘의 양적 변화만 가지고는 불충분합니다. 힘이 질적으로 변해야 합니다.

예수님은 내가 박사가 되는 것에 별 관심이 없으십니다. 내가 큰 재벌이 되어도 눈 하나 까닥 안 하십니다. 내가 대통령이 되어도 별로 안 놀라십니다. 지금 내가 가진 것과 배운 것과 배경과 권세를 보고 나를 평가하지 않으십니다. 내가 "누구인가"가 아니라 "어떻게 살고 있는가"를 보십니다.

예수님은 말과 행동으로 어떻게 살 것인가를 교훈해 주셨습니다. "첫째가 되고자 하면 뭇 사람의 끝이 되며 뭇 사람을 섬기는 자가 되어야 하리라"(막 9:35).

군대에서 훈련받을 때 이런 경험을 종종 했는데, 교관이 훈련병들을 기합 주기 위해 운동장에 선착순으로 달리기를 시킬 때가 있습니다. "전방에 보이는 축구 골대까지 뛰어가" 하고 호각을 불면 일제히 쏜살같이 달립니다. 저는 달리기에 소질이 없으므로 제일 꼴찌로 처집니다. 그런데 훈련병들이 축구 골대에 도착하기도 전에 교관이 호각을 불며 다시 돌아오라고 합니다. 그러면 자연히 맨 뒤에 섰던 제가 선두로 돌아옵니다.

모든 인간의 경주는 중지되고 반대 방향으로 돌려지게 될 것입니다. 세상에서 성공한 자가 그 나라에서 반드시 성공자일 수는 없습니다. 하나님 나라와 세상의 기준은 다르기 때문입니다. 하나님의 나라에 이런 종말론적 대반전(Great Reversal)이 일어날 것입니다.

"나중 된 자가 먼저 되는 것", "죽으면 살게 되는 것", "버리면 얻게 되는 것", "섬기면 크게 되는 것"…. 이것이 역설적인 기독교의 가르침들입니다. 예수님은 그렇게 사셨습니다. 예수님은 세상을 거꾸로 사셨는지도 모릅니다. 그래서 세상 안목에서는 바보처럼 사셨습니다.

예수님은 제자들의 꿈을 꺾으신 것이 아니라, 진정한 비전을 가르치셨습니다. 다스리기 위한 야망을 섬기기 위한 비전으로 바꾸어 놓으셨습니다. 자신을 위해 어떤 것을 갖는 꿈이 아니라 다른 사람을 위한 일에 대한 꿈을 갖게 하셨습니다. 세상과 함께 사라질 일장춘몽이 아니라 하나님 나라에서 누릴 영원한 꿈을 말씀하셨습니다.

예수님은 어린아이 하나를 제자들 가운데 세우시고 안으시며 "누구든지 내 이름으로 이런 어린아이 하나를 영접하면 곧 나를 영접함이요 누구든지 나를 영접하면 나를 영접함이 아니요 나를 보내신 이를 영접함이니라"(막 9:37)라고 하셨습니다. 어린아이를 진정으로 영접하려면 나 자신이 어린아이가 되어야 합니다. 내가 작은 자가 되어야 합니다.

예수님은 어른 제자들의 어리석은 행위 가운데 어린아이를 내세우십니다. 예수님은 교훈하실 때 어린아이를 종종 등장시키십니다(막 10:13-16). 어린아이는 어른들의 완악한 마음, 탐욕스러운 야망과는 대조적으로 순수하고 진실합니다. 어른들은 아이들을 무시하고, 제자들조차 어린아이들의 접근을 막고 꾸짖지만, 예수님은 오히려 어린아이에게 배우라고 말씀하십니다. "하나님의 나라를 어린아이와 같이 받들지 않는 자는 결단코 그 곳에 들어가지 못하리라"(막 10:15).

천국에 이르기 위해서는 돌이켜 어린아이와 같이 되어야 합니다. 어린아이가 되라는 것은 어린아이로 남아 있으라는 것이 아니고, 연속되는 의식적 선택을 통해 어린아이의 순수함에 도달하라는 것입니다. 아이들이 어른이 되는 것은 자연히 이루어지는 것이지만, 어른이 아이가 되기 위해서는 결단과 노력이 필요합니다. 슬픈 현실은 반대로 아이들이 어른 흉내를 내는 것입니다. 오늘날은 아이들 같지 않은 애늙은이들이 많습니다. 아이들이 일찍부터 어른들의 못된 습관을 따릅니다. 술을 배우고, 담배를 피우고, 마약을 하고, 도박을 하고, 성폭행을 하고, 도둑질을 하며 어른들의 범죄를 모방합니다.

예수님이 어린아이를 말씀하실 때, 이들은 당시에 무시당하고 관심을 받지 못하던 사람들입니다. 그래서 "작은 자"(Little One)라고 번역할 수 있습니다. 도움이 필요한 자, 가난한 자, 병든 자, 지위가 낮은 자, 배우지 못한 자, 내가 무엇을 해주어도 나에게 다시 갚을 수 없는 자, 교회에 처음 나온 자…. 오늘날 교회의 관심은 이 "작은 자"들에게 가야 합니다. 이들을 영접하는 것이 바로 예수님을 영접하는 것이요, 하나님을 영접하는 것입니다.

"작은 자"를 대접하는 것은 바로 예수님께 하는 것입니다. 예수님은 자신을 가난하고, 나그네 되고, 병들고, 어려움 당한 자들과 동일시하셨습니다. 우리가 진실로 예수님을 섬기는 길은 이들을 섬기는 것입니다. 저는 우리 교회 사역의 나아가는 방향이 이러해야 한다고 확신합니다.

그리고 더욱 중요한 것은 이들을 섬기되 "내(예수) 이름"(막 9:37)으로 하는 것입니다. 여기에 봉사의 정신이 있습니다. 내 이름으로, 내 기쁨을 위하여, 내 힘으로, 내가 하는 것이 아닙니다. 예수님의 이름으로 봉사해야 합니다. 성령으로 섬겨야 합니다. 하나님의 이름으로 구제해야 합니다. 이것이 예수님께 드리는 것입니다. 그것이 섬기는 나를 시험에 들지 않게 하는 것입니다. 나는 섬김에 있어서도 종이요 심부름꾼일 뿐, 언제나 예수님이 주체가 되십니다.

마지막으로 우리는 이러한 참된 섬김, 참된 위대함을 예수님에게서 봅니다. 마가복음 10장 45절에서 예수님은 "인자가 온 것은 섬김을 받으려 함이 아니라 도리어 섬기려 하고 자기 목숨을 많은 사람의 대속물로 주려 함이니라"라고 말씀하셨습니다. 이 말씀은 사실상 마가복음의 요절입니다.

예수님은 자신의 삶과 죽음을 예로 들어 제자들에게 설명하시는 것입니다. 예수님은 하나님의 아들이시지만 죄의 노예로 살고 있는 자들을 해방시키기 위해 자신의 몸을 대속물로 지불하는 섬김의 삶을 사셨습니다. 그러므로 하나님은 예수 그리스도를 지극히 높여 하늘에 있는 자나 땅에 있는 모든 자들 위에 뛰어난 이름을 주사 예수의 이름 앞에 무릎을 꿇게 하시고 예수를 주라 고백하게 하셨습니다(빌 2:5-11). 이렇게 참된 위대함은 하나님으로부터 옵니다. 세상으로부터도 아니고 어느 누구로부터도 아닙니다. 그러므로 하나님의 영광을 구하여 하나님 앞에 섬김의 삶을 살아야 하겠습니다.

25
천국의 가치

41누구든지 너희가 그리스도에게 속한 자라 하여 물 한 그릇이라도 주면 내가
진실로 너희에게 이르노니 그가 결코 상을 잃지 않으리라 42또 누구든지 나를
믿는 이 작은 자들 중 하나라도 실족하게 하면 차라리 연자맷돌이 그 목에 매
여 바다에 던져지는 것이 나으리라 43만일 네 손이 너를 범죄하게 하거든 찍
어버리라 장애인으로 영생에 들어가는 것이 두 손을 가지고 지옥 곧 꺼지지
않는 불에 들어가는 것보다 나으니라 44(없음) 45만일 네 발이 너를 범죄하게
하거든 찍어버리라 다리 저는 자로 영생에 들어가는 것이 두 발을 가지고 지
옥에 던져지는 것보다 나으니라 46(없음) 47만일 네 눈이 너를 범죄하게 하거
든 빼버리라 한 눈으로 하나님의 나라에 들어가는 것이 두 눈을 가지고 지옥
에 던져지는 것보다 나으니라 48거기에서는 구더기도 죽지 않고 불도 꺼지지
아니하느니라 49사람마다 불로써 소금 치듯 함을 받으리라 50소금은 좋은 것
이로되 만일 소금이 그 맛을 잃으면 무엇으로 이를 짜게 하리요 너희 속에 소
금을 두고 서로 화목하라 하시니라 막 9:41-50

한국의 대표적인 지성 이어령 선생님이 신앙생활을 하게 된 것이 장안의 화제였던 적이 있습니다. 사랑하는 딸 이민아 변호사와 손자의 질병이 치유된 것을 계기로 신앙생활을 시작하게 되었던 것입니다. 딸이 암과 시력장애에서 치유되고, 손자가 건강을 되찾는 것을 보고, 아무것도 할 수 없었던 아버지로서 이 일을 행하신 하

나님께 감사하고 믿는 것이 도리라고 생각했다는 것입니다. 그는 이렇게 딸에게 고백했습니다.

"나의 지식과 돈이 너를 구하지 못했다. 정말 네가 주님 안에서 편안함을 얻었다면, 새로운 생명을 얻었다면, 나도 나의 무력함이 증명된 것이 아니냐. 내가 이 무력함에 매달려 지금까지 살아왔구나. 이제부터 같이 동행하자. 지금 자신은 없지만 네가 시력을 잃어가면서 본 빛을 나에게 보이게 해다오."

그러나 그는 기적 때문에 기독교를 믿은 것은 아니라고 했습니다. 기적은 앞으로 일어날 구제의 사인이지 목적이 아니라는 것입니다. 지금 병을 고쳐도 언젠가는 죽게 되므로 진짜 기적은 단 하나, 부활이요 영생입니다. 아마 자신의 딸과 손자의 건강 회복으로 믿는다는 것은 너무 현재적이고 이기적이라는 생각이 들었을 것입니다. 왜냐하면 믿는 모든 사람이 건강을 얻은 것이 아니기 때문입니다. 결국 이 세상의 모든 이적도, 축복도, 명예도 천국에 비하면 아무것도 아니라는 이야기입니다.

〈건강 다이제스트〉라는 잡지 표지에 "사람이 온 천하를 얻고도 건강을 잃으면 무슨 유익이 있겠는가?"라고 성경 말씀 중 '영혼'을 '건강'으로 바꾸어 사용한 것을 본 적이 있습니다. 사람이 살다 보면 어려운 일을 만나 가지고 있던 물질을 잃어버리는 경우가 있습니다. 그러나 물질을 잃는 것은 크게 잃는 것이 아닙니다. 다시 시작하면 일어설 수도 있기 때문입니다. 육신의 건강을 잃어버려 눕게 되거나 불구가 되면 더 큰 어려움을 당하게 되지만 그렇다고 모두 잃은 것은 아닙니다. 물질, 건강, 권력, 명예, 이 모든 것보다 믿음을 잃으면 모든 것을 잃는 것입니다.

그러기에 성경은 "천하를 얻고도 네 영혼을 잃으면 무엇이 유익하겠느냐?"라고 말하고 있습니다. 하나님은 우리 한 사람의 영혼을 온 천하보다 귀하게 여기십니다.

본문은 예수님이 중요한 것을 말씀하실 때 말씀하시는 "내가 진실로 너희에게 이르노니"(Amen Saying)로 시작합니다.

"누구든지 너희가 그리스도에게 속한 자라 하여 물 한 그릇이라도 주면 내가 진실로 너희에게 이르노니 그가 결코 상을 잃지 않으리라"(막 9:41).

이 말씀은 요한이 자신들과 함께하지 않는 자가 예수님의 이름으로 귀신을 쫓아내는 것을 금지했다는 보고를 들으신 예수님께서 요한을 칭찬하지 않으시고 금하지 말라고 말씀하시는 대목입니다. 예수님은 "우리를 반대하지 않는 자는 우리를 위하는 자"(40절)라고 말씀하십니다. 우선, 예수님 이름을 사칭한다고 귀신이 떠나겠습니까? 익명의 따르는 무리일 것이라는 추정이 가능합니다. 그리고 요한과 예수님의 분명한 입장 차이가 있습니다. 요한은 따르지 않는 자는 '우리를 위하는 자가 아니다'라고 생각하는 반면에 예수님은 반대하지 않는 자는 '우리를 위하는 자'라고 말씀하십니다. 따르지 않고 반대하지도 않는 자는 누구입니까? 아직

중도에 서 있는 자들입니다. 소위 중도층입니다. 그들을 적으로 만들 것입니까? 아니면 우리 편으로 만들 것입니까? 중간층 끌어안기가 사역에서는 중요합니다.

41절에 예수님의 선교적 말씀(Missionary Word)이 나옵니다. 복음을 전하는 자들에게 그리스도에게 속한 자라는 이유로 물 한 그릇이라도 대접한 자들은 하나님 나라에서 상급을 잃지 않으리라는 것입니다. 이렇게 섬긴 사람들은 그날에 오히려 예수님께 물을 것입니다. "주여 우리가 어느 때에 주께서 주리신 것을 보고 음식을 대접하였으며 목마르신 것을 보고 마시게 하였나이까 어느 때에 나그네 되신 것을 보고 영접하였으며 헐벗으신 것을 보고 옷 입혔나이까 어느 때에 병드신 것이나 옥에 갇히신 것을 보고 가서 뵈었나이까"(마 25:37-39). 그때 예수님은 "너희가 여기 내 형제 중에 지극히 작은 자 하나에게 한 것이 곧 내게 한 것이니라"(마 25:40)라고 말씀하실 것입니다.

이렇게 내가 세상에서 예수님의 이름으로 행한 모든 것은 주님께 기억하신 바가 되어 그날에 내가 모르고 행했던 모든 선행에 대해 천국 상급을 받게 될 것입니다. 물론 이 말씀에는 전도자들이 당하는 배고픔과 목마름과 질병과 핍박과 헐벗음의 고난도 암시되어 있습니다. 전도자들은 예수 그리스도를 증거하다 옥에 갇히기도 하고, 먹지 못해 굶주리기도 하고, 풍토가 다른 지역에 갔다가 병을 얻는 경우도 있었을 것입니다. 이렇게 영혼을 사랑하여 그 어려움 속에서 주의 사명을 감당하는 자나 그 일에 사랑으로 동참하는 자들(돌보는 자들)에게 하늘의 큰 상급이 있을 것이라고 주님은 말씀하셨습니다.

그런데 42절에는 정반대의 경우가 소개되어 있습니다. "또 누구든지 나를 믿는 이 작은 자들 중 하나라도 실족하게 하면 차라리 연자맷돌이 그 목에 매여 바다에 던져지는 것이 나으리라." 여기에서 "나를 믿는 이 작은 자"는 갓 믿기 시작한 믿음이 여린 신자를 의미하고 있습니다. 우리가 이들을 마땅히 돌보고 사랑으로 인도하여 그리스도의 장성한 분량에 이르도록 도와주어야지 혹시 그들에게 걸림돌이 되어 시험에 들게 하고 또는 믿음에서 떠나게 한다면 그 한 영혼을 잃어버린 대가를 우리에게서 찾겠다는 경고입니다.

연자맷돌은 부녀자들이 집에서 손으로 돌리던 맷돌과는 달리 나귀에 지워 곡식을 타작하는 데 쓰던 엄청나게 무거운 회전용 맷돌을 말하는데, 그것을 목에 메고 물에 빠진다면 영영 물에서 빠져나오지 못합니다. 그런데 이런 형벌이 한 영혼을 실족케 하는 죄의 형벌에 비하면 오히려 작다는 말씀입니다. 물론 이 말씀은 그럴 바에는 아예 자살하라는 이야기가 아니라 한 영혼이 얼마나 중하며 그에 대한 책임이 얼마나 큰가를 알려 주는 상징적인 표현입니다.

교회의 가슴 아픈 현실은 먼저 믿는 자들에 의해 어린 신자들이 상처받고, 시험에 들고, 결국 믿음에서 떠난다는 것입니다. 남을 전도하기는커녕 믿어 보려고 하는 형제들을 실족케 합니다. 우리는 이 말씀을 명심해서 들어야 합니다.

예수님 앞에 섰을 때 가장 큰 상급은 “다른 사람을 옳은 데로 인도하는” 전도자의 상급일 것입니다. 그러나 가장 큰 형벌은 영혼을 “실족케 한 죄”일 것입니다.

예수님은 43절부터 48절까지 죄가 어디에서 비롯되는가를 말씀하시면서 천국에 들어가기 위해서 치러야 할 대가를 말씀하십니다. “천국의 가치”는 치러야 할 희생에 비해서 훨씬 크고 귀한 것입니다.

예수님은 천국과 지옥에 대해 말씀하십니다. 그리고 누구든지 개별적으로 심판을 받게 되고, 천국 아니면 지옥에 들어가게 된다고 분명히 말씀하십니다. 천국과 지옥은 상징이 아닙니다. 실재하는 곳입니다.

전 세계에서 1초마다 3명, 1분마다 180명, 1시간에 거의 11,000명, 날마다 25만 명 이상이 천국이나 지옥으로 갑니다. 우리는 다른 사람이 죽는 것을 보면서도 자신이 죽을 것을 잘 모릅니다. 지옥은 별 준비하지 않아도 자동으로 가는 곳입니다. 그러나 천국은 저절로 가지 못합니다. 지옥은 “구더기도 죽지 않고, 불도 꺼지지 않는” 곳입니다. 지구는 천국과 지옥이 만나는 중간지대입니다. 땅에서 가장 멋진 삶은 천국의 그림자이고, 땅에서 최악의 삶은 지옥의 그림자입니다. 신자는 지금 가장 가까운 지옥에서 살고 있으며, 불신자에게 이생은 가장 가까운 천국입니다. 신자에게는 이보다 못한 세상이 없으며, 불신자에게는 이보다 좋은 세상이 없습니다.

천국을 진짜 믿은 사람의 죽음은 다릅니다. 천국을 진짜 믿은 사람의 삶도 다릅니다. 천국의 대가는 바로 예수님의 죽음입니다. 예수님은 우리를 구원하시기 위해 신체의 일부를 희생하신 것이 아닙니다. 우리에게 범죄하지 않도록 결단하라고 했던 손, 발, 눈과 같은 부분적인 것이 아닙니다. 대체로 가치는 지불한 대가 이상입니다. 우리가 얼마의 값을 치르고 그것을 사는 것은 그것이 더 가치 있다고 생각하기 때문입니다.

우리의 시간은 영원이라는 관점에서 보아야 합니다. 그러면 가치관이 달라집니다. 하나님은 우리를 이 세상에서 해방하여 마음을 저편에 두게 하기 위해 고난, 질병, 죽음을 사용하십니다. 우리는 사망률 100퍼센트인데, 자신이 죽는지도 모르고 삽니다.

1952년 플로렌스 채드윅(Florence Chadwick)이란 여성이 카타리나섬에서 캘리포니아 해변까지 수영에 도전했습니다. 그녀는 이미 영국 해협을 수영으로 왕복한 최초의 여성이었습니다. 출발하여 15시간 수영을 했으나 안개로 앞을 볼 수가 없었습니다. 어머니는 거의 다 왔다고 힘을 내라고 했으나 악천우로 결국 포기하고 배에 올랐습니다. 배에 오르자 그녀는 해변이 불과 반 마일밖에 남지 않았다는 것을 알았습니다. 모두 너무 안타까워했습니다. 그녀는 "제게 보이는 것은 오직 안개뿐이었습니다. 만일 해변이 보였다면 저는 완주했을 것입니다"라고 말했다고 합니다. 우리에게 죽음 너머 천국이 보이지 않는 것이 문제입니다. 만일 천국을 볼 수 있다면 다르게 살 것입니다.

C. S. 루이스는 "역사를 읽어 보면 금생을 위해 가장 많은 일을 한 사람들은 바로 내생을 가장 많이 생각한 사람들임을 알 수 있습니다. 천국을 목표로 삼으십시오. 그러면 세상을 '뒤집어엎을' 것입니다. 땅을 목표로 삼으십시오. 그러면 그 어디에도 도달하지 못할 것입니다."

천국을 생각할 때 현재의 생활이 중요해집니다. 현재의 삶이 중요한 것은 영원한 삶의 전조이기 때문입니다. 현재의 삶이 천국과 지옥을 결정합니다. 육체에 있을 때 영혼의 때를 준비해야 합니다. 영생은 우리가 죽을 때 시작되는 것이 아니라 이미 시작되었습니다. 천국을 묵상할 때 우리의 고통과 사망이 일시적임을 기억합니다. 소망을 세상에 있는 것들에 두지 말고 그리스도와 그분의 약속에 두십시오. 세상은 지나갑니다.

누가 지옥을 두려워합니까? 마귀와 믿지 않는 자들입니다. 그러기에 그들은 지옥이 없다고 크게 소리 지르고 다닙니다. 그러나 그들의 영혼은 지옥을 알고 있기 때문에 실제로는 죽음의 두려움에 떨고 있습니다. 예수님은 지옥의 실제와 그 형벌에 대해 분명하게 말씀하셨습니다. "부자와 나사로"의 비유에서도 부자가 지옥불의 형벌 속에서 물 한 방울로 혀를 써늘하게 하기를 구했다가 거절당한 지옥의 소리를 우리에게 들려주고 있습니다. 구원의 시간이 다 지나버린 심판과 형벌의 자리가 지옥입니다.

지옥은 상징적인 것이 아니라 실제적인 장소입니다. 그래서 주님은 "꺼지지 않는 불"과 "벌레도 죽지 않는 곳"이라 말씀하셨고, 원어에 "게헨다"(마 5:22, 29-30, 10:28, 18:9, 23:15, 33, 눅 12:5, 약 3:6)는 아하즈왕 때 아이들을 몰록 우상에게 불태워 번제로 드리던 힌놈 골짜기(행 7:43, 역하 28:3, 왕하 23:10)로서 예루살렘 남쪽에 위치해 있던 곳입니다. 당시에는 쓰레기장으로 쓰이던 곳으로 모든 더러움과 고통과 심판의 상징으로 통용되던 단어입니다. 예수님은 지옥을 그들이 사용하는 단어를 쓰셔서 더욱 생생하게 가르쳐 주셨습니다.

우리는 세상에서 누구를 두려워해야 합니까? 마태복음 10장 28절은 "몸은 죽여도 영혼은 능히 죽이지 못하는 자들을 두려워하지 말고 오직 몸과 영혼을 능히 지옥에 멸하실 수 있는 이를 두려워하라"고 말씀하고 있습니다.

전에 예수님은 "누가 큰가?"라는 논쟁에서 섬기는 자가 큰 자라고 말씀하셨는데, 이번에는 자기 자신을 다스리는 자가 큰 자라고 말할 수 있습니다. 성경에 "자기를 다스리는 자가 성을 빼앗는 용사보다 낫다"는 말씀이 있거니와, 오늘 말씀에서는 손, 발, 눈 모두 두 개씩 있는 신체를 예로 들어 육체의 지체들을 어떻게 훈련할 것인가를 말씀하십니다.

각각 영생(하나님 나라)과 지옥이 언급되고, 후렴처럼 지옥에 대한 묘사가 나옵니다. "거기에서는 구더기도 죽지 않고 불도 꺼지지 아니하느니라 사람마다 불로써 소금 치듯 함을 받으리라"(막 9:48-49).

우리 육신의 것들은 어떻게 사용하느냐에 따라 불의 병기가 되기도 하고 의의 병기가 되기도 합니다(롬 6:13). 마귀에게 사용되어 자신의 육신의 소욕대로 살면 끊임없이 죄를 뿌리는 불의의 병기가 됩니다. 그러나 하나님의 통제 아래 자신을 드리면, 즉 그리스도 안에서 훈련되면 의의 병기가 될 수 있습니다. 불의의 병기가 의의 병기로 변화되기 위해서는 그리스도 안에서 사는 훈련이 필요합니다.

이는 믿는 자들에게 준 말씀입니다. 그리스도를 영접했다고 만족하지 말고 못된 습관을 버리고, 잘못된 향락 습관을 포기하고, 어떤 친구는 단념하고, 전에 좋아하던 어떤 것들은 과감하게 잘라 버릴 필요가 있는 것입니다.

로키산맥 총 45개 봉우리를 등정한 등산가 아론 랠스톤(Aron Ralston)은 자신의 경험을 바탕으로 「6일간의 깨달음」이라는 책을 펴냈습니다. 그는 유타 주 암벽을 타고 내려오다가 눈에 미끄러져 좁은 크레바스에 오른팔이 끼고 말았습니다. 팔은 빠지지 않고 바위는 꿈쩍도 하지 않았습니다. 이렇게 닷새를 보냈습니다. 구조대도 오지 않고, 점점 추위가 몰려와 죽을 지경입니다. 마침내 그는 중대한 결단을 내렸습니다. 자신의 오른팔을 절단하기로 한 것입니다. 먼저 요골을 꺾었습니다. 이어 척골을 부러뜨렸습니다. 다음으로 다용도 칼로 살을 도려냈습니다. 마취도 없이 엄청난 고통을 참아가며 거의 한 시간에 걸쳐 팔을 절단했습니다. 결국 그는 바위에서 벗어나 생환했습니다. 어떻게 그런 생각을 했느냐는 기자들의 질문에 그는 이렇게 말했습니다. "생각은 간단했습니다. 그 팔을 가지고 얼어 죽을 것인가, 아니면 팔 하나 버리고 살 것인가? 나는 살기로 결단했습니다. 내 팔 하나가 내 목숨값입니다. 이보다 더 값진 희생이 어디 있습니까?"

우리는 죄와 싸우되 피 흘리기까지 대항치 않고 허망하게 넘어지는 경우가 많습니다. 본문 말씀은 문자적인 뜻이라기보다는 상징적인 표현인데, 만일 내 손이 하나님을 섬기는 데 방해가 되고 범죄하는 요인이 된다면 한 손을 잘라 버리라는 것입니다. 두 손 가지고 지옥에 가느니 한 손 가진 장애인으로 천국에 가는 것이 낫다는 것입니다. 내 발이 나를 범죄하는 곳으로 이끈다면 잘라 버리라는 것입니다. 다리 저는 자로 천국에 가는 것이 두 발 가지고 지옥에 가는 것보다 낫다는 것입니다. 내 눈이 범죄하거든 뽑아 버리라는 것입니다. 한 눈으로 천국에 가는 것이 두 눈 가지고 지옥에 가는 것보다 낫다는 것입니다.

극단적인 과장법이지만 신앙의 결단을 촉구합니다. 손과 발과 눈에 연결되어 세 가지 평행적인 말씀, 즉 '범죄케 하면 찍어 버리라'와 '더 낫다' 그리고 하나님 나라와 지옥에 대한 설명이 나옵니다. 우리의 손은 잡지 말아야 할 것을 잡고, 발은 가지 말아야 할 곳을 가고, 눈은 보지 말아야 할 것을 봅니다. 선한 목적을 위하여 지어졌지만 악을 행하는 도구가 되기도 합니다. 우리의 일상생활에 과감한 결단력을 요구하고 있습니다. 때로는 희생까지 요구하고 있습니다. 그만큼 천국의 가치가 크기 때문입니다.

사실 죄는 우리의 눈을 통해 마음으로 들어오고, 손과 발과 입술을 통해 범죄합니다. 이것들이 죄를 짓게 하는 브로커(broker)입니다. 이것을 잘 다스려야 합니다. 그렇지 않으면 암세포와 같이 처음에는 별것 아니던 것이 점점 퍼져 온몸을 상하게 하고 영혼을 파멸시키고 맙니다. 이것이 뿌리를 내리기 전에 아프지만 과감하게 수술을 감행해야 합니다. 뿌리를 뽑아 버려야 합니까? 어떤 분은 당뇨병 때문에 발을 절단해야 하는 처지에 놓여 있습니다. 썩어가는 부위를 수술하시겠습니까? 수술하기가 무서우니 그 번지는 것을 놓아두겠습니까? 왜 이렇게 해야 합니까? 천국은 그럴 만한 가치가 있다는 것입니다. 내 육체에 결손이 생겨도 천국에 가는 것은 그만큼 값지다는 것입니다.

마가복음 10장 17-22절에는 천국을 위한 대가를 거부한 부자 청년 이야기가 나옵니다. 팔, 다리, 눈도 희생하는데, 재산은 문제가 아니지요. 그런데 재산을 버리지 못해서 그는 예수님을 따르지 못합니다. 이런 경우에는 있다는 것이 오히려 장애가 됩니다. 물질의 복이 하나님 나라에 들어가는 데 걸림돌이 된 것입니다.

밭에 감추인 보화를 얻기 위해 가산을 정리한 사람처럼 하나님 나라에 이르기 위하여 우리는 자신을 쳐서 말씀에 복종시키는 삶을 살아야 합니다. 그래서 나는 날마다 죽고 그리스도가 내 안에 살아 있다고 간증할 수 있어야 합니다. 천국은 그만큼 가치가 있기 때문입니다.

26
마음의 완악함

[1]예수께서 거기서 떠나 유대 지경과 요단 강 건너편으로 가시니 무리가 다시
모여들거늘 예수께서 다시 전례대로 가르치시더니 [2]바리새인들이 예수께 나
아와 그를 시험하여 묻되 사람이 아내를 버리는 것이 옳으니이까 [3]대답하여
이르시되 모세가 어떻게 너희에게 명하였느냐 [4]이르되 모세는 이혼 증서를
써주어 버리기를 허락하였나이다 [5]예수께서 그들에게 이르시되 너희 마음이
완악함으로 말미암아 이 명령을 기록하였거니와 [6]창조 때로부터 사람을 남자
와 여자로 지으셨으니 [7]이러므로 사람이 그 부모를 떠나서 [8]그 둘이 한 몸이
될지니라 이러한즉 이제 둘이 아니요 한 몸이니 [9]그러므로 하나님이 짝지어
주신 것을 사람이 나누지 못할지니라 하시더라 [10]집에서 제자들이 다시 이 일
을 물으니 [11]이르시되 누구든지 그 아내를 버리고 다른 데에 장가 드는 자는
본처에게 간음을 행함이요 [12]또 아내가 남편을 버리고 다른 데로 시집 가면
간음을 행함이니라 막 10:1-12

사람들은 설교를 듣거나 상담을 하지만, 자신의 의견에 동조하거나 자신의 현재 생활을 인정해 달라고 요구합니다. 자신이 변화되어야 한다는 것을 기대하지 않는 것이 문제입니다. 신자들도 때로는 확증편향에 사로잡혀서 자기 입장을 지지해 주는 것만 받아들이고 자기 생각을 더욱 강화합니다. 성경 말씀도 골고루 먹기보다는 자기에게 유리한 말씀만 편식하는 경향이 있습니다.

신자들조차 하나님 말씀을 심각하게 받지 않습니다. 노아 시대의 사람들이나 롯의 사위들처럼 농담으로 여기거나, 참고 사항 정도로 삼거나, 위안을 받으려고만 하지 결단을 하지 않습니다. 죄를 책망하는 말을 하면 자신을 공격했다고 생각합니다. 그래서 말씀의 위기입니다.

일전에 미국 목사님에게서 이런 이야기를 들은 적이 있습니다. 그 목사님은 여자 교인으로부터 상담을 요청받았습니다. 그녀는 남편이 6개월간 출장 간 사이에 직장 상사의 아이를 가지게 되었습니다. 임신 2개월이 되었는데 남편이 곧 돌아오게 되었습니다. 어떻게 하면 좋겠느냐는 내용입니다. 만일 여러분이 이런 내용의 상담을 하게 되면 어떻게 말하겠습니까? 그 목사님은 조언하기를 남편이 돌아오면 사실대로 말하고 아이를 출산하여 남편이 원하면 같이 키우든지 다른 사람에게 입양시키는 방법을 택해 보라고 했답니다. 그렇다면 그 여자 신도는 어떻게 했겠습니까? 그 여자는 병원에 가서 낙태 수술을 하고 아무런 일 없었다는 듯이 남편과 함께 교회에도 잘 나온다는 이야기입니다.

저는 이 여인에게 있어서 신앙생활은 무엇을 의미하며, 목사의 조언은 얼마만큼의 값어치가 있으며, 하나님의 말씀은 그 여인의 생활에 어느 정도 영향을 미치는가를 새삼 생각하지 않을 수 없었습니다.

사람들은 수많은 질문을 제기하되 대답은 들으려고 하지 않습니다. 아니 대답까지는 듣지만 그대로 살기를 거부하는 현실을 목격합니다. 자기 식대로의 대답을 이미 결정해 놓고, 하나님 말씀이나 목사로부터 단지 위안을 얻거나 자기가 하는 일에 확신을 얻기를 바라다가 그렇지 않으면 내 식대로 밀고 나가는 자기 위주의 신앙생활을 하고 있는지도 모릅니다.

본문 말씀은 결혼과 이혼(1-12절), 아이들(13-16절), 재물(17-31절)에 대한 교훈을 소개하고 있는데 질문 형식으로 시작되고 있습니다. 2절에 바리새인들이 "사람이 아내를 버리는 것이 옳습니까?"라고 질문하였습니다. 이들의 질문은 정말 몰라서 주님의 가르침을 받고 따르기 위한 의도가 아닙니다. 다시 말해 예수님을 곤경에 빠뜨리기 위해 교묘한 술수를 쓰고 있는 것입니다. 다음에 나오는 부자 청년의 질문도 그렇습니다만 몰라서 묻는 것이 아닙니다. 예수님을 시험하고자 묻습니다. 이런 경우 예수님은 즉답하지 않으시고 질문자에게 다시 반문하십니다.

당시의 유대법은 오직 남자만이 이혼을 제기할 수 있었습니다. 그러므로 2절에 남편이 아내를 버리는 것으로 표현하고 있습니다. 당시 이혼에 대해 두 가지 견해가 있었습니다. 샴마이(Shammai)는 아내가 성적 불륜을 저지른 경우에만 이혼이 가능하다고 했고, 좀 더 자유주의적인 힐렐(Hillel)은 남편이 어떤 이유로든 자신이 원하지 않으면 이혼을 할 수 있다고 했습니다.

바리새인들이 예수님께 이런 문제를 제기했을 때, 적어도 그들은 예수님을 이런 논쟁에 휘말리게 하거나 전통에서 떠난 이단으로 몰고자 했을 것입니다. 당시 헤롯이 이혼하고 형제의 아내를 가로챘으니, 경우에 따라서는 헤롯의 미움을 사게도 될 것입니다. 이런 식의 올무 놓는 질문은 오목으로 말하면 삼삼을 두는 격입니다.

본론으로 들어가기 전에 한 가지 언급할 사실이 있습니다. 하나님의 말씀, 즉 복음에는 두 가지 차원이 있습니다. 예방적인 차원과 치유적인 차원입니다. 하나님의 말씀은 죄에 대해 준엄하게 경계의 말씀들을 줍니다. 하나님의 말씀을 따라 순종하는 의로운 삶을 가르쳐 주고 있습니다. 이것이 복음의 예방적인 측면입니다. 그러나 이미 죄를 범한 사람, 실패한 사람, 상처받은 사람을 정죄하지 않습니다. 그를 정죄하여 이제 끝났다, 소망이 없다고 선언하지 않습니다. 그리스도의 보혈로 용서해 주고 다시 시작할 수 있는 용기를 줍니다. 이것이 복음의 치유적인 측면입니다.

하나님은 죄를 미워하시나, 죄를 지은 사람은 미워하지 않으십니다. 하나님은 이혼을 싫어하시지만, 이혼한 사람은 싫어하지 않으십니다. 하나님은 동성애를 싫어하시지만, 동성애에 빠진 사람은 싫어하지 않으십니다. 모두 남이 알지 못하는 나름대로 사정과 아픔이 있을 것입니다. 모두 주님의 사랑으로 치유 받아 얼마든지 새롭게 하나님의 영광을 위하여 살 수 있습니다. 오늘의 말씀도 결혼생활을 하는 분과 하실 분들에게는 예방적인 차원에서, 그리고 이미 상처를 받은 분들에게는 치유적인 차원에서 들려야 합니다. 누구나 행복한 결혼을 꿈꾸는 것은 사실입니다. 누군들 이혼을 좋아서 하겠습니까?

예수님은 반문하십니다. "모세가 어떻게 명했느냐?" "율법에 무엇이라고 했느냐?" 왜 이렇게 반문하십니까? 하나님의 말씀으로 풋노트(footnote) 하라는 것입니다. 그런데 그들의 대답은 원래의 말씀을 왜곡합니다. 자신들에게 불리한 것은 빼고 말합니다. 모세는 이혼에 대하여 조건부적인 말씀을 주었습니다. "수치되는 일이 있음을 발견하고 그를 기뻐하지 아니하면 이혼 증서를 써서 그의 손에 주고 그를 자기 집에서 내보낼 것이요"(신 24:1). 그런데 바리새인들은 무조건적으로 해석하고 있습니다. 모세는 "이혼"을 예외적인 상황으로 말하는데, 그들은 그것을 일반화시켰습니다. 어쩔 수 없는 경우의 허락을 명령으로 만들었습니다. 명령과 예외는 다릅니다. 이것은 인간의 완악함 때문입니다.

바리새인들은 이혼에 대한 모세의 말씀을 인용하고 있었습니다. "모세는 이혼 증서를 써주어 버리기를 허락하였나이다"(4절)라고 말했습니다. 모세가 이혼법을 제정할 때 말한 것을 그대로 인용하고 있습니다. 이제 바리새인들이 유대인 전체가 따르는 율법과 모세의 권위를 가지고 이렇게 대답했으니 예수님의 선택의 폭은 그리 넓지 않은 것처럼 보입니다.

그런데 웬일입니까? 예수님은 가히 혁명적인 말씀을 하셨습니다. "너희의 마음이 완악함으로 말미암아 모세가 그렇게 말한 것이다. 하나님의 본래 뜻은 이혼하지 않는 것이다."

이렇게 말씀하신 논법은 마태복음 5장에 율법의 조항을 하나하나 들면서 "너희는 이렇게 들었으나 그러나 나는 너희에게 말한다"와 같은 어조로 "모세가 그렇게 말했으나 그러나 사실은 이와 같다"라고 모세의 권위보다 위에 서서 하나님의 말씀을 선포하시는 것입니다. 그러므로 예수님의 권위와 가르침은 율법을 해석하여 가르치는 서기관들의 권세와 달랐습니다. 왜 예수님은 그렇게 하실 수 있었습니까? 그분은 창세 때부터 하나님과 함께 계셨고, 율법을 주신 분이시며, 살아 계신 하나님의 말씀이시기 때문입니다. 그분만이 하나님의 뜻을 가장 바르고 확실하게 알고 있었기 때문입니다.

문제는 "마음의 완악함"(스클래로칼디안)에 있습니다. 마음의 완악함이란 계속 불순종함으로 하나님의 의지에 무감각해진 마음입니다. 네 종류의 밭 중 돌짝 밭, 길가와 같은 마음입니다. 본문은 이것을 다양하게 번역합니다. "너의 마음은 닫혔다." "너는 가르치기가 매우 힘들다." "가르침이 불가능하다." 자기 고집을 내세우는 것입니다. 하나님의 뜻을 알고도 바꾸지 않는 것입니다. 이런 마음은 부드러운 마음으로 기경해야 합니다. 하나님의 뜻을 받아들이는 마음으로 바꾸어야 합니다.

모세가 그런 법을 명령한 것은 사실이나 그 이유는 유대인들의 완악한 마음 때문이었다고 했습니다. 법 따지기 좋아하는 사람들이 많이 있지만 사실 법은 최후적인 수단입니다. 법보다 믿음과 사랑이 앞서야 하고, 의와 성실과 덕이 있어야 하고, 윤리와 양심이 있어야 하고, 법 없이도 살 수 있어야 합니다. 법은 인간다운 삶을 살기 위한 마지막 보루입니다. 그러므로 모세가 이혼법을 제정한 것은 그것이 하나님의 뜻이라거나 이혼을 허락하기 위해서라기보다는 결혼생활을 보호하고 인간의 생존권을 보호하기 위한 자구책에서 나온 것입니다. 이는 정당방위를 규정한 법이 살인을 정당화하기 위한 것이 아님과 매한가지입니다.

그러면 왜 모세는 이런 법을 제정했습니까? 예수님이 말씀하신 대로 이스라엘 사람들의 완악한 마음 때문입니다. 여자가 이혼당할 만한 분명한 증거나 이유 없이 이혼을 강요당했기 때문입니다. 또 아내를 내보낼 때 이혼 증서를 주지 않으면 다시 결혼할 수 없게 되어 당시 가부장적인 사회에서는 여자 혼자 생계를 유지해 나갈 수도 없고, 만일 증서 없이 다른 사람을 만나게 되면 간음한 자로 몰려 돌에 맞아 죽을 위험도 있고 다른 이웃들의 도움도 받을 수 없기 때문입니다. 그러므로 이 법은 모세가 당시 완악한 이스라엘 백성들을 다스리며 이혼당한 여자들, 즉 약자를 보호하기 위한 조치였습니다.

예수님은 모세의 말을 무효화시키기보다 왜 모세가 그렇게 했는가를 말씀하셨습니다. 모세의 결정은 당시 사람들의 죄 된 습성 때문이었습니다.

여기 예수님이 말씀하신 "너희 마음이 완악함으로 말미암아"(Sklerokardia)(5절)라는 말씀이 마가복음 전체에 4번 기록되었는데(3:5, 6:52, 8:17, 10:5), 3장 5절에서는 바리새인들에 대하여, 6장 52절과 8장 17절에서는 제자들에 대하여, 10장 5절에서는 유대인 전체를 향하여 그들의 마음이 둔하고 완악함을 한탄하셨습니다.

"제자들의 무지"(Disciple's ignorance)와 더불어 "마음의 완악함"(Hardness of heart)은 마가복음이 다루는 중요한 주제입니다. 예수님은 이혼에 관한 이야기에서, 아니 법에 대한 논쟁에서 "마음의 완악함"의 문제로 초점을 옮기셨습니다. 법이 무엇을 말하느냐가 중요한 것이 아니라 마음의 의도를 꿰뚫어 보시는 것입니다. 지엽적인 문제에서 문제의 핵심으로 옮겨 갑니다.

지금 논쟁을 거는 바리새인들은 무엇이 문제입니까? 마음의 완악함입니다. 누가 크냐고 다투던 제자들은 무엇이 문제입니까? 마음의 완악함입니다. 17절부터 소개될 부자 청년은 무엇이 문제입니까? 마음의 완악함입니다. 아니 남들은 모두 제쳐 놓고라도 내 문제는 진정 무엇입니까? 마음의 완악함입니다.

출애굽기에 마음이 완악한 대표적인 인물이 나와 있습니다. 애굽 왕 바로입니다. 그는 하나님의 경고 말씀을 들으면서도, 실제로 재앙을 당하면서도 "숨을 통할 수" 있게만 되면 다시 마음을 강퍅하게 하여 하나님의 말씀도 듣지 않고 이스라엘 사람들을 내보내지 않았습니다(출 8:15, 32, 9:34). 하나님의 뜻이나 이스라엘 사람들이 바라는 것은 개의치 않고 오직 자기 뜻대로 하겠다고 고집하는 것입니다. 그러다가 결국 더 큰 재앙을 만납니다. 그리고 나중에는 자식도 죽고, 홍해까지 쫓아갔다가 홍해에 몰살되고, 양손 양발 모두 들고 빈털터리가 됩니다.

마음의 완악함 때문에 이혼이 생깁니다. 남편은 아내나 자식이나 하나님의 뜻을 생각지 않고 내 식대로 합니다. 아내도 남편이나 자식이나 하나님의 뜻을 생각지 않고 자기 식대로 합니다. 이것은 하나님의 뜻을 찾는 믿음이 부족하기 때문입니다. 하나님이 문제를 해결해 주시기를 믿는 믿음이 없기 때문입니다. 왜 하나님께 못 맡깁니까? 마음이 완악하기 때문입니다. 아니, 하나님께 능치 못할 일이 있습니까? 하나님께서 믿는 자를 실망시키십니까? 왜 조급해서 혼자 결정하고 마음을 닫아 버리고 자기 식대로 행하느냐 말입니다.

"하나님으로서는 다 하실 수 있느니라"(27절)가 결혼문제에도 적용됩니다. 우리는 구약에서 마음이 강퍅하여 시련과 연단을 받는 것을 읽을 때 무슨 생각을 합니까? 이스라엘이 광야에서 하나님의 말씀을 믿지 못하고 모세의 말에 귀 기울이지 않고 마음을 완강하게 하여 하나님을 원망하고, 우상을 섬기고, 불순종하여 징계를 받는 것들을 기억하며, 마땅히 '그렇게 하지 말자'고 다짐해야 할 것입니다. 그렇지 않으면 스데반이 유대인들을 향하여 "목이 곧고 마음과 귀에 할례를 받지 못한 사람들아 너희도 너희 조상과 같이 항상 성령을 거스르는도다"(행 7:51)라고 한 것과 같이 우리도 마음에 할례를 받지 못한 패역한 백성이 되고 말 것입니다.

마음이 완악한 두 가지 사건(막 10:2-12, 17-31) 가운데 갑자기 어린아이에 대한 기사(막 10:13-16)가 나옵니다. 아이들이 예수님께 만져 주심을 바라고 나왔는데, 제자들이 아이들을 꾸짖으며 예수님께 접근하지 못하도록 막았습니다. 그때 예수님은 오히려 제자들을 꾸짖으시며 "어린아이들이 내게 오는 것을 용납하고 금하지 말라 하나님의 나라가 이런 자의 것이니라"(14절)라고 하시면서 아이들을 안고 안수하며 축복하셨습니다. 그러고는 그 유명한 Amen-saying 표현, "내가 진실로 너희에게 이르노니 누구든지 하나님의 나라를 어린아이와 같이 받들지 않는 자는 결단코 그 곳에 들어가지 못하리라"(15절)는 말씀이 나옵니다.

이전에 제자들이 누가 크냐고 논쟁할 때도 어린아이를 안고(막 9:36) 교훈을 주시더니 이번에도 어린아이가 예수님의 축복과 칭찬을 받으며 모든 사람이 본받아야 할 대상으로 등장합니다.

이렇게 마가복음에서 "제자들의 무지"와 "마음의 완악함"에 대해 어린아이가 주는 교훈은 너무나도 큽니다. 모든 사람이 배우고 따라야 하는 우리의 모델로 예수님께서 이 중요한 시점에 어린아이를 소개하시는 것입니다. 그러면 무엇을 배워야 합니까? 그것은 마음의 완악함과 대조되는 "마음의 순전함"입니다. 하나님의 말씀을 순수하게 믿고 순종하는 어린아이와 같은 마음만이 하나님 나라를 유업으로 받을 수 있습니다. 순전한 마음으로 말씀을 사모하고, 아무 가감 없이 그대로 믿고 따르는 어린아이들의 심성을 예수님은 말씀하십니다.

그러나 세상은 어두움의 자녀들이 빛의 자녀들보다 더 지혜롭게 보입니다. 이 세상은 완악한 자들이 순전한 자들을 욕보이는 것 같습니다. 본문에도 마음이 완악한 어른들에 의해 순전한 어린아이들이 배척당하고 꾸지람을 받습니다. 그러나 예수님은 이런 어린아이와 같은 자를 품에 안으시고 안수하시면서 축복하십니다.

그리고 어린아이가 등장한 이유를 앞에 이혼의 경우와 연관시켜 보면, 어른들의 이혼은 예수님이 사랑하는 순진한 자녀들이 상처받고 실족하게 만든다는 사실을 상기해야 합니다. 어린아이에 관한 가르침을 결혼에 관한 가르침과 병행함으로써 이혼을 한다는 것은 배우자를 포기하는 것뿐만 아니라, 하나님이 축복한 어린아이마저도 버리는 것이란 사실을 일깨웁니다.

부모들의 무책임한 이혼 때문에 무고한 어린아이가 상처를 받습니다. 그리고 하나님께 가지 못하도록 방해를 받습니다. 이렇게 어린아이 하나를 실족하게 하는 잘못이 얼마나 큰가는 지난 시간에 살펴본 바와 같이 연자맷돌을 매고 바다에 빠지는 것보다 더한 것입니다(막 9:42).

예수님은 여기에서 결혼의 참뜻을 가르쳐 주십니다. 결혼은 태초에 하나님께서 제정하신 창조의 질서입니다. 결혼은 남자와 여자의 개인적인 문제가 아니라 하나님을 중심으로 한 남자와 여자의 결합으로 봅니다. 그러므로 하나님께서 결합하게 한 것을 사람이 나눌 수가 없습니다. 물론 한 남자와 한 여자의 결혼입니다. 그러므로 일부일처제이며, 남성과 여성의 결혼입니다.

몇 해 전 미국 연합감리교회가 호모섹스(동성연애)를 정상적인 삶의 하나의 형태로 정죄하지 않고 받아들이기로 공식 결의하고, 가톨릭교회도 역시 같은 결정을 했습니다. 저희 마음의 완악함 때문입니다. 저는 호모섹스(동성연애)와 관련된 사람들을 상담하고 그들의 고충과 문제를 하나님의 사랑으로 치유하고 이끌어 건강한 일부일처(남녀)의 결혼생활을 할 수 있도록 선교적인 차원에서 무한한 관심을 가질 것을 촉구하지만, 그것(동성연애)을 인정하고 소위 짐(죄책)을 덜어 주려는 것처럼 결의하는 그 발상에 놀랐습니다.

이것이 맛을 잃은 소금 아닙니까? 세상을 변화시키기는커녕 세상에 의해 세속화되고 있는 오늘의 교회와 자유주의 신학은 일대 각성해야 합니다. 이 모든 것이 하나님도 하나님의 능력도 믿지 못하는 마음의 완악함 때문입니다. 하나님을 잘못 알고 있습니다. 그래서 망합니다. 호세아는 "내 백성이 (하나님을 아는) 지식이 없으므로 망하는도다"(호 4:6)라고 했습니다.

우리 한국교회가 일제강점기에 신사참배를 국민의례에 불과하니 기독교 신앙에 배치되지 않는다고 결의하여 기독교사에 얼마나 큰 오점을 남겼습니까? 아니 그러면 신사참배를 거부하며 순교한 선열들은 괜한 일을 했단 말입니까? 솔직하게 불신앙을 고백하고 하나님께 용기 있는 믿음을 간구해야 합니다.

예수님은 논쟁 이야기에서 선언을 이끌어 내십니다. 예수님은 결혼에 대해서 말씀하실 때, 창세기 2장 24절을 인용하여 "사람(남자)이 그 부모를 떠나서 그 둘이 한 몸이 될지니라"(7-8절)라고 하셨습니다. 후에 바울도 가정 규범에 이 말씀을 에베소서 5장 31절에 인용하고 있습니다. 결혼은 창조에 기초한 것이고 이혼은 율법에 기초한 것입니다. 결혼은 언약입니다. 결혼에는 하나님의 자리가 있습니다. 당사자 간의 계약만이 아닙니다.

여기에 결혼에 대한 중요한 세 가지 요소가 나와 있습니다.

"떠남"(leave)과 "연합"(cleave)과 "한 몸"(one flesh)입니다. 이 세 가지 점의 삼각이 균형을 잘 이루어야 이상적인 결혼이 됩니다. "떠남"은 부모로부터 정신적으로나 경제적으로 떠나는 것을 의미합니다. 만일 결혼 이후에도 경제적으로 독립하지 못하여 부모에게 의존하거나, 크고 작은 일에 부모에게 일일이 찾아가서 의논한다면 원만한 부부관계를 유지할 수가 없습니다. 여기에서 고부간에 갈등도 생깁니다. 이 말은 효도도 하지 말고 부모와 상관없이 지내라는 말이 아닙니다. 오히려 자신들이 온전한 결혼생활을 독립적으로 해 나갈 때 바른 효도를 할 수 있습니다. 그리고 "연합"은 부부간의 사랑의 "연합"을 의미합니다. 결혼에 있어서 가장 중요한 것은 서로 간의 사랑입니다. 따라서 사랑하므로 결혼해야 합니다. 그리고 결혼했으므로 사랑해야 합니다. 이 말은 모순처럼 보일지 모릅니다. 하지만 결혼생활을 하면서 어떻게 날마다 상대방의 장점만 볼 수 있습니까? 그리고 연애할 때는 이상적으로 보였던 상황들이 결혼과 함께 현실로 나타나면서 생기는 여러 가지 고충들도 있을 것입니다. 그러므로 사랑은 반드시 희생과 수고가 뒷받침되어야 합니다. 이 연합은 마치 아교로 붙여 놓은 것처럼 이제는 둘이 아니요 완전히 하나가 되어야 합니다.

세 번째는 "한 몸" 됨입니다. 이것은 성관계(sex)를 의미하는 것으로 오직 결혼 안에서 그리고 부부관계에서만 성생활을 원만하게 행해야 합니다. 부부관계 안에서의 성생활은 결혼관계를 원활하게 하며 하나님의 축복 속에서 아름다운 것입니다. 남편이나

아내는 서로에게 속해 있으므로 자기 마음대로 부부관계를 떠난 성을 추구하면 결혼관계에 심각한 위험을 초래할 수 있습니다. 그리고 기억할 것은 우리의 몸은 하나님의 성령이 거하시는 성전이므로, 성전을 창기나 결혼관계 이외의 성생활로 더럽혀서는 안 됩니다.

이 삼각 균형이 잘 조화된 결혼이 가장 성경적인 결혼입니다. 우리는 이러한 결혼생활을 힘써야 합니다. 이혼은 이런 결혼에 대한 하나님의 계획과 뜻을 못 믿는 마음의 완악함 때문에 생깁니다. 저는 우리 성도들이 지금 하나님께서 축복하시는 결혼생활에서 하나님의 뜻을 찾고 그 은혜를 더욱 증폭시키기 위해 더욱 행복한 결혼생활을 계속하시길 기원합니다.

마지막으로 우리는 17-24절에서 구원의 문턱까지 왔다가 돌아간 안타까운 부자 청년을 보게 됩니다. 그에게는 구원에 이를 수 있는 많은 좋은 조건들이 있었습니다. 그는 제때에, 찾아야 할 분을 바로 찾았고, 영생에 대한 바른(값진) 질문도 했고, 예수님으로부터 완벽한 대답도 들었습니다. 이렇게 모든 것이 준비되기는 참으로 어렵습니다. 부자 청년에게는 이 모든 조건이 다 갖추어져 있었습니다. 예수님의 초청을 따랐다면 제자들 가운데도 탁월한 사람이 되었을 것입니다. 그러나 부자 청년은 달리 행했습니다. 그 마음의 완악함 때문에 예수님의 말씀대로 순종하지 않았습니다. 얼마나 안타까운 일입니까? 성서의 인물(Who's Who)이 될 수도 있었던 사람이 별 볼 일 없는 사람(Who's not)이 되어버렸습니다.

마음이 완악하므로 주님의 말씀을 순종치 않고, 마음이 완악하므로 주님께 맡기지 못하고, 마음이 완악하므로 주님으로 부터멀어져 갔습니다.

이 부자 청년에게 부족했던 한 가지가 그의 모든 것을 결정하고 말았습니다. 그는 경제적으로나, 도덕적으로나, 율법적으로 거의 온전한 사람이라고 했습니다. 예수님은 명령하시기 전에 먼저 그를 사랑하셨습니다. "예수께서 그를 보시고 사랑하사 … 가서 네게 있는 것을 다 팔아 가난한 자들에게 주라 그리하면 하늘에서 보화가 네게 있으리라 그리고 와서 나를 따르라"(21절) 말씀하셨는데 그는 순종하지 않았습니다. 그는 하나님을 원하고 영생을 원했지만 그것을 위해 치러야 할 대가는 원하지 않았습니다. 그는 이 한 가지 부족한 것을 채우기를 거절한 것입니다. 모든 것을 다 가지고도 이 한 가지가 없으면 구원을 받을 수 없습니다. 그는 "재물이 많은 고로" "슬픈 기색을 띠고 근심하며"(22절) 갔습니다.

세상의 물질은 사람의 마음을 세상에 묶어 두기 쉽습니다. 물질이 있는 곳에 네 마음도 있다고 말씀하신 대로입니다. 있는 자들에게 큰 위험은 물질을 의지하는 것입니다. 그들은 재물의 위력을 과신하고 있습니다. 실제로 그들은 돈으로 모든 문제를 풀려고 합니다. 이들은 재물(Mammon)을 하나님 자리에 놓고 삽니다. 재물이면 무엇이든지 다 할 수 있다고 착각하고 사는 사람들이 많습니다. 어떤 분은 이런 충고를 했습니다. "돈으로 침대는 살 수 있어도 수면은 살 수 없다. 돈으로 음식은 살 수 있어도 식욕은 살 수 없다. 돈으로 약은 살 수 있어도 건강은 살 수 없다. 돈으로 보석은 살 수 있어도 사랑은 살 수 없다." 더구나 구원은 절대로 살 수 없습니다.

부자 청년은 17절에 "무엇을 하여야 영생을 얻으리이까(inherit)?"라고 물었습니다. 이 청년은 부모로부터 재산을 상속받았음이 틀림없습니다. 그래서 부모님께 잘 보여 상속받은 것처럼 영생도 어떻게 해야 상속(inherit)을 받느냐고 물은 것입니다. 그러나 영생은 세상에서의 어떤 조건과 의무에 따라 되는 것이 아니라 하나님의 무조건적인 은혜에 대한 어린아이와 같은 순전한 믿음으로 되는 것입니다. 25절에 예수님이 "낙타가 바늘귀로 나가는 것이 부자가 하나님의 나라에 들어가는 것보다 쉬우니라" 하시니 제자들이 "누가 구원을 얻을 수 있는가?" 하면서 자신들도 자신이 없다는 식으로 말할 때, 예수님은 다시 구원은 사람의 힘이나 능력으로 되는 것이 아니라 하나님의 능력으로 된다는 사실을 말씀하셨습니다. 하나님으로 말미암지 않고는 구원받을 육체가 없습니다. 천국은 우리의 노력으로 가는 것이 아니라 하나님의 은혜로 가는 것입니다. 나의 방법을 포기하고 하나님의 방법을 받아들이면 되는 것입니다. 부자 청년의 문제는 자기의 방법을 포기하지 않는 마음의 완악함입니다.

왜 죄 사함을 받지 못합니까? 완악함 때문입니다. 왜 물질에 대한 염려가 있습니까? 완악함 때문입니다. 왜 구원을 받지 못합니까? 완악함 때문입니다.

사람과 사람의 관계, 사람과 물질의 관계 모두 닫힌 마음과 이기심이 문제입니다. 이혼의 문제도 이기심, 부자 청년의 문제도 이기심 때문입니다. 섬기는 마음만이 해결책입니다.

그동안 완악했던 나의 마음을 주님께 내어놓고 어린아이와 같은 순전한 마음으로 변화 받을 시간입니다.

27
예수여 나를 불쌍히 여기소서

[46]그들이 여리고에 이르렀더니 예수께서 제자들과 허다한 무리와 함께 여리
고에서 나가실 때에 디매오의 아들인 맹인 거지 바디매오가 길 가에 앉았다
가 [47]나사렛 예수시란 말을 듣고 소리 질러 이르되 다윗의 자손 예수여 나를
불쌍히 여기소서 하거늘 [48]많은 사람이 꾸짖어 잠잠하라 하되 그가 더욱 크게
소리 질러 이르되 다윗의 자손이여 나를 불쌍히 여기소서 하는지라 [49]예수께
서 머물러 서서 그를 부르라 하시니 그들이 그 맹인을 부르며 이르되 안심하
고 일어나라 그가 너를 부르신다 하매 [50]맹인이 겉옷을 내버리고 뛰어 일어나
예수께 나아오거늘 [51]예수께서 말씀하여 이르시되 네게 무엇을 하여 주기를
원하느냐 맹인이 이르되 선생님이여 보기를 원하나이다 [52]예수께서 이르시되
가라 네 믿음이 너를 구원하였느니라 하시니 그가 곧 보게 되어 예수를 길에
서 따르니라 막 10:46-52

2017년 중앙교회 100주년을 어떻게 기념할까 생각하다가 복음이 들어온 것은 어두움 가운에 빛이 임하는 사건이므로 개안수술을 해드리는 것이 좋겠다고 하여 실로암 안과를 통해 국내 환자 100명에게 개안수술을 할 수 있는 비용을 전달했습니다. 성도들이 헌금을 더욱 넘치게 드려서 김동해 원장님이 이끄는 비전케어서비스와 중앙교회 청년들이 함께 몽골 울란바토르에 가서 1주일 동안 1000명이 넘는 환자들을 진료하고 150명에게 개안수술을 해준

것은 참으로 위대한 사건이었습니다. 수술한 다음 날 환자가 나아와 안대를 떼고 보는 순간은 당사자도, 봉사하던 우리도 너무나 큰 감동이었습니다.

그때 새삼스럽게 보는 것이 얼마나 소중한가라는 사실을 알았습니다. 육신의 눈을 뜨는 것도 그렇지만 복음은 영적인 눈을 뜨게 해주는 것입니다. 예수님이 이 땅에 오신 목적을 성경은 이렇게 말합니다. "눈 먼 자에게 다시 보게 함을 전파하며 눌린 자를 자유롭게 하고 주의 은혜의 해를 전파하게 하려 하심이라 하였더라"(눅 4:18-19).

비전케어의 슬로건은 "Restore sight, share vision"(시력을 회복하고, 비전을 나누자)입니다. 전 세계 인구 중 1억 8천만 명이 빛을 보지 못합니다. 그런데 실명자의 66%는 치료와 예방이 가능합니다. 실명의 원인 중 50%는 백내장입니다. 비전케어가 주로 치료해 주는 것은 백내장, 녹내장, 사시 질환입니다. 자원봉사하는 의사들은 말합니다. "내가 가지고 있는 재능과 기술을 돈을 버는 것에만 쓰는 것은 너무 아깝다." "나의 작은 행동이 남에게 기적이 될 수 있다." "불공정한 세상에 살면서 그것을 조금이라도 해소하는 사람이 되고 싶다." "우리가 잘 아는 것으로, 우리가 잘 하는 것으로." 이들은 전문인 선교사로, 자비량으로 팀 사역을 하며 반기독교적 국가에도 접근 가능한 사역을 하고 있습니다.

본문 말씀은 마가복음에 기록된 예수님의 치유기사 중 마지막에 해당합니다. 맹인을 눈 뜨게 한 사건 이후(막 8:22-26), 십자가와 부활에 대해 제자들에게 세 차례 교훈하신 후, 끝맺음으로 다시 거지 맹인을 눈 뜨게 한 사건입니다. 이것은 예수님의 고난, 죽음, 제자도의 의미를 가르치는 긴 단락의 결론입니다(막 8:27-10:52). 이 사건에는 거지 맹인이 실제로 눈을 뜨게 된 육적인 의미와 함께 깊은 영적인 의미도 담겨 있습니다.

믿음은 본래 "보이지 않는 것들의 증거"(히 11:1)입니다. 즉 신앙생활은 "믿음으로 보는 것입니다"(believing is seeing). 본문은 보지 못하던 맹인 바디매오가 믿음으로 보게 된 실제 증거입니다.

바디매오의 이름 '바'(Bar)는 아람어로 "아들"이란 뜻으로 디매오의 아들이라는 말입니다. 그는 맹인인데다가 거지였습니다. 대개가 그렇습니다. 정상 활동을 할 수 없으니 구걸할 수밖에 없지요. 이렇게 어려운 사람은 설상가상으로 여러 가지 어려움을 겪게 되는데, 바디매오도 세상을 보지 못하는 온갖 답답함을 겪을 뿐 아니라 다른 사람들로부터 냉대와 질시를 받고 죄인 취급을 당합니다. 그를 만난 사람은 무슨 불결한 것을 만난 것처럼 그를 구박하고, 심지어 부모와 형제들로부터도 따돌림을 받아 그야말로 육체적, 정신적, 영적으로 온갖 수모를 겪어야 했습니다. 결국 그는 꿈과 삶의 의미도 없이 죄인인 양 길바닥에 앉아서 구걸하며 생명을 연장해 가는 불쌍한 인생을 살았습니다.

그런데 은혜로우신 하나님은 그에게 생명의 빛을 보내셨습니다. 바디매오는 빛으로 오신 예수님에 대한 소문을 듣게 되었습니다. 예수님이 바디매오의 어두운 삶에 접근해 오시는 것입니다. 비록 바디매오는 볼 수는 없었어도 그 좋은 소식을 들을 수 있는 귀를 가지고 있었습니다. 그는 아무것도 가진 것이 없는 거지였지만 아직은 외칠 수 있는 목청을 가지고 있었습니다.

이렇게 하나님은 우리가 아무리 어려운 조건에 있더라도 생명의 불길을 당길 수 있는 불씨를 남겨 놓으십니다. 바디매오는 모든 것에 있어서 부족했지만 아직도 그에게 남아 있는 것을 통해 예수님을 만날 수 있었습니다. 이렇게 우리는 우리에게 있는 것을 통해 하나님을 만날 수 있습니다.

거지였던 바디매오는 물질적인 어려움을 겪었습니다. 사람들의 자비에 의존해서 하루하루를 연명해 나갔습니다. 우리는 물질적으로 풍요로운 세상에서 비교적 잘 살고 있지만 영적으로는 하나님이 보실 때 너무나도 궁핍한 생활을 하고 있습니다. 마치 범죄한 아담이 물질적인 풍부 속에서도 영적 기근을 느낀 것과 같습니다. 어리석은 부자가 창고에 차고 넘칠 정도로 곡식을 채워 놓고도 자기 영혼을 위하여는 아무것도 가진 것이 없는 것과 같습니다.

계시록 3장 17-18절은 말씀합니다."네가 말하기를 나는 부자라 부요하여 부족한 것이 없다 하나 네 곤고한 것과 가련한 것과 가난한 것과 눈 먼 것과 벌거벗은 것을 알지 못하는도다 내가 너를 권하노니 내게서 불로 연단한 금을 사서 부요하게 하고 흰 옷을 사서 입어 벌거벗은 수치를 보이지 않게 하고 안약을 사서 눈에 발라 보게 하라."

영적으로 갈급한 자들을 예수님 앞에 나와 구하여 "물 댄 동산"같이 채움을 받아야 합니다. 그런데 바디매오와 달리 많은 사람들은 보지 못하는 눈을 가지고 있으면서도 고침 받으려고 하지 않고, 영적으로 빈곤한 삶에 허덕이면서도 무엇이 부족한 줄을 모르니 오히려 눈이 멀고 가난한 거지만도 못합니다.

여리고에서 예루살렘으로 가는 길은 유월절에 예루살렘으로 가는 순례자들이 여행하는 행로입니다. 구걸하기에는 아주 좋은 장소입니다. 예수님께서 제자들과 더불어 수많은 사람들에 둘러싸여 질문을 주고받으며 여리고를 지나실 때, 바디매오는 길가에서 예수님께 부르짖기 시작했습니다.

"다윗의 자손 예수여 나를 불쌍히 여기소서"(막 10:47).

이것을 좀 점잖게 표현하면 기도했다고 말할 수 있으나, 사실은 군중들을 뚫고 예수님께 도달하기 위해 있는 힘을 다해 소리 지르는 일종의 최후 발악 같은 것입니다. 장애를 뚫고 지나가는 용기입니다. 막무가내로 무슨 체면 따질 것 없이 부르짖는 것입니다.

예수님은 대답이 없으시고, 많은 사람들이 무슨 무식한 짓이냐며 조용히 하라고 윽박질렀지만 이미 예수님께 소망을 건 그는 쉽게 물러서지 않았습니다. 그러면 그럴수록 더욱 심히 소리를 높여 "다윗의 자손이여 나를 불쌍히 여기소서"(막 10:48) 외쳤습니다.

이렇게 바디매오는 모든 체면을 버리고, 생명을 걸고, 모든 장애를 넘고, 낙심하지 않고, 계속해서 끈질기게 기도하여 드디어 예수님과 직접 통하게 되었습니다. 이 영혼의 부르짖음을 누가 잠잠케 할 수 있겠습니까?

통성 기도하는 것을 비웃는 사람들, 좀 주책스럽게 유난 떤다고 조롱하는 사람들은 아직 그렇게 간절해 보지 않아서 모르는 것입니다. 기도는 하나님과 심정이 통해야 합니다. 사람에게 보이는 것이 아닙니다. 기도는 하나님을 만나고 하나님께 응답을 들을 때까지 열심히 계속해야 합니다. 사탄은 내 영혼의 부르짖음을 잠재우려고 합니다. 어린아이들이 예수님께 나아갈 때 제자들이 접근을 막더니(막 10:13-16), 이번에는 허다한 무리들이 바디매오의 부르짖음을 잠재우려고 했습니다. 그러나 그것은 예수님의 의도와는 다른 것이었습니다. 예수님은 이들을 위하여 가던 발걸음을 멈추시고 하나님을 내 삶에 초대하여 내 삶에 역사하게 하십니다.

바디매오의 부르짖음은 무엇이었습니까? 그는 먼저 예수님을 "다윗의 아들"이라고 불렀습니다. 이는 당시에 메시아를 가리키는 말로 예수님을 메시아로 고백하는 믿음이 담겨 있는 말입니다.

그리고 "나를 불쌍히 여기소서"라고 기도했습니다. 사실 우리가 이 기도 말고 하나님께 드릴 기도가 무엇이 있겠습니까? 그분은 나를 너무나 잘 알고 계시므로 나는 그분 앞에 설 때 감히 얼굴을 들지 못하고 내 입을 막고 하나님 앞에 손들고 "나를 불쌍히 여겨 주옵소서"라고 기도할 수밖에 없습니다.

이는 자기 의를 드러내기 위하여 하나님 앞에 오만을 부린 바리새인의 기도가 아닌, 가슴을 치며 얼굴을 땅에 박고 나를 불쌍히 여겨 달라고 울먹였던 세리의 기도입니다. 그래서 우리의 기도는 "주여, 나를 불쌍히 여기소서", "내 가정을 불쌍히 여기소서", "내 교회와 민족을 불쌍히 여기소서"여야 합니다.

눈을 떠서 보려면 먼저 불쌍한 자신의 처지를 보는 것이 중요합니다. 내 죄와 내 안에 있는 어두움을 고백하고, 하나님의 긍휼과 은혜를 겸손하게 구하는 것입니다.

예수님은 이 기도를 들으셨습니다. 예수님의 긍휼사역이 시작됩니다. 그래서 머물러 서서 관심을 가지시고 그를 부르셨습니다(막 10:49). 사람들은 맹인을 무시하고 박대했지만 예수님은 그에게 관심을 가지고 선대하셨습니다. 방금 전 바디매오를 꾸짖던 자들이 "안심하고 일어나라 그가 너를 부르신다"라고 전달해 주었습니다.

맹인 바디매오는 즉시로 겉옷을 내어 버리고 일어나 뛰어 예수님께 나아갔습니다(막 10:50). 여기에서 주목할 만한 것이 있습니다. 그는 예수님께 나아갈 때 겉옷을 벗어 던졌습니다. 겉옷은 추운 날씨에는 외투로, 밤에는 이불로, 그리고 낮에 구걸할 때는 앞에 펴 놓는 자리로 사용했을 것입니다. 겉옷을 내버리는 행위는 어떤 것도 의지하지 않겠다는 포기 선언일 수 있습니다. 아마도 구걸했던 물건이나 음식조차도 박차고 일어났을 것입니다. 이것은 그가 예수님께 나아가면서 예수님께 나아가는 데 방해되는 거추장스러운 장애물, 과거의 습관, 죄, 세상적인 것들을 포기하고 버린 것이라고 볼 수 있습니다.

그렇습니다. 예수님께 나아갈 때는 나의 더러운 옷을 벗어 던져야 합니다. 위선과 죄와 낡은 습관을, 세상적인 욕망을 던져 버려야 합니다. 그렇지 않고는 예수님을 진정으로 만날 수 없습니다. 가슴으로 예수님을 맞이할 수 없습니다. 예수님만 의지해야 합니다. 우리가 입고 있던 더러운 옷과 같은 죄는 우리를 불행으로, 실패로, 지옥으로, 몰아갑니다. 그러나 예수님이 입히시는 새 옷은 영원한 생명으로 인도합니다. 그러므로 우리는 의의 세마포로 갈아입기 위해 내 옷을 벗어 버려야 합니다.

햇빛이 나면 금방 말라 부서질 아담이 만든 무화과 나뭇잎처럼 우리를 구원하지 못할 "우리의 의"의 옷을 벗어 버려야 합니다. 그리고 "그리스도의 의"로 옷 입어야 합니다. "우리는 다 부정한 자 같아서 우리의 의는 다 더러운 옷 같으며 우리는 다 잎사귀 같이 시들므로 우리의 죄악이 바람같이 우리를 몰아가나이다"(사 64:6).

창세기 35장 1-6절에서 야곱이 자기 모든 가족과 종들의 우상을 취하고 자기들의 의복을 취하여 세겜 상수리나무 밑을 파 거기에 묻고 새출발을 한 것처럼, 우리의 모든 더러운 옷과 과거의 습관들을 십자가(상수리나무) 밑에 묻고 예수님으로 말미암아 새롭게 살아가야 합니다.

이 바디매오는 예수님의 음성을 듣는 즉시 겉옷을 벗어버리고 그의 자리에서 뛰어 일어나 예수님께로 갔습니다. 예수님은 그에게 물으셨습니다. "네게 무엇을 하여 주기를 원하느냐." 여기에서 대답을 잘해야 합니다. 지금까지 바디매오는 돈과 음식을 구걸하며 살아왔습니다. 그러나 지금 예수님께 이것을 구하겠습니까? 영원한 것을 구해야지 없어질 것을 구하면 안 됩니다. 본질적인 것을 구해야지 비본질적인 것을 구해서는 안 됩니다. 그가 돈 100만 원을 구했다면 그는 그뿐입니다. 예수님을 믿는 우리에게 주님이 "네게 무엇을 하여 주기를 원하느냐"라고 물으신다면 무엇이라 대답하겠습니까? 물질적인 복을 구하겠습니까? 자식의 대학 진학, 남편의 진급, 사업의 확장을 구하겠습니까?

이 질문은 앞에서 야고보와 요한에게 물었던 질문과 동일합니다. "너희에게 무엇을 하여 주기를 원하느냐"(막 10:36). 야보고와 요한은 지위를 구했었습니다. 야고보와 요한은 바르게 구하지 못했지만 오히려 바디매오는 바르게 응답했습니다. 예수님의 즉각적인 응답이 그것을 증명합니다.

바디매오는 보는 것을 구했습니다. "보기를 원하나이다"(막 10:51). 우리가 하나님께 구할 것은 "주여, 내 영안을 열어 주의 세계를 보게 하소서. 나의 영혼을 구원해 주옵소서"입니다.

예수님께서는 "가라 네 믿음이 너를 구원하였느니라"(막 10:52)라고 선언하셨습니다. 믿음이 그를 구원하게 되었습니다. 믿음과 구원을 연결시키고 있습니다. 구원받은 표적으로 바디매오는 즉시 보게 되었고, 그 결과 그는 예수님의 제자가 되어 예수님을 따르게 되었습니다.

바디매오가 눈 뜬 사건의 영적인 의미는 예수님의 십자가와 부활을 이해 못 하는 제자들의 영적인 무지함을 오직 예수님께서만 치료하실 수 있다는 것입니다. 그리고 이렇게 치료받아 영안이 열리게 될 때만 진정한 예수님의 제자가 될 수 있다는 것입니다. 바디매오는 예수님의 이적을 체험하고 그분의 제자가 되었습니다. 믿음으로 보게 되고 진정으로 따르게 되었습니다. 우리 성도들도 영안이 열려 믿음으로 보고 주님을 따르는 참된 제자들이 되시길 축원합니다.

28
예루살렘 입성

[1]그들이 예루살렘에 가까이 와서 감람 산 벳바게와 베다니에 이르렀을 때에
예수께서 제자 중 둘을 보내시며 [2]이르시되 너희는 맞은편 마을로 가라 그리
로 들어가면 곧 아직 아무도 타 보지 않은 나귀 새끼가 매여 있는 것을 보리
니 풀어 끌고 오라 [3]만일 누가 너희에게 왜 이렇게 하느냐 묻거든 주가 쓰시
겠다 하라 그리하면 즉시 이리로 보내리라 하시니 [4]제자들이 가서 본즉 나귀
새끼가 문 앞 거리에 매여 있는지라 그것을 푸니 [5]거기 서 있는 사람 중 어떤
이들이 이르되 나귀 새끼를 풀어 무엇 하려느냐 하매 [6]제자들이 예수께서 이
르신 대로 말한대 이에 허락하는지라 [7]나귀 새끼를 예수께로 끌고 와서 자기
들의 겉옷을 그 위에 얹어 놓으매 예수께서 타시니 [8]많은 사람들은 자기들의
겉옷을, 또 다른 이들은 들에서 벤 나뭇가지를 길에 펴며 [9]앞에서 가고 뒤에서
따르는 자들이 소리 지르되 호산나 찬송하리로다 주의 이름으로 오시는 이여
[10]찬송하리로다 오는 우리 조상 다윗의 나라여 가장 높은 곳에서 호산나 하더
라 [11]예수께서 예루살렘에 이르러 성전에 들어가사 모든 것을 둘러 보시고 때
가 이미 저물매 열두 제자를 데리시고 베다니에 나가시니라 [12]이튿날 그들이
베다니에서 나왔을 때에 예수께서 시장하신지라 [13]멀리서 잎사귀 있는 한 무
화과나무를 보시고 혹 그 나무에 무엇이 있을까 하여 가셨더니 가서 보신즉
잎사귀 외에 아무 것도 없더라 이는 무화과의 때가 아님이라 [14]예수께서 나무
에게 말씀하여 이르시되 이제부터 영원토록 사람이 네게서 열매를 따 먹지
못하리라 하시니 제자들이 이를 듣더라 [15]그들이 예루살렘에 들어가니라 예
수께서 성전에 들어가사 성전 안에서 매매하는 자들을 내쫓으시며 돈 바꾸는
자들의 상과 비둘기 파는 자들의 의자를 둘러 엎으시며 [16]아무나 물건을 가지
고 성전 안으로 지나다님을 허락하지 아니하시고 [17]이에 가르쳐 이르시되 기
록된 바 내 집은 만민이 기도하는 집이라 칭함을 받으리라고 하지 아니하였
느냐 너희는 강도의 소굴을 만들었도다 하시매 [18]대제사장들과 서기관들이
듣고 예수를 어떻게 죽일까 하고 꾀하니 이는 무리가 다 그의 교훈을 놀랍게
여기므로 그를 두려워함일러라 막 11:1-18

예수님 생애의 마지막 일주일간 사건들이 시작되는 소위 종려주일 사건입니다. 그리고 고난 주간의 일들이 시작됩니다. 예수님과 제자들은 예루살렘에 입성하여 그곳에서 유월절을 지냅니다. 이것은 유월절 양 되신 예수님께서 예루살렘에 입성하셔서 십자가의 고난과 부활의 역사를 일으키시는 마가복음의 결론 부분입니다. 마가는 이 마지막 일주일간의 사건을 강조합니다. 이제까지의 예수님의 행적과 말씀들은 십자가 사건을 위한 준비였습니다. 11장부터 16장까지 마가복음의 1/3이 넘는 많은 분량을 할애하여 고난주간에 생긴 일들을 상세히 기록하고 있습니다.

본문은 세 부분으로 나눌 수 있는데, 예수님이 군중들의 환호 가운데 예루살렘에 입성하신 일, 열매 없는 무화과나무를 저주하신 일, 성전을 청결케 하신 일입니다. 이런 사건들은 예수님의 주권과 권위를 드러냅니다. 예수님은 인간과 자연과 교회의 주님이십니다.

예수님은 우리의 죄를 멸하고 죄에 빠진 우리를 구원하시기 위하여 예루살렘에 입성하셨습니다. 예수님은 분명한 목적과 굳은 각오로 예루살렘에 들어오십니다. 그것은 만인들의 죄를 대속하기 위한 십자가의 길이었습니다. 하나님께서 예수님을 이 땅에 보내신 목적이기도 하지만 예루살렘에 입성하시는 예수님은 바로 그 십자가 죽음을 향하여 행진하십니다.

당시 예루살렘은 이스라엘의 수도로서 비교적 문화가 발달해 있었고 부유한 생활을 하는 사람들이 많았습니다. 성전의 위용을 자랑했으며, 소위 지식층과 종교적으로 권위 있는 사람들, 정치적으로 권세 있는 사람들, 경제적으로 세력 있는 사람들이 모여 있었습니다. 그런가 하면 죄악과 거짓과 위선과 음모와 불경스러움이 도처에 산재해 있었습니다. 예수님은 그 예루살렘에서 모든 잘못된 것을 몰아내고 십자가를 지시기 위해 입성하셨습니다.

예루살렘에 오시는 예수님은 내 마음속에도 들어오셔야 합니다. 슬픔과 죄와 방탕과 불신과 미움과 위선으로 가득한 내 가슴에도 오시어 내 모든 추한 것들을 몰아내고 새로운 생명의 부활을 맞이해야 합니다.

예수님은 예루살렘에 입성하실 때 아직 사람이 타 보지 않은 나귀 새끼를 타셨습니다. 이 기사는 사복음서 모두에 기록되어 있습니다(마 21:1-11, 막 11:1-10, 눅 19:30-35, 요 12:14-15). 이스라엘에 가 보면 베두인 목동들이 작은 나귀를 타고 양과 염소를 치고 있는 모습들이 곳곳에서 목격됩니다. 말하자면 나귀는 가난한 서민들의 교통수단입니다. 좁은 길이나 비탈진 곳을 통행하려면 작은 짐승이 필요합니다. 이런 예수님의 모습은 당시 권력이나 재산을 가지고 있었던 사람들의 행차와는 극적인 대조를 이룹니다. 예루살렘 시민들은 여러 가지 퍼레이드를 목격하곤 했는데, 그중에서 개선장군들의 행진은 아마도 굉장했을 것입니다. 로마 장군들은 멋진 유니폼을 입고 무장을 하고 마차와 훈장이나 코끼리를 앞세워 화려하게 장식한 큰 말이나 낙타를 타고 악대들의 장중한 행진곡에 맞추어 환호를 받으며 큰길을 따라 예루살렘으로 들어오곤 했습니다. 그들 앞에는 포로들이 포승에 묶여 끌려가고 전쟁에서 얻은 전리품들이 따라옵니다. 이렇게 정복과 폭력과 피로 물들어 길게 펼쳐지던 로마 군대의 행렬을 예루살렘 시민들은 종종 목격했습니다.

여기에 비하면 나귀 새끼를 타신 예수와 제자들의 행렬은 별로 신통찮게 보일 수도 있습니다. 나귀 새끼에다가 안장도 못 씌우고 겨우 겉옷을 덮어 갈릴리 어부 출신의 제자들과 함께 예루살렘 성을 향해 가시는 모습은 초라하게 보일 것입니다. 예수님은 겸손과 평화와 희생적인 사랑의 행진을 하고 있기 때문입니다. 그러나 이 행렬이 우리의 인생을 바꾸어 놓았습니다. 아니, 우리의 인생뿐 아니라 인류의 역사를 바꾸어 놓았습니다. 이 행렬이 인류의 잘못된 역사를 바로잡아 주었습니다.

과연 우리는 이 예수님의 대열에 서 있습니까? 예수님을 따르는 자들 중에 있습니까? 저는 저 화려하게 무장한 로마 군대의 대열에 서기보다는, 비록 초라하게 보이지만 사랑과 겸손과 순종으로 옷 입고 죄인들을 위하여 오시는 예수님의 십자가의 대열에 서고 싶습니다.

예수님은 벳바게 마을로 제자들을 보내어 "매여 있는" 나귀 새끼를 풀어 끌고 오라고 하십니다. 기둥에 매여 있어서 자유롭게 활동할 수 없는 나귀 새끼입니다. 예수님은 그 매인 것을 먼저 풀어주십니다. 우리는 죄에 매여 있고, 잘못된 습관에 매여 있고, 걱정 근심에 매여 있습니다. 그 모든 얽매여 있는 것에서 풀어주십니다. 나귀 새끼는 얼마나 좋았겠습니까?

그리고 사람들에게 "주가 쓰시겠다"(막 11:3)라고 하며 빌려 쓰십니다. 예수님이 쓰시면 어린 나귀라도 귀한 일을 감당하게 됩니다. 우리의 인생은 누구에게 쓰임 받느냐에 따라 가치가 달라집니다. 거리에 매여 있던 이 어린 나귀는 사람들이 보기에 별 쓸모가 없었을지도 모릅니다. 그러기에 주인조차도 제자들에게 "무엇에 쓰려느냐"라고 반문을 하고 있습니다(5절). 아무 쓸데 없는 인생처럼 보일지라도 예수님이 쓰시면 위대한 역사를 이룰 수 있습니다.

예수님은 왜 다 자란 나귀나 말들을 쓰지 않으시고, 아니 잘 길든 당나귀나 낙타를 쓰지 않으시고 사람을 태워 보지 않은 어린 나귀를 쓰십니까? 예수님의 뜻이 그러했기 때문입니다. 내가 이해하지 못하는 것이 예수님께는 있습니다. 내가 할 수 없는 것을 예수님은 하십니다. 어떤 열악한 처지와 불가능한 상황 속에서도 예수님이 하시면 하십니다. 별로 쓸모없게 보이는 새끼 나귀도 예수님이 쓰시면 유용하게 쓰일 수 있습니다. 만일 예수님이 어린 나귀를 쓰셨다면 왜 나와 여러분을 하나님의 영광을 위하여 쓰지 않으시겠습니까? 오늘 "주님이 쓰시겠다"라고 우리를 부르십니다.

새끼 나귀 주인은 순종함으로 예수님께 나귀를 제공했습니다. 예수님께 드려질 때 새로운 역사가 일어났습니다. 한 번도 사람을 태워 본 적이 없었던 나귀 새끼는 훌륭하게 자신의 역할을 잘 수행하였습니다. 저는 이것도 이적이라고 봅니다. 많은 사람들의 환호 속에 예수님을 예루살렘까지 모셔 드렸고, 예수님을 통해 거룩하게 되었으며, 축복으로 돌아오게 되었습니다. 그러나 만일 나귀 새끼가 사람들의 환호를 마치 자신이 잘나서 자신에게 보내는 것이라고 착각하고 우쭐해서 날뛰었다면 어떻게 되었겠습니까? 그 위에 앉아 계신 예수님을 떨어뜨렸을지도 모릅니다. 그러므로 사람들이 환호할 때 내 위에 계신 예수님 때문이라는 사실을 알고 더욱 겸손하게 섬겨야 합니다. 하나님께 자신을 드린다는 것은 손실이 아니라 나를 깨끗하게 하고, 쓰임 받게 하고, 유익하게 하고, 영광스럽고 복되게 살아가도록 하는 것입니다.

어린 나귀를 타고 입성하시는 예수님의 모습에 대하여 이미 구약의 스가랴 선지서는 이렇게 예언했습니다. "시온의 딸아 크게 기뻐할지어다 예루살렘의 딸아 즐거이 부를지어다 보라 네 왕이 네게 임하시나니 그는 공의로우시며 구원을 베푸시며 겸손하여서 나귀를 타시나니 나귀의 작은 것 곧 나귀 새끼니라"(슥 9:9). 이 예언의 말씀이 이루어진 것입니다.

카우보이들이 야생마를 길들이는 것을 본 적이 있습니까? 말을 길들이는 사람이 타는 순간 그 말은 멋대로 뛰면서 물려고 하고 종횡무진 움직이며 탄 사람을 떨어뜨리려고 난리를 칩니다. 그런데 오늘 예수님이 타신 어린 나귀는 자신의 임무를 잘 수행했습니다. 이 미물도 예수님을 알아보았거나 예수님의 능력이 그렇게 하도록 하신 것입니다. 예수님 앞에 나올 때는 경험이 없다거나 잘 알지 못한다고 해서 절망할 필요가 없습니다. 믿음으로 예수님께 맏길 때 예수님께서 나를 통하여 주님의 일을 하십니다.

시편 118편 25-26절에 예언된 대로 많은 사람들이 모여 호산나, 호산나 하면서 주님을 맞이했습니다.

> "호산나 찬송하리로다 주의 이름으로 오시는 이여 찬송하리로다 오는 우리 조상 다윗의 나라여 가장 높은 곳에서 호산나 하더라"(막 11:9-10).

"호산나"는 "지금 나를 구원하소서"(save now)라는 뜻입니다. 바로 예수님은 모두를 구원하기 위하여 오셨습니다. 십자가를 통한 구원은 저들이 몰랐을 수도 있으나 저들이 원하는 구원은 오직 십자가를 통해서만 주어집니다. 하나님은 우리의 기도에 응답하시되 때때로 우리가 알지 못하는 방법으로 하십니다. 이렇게 모두 들떠 환호하니 바리새인들은 저들을 잠잠하게 해 달라고 예수님께 말했습니다(눅 19:39-41). 그랬더니 예수님은 "만일 이 사람들이 침묵하면 돌들이 소리 지르리라"라고 하셨습니다.

사명 받은 우리는 생각해야 합니다. 내가 잘나서 이 일을 하며, 내가 하나님을 위해 대단한 일을 하고 있다고 생각해서는 안 됩니다. 나 아니면 안 된다는 교만은 금물입니다. 목사가 없으면 이 교회가 안 될 줄 압니까? 아무개 장로님이 없으면 하나님의 일에 지장이 있을 줄 압니까? 그것은 착각입니다. 하나님은 능히 저 돌들로도 그 일을 하실 수 있습니다. 하나님이 하나님의 일을 하십니다. 다만 부족한 나를 부르시고 일할 기회를 주신 하나님께 감사 찬양하며 사력을 다해 주님을 높여야 합니다.

이제 예루살렘에 들어오신 예수님은 본문에서 두 가지의 심판을 하시고 그 사이 사이에 기도에 대한 교훈을 주십니다. 예수님은 회개하는 죄인들에게는 용서와 사랑과 구원의 주님으로 나타나시지만, 회개할 줄 모르는 죄인들에게는 심판의 주로 나타나십니다.

예수님은 예루살렘에 들어오셔서 열매 맺지 못한 무화과나무를 심판하셨습니다. 무화과나무가 예수님 말씀 한마디로 뿌리부터 말라 버린 이 이적은 마가복음에 기록된 마지막 이적입니다. 다른 이적들은 인간의 유익을 위하여 예수님께서 고치시고, 먹이시고, 가르치신 것들인데, 이번 이적은 유일하게 멸하는 이적입니다. 예수님은 구원의 주이시지만 심판의 주이기도 하십니다.

무화과나무는 이스라엘과 유대종교를 상징적으로 나타냅니다(호 9:10). 예수님이 시장하시던 차에 잎이 무성한 무화과나무 한 그루를 보시게 되었습니다. 제자들과 함께 열매를 찾아본 결과 밖으로 보였던 그 위용과는 대조적으로 열매가 하나도 없었습니다. 예수님은 그 나무를 말씀으로 심판하셨습니다. 그리고 그 말씀대로 되었습니다. 이 일을 본 사람들이 모두 놀라며 경각심을 갖게 되었습니다. 이 사건에는 예수님이 우리에게 가르쳐 주시려고 하는 종말론적인 깊은 진리가 담겨 있습니다. 버트란트 러셀(Bertrand Russell)은 이 대목을 들어 무자비한 예수님이라고 비난하지만, 예수님은 더 귀한 영혼을 살리기 위하여 나무의 희생을 치르더라도 실물 교육을 생생히 하고 계신 것입니다. 이 무화과나무는 우리를 위해 희생된 것입니다. 그 희생을 헛되이 하지 않는 길은 열매를 찾으시는 예수님 앞에 열매 있는 삶을 사는 것입니다.

예수님은 우리를 찾으실 때 우리에게서 열매를 찾으십니다. 우리는 예수님 앞에 섰을 때 열매를 보여 드릴 수 있어야 합니다. 그분이 찾는 것은 잎이 아닙니다. 열매입니다. 잎만 무성한 나무가 되어서는 안 됩니다. 입만 살아 있는 교인이 되어서는 안 됩니다. 그분이 찾는 것은 말이 아니라 능력(행위의 열매)입니다. 당시 유대인들은 종교성은 있었지만 생명력은 없었습니다. 말은 있었지만 능력이 없었습니다. 정말 당신은 거듭난 어떤 증거가 있습니까? 진심으로 주님을 만났다면 그 증거가 있을 텐데 정말 당신의 삶은 변화되어 있습니까?

입교식을 했다고, 세례를 받고 직분도 받았다고, 예배에 빠짐없이 참석한다고 말하지 마십시오. 그것은 잎입니다. 물론 그것도 있어야 하겠지만 더 중요한 것은 열매를 보여 주어야 합니다. 열매 없는 무화과나무를 심판하신 것은 입술로는 하나님을 존경하되 마음은 하나님을 멀리 떠난 완악한 이스라엘을, 위선과 외식에 급급한 타락한 유대종교와 그들의 형식적인 예배를 심판하신 것입니다. 외식이 나쁜 것은, 잔뜩 기대하게 함으로 사람들을 속이며 실망시키는 데 있습니다.

누가 열매를 찾으시는 예수님의 허기를 채워 줄 것입니까? 누가복음 13장 3절, 5절은 "너희도 만일 회개치 아니하면 다 이와 같이 망하리라"라고 경고합니다. 이어 나오는 열매 맺지 못한 무화과나무 이야기(눅 13:6-9)는 3년을 기다려도 열매를 맺지 못하니 더 이상 땅만 허비할 수 없어 찍어 버리려 할 때 일 년만 더 기다려 달라고 간청하는 내용입니다. 그래서 우리에게 한 번의 기회를 더 주십니다. "주여, 이제까지 열매를 맺지 못했지만 은혜로 다시 한 번 기회를 주소서. 이제부터는 열매 맺는 삶을 살겠습니다"라고 기도해야 할 것입니다.

예수님은 경고하셨지만 이스라엘과 유대교는 회개하지 않았고 예수님을 십자가에 못 박았습니다. 결국 무화과나무가 마른 것처럼 AD 70년에 로마에 의해 예루살렘이 멸망하고 이후에 세계 각지에 흩어져 힘든 시련을 겪게 되었습니다.

이런 큰일을 하시면서도 사이사이(막 11:11, 19)에 주님은 기도하시며 기도의 방법과 능력에 대해서 잠시 말씀하셨습니다(22-25절). 우리의 기도는 산처럼 여겨지는 믿음의 장애물을 움직일 수 있는 능력이 있음을 가르쳐 주셨습니다.

15-18절에는 성전 청결 사건이 기록되어 있는데, 사랑이 많으시고 온유하셨던 예수님께서 성전을 더럽히는 일들에 대해서는 의분하시고 그들을 심판하신 것입니다. 칼 헨리(Carl F. Henry)는 "말세에 하나님의 심판이 교회로부터 임한다"라는 말을 했습니다. 예수님이 성전과 성도들에게 거는 남다른 기대가 있으시기에 교회가 먼저 예수님의 매를 맞습니다.

본문 말씀을 잘 이해하기 위해서는 당시의 성전 제사를 알아야 합니다. 유월절 절기 제사를 지내기 위해 이스라엘 각 지역에서 예루살렘 성전을 향하여 사람들이 모여들었습니다. 성전에서 통용되는 세겔(화폐)로 바꾸기 위해 환전상들이 있었을 것이고, 제물로 쓸 짐승들을 성전 가까이에서 구입하면 편리하므로 그곳에 자연히 시장이 형성되었을 것입니다. 제사장들은 성전세를 받고 장사치들에게는 뇌물을 받아 좋은 자리를 제공했을 것입니다. 이제 성전이 사업을 하는 시장 바닥같이 된 것입니다. 여기에 인간의 편의주의와 물질주의 그리고 세속주의가 한데 어우러져 성전의 거룩함은 오간 데 없고 시장의 장삿속만 남아 있었습니다. 예배는 딴전이고 대목 보기에 바빴습니다. 그러기에 그 온유하셨던 예수님께서 채찍을 들어 그들을 내쫓으시고 돈 바꾸는 상을 엎으시며 "내 집은 만민이 기도하는 집이라 … 너희는 강도의 소굴을 만들었도다"(막 11:17) 하시면서 의분을 토하신 것입니다. 이것은 선지자들이 예언한 말씀 그대로입니다(렘 7:11, 사 56:7). 당시 제사장들과 서기관들은 이 말씀을 듣고 회개하기는커녕 예수님이 자기들의 사업을 방해한다고 죽일 궁리를 합니다(막 11:18).

하나님의 말씀을 들을 때 두 가지 반응이 일어납니다. 베드로에게 설교를 들었던 무리들처럼 말씀을 듣고 가슴이 찔려 "어찌할꼬" 회개하는 것입니다(행 2:37). 다른 하나는 스데반의 청중들처럼 똑같은 하나님의 말씀을 듣고 마음이 찔려 이를 갈며 돌을 들어 치는 것입니다(행 7:55). 여기 예수님의 청중들인 대제사장들과 서기관들은 스데반의 청중들처럼 예수님의 입을 막기 위하여 죽일 궁리를 하기 시작합니다. 이전에 예수님이 그들의 전통과 권위와 가르침에 도전했을 때도 분개했지만, 이제 급기야 저들의 호주머니까지 위협하게 되니까 예수님을 죽일 구체적인 계획을 세우게 됩니다. 사람들은 이렇게 자기들의 이권에 민감합니다. 예수님 때문에 손해는 못 보겠다는 것입니다.

이스라엘에 갔을 때 안내하던 이스라엘 사람에게 이 사건에 대한 신빙성 있는 설명을 들었습니다. 예수님 시대에 성전 앞에서 매매하던 일들은 하나의 관행으로 소위 마피아 조직들이 연루되어 있었다는 것입니다. 그들은 일정 지분을 제사장들에게 상납하고 그곳에서 매매하는 모든 자들에게 자릿세를 받아 장사를 할 수 있도록 뒤를 봐주고 있었습니다. 그러기 때문에 여러 가지 횡포가 심하고 성전 제사를 희석시키는 불건전한 요소가 많았음에도 불구하고 어느 종교지도자나 의식 있는 자들도 감히 그들의 세력에 도전하지 못하고 있었다는 것입니다. 그런데 예수님께서 이 일에 대하여 전면적인 도전과 개혁을 혼자서 실행하기 시작한 것입니다. 예수님의 행동은 당시 상황으로는 혁명적인 것이었습니다. 그래서 그 이권에 한통속이었던 무리들의 즉각적이고도 전면적인 저항을 받게 된 것입니다. 성서 현장을 답사할 때도 똑같은 것을 느꼈는데 예수님의 성지마다 장사하는 사람들이 장사진을 치고 지나가는 사람을 붙들면서 자기 물건을 팔아 달라고 온갖 소란을 피웁니다. 그곳이 어떤 의미가 있는지는 관심도 없습니다. 그래서 성지순례에 갔던 사람들은 "이 나라 사람들은 예수님을 십자가에 못 박고도 이제는 예수님을 팔아 돈을 번다"라고 말합니다.

오늘의 교회는 "신령과 진정으로 드릴 예배"를 형식주의로 만들지는 않았는지, 영적인 것보다 물질적인 것에 더 관심을 두고 편의주의, 물질주의, 세속주의에 젖어 있지는 않은지 스스로 반성해야 합니다.

신약에서는 성전을 보이는 성전 자체와 보이지 않는 우리 심령의 속사람(엡 2:21), 두 가지 개념으로 설명하고 있습니다. 우리는 교회뿐 아니라 우리 속사람도 주님이 거하실 성전이 되기 위해 거룩한 삶을 살아야 합니다. 우리가 성전이기 때문입니다.

예수님은 열매 맺지 못하는 나무를 열매 맺게 하시고, 더러워진 성전을 거룩하게 하시기 위하여 오늘도 내 마음의 예루살렘에 입성하고자 하십니다.

"주여, 그때처럼 내 마음에 오시어 내 죄를 멸하시고 거룩한 삶을 주옵소서."

29
반역과 구원의 역사

[1]예수께서 비유로 그들에게 말씀하시되 한 사람이 포도원을 만들어 산울타리
로 두르고 즙 짜는 틀을 만들고 망대를 지어서 농부들에게 세로 주고 타국에
갔더니 [2]때가 이르매 농부들에게 포도원 소출 얼마를 받으려고 한 종을 보내
니 [3]그들이 종을 잡아 심히 때리고 거저 보내었거늘 [4]다시 다른 종을 보내니
그의 머리에 상처를 내고 능욕하였거늘 [5]또 다른 종을 보내니 그들이 그를 죽
이고 또 그 외 많은 종들도 더러는 때리고 더러는 죽인지라 [6]이제 한 사람이
남았으니 곧 그가 사랑하는 아들이라 최후로 이를 보내며 이르되 내 아들은
존대하리라 하였더니 [7]그 농부들이 서로 말하되 이는 상속자니 자 죽이자 그
러면 그 유산이 우리 것이 되리라 하고 [8]이에 잡아 죽여 포도원 밖에 내던졌
느니라 [9]포도원 주인이 어떻게 하겠느냐 와서 그 농부들을 진멸하고 포도원
을 다른 사람들에게 주리라 [10]너희가 성경에 건축자들이 버린 돌이 모퉁이의
머릿돌이 되었나니 [11]이것은 주로 말미암아 된 것이요 우리 눈에 놀랍도다 함
을 읽어 보지도 못하였느냐 하시니라 [12]그들이 예수의 이 비유가 자기들을 가
리켜 말씀하심인 줄 알고 잡고자 하되 무리를 두려워하여 예수를 두고 가니
라 막 12:1-12

본문 말씀은 예수님의 공생애 마지막 일주일 동안에 있었던 일입니다. 예수님의 성전청결사건을 목도한 대제사장들과 서기관들과 장로들이 예수님께 무슨 권세로 이런 일을 하느냐고 질문했습니다. 예수님은 하나님 자신의 권세로 한다고 직접 대답하지 아니하시고 하나님의 사람 세례 요한의 일을 들어 반문하십니다. 하나님

께로부터 와서 하나님이 주시는 권세를 가지고 하나님의 일을 했던 세례 요한을 시기하고, 믿지 않고, 죽음에 넘겨준 그들의 완악함을 일깨워 주십니다(막 11:27-33). 그리고 악한 농부의 비유로 알려진 말씀을 하십니다(막 12:1-12).

이 비유를 이해하기 위해서는 당시 팔레스타인의 영농제도를 알아야 합니다. 팔레스타인에서 토지를 소유하고 있던 지주들은 대부분 도시의 편리한 성 안에 살면서(absentee-landlords) 소작인들(tenants)에게 토지를 맡겨 농사하게 하고 일정량의 소출을 거둬들였습니다. 그러므로 이 비유를 듣던 모든 사람은 비유를 즉각적으로 이해할 수 있는 친숙한 내용입니다(막 12:12). 당시의 제도에서는 만일 농부들이 3년 동안 연속으로 소작료를 지불하려고 해도 받을 사람이 없어지면, 4년째에는 토지가 자동적으로 농부의 소유가 됩니다. 그러므로 주인은 4년이 되기 전에 자신의 권리를 확실하게 해두어야 합니다. 그리고 만일 멀리 떠나 있던 지주가 상속자 없이 죽으면 소작인이 토지를 차지할 수 있는 우선적인 권한도 있었습니다(막 12:7).

일반 농사와는 달리 포도원은 많은 투자가 필요한 농사입니다. 포도원을 조성하기 위해서는 많은 물질과 시설을 투자해야 합니다. 1절에서 알 수 있듯이 포도원을 만들고, 울타리를 치고, 즙 짜는 틀을 만들고, 망대를 만들고, 사람들을 고용해야 합니다. 이렇게 투자하고서도 포도원은 5년이 지나야 첫 수확을 하고 그동안에는 계속 유지비용이 들어가기 때문에 부자만 포도원을 할 수 있었습니다. 포도원 농사는 투기성 있는 사업(speculative investment)입니다. 제 고향 진안의 특산물은 인삼인데, 그곳에서 재배한 인삼을 특별히 좋은 상품으로 알아줍니다. 그런데 농부들은 3년, 5년, 7년을 투자해야 합니다. 돈이 없는 농부들은 타지에 있는 투자자들과 동업을 하거나 그때그때 수확이 가능한 밭농사를 했는데, 이와 비슷한 사정이라 봅니다. 그러므로 이러한 종류의 사업에서는 지주와 소작인 상호 간의 신뢰가 너무나도 중요합니다. 신뢰의 관계(trust relationship)가 전제되지 않으면 이렇게 투자하며 맡길 수 없었을 것입니다.

이사야 5장 1-7절에서는 하나님과 이스라엘의 관계를 포도원 주인과 포도원의 관계로 비유하여 말씀하고 있습니다. 그러므로 오늘의 비유에서 포도원 주인은 하나님이요, 포도원은 이스라엘이요, 농부들은 당시 종교지도자들이요, 주인의 종들은 선지자들이요, 주인의 아들은 예수 그리스도를 나타냅니다.

이 비유를 통해 예수님은 인류 역사를 보는 신학적인 견해를 열어 주십니다. 악한 농부의 비유는 지금까지의 인류의 역사를 대변합니다. 우리의 역사는 하나님의 구원 역사와 인간의 반역 역사로 점철되어 왔습니다.

하나님은 은혜와 사랑으로 아름다운 에덴동산을 아담과 이브에게 주셨습니다. 이것은 주인이 많은 것을 투자하여 이루어 놓은 포도원을 아담을 사랑하고 신뢰하여 은혜로 맡겨주신 것입니다. 그러나 최초의 인류인 아담과 이브는 하나님의 은혜를 망각하고 하나님의 것을 가로채서 하나님과 같이 되어 보고자 반역했습니다. 결국 사탄의 하수인이 되어 하나님의 주권에 도전하면서 하나님과의 신뢰 관계를 깨뜨렸습니다. 그 결과 불안과 부끄러움과 두려움의 나락으로 떨어지고 말았습니다. 그래도 하나님은 그들을 구원하고자 그들을 찾아가셔서 그들을 위해 최초의 어린양을 잡으셨습니다. 그들에게 가죽옷을 입혀 허물을 덮어 주셨습니다(창 3:21). 아담의 아들 가인은 자기 형제 아벨을 쳐 죽여 살인의 피를 흘렸습니다. 그러나 하나님의 사랑은 그를 용서하고 죽임을 면케 하는 표를 주었습니다(창 4:15). 사람들이 번성하면서 죄악이 세상에 관영하고 인간의 생각과 계획이 항상 악하여 하나님을 슬프시게 했습니다. 하나님은 저들이 자초한 심판 중에라도 노아와 그의 가족을 홍수 속에서 구해 주셨습니다(창 6:8). 홍수 후에 태어난 사람들은 시날 평지에 모여 바벨탑을 쌓아 자기들의 이름을 내고 하나님에게 스스로 도달하자고 했습니다(창 11:4). 이렇게 인류의 역사는 계속적인 인간의 반역과 하나님의 심판과 구원의 역사로 이어져 왔습니다.

다시 포도원 농부의 비유를 봅시다. 포도원 주인은 힘과 정성을 들여 포도원을 만들었습니다. 울타리도 치고, 즙 짜는 기계도 만들고, 망대도 만들고, 모든 준비를 한 후에 농부에게 할 일(직장)도 주었습니다. 울타리는 짐승으로부터 포도원을 보호하고, 망대는 포도원을 감시하고, 즙 틀은 포도를 밟아 즙으로 만드는 것으로 율법 또는 말씀의 역할을 의미합니다. 어떤 분은 이 말씀을 해석할 때 울타리는를 쳤다는 것은 하나님께서 율법을 주신 것이요, 즙 짜는 기계를 만든 것은 제단이요, 망대를 지은 것은 성전이라고 말합니다. 하지만 그렇게까지 설명하지 않더라도 하나님께서 모든 것을 은혜로 아름답게 갖추어 주셨습니다. 마치 아담과 이브에게 자신들이 노력하지 않은 에덴동산을 주신 것과 마찬가지입니다.

농부들은 주인이 아니라 일을 맡은 청지기로 부름을 받았습니다. 이들은 주인을 위해 일하며 거기에서 얻어지는 것으로 살아가게 되어 있습니다. 처음에는 이렇게 일할 수 있게 된 것만 해도 감사하게 여겼을 것입니다. 큰 부자의 동업자가 되어 함께 일하게 되었고, 주인에게 이렇게 큰일을 맡을 정도로 신뢰를 받았다는 사실만으로도 대단한 영광이었을 것입니다. 동네 사람들의 부러움을 살 만한 특권입니다. 그러나 그들은 포도원 소출을 보면서 점점 욕심이 생겼습니다. 처음에는 작은 일이라도 주어지면 열심히 일하여 주인에게 기쁨을 드리겠다고 생각하던 사람들이 어느새 자신이 주인행세를 하기 시작합니다. 어떻게 하든지 더 많은 소출을 자신이 차지하고 싶었습니다. 거기에다가 주인은 멀리 있고 간간이 사람만 보내는 형편이었으니까, 어떻게든 이 좋은 포도원을 몽땅 자기의 소유로 만들고 싶었습니다. 그래서 주인이 포도 따는 철에 소출 중 얼마를 받아오라고 보내온 종들을 모욕하고, 때리고, 빈손으로 보내고, 심지어 죽이기까지 했습니다. 배은망덕하고 욕심에 사로잡혀 완악함이 도를 더해 일꾼이 삯꾼이 되고 급기야 강도가 되어 가고 있습니다.

주인은 여러 차례에 걸쳐 많은 종들을 보냈습니다. 그러나 농부들은 번번이 그 종들을 능욕했습니다. 농부들이 주인의 종들에게 폭력을 쓰는 것을 보면 점점 강도가 심해지는 것을 볼 수 있습니다. 처음에는 때리고, 다음에는 상처를 내고 능욕하고, 그다음에는 죽였습니다(막 12:3-5). 하나님은 계속해서 회개할 기회를 주시지만 저들 마음의 완악함은 남도 죽이고 결국은 자신을 죽입니다. 반역하고 살인을 저지르며 저들에게 임할 심판을 쌓고 있습니다. 농부들은 주인의 신뢰와 은혜를 짓밟고, 주인의 소유권을 부인하고, 자신이 체결한 계약을 무시했습니다. 하나님은 여러 선지자들을 보내어 하나님의 주인 됨(주권)을 인정하고 하나님이 바라시는 의의 열매를 맺기를 요구하셨습니다. 그러나 이스라엘과 종교지도자들은 하나님의 주권을 부인하고, 하나님의 종(선지자)들을 모욕하고, 때리고, 가두고, 죽이기까지 했습니다. 하나님께서 종 모세를 통하여 하나님께 순종하며 의로운 삶을 살도록 촉구할 때 이스라엘은 번번이 거역했습니다. 엘리야를 통하여 회개를 촉구할 때 그를 핍박했습니다. 구약의 마지막 예언자 "광야의 소리" 세례 요한을 통하여 깨우칠 때도 하나님의 사람임을 알고도 듣지 않고, 가두고, 죽였습니다. 그러므로 스데반 집사는 그가 순교하기 직전에 다음과 같이 이스라엘과 종교지도자들을 향해 도전했습니다.

"목이 곧고 마음과 귀에 할례를 받지 못한 사람들아 너희도 너희 조상과 같이 항상 성령을 거스르는도다 너희 조상들이 선지자들 중의 누구를 박해하지 아니하였느냐 의인이 오시리라 예고한 자들을 그들이 죽였고 이제 너희는 그 의인을 잡아 준 자요 살인한 자가 되나니 너희는 천사가 전한 율법을 받고도 지키지 아니하였도다 하니라"(행 7:51-53).

이것이 바로 인간을 구원하시려는 하나님의 계속적인 사랑과 인간의 끊임없는 하나님에 대한 반역입니다. 마침내 마지막 수단으로 주인은 자기의 사랑하는 외아들(the beloved son)을 보내기로 작정했습니다. "이제 한 사람이 남았으니 곧 그가 사랑하는 아들이라 최후로 이를 보내며 이르되 내 아들은 존대하리라"(6절). 그런데 주인의 의도와는 달리 농부들은 모의하기를 "이는 상속자니 자 죽이자 그러면 그 유산이 우리 것이 되리라"(7절)라고 합니다.

주인이 종들을 세 차례 보냈는데 농부들이 소작료를 계속해서 거부했다면 이제 주인으로서는 마지막으로 권리를 주장해야 하는 중요한 시점이 된 것입니다. 이런 중대한 법률적인 사건은 종을 통해서는 할 수 없고 반드시 가족 중에 해야 하므로 아들을 보내게 된 것입니다.

하나님께서 이전에 이스라엘과 종교지도자들이 하나님의 종들을 모욕하고, 가두고, 때리고, 죽였을지라도 그의 외아들 예수 그리스도를 보내신 것은 심판하기 위해서가 아니라 다시 한번 기회를 주어 저들을 구원하기 위해서입니다.

예수님을 보내신 아버지의 뜻은 "내 아들은 존대하리라"(막 12:6)입니다. 그러나 이스라엘과 종교지도자들의 반응은 "이는 상속자니 자 죽이자 그러면 그 유산이 우리 것이 되리라"(막 12:7)입니다. 결국 그들은 예수 그리스도를 더욱 능욕하고, 때리고, 십자가에 못 박아 죽이는 반역을 행했습니다. 이 비유를 말씀하시는 예수님은 이미 며칠 후에 일어날 일을 알고 계셨습니다. 그리고 이 말을 들은 종교지도자들은 그 악한 농부들이 다름 아닌 자신들을 지칭하고 있다는 것을 곧 알아차렸습니다. 그들은 마음이 찔렸지만 회개하지 않고 오히려 예수님을 잡아 죽이려고 했습니다(12절).

악한 농부는 번번이 주인의 기대를 저버립니다. 포도원을 주고 종을 보내 소출을 받으려고 했더니 번번이 빈손으로 보낼 뿐 아니라 종들을 때리고 능욕했습니다. 아들을 보내며 이제는 돌이키고 잘 대해 주겠지 했더니 이번에는 아들을 아주 죽였습니다.

이 비유는 하나님에 대하여 우리에게 알려 주는 바가 있습니다. 하나님은 사랑이십니다. 그러므로 인생들에게 필요한 것들을 갖춰 주시고 축복으로 채워 주십니다. 우리에게 모든 것을 맡기시며 무한한 자유를 주십니다. 하나님은 은혜이십니다. 그러므로 반역한 인생들에게 여러 선지자들을 통하여 그리고 독생자 예수 그리스도를 통하여 회개할 기회를 주십니다. 하나님은 정의로우십니다. 그러므로 마지막에는 의의 심판을 행하십니다. 저 같으면 첫 번째 종이 빈손으로 돌아왔을 때 당장에 군대를 보내 그들을 혼내 주었을 것입니다. 그런데 하나님은 무엇인가 오해가 있다 하시며 계속해서 회복할 기회를 주십니다. 역시 이 비유는 인간의 속성을 가르쳐 줍니다. 인간은 하나님의 무한한 은혜를 받았음에도 불구하고 배은망덕합니다. 그리고 욕심을 부립니다. 자기가 모든 것의 주인이 되는 자기중심적이고 이기적인 삶을 살아갑니다. 그리고 자기의 책임을 망각합니다. 자유를 방종으로 그리고 사랑을 배반으로 갚습니다. 인간들은 자기들의 죄를 깨우치는 양심의 소리에 귀를 막고, 모이면 죄를 모의하고 공모하며 선지자와 예수 그리스도를 모욕하고, 때리고, 가두고, 죽이는 죄를 반복합니다. 그러므로 모든 인간은 심판받을 죄인들입니다. 의인은 없나니 하나도 없습니다.

이 비유는 이렇게 벌어진 하나님과 인간 사이의 간격을 최후로 화목케 하고자 하나님의 선재 은혜로 보내신 예수 그리스도에 대해 말해 주고 있습니다. 이 비유는 분명히 예수 그리스도를 이전에 온 선지자들 중의 하나가 아니라, 그들과는 다른 하나님의 독생자의 절대적인 권위를 가지고 오신 분으로 증거하고 있습니다. 이전의 선지자들과 세례 요한이 하나님의 이름의 권세를 힘입어 행했다면, 예수 그리스도는 스스로 권세를 지니신 분입니다. 그러므로 예수 그리스도는 죄를 사할 권세도 있습니다. 성전을 청결케 하고 사망을 물리칠 권세가 있습니다. 이 예수님은 죄에 빠진 우리 인생들의 죗값을 지불하기 위해 십자가를 지시는 고난을 받으려고 이 땅에 오셨고 그것을 이미 알고 계셨습니다. 그리고 십자가 후에 최후의 승리 부활도 이미 확신하고 계셨습니다. 예수님

위에 새로운 구원의 역사가 이루어질 것을 알고 계셨습니다.

악한 농부의 비유는 당시에 이스라엘과 종교지도자들만을 향한 메시지가 아닙니다. 우리에게 있어서 포도원은 나를 비롯하여 자녀와 가정, 직장, 사업, 교회, 재능, 인생의 계획일 수 있습니다. 이 모든 것이 하나님의 은혜로 주어졌음에도 불구하고 우리는 이 모든 것을 우리의 것처럼 생각합니다. 주인은 멀리 있고 눈에 보이지 않으니 자기가 주인 행세를 하고 있습니다. 이 비유에서 악한 농부의 죄는 포도원을 자신의 것으로 생각한 것입니다. 그분(하나님)은 너무 멀리 있고 나 홀로 일했고 내가 땀을 흘렸으니, 내가 잘난 것처럼 교만을 부리고 더 소유하지 못하여 욕심을 부리면서 나의 삶에 있어서 하나님의 주권을 망각하고 삽니다. 그것이 악한 농부의 모습입니다. 착한 청지기의 삶이 아닙니다. 맡은 자로서의 생활이 아닙니다. 자기가 주인 행세를 하고 반역의 생활을 합니다. 바른 인생은 내가 가진 모든 것이 내 것이 아니라는 인식에서 시작됩니다.

얼마나 많은 사람들이 주님을 믿는다고 하면서도 하나님의 것을 자기 것처럼 도둑질하고 살고 있습니까? 하나님께 돌아갈 영광을 가로채며 살고 있습니까? 하나님이 주신 선물을 죄를 짓는 데 쓰고 있습니까? 죄는 하나님의 것을 내 것으로 착각하고 사는 것입니다.

선지자들을 통하여 하나님은 하나님의 주권과 의의 열매를 요구하셨습니다. 하나님의 궁극적인 계시인 예수님을 통해 하나님이 하신 일은 우리로 예수님을 영접하여 하나님 나라의 상속자이신 예수님과 더불어 하나님의 나라를 유업으로 받게 하신 것입니다. 그런데 이스라엘과 종교지도자들은 "십자가에 못 박으소서!"라고 목청껏 소리 지르고 결국 그렇게 했습니다. 이에 마태복음은 "그러므로 내가 너희에게 이르노니 하나님의 나라를 너희는 빼앗기고 그 나라의 열매 맺는 백성이 받으리라"(마 21:43)라고 말씀하고 있습니다. 만일 우리가 이스라엘과 종교지도자들처럼 예수님을 영접하지 않고 저버리면 하나님 나라에 들어가지 못할 것입니다.

예수님은 이 비유로부터 그들에게 질문을 던지고 계십니다. "포도원 주인이 아들까지도 죽인 이 악한 농부들에게 와서 어떻게 하겠느냐?" 마태복음의 같은 기사에서는 저들이 대답하기를 "그 악한 자들을 진멸하고 포도원은 제 때에 열매를 바칠 만한 다른 농부들에게 세로 줄지니이다"(마 21:41)라고 했습니다. 악한 자들은 진멸되고 포도원은 충성스러운 "다른 사람"(막 12:9)이 차지한다는 것은 너무나도 당연한 일입니다. 여기 다른 사람은 이방인이나 소외되었던 사람입니다. 이 비유가 가르치는 엄중한 내용을 너무나도 잘 알고 있으면서도 완악한 대제사장, 서기관 무리들은 "그렇게 되지 말아지이다"(눅 20:16)라고 진리에 반하는 말을 했습니다. 비유는 이렇게 전복하는 힘(subversive power)이 있습니다. 강자가 몰리고 약자가 힘을 얻습니다.

이 비유의 말씀을 예수님은 시편 118편 22-23절을 인용하시므로 결론짓고 있습니다. "건축자들이 버린 돌이 모퉁이의 머릿

돌이 되었나니 이것은 주로 말미암아 된 것이요 우리 눈에 놀랍도다"(10-11절).

건축자들이 집을 지을 때 한쪽에서 쓸모없다고 버린 돌이었는데, 다른 쪽에서는 머릿돌을 세울 돌을 찾고 찾다가 한쪽에 버려두었던 돌을 가져다 맞추어 보니 안성맞춤인 경우가 있습니다. 사람들은 그 돌의 값어치를 몰라 버렸지만 하나님은 그것을 모퉁이 돌로 삼으셨는데, 우리가 보기에 너무나도 놀라운 일입니다. "건축자들의 버린 돌"과 "모퉁이 돌"은 예수님의 십자가와 부활로 이해할 수 있습니다. 시편 기자의 소망대로 이스라엘과 종교 지도자들이 싫어하여 "건축자들의 버린 돌"처럼 십자가에 못 박힌 예수가 부활하심으로 "모퉁이 돌" 즉 구원과 교회의 초석(main conerstone)이 되신 것입니다.

이 같은 말씀은 사도행전 4장 11절의 "이 예수는 너희 건축자들의 버린 돌로서 집 모퉁이의 머릿돌이 되었느니라"를 비롯하여 로마서 9장 32-33절, 에베소서 2장 20절 등 여러 곳에 나타납니다. 베드로는 이 돌의 비유를 들어 다시 말씀했습니다(벧전 2:4-8).

> "보라 내가 택한 보배로운 모퉁잇돌을 시온에 두노니 그를 믿는 자는 부끄러움을 당하지 아니하리라"(벧전 2:6).

예수님은 믿는 자에게 만세 반석이 되십니다. 그러나 말씀을 순종하지 않는 자에게는 부딪치는 돌과 걸려 넘어지게 하는 바위가 됩니다. 믿는 자에게는 같은 돌이라도 디딤돌이 되지만 믿지 않는 자에게는 걸림돌이 됩니다. 믿는 자에게는 머릿돌이 되지만 믿지 않는 자에게는 심판하는 돌이 됩니다. 예수님은 살아 있는 돌입니다.

이 돌의 가치를 모르는 자들은 버렸지만(십자가), 하나님은 그 돌로 머릿돌(부활)을 삼으시고, 하나님의 구원의 집을 건축해 나가는 데 있어 그 모퉁이 돌 위에 선지자와 사도와 성도들과 오늘을 사는 나와 더불어 한집을 지어나가시는 것입니다.

같은 비유를 담고 있는 누가복음과 마태복음은 사족처럼 다음과 같은 말로 끝을 맺고 있습니다. "이 돌 위에 떨어지는 자는 깨지겠고 이 돌이 사람 위에 떨어지면 그를 가루로 만들어 흩으리라" (마 21:44, 눅 20:18). 이 돌로 모퉁이 돌을 삼지 않고 던지는 자들이나 대항하는 자들에게는 이 돌이 심판의 수단이 되어 저들을 가루로 만든다는 것입니다.

나를 구원하기 위해 오신 예수님을 내 마음의 주인으로 모시고 극상품의 의의 열매를 드리면서 그분과 함께 천국을 상속받는 성도들이 되시길 바랍니다.

30
산 자의 하나님

13그들이 예수의 말씀을 책잡으려 하여 바리새인과 헤롯당 중에서 사람을 보
내매 14와서 이르되 선생님이여 우리가 아노니 당신은 참되시고 아무도 꺼리
는 일이 없으시니 이는 사람을 외모로 보지 않고 오직 진리로써 하나님의 도
를 가르치심이니이다 가이사에게 세금을 바치는 것이 옳으니이까 옳지 아니
하니이까 15우리가 바치리이까 말리이까 한대 예수께서 그 외식함을 아시고
이르시되 어찌하여 나를 시험하느냐 데나리온 하나를 가져다가 내게 보이
라 하시니 16가져왔거늘 예수께서 이르시되 이 형상과 이 글이 누구의 것이
냐 이르되 가이사의 것이니이다 17이에 예수께서 이르시되 가이사의 것은 가
이사에게, 하나님의 것은 하나님께 바치라 하시니 그들이 예수께 대하여 매
우 놀랍게 여기더라 18부활이 없다 하는 사두개인들이 예수께 와서 물어 이
르되 19선생님이여 모세가 우리에게 써 주기를 어떤 사람의 형이 자식이 없이
아내를 두고 죽으면 그 동생이 그 아내를 취하여 형을 위하여 상속자를 세울
지니라 하였나이다 20칠 형제가 있었는데 맏이가 아내를 취하였다가 상속자
가 없이 죽고 21둘째도 그 여자를 취하였다가 상속자가 없이 죽고 셋째도 그
렇게 하여 22일곱이 다 상속자가 없었고 최후에 여자도 죽었나이다 23일곱 사
람이 다 그를 아내로 취하였으니 부활 때 곧 그들이 살아날 때에 그 중의 누
구의 아내가 되리이까 24예수께서 이르시되 너희가 성경도 하나님의 능력도
알지 못하므로 오해함이 아니냐 25사람이 죽은 자 가운데서 살아날 때에는 장
가도 아니 가고 시집도 아니 가고 하늘에 있는 천사들과 같으니라 26죽은 자
가 살아난다는 것을 말할진대 너희가 모세의 책 중 가시나무 떨기에 관한 글
에 하나님께서 모세에게 이르시되 나는 아브라함의 하나님이요 이삭의 하나
님이요 야곱의 하나님이로라 하신 말씀을 읽어보지 못하였느냐 27하나님은
죽은 자의 하나님이 아니요 산 자의 하나님이시라 너희가 크게 오해하였도다
하시니라 28서기관 중 한 사람이 그들이 변론하는 것을 듣고 예수께서 잘 대
답하신 줄을 알고 나아와 묻되 모든 계명 중에 첫째가 무엇이니이까 29예수께

서 대답하시되 첫째는 이것이니 이스라엘아 들으라 주 곧 우리 하나님은 유
일한 주시라 [30]네 마음을 다하고 목숨을 다하고 뜻을 다하고 힘을 다하여 주
너의 하나님을 사랑하라 하신 것이요 [31]둘째는 이것이니 네 이웃을 네 자신과
같이 사랑하라 하신 것이라 이보다 더 큰 계명이 없느니라 [32]서기관이 이르되
선생님이여 옳소이다 하나님은 한 분이시요 그 외에 다른 이가 없다 하신 말
씀이 참이니이다 [33]또 마음을 다하고 지혜를 다하고 힘을 다하여 하나님을 사
랑하는 것과 또 이웃을 자기 자신과 같이 사랑하는 것이 전체로 드리는 모든
번제물과 기타 제물보다 나으니이다 [34]예수께서 그가 지혜 있게 대답함을 보
시고 이르시되 네가 하나님의 나라에서 멀지 않도다 하시니 그 후에 감히 묻
는 자가 없더라 막 12:13-34

바리새인과 헤롯당이 예수님을 곤경에 빠트리기 위해 질문하는 것으로 시작하여 세 가지 질문이 계속됩니다. 앞에 나오는 권위에 대한 토론에 이어 일련의 논쟁 이야기들입니다. 마치 요사이 국회 청문회를 보는 것 같습니다. 첫째로 바리새인과 헤롯당이 세금에 관한 질문을 하고, 둘째로 사두개인들이 부활에 관한 질문을 하고, 셋째로 서기관이 율법에 관한 질문을 하고 있습니다. 이들은 모르는 것을 알기 위하여 질문하는 것이 아니라 흠을 잡기 위하여 덫을 놓는 것입니다. 신학적인 토론에서도 질문을 위한 질문, 논쟁을 위한 논쟁은 얼마나 소모적이고 피곤한지 말할 수 없습니다. 이전에도 이런 유형의 책략을 많이 썼지만 12장 13-17절은 세금 문제로 정치적인 올가미를, 18-27절은 교리 문제로 신학적인 올가미를, 28-34절은 율법 문제로 윤리적인 올가미를 놓고 있

는 것입니다. 그러나 34절에 "그 후에 감히 묻는 자가 없더라"라고 결론을 맺고 있어 논쟁에서 예수님이 승리하셨음을 분명히 하고 있습니다.

그러면 정치적인 올가미는 무엇입니까? 당시 이스라엘을 지배하고 있던 로마 정부는 세리들을 통해 많은 세금을 거두고 있었습니다. '로마 가이사 황제에게 세금을 바쳐야 하느냐' 하는 논쟁은 당시의 뜨거운 감자였습니다. 헤롯당은 세금을 바쳐야 한다고 주장했고, 바리새인들은 이를 못마땅하게 여겼지만 어쩔 수 없이 억지로 내고 있었으며, 제롯당(열심당)들은 세금 내는 것을 반대하며 봉기를 일으키곤 했습니다. AD 6년에 갈릴리의 유다는 하나님만이 이스라엘의 유일한 왕이라고 주창하면서 로마에 세금 내는 것을 반대하며 혁명을 일으키기도 했습니다(행 5:37). 그들은 "하나님의 땅에 살고 있는 하나님의 자녀들이 이방인에게 세금 내는 것은 불가하다"라고 주장했습니다. 봉기는 진압되었지만 당시 그런 정신은 유대인들 마음에 남아 있었고, 로마 정부는 그러한 움직임을 예의 주시하였기 때문에 예수님의 대적자들은 예수님을 로마 정부에 고자질할 목적으로 질문하고 있습니다.

그러므로 '가이사에게 세금을 바쳐야 하느냐'는 예수님이 정치적으로 어느 파에 속하는 사람인가를 극명하게 보여 주는 질문이었습니다. 아마도 군중들은 지대한 관심을 가지고 예수님의 대답을 기다리고 있었을 것입니다. 대답 여하에 따라서 군중들은 양편으로 나뉘게 되고 불가불 어느 편이든 군중을 자극하는 예민한 사항입니다. 이 회피할 수 없는 질문은 긍정도, 부정도 할 수 없는 양날의 검과 같은 난처한 문제임이 틀림없습니다. 마치 양수겸장이라고 할까요.

만일 세금을 내는 것이 당연하다고 하면 민중의 적으로 지목되며 로마 정부의 하수인이라는 배신자의 낙인이 찍히게 될 것입니다. 반대로 세금을 내지 말라고 하면 민중들을 선도하고 정부의 권위에 도전하였다 하여 로마 정부로부터 당장에 수배가 될 것입니다. 질문하는 자들은 이러한 계산을 미리 하고 간사하게 포장하여 아부하면서 질문하고 있습니다.

> "선생님이여 우리가 아노니 당신은 참되시고 아무도 꺼리는 일이 없으시니 이는 사람을 외모로 보지 않고 오직 진리로써 하나님의 도를 가르치심이니이다 가이사에게 세금을 바치는 것이 옳으니이까 옳지 아니하니이까"(막 12:14).

듣기 좋은 말로 아첨하며 다가올 때 조심해야 합니다. 그들은 칭찬하는 듯하면서 무장을 해제시키고 교묘한 질문을 제기합니다. 그들의 말투에는 예수님이 조세를 반대하는 의견을 표명해 주기를 바라는 의도가 깔려 있습니다. 이 위선자들은 배우려는 것이 아니라 곤경에 빠트리기 위해 논쟁을 걸어옵니다. 이들의 허위의식과 외식주의를 주의하세요.

예수님은 이 질문하는 자들의 의도를 단번에 아셨습니다. "예수께서 그 외식함을 아시고 이르시되 어찌하여 나를 시험하느냐" (15절).

그리고 그들에게 동전 하나를 보여 달라고 하셨습니다. 어떤 분은 이것을 주석하면서 예수님께선 동전 한 푼조차 지니지 않고 사셨기 때문에 그들에게 보여 달라고 했다고 합니다. 어쨌든 예수님은 한 데나리온을 보시면서 그 동전에 새겨 있는 얼굴과 사인이 누구의 것이냐고 되물으셨습니다. 질문했던 자들이 "가이사의 것"이라고 한목소리로 대답하자 예수님은 "가이사의 것은 가이사에게, 하나님의 것은 하나님께 바치라"(17절)라고 말씀하셨습니다. 그 동전이 "가이사의 것"이라고 대답한 그들에게는 "가이사의 것"입니다. 가이사의 것을 가이사에게 돌리지 않고 자신들이 강점하고 있는 것은 일종의 도적질입니다. 이 대답으로 대적자들은 예수님을 세금 거부 선동자로 책잡을 수는 없게 되었지만 그렇다고 예수님이 세금을 잘 바치라고 말씀하신 것도 아닙니다. 이중적인 의미(double meaning)를 가지고 있는 말씀입니다. 표면적 의미와 이면적 의미가 다를 수 있습니다.

인간의 생활에는 두 개의 다른 영역이 있습니다. 세속의 권위와 종교적 권위 사이의 관계입니다. 먼저 하나님께 드려야 하고, 다음은 가이사에게 바쳐야 합니다. 당시 로마는 토지세, 농산물세, 인두세 등의 많은 세금을 거두어들였습니다. 그러나 로마의 힘든 과세는 경제적 어려움뿐 아니라 이스라엘의 자치권 상실을 의미했습니다.

예수님은 덫에서 피하면서 오히려 상대방에게 덫을 놓으셨습니다. "데나리온 하나를 보여 달라." 대적자들은 가이사의 흉상이 새겨진 은전을 보였습니다. 순간적이지만 이들이 신뢰할 수 없는 사람이라는 것이 많은 사람 앞에 일시에 드러났습니다. 1세기 유대에서는 두 종류의 동전을 사용했습니다. 보통은 사람이나 동물의 모양이 새겨지지 않은 동전이었습니다. 왜냐하면 유대교는 상을 새기는 것을 금지했기 때문입니다. 그러나 로마에서 온 다른 동전은 상이 새겨진 것입니다. 거기에는 가이사가 신이며 신의 아들이라는 문구가 새겨져 있었습니다. 예수님은 그들 스스로 답변하도록 하셨습니다. 그들은 로마의 동전을 가지고 있었던 것입니다. 그들은 로마에 세금을 내는 것을 이미 기정사실로 하고 있는 자들입니다. 예수님은 로마에 대한 세금 납부나 로마의 지배를 인정하신 것이 아닙니다. 오히려 "하나님의 것을 하나님께 드려라"라는 도전에 힘을 실으셨습니다. 모든 것은 하나님께 속합니다. 사실 가이사에게 속한 것은 아무것도 없습니다.

예수님은 여기에서 세금을 바치라거나, 바치지 말라고 흑백논리로 대답하지 않으십니다. 사실 예수님의 관심은 세금 문제가 아니고 이 일을 통하여 우리에게 교훈을 주시고자 하는 것입니다. 동전에 가이사의 이미지가 새겨져 있다면 우리 모든 인간에게는 하나님의 이미지가 새겨져 있습니다. 예수님은 이 질문에 대한 답변에서 대적자들의 질문에는 없었던 하나님을 언급하고 계십니다. 태초에 하나님께서 하나님의 형상대로 인간을 만드셨기 때문에(창 1:26-27) 우리 한 영혼 한 영혼에는 하나님의 형상이 들어 있습니다. 가이사의 얼굴과 사인이 있는 동전이 가이사의 것이라면 하나님의 형상이 새겨져 있는 우리는 하나님의 것임은 말할 필요가 없습니다. 예수님은 하나님의 것인 우리를 하나님에게 드리는 것에 더욱 관심이 있으십니다. 예수님의 눈에는 동전 자체도 가이사의 것이 아닌 하나님의 것으로 보였을 것입니다. 하나님이 받으셔야 할 영광과 권세는 가이사나 세상의 어떤 것도 가로채서는 안 됩니다. 예수님은 물질과 생명 모두가 하나님의 것이요, 하나님께 드려야 할 것이라는 사실을 깨우쳐 주시는 것입니다. 내 것처럼 알고 살아가는 사람들은 하나님의 것을 도적질하는 것이므로 반드시 회개하고 하나님께로 돌이켜야 합니다. 성경은 예수님의 지혜로운 답변에 그들이 "매우 놀랍게 여기더라"(막 12:17)라고 기록하고 있습니다.

사두개인은 곧이어 신학적인 질문을 제기했습니다. 당시에 종교적으로 보수주의인 바리새인들은 부활을 믿는 반면에 사두개인들은 당시의 특권층으로 초자연적인 하나님의 역사를 믿지 않는 자유주의적인 신앙을 가졌습니다. 사두개인은 귀족의 일부로 현재의 생활에 만족한 나머지 사후의 삶에는 관심도 없었습니다. 천사도 부활도 믿지 않고 하나님의 말씀도 모세오경 외에는 별로 신빙성을 두지 않았습니다. 오늘날로 보면 합리주의, 인본주의, 자유주의 신학을 하는 사람들일 것입니다. 믿고 싶은 것만 골라 믿는 자유주의, 다원주의, 세속주의입니다.

이들은 부활에 대한 진리를 어리석게 만들기 위해 있지도 않는 극단적인 예를 인위적으로 만들어서 예수님께 질문했습니다.

"칠 형제가 있었는데 맏이가 아내를 취하였다가 상속자가 없이 죽고 둘째도 그 여자를 취하였다가 상속자가 없이 죽고 셋째도 그렇게 하여 일곱이 다 상속자가 없었고 최후에 여자도 죽었나이다 일곱 사람이 다 그를 아내로 취하였으니 부활 때 곧 그들이 살아날 때에 그 중의 누구의 아내가 되리이까"(막 12:20-23).

구약의 수혼제를 들어 질문한 것인데, 지금 같으면 남편이 죽은 후 재혼, 삼혼한 경우로 볼 수도 있습니다. 예수님께서 그들에게 대답하셨습니다.

"너희가 성경도(Word of God) 하나님의 능력도(Power of God) 알지 못하므로 오해함이 아니냐"(막 12:24).

저는 이 예수님의 말씀 한마디가 모든 인본주의, 자유주의 신학에 대한 적절한 대답이라고 생각합니다. "너희가 성경도 하나님의 능력도 알지 못하므로 오해함이라." 왜 천지창조도, 임마누엘 동정녀 탄생도, 대속의 십자가도, 승리의 부활도, 심판의 재림도, 기적도 부인합니까? 그것은 이 일에 대하여 기록되거나 예언된 하나님의 말씀을 깨닫지 못하거나 그렇지 않으면 그렇게 역사하시는 전능하신 하나님의 능력을 모르기 때문입니다. 만일 하나님이 무능하다면, 그런 말씀도 없었다면 부활도 없을지 모릅니다. 그러나 하나님은 살아 계신 전능하신 분입니다.

예수님은 사두개인들이 하나님의 말씀으로 받아들이는 모세 오경 중 출애굽기 3장 6절을 인용하십니다.

> "하나님께서 모세에게 이르시되 나는 아브라함의 하나님이요 이삭의 하나님이요 야곱의 하나님이로라 하신 말씀을 읽어보지 못하였느냐 하나님은 죽은 자의 하나님이 아니요 산 자의 하나님이시라 너희가 크게 오해하였도다"(막 12:26-27).

여기서 하나님께서 "나는 아브라함의 하나님이요 이삭의 하나님이요 야곱의 하나님이로라" 하실 때 "I am…"(나는 …이다) 현재형을 사용했지, 과거형으로 "I was…"나 "I used to be…"를 사용하지 않았습니다. 이 말은 "나는 지금 아브라함의 하나님이요, 이삭의 하나님이요, 야곱의 하나님이다"라는 말씀으로, 모세에게 말씀하실 당시 아브라함, 이삭, 야곱이 현재적으로 어딘가에 살아 있다는 뜻입니다. 그들이 인정하는 출애굽기에서 하나님은 "나는 그들의 하나님이었다"가 아니라 "나는 그들의 하나님이다"라고 현재적으로 말씀하십니다. 만일 죽음으로 끝났다면 "나는 …의 하나님이었다"라고 말씀하셨을 것입니다. 그러나 그들은 지금도 하나님과 함께합니다. 아브라함, 이삭, 야곱은 죽었습니다. 그러나 하나님의 말씀과 능력에 의해 살아 있습니다. 그러면 모세보다 훨씬 이전에 살았던 사람들, 예수님이 이 말씀을 하시는 때를 기준으로 하면 1000여 년 전 사람들이 어떻게 아직도 살아 있다는 말입니까? 이 땅에서는 늙어 죽어 육신은 땅에 묻혔지만 지금도 하나님과 더불어 살아 있다는 말씀입니다. 그러므로 하나님은 부활의 하나님이요 산 자의 하나님입니다.

예수님은 과거와 미래를 하나님 안에서 현재화시키고 있습니다. 예수님의 관심은 삶입니다. 죽은 자의 운명이 아니라 하나님의 현재성입니다. 하나님은 영원이시기 때문에 과거, 현재, 미래가 동시에 다 들어 있습니다. 하나님께는 영원한 현재(eternal now)만 있을 뿐입니다. 하나님께는 과거와 미래와 현재가 동시적으로 존재하고 있습니다. 우리 안에 계시는 성령님은 성경의 모든 역사를 현재화시켜 줍니다. 더구나 하나님은 죽은 자의 하나님이 아니고 산 자의 하나님이십니다. 이런 하나님의 말씀도 능력도 모르기 때문에 크게 오해하고 있는 것입니다.

하나님을 믿는다고 하면서 마치 죽은 하나님을 믿는 것처럼 능력 없는 생활을 하는 사람이 얼마나 많습니까? 성경을 읽되 옛날이야기를 읽는 것처럼, 죽은 자들의 전기를 읽는 것처럼 지식이나 정보를 넓히는 정도로 성경을 대하는 사람이 얼마나 많습니까? 죽은 자들의 죽은 하나님을 믿는 사람들입니다. 사실 이들은 하나님을 믿는 것이 아니라 우상을 믿는 것입니다. 하나님을 느끼지 못하고, 보지 못하고, 듣지 못하고, 말하지 못하고, 역사하지 못하는 것처럼 믿는 것은 우매한 종교 생활입니다. 이것은 우상숭배거나 죽은 종교 생활입니다.

부활을 믿지 않는 신앙생활은 지극히 현세 지향적입니다. 38-40절을 보면 이들은 사람들에게 대접받는 것을 좋아하고, 사람들에게 보여 주는 신앙생활을 하고, 세상에 있는 동안 모든 보상을 다 받기 위하여 외식적인 종교생활을 합니다. 기도는 하지만 하나님께 하는 것이 아니라 사람들에게 들려주기 위하여 사람의 눈에 잘 띄는 사거리에서 길게 기도합니다. 사람이 보이지 않는 곳에서는 어려운 과부나 고아의 것을 가로채는 양의 탈을 쓴 이리요, 직업 종교인이요, 우상숭배자요, 세속주의자요, 인본주의자들입니다. 이들이 믿는 것은 색 바랜 사진첩이나 전설에서 찾을 수 있는 죽은 자들의 죽은 하나님입니다.

예수님은 부분적으로나마 앞으로 우리에게 오는 부활의 생명은 현재의 단순한 연장이 아니라 질적인 변화가 동반된 것으로, 부활의 새 생명을 입고 하나님의 놀라운 천국에서 이루 말할 수 없는 영광스러운 삶을 살게 될 것을 말씀하셨습니다. 부활 이후의 삶은 현재와 다른 차원의 삶입니다.

> "하나님이 자기를 사랑하는 자들을 위하여 예비하신 모든 것은 눈으로 보지 못하고 귀로 듣지 못하고 사람의 마음으로 생각하지도 못하였다 함과 같으니라"(고전 2:9).

천국은 이 세상 언어로는 형용할 수 없는 영광스러움이 있는 세상입니다. 저는 세상의 언어를 모두 동원하여도 천국을 설명할 수 없다고 봅니다. 왜냐하면 언어는 하나의 매개 수단으로 전달되는데, 이미 경험한 사실이나 존재하는 개념으로 서로 공감할 수 있을 때만 소통이 가능하기 때문입니다. 그러나 천국은 하나님의 세계이기 때문에 인간의 언어로는 표현할 수가 없습니다. 그래서 예수님도 천국에 대해서만은 비유로 설명하셨습니다. 비유는 이야기처럼 우리의 상상력을 자극해 주기 때문이지요.

제가 미국에 있을 때 깊은 우정을 나누었던 트레베카 대학교 총장인 밀리아드 리드(Miliard Reed) 목사님의 어머니인 메리 아그네스 리드(Mary Agnes Reed) 성도가 92세로 세상을 떠났는데 그분이 마지막으로 아들에게 다음과 같은 글을 남겼습니다.

> "잘 있거라. 그곳에서는 아침 인사를 하게 될 것이다. 다음 주일 너는 천국에 관한 설교를 하겠지. 나는 그곳에 관심이 많단다. 왜냐하면 지난 50여 년 동안 나는 그곳에 내 처소를 가지고 있었기 때문이지. 나는 그것을 구입한 적은 없지만 아무 값없이 나에게 주어졌는데 그것을 주신 분은 굉장한 희생을 치러야 했지. 우리를 창조하신 위대한 건축자께서 나를 가장 안락하게 해주고 결코 낡아져 수리할 필요 없는 아름다운 집을 준비하고 계신다. 좀이 먹거나 불탈 염려도 없고 홍수도 휩쓸 수 없고 나를 해칠 어떤 악한 사람도 없기 때문에 열쇠도 필요 없고 전기불도 필요 없는 집이 완성되어 내가 입주하기를 기

다리고 있단다. 내가 지금 있는 이 땅과 그곳 사이에는 짧은 시간 동안 여행해야 할 깊은 골짜기가 있어서 그곳을 통과하지 않을 수가 없단다. 그러나 나의 가장 좋은 친구께서 오래전에 그곳을 통과하며 어두운 그늘을 다 거두셨기 때문에 조금도 두렵지 않다. 우리가 지난 55년 전에 사귄 이래로 그분 내가 뚱뚱할 때나 홀쭉해졌을 때나 한결같이 사랑해 주셨다. 나는 그분이 나와 끝까지 함께 해준다고 써준 약속을 굳게 믿는다. 그분이 나와 함께 골짜기를 지날 것이므로 나는 길을 잃지 않을 것이다. 나는 다음 주일에 너의 천국에 관한 설교를 듣고 싶지만 그렇게 할 수 있을지 확신이 들지 않는구나. 아니면 내가 천국에 있겠지. 내 천국행 티켓은 가기는 해도 돌아올 수 없는 편도권이고, 짐표는 없어서 짐은 가져갈 수 없구나. 그래, 나는 갈 준비가 되어 있고 아마도 다음 주일 네가 설교할 때 이곳에 있지 못할 것 같다. 그러나 어느 좋은 날 아침 너를 그곳에서 만나게 될 것이다."

– 〈나사렛 위클리〉(Nazarene Weekly), 1991년 2월 3일

마지막 세 번째 질문은 당시의 율법 학자인 서기관으로부터 나오게 됩니다. 특별히 같은 기사인 마태복음(마 22:34)과 누가복음(눅 10:25)은 예수님을 시험하기 위해 질문했다고 기록하고 있어서 앞의 두 질문과 같은 부류의 질문 의도를 가지고 있다고 볼 수 있습니다. 그러나 마가복음은 조금 긍정적으로 서기관을 평가하고 있습니다. 질문마다 질문자에 대한 예수님의 평가가 나옵니다. 바리새인과 헤롯당에게는 "외식함을 아시고 이르시되 어찌하

여 나를 시험하느냐"라고 하셨고, 사두개인에게는 "너희가 성경도 하나님의 능력도 알지 못하므로 오해함이 아니냐"라고 하셨으며, 여기 서기관에게는 "네가 하나님의 나라에서 멀지 않도다"라고 하셨습니다. 점진적으로 질문자의 태도가 나아지고 있습니다.

율법주의자들은 예수님에게 안식일을 지키지 않는다고 수없이 비난을 한 바 있습니다. 그들의 말도 얼핏 들으면 일리가 있어 보였습니다. "하나님께로부터 왔다는 사람이 왜 하나님이 주신 율법을 지키지 않느냐"는 논리였습니다. 그런데 예수님은 율법을 폐하거나 지키지 않으신 것이 아니라 그들이 율법의 본뜻을 이해하지 못하고 있다고 말씀하셨습니다. 율법은 본디 하나님이 주신 선물로서 하나님의 뜻대로 잘 사용하면 하나님의 백성을 구별시키고 삶의 기준을 제시하는 선한 것이었습니다. 하지만 율법주의자들은 율법을 신격화하고 조문화하여 살아 계신 하나님을 율법의 조문에 엮어 하나님의 본래 의도를 저버리고 있었습니다. 그러기 때문에 예수님은 율법사들의 사문화된 율법해석을 반대하고 하나님의 원뜻에 비추어 율법을 재해석하신 것입니다. 어떤 신학자는 이런 예수님의 작업에 대해 "원화를 재생시키는 일을 하셨다"라고 했습니다. 미술관에서 원화를 재생하기 위해 작업하는 전문가를 본 적이 있습니다. 오랜 시간 현미경으로 들여다보며 얼마나 꼼꼼하게 구도와 색상을 살리기 위해 정성을 다하는지 모릅니다.

서기관은 예수님에게 모든 계명 중에 첫째가 무엇인지 물었습니다. 이 질문은 사실상 중요합니다. 율법이 613개나 되기 때문에 하나님의 뜻을 잘 알기 위해서는 요약할 필요가 있습니다. 그래서 열 개로 요약한 것이 십계명입니다. 28절부터 34절까지 서기관과의 대화를 통하여 하나님의 계명 중 무엇이 가장 중요한가를 예수님께서 말씀하십니다. 예수님은 이스라엘 모든 사람이 익히 잘 알고 암송하는 신명기 6장 4절의 "쉐마"를 통해 첫째로 "네 마음을 다하고 목숨을 다하고 뜻을 다하고 힘을 다하여 주 너의 하나님을 사랑하라"(30절) 하시고, 덧붙여 레위기 19장 18절의 말씀을 통해 둘째로 "네 이웃을 네 자신과 같이 사랑하라"(31절) 하셨습니다. 하나님 사랑과 이웃 사랑입니다.

여기서 공통되는 것은 사랑입니다. 그러므로 사랑은 모든 계명의 요약이요, 모든 율법의 완성이요, 율법을 주신 하나님의 본뜻입니다. 수직으로는 하나님과 나의 사랑의 관계요, 수평으로는 나와 이웃의 사랑의 관계입니다. 이렇게 수직관계의 사랑과 수평관계의 사랑을 완성하신 분이 예수님이시고, 십자가는 바로 하나님과 나의 사랑, 나와 이웃의 사랑을 상징적으로 나타냅니다. 십계명을 보아도 첫째에서 넷째까지는 하나님 사랑을, 다섯째에서 마지막까지는 이웃 사랑을 말씀하고 있습니다. 율법에 있어서도 하나님은 인격적으로 살아 계신 분이므로 율법의 조문이나 형식적인 신앙생활에 메여 있을 것이 아니라, 마음과 뜻과 힘과 목숨을 다한 내면으로부터의 사랑의 정신을 통하여 신앙생활을 하는 것입니다. 그러므로 신앙생활은 하나님 사랑과 이웃 사랑입니다. 기독교는 의식이나 조문의 종교가 아니고 마음의 종교입니다. 예수님은 이렇게 말씀하신 적이 있습니다.

> "예물을 제단에 드리려다가 거기서 네 형제에게 원망들을 만한 일이 있는 것이 생각나거든 예물을 제단 앞에 두고 먼저 가서 형제와 화목하고 그 후에 와서 예물을 드리라"(마 5:23-24).

물론 예배라는 그릇도 중요하지만 그 속에 담고 있는 내용이 더욱 중요하다는 말씀입니다. 그러므로 하나님께서 받으시는 참된 영적 예배를 드리려면 마음과 뜻과 목숨을 다한 예배를 드려야 합니다. 여기에서 뜻은 지(智), 목숨은 감정(精), 마음은 의지(意)를 의미합니다. 이런 한 번의 예배가 무수한 제물과 많은 예배보다 하나님 앞에 값진 것입니다. 예배자가 예물을 거룩하게 합니다. 예물 이전에 예배자가 먼저 하나님께 받아들여져야 비로소 예물도 하나님이 받으실 만한 것이 되는 것입니다. "여호와께서 아벨과 그의 제물은 받으셨으나 가인과 그의 제물은 받지 아니하신지라"(창 4:4-5)라는 말씀에서도 아벨이 먼저 하나님께 받아들여졌으므로 그가 드린 제물이 열납되었고, 가인은 하나님께 열납되지 않았기 때문에 그가 드린 예물도 열납되지 않은 것으로 나와 있습니다. 이렇게 예배는 예물이 먼저가 아니라 예배자가 먼저입니다.

이웃 사랑에 대해서는 "말과 혀로만 사랑하지 말고 행함과 진실함으로 하자"(요일 3:18)라는 말씀과 "선한 사마리아 사람의 비유"(눅 10:25-37)를 통해 배울 수 있습니다. 특별히 선한 사마리아 사람의 비유는 율법사의 질문에 이어서 나오는 사랑해야 할 이웃에 대한 예수님의 말씀입니다. 그 비유에서 제사장도 레위인도 성전에 제사를 드리러 가는 중이었을 텐데 강도 만나 상처를 입은 사람을 보고도 바쁘다는 핑계로, 제사 시간이 다 되었다는 구실로, 피를 손에 붙여 부정하게 되지 않기 위해, 사람들이 보지 않으니까 등의 이유로 그냥 지나쳤습니다. 멸시받던 사마리아 사람만이 어려운 사람을 보는 눈과, 그의 신음을 들을 수 있는 귀와, 그의 아픔을 나눌 수 있는 마음과, 그를 도울 수 있는 손과, 그를 위해 쓸 수 있는 물질을 사용하여 강도 만난 사람의 진정한 이웃이 되었다는 말씀입니다. 여기서 하나님이 원하시는 것은 제물이나 제사가 아니라 어려운 자들에게 자비와 긍휼을 베푸는 것, 즉 이웃이 되어 주는 사랑이라 하셨습니다. 마가복음에는 서기관이 이러한 예수님의 말씀을 잘 이해하고 답변한 것으로 기록되어 있습니다.

> "선생님이여 옳소이다 하나님은 한 분이시요 그 외에 다른 이가 없다 하신 말씀이 참이니이다 또 마음을 다하고 지혜를 다하고 힘을 다하여 하나님을 사랑하는 것과 또 이웃을 자기 자신과 같이 사랑하는 것이 전체로 드리는 모든 번제물과 기타 제물보다 나으니이다"(막 12:32-33).

사랑의 이중계명을 따르는 것이 성전에서 드리는 예물보다 중요하다는 것입니다.

예수님은 그가 지혜 있게 대답함을 보시고 "네가 하나님의 나라에서 멀지 않도다"(34절)라고 하셨습니다. 이 말씀은 그가 하나님 나라에 가까이 있음과 동시에 아직 하나님 나라에 있지 않음을 의미합니다. 그는 하나님 나라의 본질을 알고 있기 때문에 하나님 나라에서 멀지 않습니다. 사실상 이 말씀에는 예수님을 따르라는 초청이 담겨 있습니다. 말씀을 아는 것만으로는 부족합니다. 그것은 살아야 채워집니다. 알지만 살지 않는 것은 지성주의입니다. 그는 알지만 아직 하나님 나라 안에 있지는 않습니다. 하나님 나라에 있다는 것은 하나님 나라를 아는 것 이상입니다. 그것은 그 안에 사는 것을 의미합니다.

이 말의 진의는 요한 웨슬리가 말한 대로 "올모스트 크리스천"(Almost Christian)이라고 말할 수 있습니다. 그는 옥스포드 대학을 다니면서 신성클럽(Holy Club)을 만들어 경건하고 거룩한 생활에 힘썼지만 구원의 확신이 없었습니다. 영국 국교회 목사가 되어 선교사로 미국 조지아 주까지 갔지만 확신이 들지 않았습니다. 결국 그는 선교에 실패하고 영국에 돌아왔는데, 어느 날 올더스게이트 광장에서 루터의 로마서 서문인 "오직 의인은 믿음으로 말미암아 살리라"(롬 1:17)라는 말씀을 듣는 순간 회심을 체험하게 됩니다. 그는 이전에도 이 말씀을 많이 읽었고 한 번쯤은 설교도 했을 텐데 깨닫지 못하고 있었습니다. 구원은 행함이나 계명을 지키는 데 있지 않고 예수님의 보혈의 은혜를 믿는 믿음으로 온다는 것입니다.

이 체험 이후에 그는 "올모스트 크리스천"(Almost Christian)이라는 유명한 설교를 했는데 그는 과거 자신의 신앙생활은 크리스천이 아닌 "올모스트 크리스천"이었다고 정의하고 여전히 그런 신자가 많다고 말합니다. 만일 "거의 천국에 들어갈 뻔했다"라고 하면 천국에 들어갔다는 뜻입니까, 아닙니까? "거의 ○○대학에 합격할 뻔했다"라고 하면 들어갔습니까, 못 들어갔습니까? 못 들어간 것입니다. 하나님의 뜻을 아는 것만 가지고는 부족하다는 것입니다. 그렇게 행하려고 노력만 해서도 안 됩니다. 실제로 아는 바대로 살아야 합니다. 그리고 더 중요한 것은 계명을 지키는 것만으로는 안 됩니다. 기독교는 도덕 종교가 아닙니다. 무엇이 더 필요합니까? 예수 그리스도의 보혈입니다. 세상의 온갖 종교와 도덕은 천국에 들어갈 뻔한 사람(Almost Salvation)을 만들지 모르지만 예수 그리스도로 말미암지 않고는 결코 천국 시민을 못 만듭니다.

살아 계신 하나님을 믿는 사람은 오늘도 내 모든 삶의 주인이 하나님인 것을 고백하면서 삽니다. 이 땅을 살면서도 부활의 생명을 누리며 삽니다. 십자가로 이루신 예수님의 사랑을 본받아 하나님을 사랑하며 이웃을 사랑하는 삶을 사는 것입니다.

31
헌금은 신뢰다

[41]예수께서 헌금함을 대하여 앉으사 무리가 어떻게 헌금함에 돈 넣는가를 보
실새 여러 부자는 많이 넣는데 [42]한 가난한 과부는 와서 두 렙돈 곧 한 고드란
트를 넣는지라 [43]예수께서 제자들을 불러다가 이르시되 내가 진실로 너희에
게 이르노니 이 가난한 과부는 헌금함에 넣는 모든 사람보다 많이 넣었도다
[44]그들은 다 그 풍족한 중에서 넣었거니와 이 과부는 그 가난한 중에서 자기
의 모든 소유 곧 생활비 전부를 넣었느니라 하시니라 막 12:41-44

예수님의 서기관들의 외식에 대한 경계에 이어 과부에 대한 언급은 매우 대조적입니다. 사람들의 시선은 대개 화려하고 지체 높은 부자들에게 머무는 법입니다. 그래서 사람들은 더욱 자신을 과대하게 포장하고 과시합니다. 종교 예식도 예외가 아닙니다. 여기 서기관들의 자기과시적인 습관을 보십시오. 긴 옷을 입고, 시장에서 문안을 받으며, 회당의 높은 자리와 잔치에서 상석을 차지하기 원하고, 가식적으로 길게 기도하는 모습 말입니다(막 12:38-40). 예수님은 이들의 모습을 관찰하고 계십니다. 더구나 그들은 과부의 가산을 삼키는 자들입니다. 그리고 예수님은 헌금하는 모습을 자세히 보십니다. 만일 누가 헌금하는 것을 구경하고 있다고 생각해

보십시오. 얼마나 어색하겠습니까? 사실 예수님의 관심은 '얼마나 헌금을 하느냐'가 아니라 '어떻게 헌금을 하느냐'였습니다. '얼마나'는 물질에 관심을 보이는 것이지만 '어떻게'는 드리는 태도에 관한 관심입니다. 예수님은 물질의 양보다 마음의 태도를 보십니다. 사람들이 보는 관점과 예수님이 보시는 관점은 다릅니다.

갈릴리에서 올라온 제자들은 부자들이 헌금함에 보란 듯이 많은 돈을 자루로 넣는 것을 보고 기가 죽었을 것입니다. 당시에는 지폐가 없었기 때문에 은화든 금화든 동전을 가져와야 했습니다. 번쩍이는 광채에 그 무게도 대단하고 떨어지는 소리도 우렁찼을 것입니다. 여기에 가난한 과부의 헌금은 아마 초라하기 그지없었을 것입니다. 두 개의 동전 소리가 작게 달랑 났습니다. 누구도 눈여겨보지 않는 이 여인을 예수님은 처음부터 자세히 보고 계십니다. 이 가난한 과부를 눈여겨보시는 예수님의 시선은 바로 하나님의 시선입니다. 하나님의 사랑과 자비 그리고 부드럽고 따뜻한 눈길입니다.

여기 부자들과 가난한 과부의 헌금이 나옵니다. 부자들의 헌금은 헤아리기 어려울 정도의 많은 액수입니다. 그러나 가난한 과부의 헌금은 유대의 청동이나 구리동전이기에 동전 떨어지는 소리만 들어도 알 수 있는 두 렙돈이었습니다. 두 렙돈은 한 데나리온의 1/64입니다. 한 데나리온은 장정 하루 품삯이니까 그 액수를 짐작할 수 있을 것입니다. 하루 일당이 64,000원이라면 1000원 정도 되는 액수입니다. 렙돈은 유대 최소 동전의 명칭으로 두 렙돈은 로마 돈으로 한 고드란트에 해당하는 액수입니다.

예수님은 제자들에게 "이 가난한 과부는 헌금함에 넣는 모든 사람보다 많이 넣었다"라고 말씀하셨습니다. 이것이 헌금하는 모습을 본 예수님의 총평입니다. 헌금을 받으시는 하나님의 마음입니다. 정말 놀라운 말씀입니다. 눈 있는 사람은 보았을 것입니다. 귀 있는 사람을 들었을 것입니다. 부자들이 얼마나 많은 헌금을 넣었는지를 말입니다. 그런데 예수님은 왜 이렇게 말씀하시는 것입니까?

예수님은 이어 이유를 밝히십니다. 부자들은 그들의 풍족한 중에 일부를 넣었지만 가난한 과부는 가난한 중에 자기의 모든 소유 곧 생활비 전부를 넣었다는 것입니다. 우선 여기에서 예수님은 헌금의 액수보다는 비율로 말씀하십니다. 100만 원 가진 사람의 10만 원은 천 원 가진 사람의 천 원에 못 미친다는 것입니다. 천 원이 전 재산인 사람은 천 원을 드리고도 100%를 드렸다는 것입니다. 이것은 일단 세상의 양적인 계산을 초월한 생각입니다. 헌금을 액수로 보지 않고 비율로 보신다는 것. 지금 생각해도 파격적입니다.

"많이 받은 자에게는 많이 요구할 것이요 많이 맡은 자에게는 많이 달라 할 것이니라"(눅 12:48).

다음으로 예수님은 양보다는 질을 보십니다. 그것은 겉으로 보아서는 알 수 없습니다. 그래서 우리가 보기에는 구별하기 어렵지만 하나님은 반드시 그것을 참작하신다는 말씀입니다. 기도도 외식으로 길게 기도하는 것과 진심으로 기도하는 것을 아는 하나님이십니다. 가인의 제물과 아벨의 제물의 차이를 우리는 헤아릴 길이 없지만 하나님은 우리가 보지 못하는 것을 구별하신다는 것입니다. 하나님은 우상이 아닙니다. '어떤 돈이냐?'가 중요합니다. 돈의 성격입니다. 돈에도 성격이 있습니다. 돈이라고 다 돈이 아닙니다. 앞에 힌트가 나오는데, 서기관들은 과부들의 가산을 삼킨다는 것입니다(막 12:40). 하나님께 드려지는 돈이 땀과 눈물과 정성이 묻어 있는 정당한 돈이어야 한다는 것입니다.

헌금은 두려움과의 싸움입니다. 헌금은 가진 것이 없거나 인색하기 때문에 못 하기도 하지만 사실 두려움 때문에 못 합니다. 과연 이 적은 수입에 십일조를 드리고도 살 수 있을까? 지금 가지고 있는 것을 다 드리고도 내일 문제가 없을까? 우리의 헌금 액수는 믿음과 두려움 사이에서 결정됩니다. 따라서 헌금은 두려움 없는 신뢰입니다. 헌금은 신뢰의 정도입니다. "네 물질이 있는 곳에 네 마음이 있다"는 말씀은 "네 헌금이 네 신뢰다"라고 해석할 수 있습니다. 조금 현실적으로 이야기해 볼까요? 은행에 가면 나의 신용도를 조사하여 대출한도를 정해 줍니다. 숫자적으로 말하면 그 액수가 은행이 나를 신뢰하는 정도입니다. 그 이상 넘어가면 은행에서 대출해 주기가 불안한 것입니다. 내가 얼마큼 하나님을 신뢰할 수 있느냐는 헌금이 드러냅니다. 너무 세속적으로 말했습니까?

두 개의 동전이 과부의 생활비 전부였다면, 한 개의 동전을 남기고 하나만 할 수도 있었을 텐데 왜 그렇게 하지 않았을까요? 아마 마음에서는 '하나만 하고 하나는 남기자', '두 개 다 하자' 사이에 싸움이 있었을 것입니다. 두 개를 다 드린다는 것은 헌금을 드리고 난 다음의 불확실한 상황과 싸워야 한다는 뜻입니다.

하나님의 음성이 우리 인생의 '만약'이란 상황들의 소리보다 더 크게 들려야 합니다. 일정한 헌금 이상의 헌금에 대한 도전을 받을 때 저도 두려움이 생겼습니다. 충분히 감당할 수 있는 수준을 선택하면 두려움도 없지만 대신 성장하거나 하나님을 경험하지 못하는 위험이 있습니다. 두려움은 믿음의 성장을 원하는 누구에게나 있습니다. 장대높이뛰기를 생각해 보십시오. 누구나 다 넘을 수 있는 높이는 새로운 도전이 아닙니다. 그러나 평소보다 더 높은 장대 높이에 도전하려면 언제나 두려움이 생깁니다. 불확실성의 상황에서 미래의 재정을 보이지 않는 하나님의 손에 맡긴다는 것은 가슴이 뛰는 일입니다.

우리는 자신에게 부담되지 않는 안전한 하나님 상을 만들어 놓고 섬깁니다. 하나님과 안전거리를 유지하고 회색지대에 머뭅니다. 하나님과 적절한 거리를 유지시켜 주는 사람을 일종의 중재인으로 세우려 합니다. 하나님으로부터 우리를 안전하게 지켜 줄 사람을 찾습니다.

출애굽기 20장에서 이스라엘은 하나님의 음성과 임재 속에서 위안을 얻은 것이 아니라 공포심을 느꼈습니다. 하나님에 대해 풍문을 통해 듣기를 원했지, 직접 하나님께 듣는 것은 두려워했습니다. 그래서 모세에게 "당신이 우리에게 말씀하소서 우리가 들으리이다 하나님이 우리에게 말씀하시지 말게 하소서 우리가 죽을까 하나이다"(출 20:19)라고 했습니다. 이것이 하나님의 말씀이 들리지 않는 이유입니다. 우리는 때로 이렇게 말합니다. "그 이야기는 제발 전하지 마세요. 목사님." 우리는 도전을 받기보다는 위안을 받기 원합니다. 당신의 하나님은 너무 안전합니다(Your God is too safe).

과부의 두 렙돈 헌금을 헌금의 모범으로 보신 것은 물질의 양이 아니라, 하나님을 전적으로 의지하는 믿음 때문이었습니다. 두려움 없는 믿음입니다. 그녀가 의지할 것이라고는 오직 그의 필요를 채워 주시겠다는 하나님의 약속뿐이었습니다. 신뢰의 길이란 명확하게 확정된 미래로 들어가는 것이 아니라 모호하고 불확실한 미정의 세계로 자원하여 들어가는 것입니다. 하나님께로 들어가는 것입니다.

이용규 선교사가 쓴 「내려놓음」에 보면 이런 글이 나옵니다. "세상 진리는 우리가 내려놓으면 모두 빼앗긴다고 유혹하지만 하늘 진리는 우리가 내려놓을 때 온전한 우리 것이 된다고 약속한다. 사탄은 우리에게 끊임없이 가지라고, 꼭 붙들고 있으라고 유혹한다. 내려놓으면 모두 잃어버린다고 우리에게 속삭인다. 하나님의 성품을 의심하게 만든다. 우리 인생에는 '분명한 내 것'처럼 보이지만 남김없이 내려놓아야 할 것이 있다. … 힘겹게 쌓아

올린 명예, 꼭 움켜쥔 재물, 미래의 불안과 생명의 위협까지 하나님 앞에 온전히 내려놓을 때 진정한 쉼과 참된 평안을 체험할 수 있다."

우리의 헌금이 과시용인지, 신뢰용인지, 나머지 여유분인지, 생활비 전부인지 생각할 필요가 있습니다. 과부는 돈을 의지하는 대신 하나님을 의지했습니다. 이것은 신뢰의 행위입니다. 그러기 때문에 헌금은 예배의 중요한 요소입니다. 헌금은 단순한 기부행위가 아닙니다. 신뢰 행위입니다. 그래서 예배가 됩니다. 불신에서 신뢰로 옮겨가는 것은 염려에서 놓여 해방되는 것입니다. 신뢰란 우리가 하나님께 드리는 최상의 선물입니다. 진정한 신뢰는 특권, 명예, 권력, 명성, 잘 보이려는 유혹으로부터 멀어지게 해줍니다.

헌금은 '다 걸기냐, 부분적인 걸기냐'입니다. 하나님께 얼마를 드리느냐보다 얼마나 의지하느냐입니다. 하나님을 신뢰할수록 하나님을 당신의 인생에 더 끌어들입니다. 재정문제를 당신이 모두 책임을 지지 않고 하나님의 간섭을 원한다면 하나님에게 재정을 내려놓아야 합니다. 하나님이 재정에 간섭하시도록 초청하십시오. 이때부터 헌금은 돈이 아니라 자신을 드리는 행위가 됩니다. 과부가 드린 것은 돈이 아니라 자신이었습니다. 이제부터 돈 이야기가 아니라 사람 이야기가 됩니다. 돈을 드린 것이 아니라 자신을 드린 것입니다.

다른 한편으로 두 렙돈이 그 과부의 전 재산이라도 다른 사람들에게 보이기에는 너무 보잘것없어 보이기 때문에 부끄러움에 망설일 수 있었습니다. 더구나 자루를 매고 오는 많은 부자들 틈에서 손에 있는 두 렙돈을 넣는다는 것은 하나님께서 아시리라는 믿음이 아니고서는 어려운 일입니다. 여기에도 하나님에 대한 전적인 신뢰가 필요합니다.

물론 이러한 행동을 할 때는 하나님의 음성을 들어야 합니다. 이런 의미에서 성경은 모험 이야기가 아니라 순종 이야기입니다. 경험상 분명히 하나님은 말씀하십니다. 너무 분명한 주일헌금이나 십일조는 이미 성경에서 말씀하셨으니 더 말할 필요가 없으시지만, 특별한 경우는 반드시 말씀하십니다. 그 과부도 음성을 들었을 것입니다. 그래서 갈등도 했을 것입니다. 하나님의 음성을 듣지 않고 헌금하시는 분 있으십니까? 듣고도 하지 않는 분도 있으시지요? 주일헌금과 십일조, 감사, 선교 헌금 외에 다른 헌금에서는 하나님이 말씀하시는 것을 경험할 수 있습니다. 하나님이 비전헌금에 대해 말씀하지 않으시던가요?

영화 〈에반 올마이티〉를 보면 노아의 방주 이야기는 심판 이야기가 아니라 사랑 이야기입니다. 여기에 이런 대사가 나옵니다. "누군가가 하나님에게 인내심을 달라고 하면 하나님은 그 사람에게 인내심을 줄까요, 아니면 인내심을 발휘할 기회를 줄까요? 누군가가 하나님에게 용기를 달라고 하면 하나님은 그 사람에게 용기를 줄까요, 아니면 용기를 발휘할 기회를 줄까요? 만일 누군가가 가족끼리 서로 사랑할 수 있도록 해달라 하면 하나님은 서로 사랑하게 할까요, 아니면 서로 사랑할 수 있는 기회를 줄까요?"

이렇게 대입하여 바꾸어 보아도 됩니다. "만일 우리가 세상을 바꾸어 달라고 기도하면 하나님은 단순히 세상을 바꿀까요, 아니면 당신이 세상을 바꿀 수 있는 기회를 줄까요? 만일 우리를 축복해 달라고 기도하면 하나님은 돈을 부어 줄까요, 아니면 축복의 사람이 될 수 있는 기회를 줄까요?"

하나님이 아브라함을 부르셨을 때 바로 복덩어리가 된 것이 아니라, 축복의 통로가 될 수 있는 기회를 주셨습니다. 이러한 과정을 통해 아브라함은 믿음의 절정기에 이를 수 있었습니다. 아브라함에게 모리아산에 올라가 이삭을 바치라고 하셨을 때도 아브라함은 자신이 가진 가장 귀한 것을 하나님께 드릴 수 있는 믿음이 있었습니다.

엘리야와 사르밧 과부 이야기를 생각해 보십시오. 하나님이 엘리야를 먹여 살리기 위해 사르밧으로 보내신 것이 아닙니다. 하나님은 과부 없이도 얼마든지 엘리야를 먹이셨습니다. 까마귀를 통해 초자연적인 방법으로 공수하셔서. 그러면 왜 사르밧까지 먼 거리를 엘리야를 보내셨을까요? 하나님은 사르밧 과부를 축복하시고 하나님의 역사에 참여하는 영광을 주고 싶어 하셨습니다. 과부는 궁핍한 중에 자신과 아들을 살려 달라고 기도했겠지요. 하나님은 그 기도의 응답을 단순히 먹을 것을 주는 것으로 해결하시지 않으시고 그 기도가 응답될 기회를 주신 것입니다. 그것이 엘리야를 사르밧에 보내신 이유입니다. 그러나 엘리야를 통해 먼저 양식을 주신 것이 아닙니다. 하나님이 과부의 필요를 채우시기 전에, 먼저 그녀는 자신이 갖고 있는 것에 대한 권리를 포기해야 했습니다. "너는 나를 신뢰하느냐?" 신뢰하려면 용기가 필요합니다. 하나님의 손에 모든 것을 올려놓아야 합니다. 그때 기도의 응답을 보게 됩니다. 이렇게 모든 것을 걸고 하나님을 자신의 삶에 끌어드립니다. 하나님을 경험하고, 믿음이 성장하고, 하나님의 축복을 경험할 기회입니다.

오병이어 기적의 통로가 된 어린아이도 마찬가지입니다. 예수님의 손에 자기의 가진 모든 것을 드리는 헌신을 통해 모든 사람이 먹고도 남는 역사를 경험하는 것입니다.

헌금은 과거에 행하신 일에 대한 감사 표현입니다. 현재 삶의 최우선 순위 표현입니다. 미래를 향한 신뢰의 표현입니다. 신뢰는 믿음과 소망의 결합입니다. 믿음과 소망은 함께 역사하여 신뢰하는 제자를 만듭니다. 하나님을 믿되 하나님의 약속에 대한 신뢰가 없다면 변질된 신뢰입니다. 신뢰의 세 가지 장애물은 망각, 게으름, 두려움입니다. 과거에 신실하셨던 하나님에 대한 망각, 하나님의 말씀에 지금 결단하지 않고 미루는 게으름, 하나님이 약속하신 내일에 대한 두려움입니다. 헨리 나우웬(Henri Nouwen)은 "가장 힘든 영적 과제 중 하나는 통제를 포기하고 하나님의 성령께 내 삶의 인도를 맡기는 것이다"라고 했습니다.

본문의 기사는 돈 이야기가 아니라 사람 이야기입니다. 두려움 없는 신뢰에 대한 이야기입니다. 여기 가난한 과부가 바람직한 제자도의 모습으로 제자들에게 제시됩니다. “누가 큰 자냐”는 논쟁에서는 어린아이가 제시되듯 말입니다. 그것이 이삭을 바친 아브라함입니다. 그것이 아버지의 뜻에 자신을 드린 예수님입니다. 결국 가난한 과부의 행위는 예수님 희생의 예시이며 제자도의 모델입니다.

32
깨어 있으라

[24]그 때에 그 환난 후 해가 어두워지며 달이 빛을 내지 아니하며 [25]별들이 하
늘에서 떨어지며 하늘에 있는 권능들이 흔들리리라 [26]그 때에 인자가 구름을
타고 큰 권능과 영광으로 오는 것을 사람들이 보리라 [27]또 그 때에 그가 천사
들을 보내어 자기가 택하신 자들을 땅 끝으로부터 하늘 끝까지 사방에서 모
으리라 [28]무화과나무의 비유를 배우라 그 가지가 연하여지고 잎사귀를 내면
여름이 가까운 줄 아나니 [29]이와 같이 너희가 이런 일이 일어나는 것을 보거
든 인자가 가까이 곧 문 앞에 이른 줄 알라 [30]내가 진실로 너희에게 말하노니
이 세대가 지나가기 전에 이 일이 다 일어나리라 [31]천지는 없어지겠으나 내
말은 없어지지 아니하리라 [32]그러나 그 날과 그 때는 아무도 모르나니 하늘에
있는 천사들도, 아들도 모르고 아버지만 아시느니라 [33]주의하라 깨어 있으라
그 때가 언제인지 알지 못함이라 [34]가령 사람이 집을 떠나 타국으로 갈 때에
그 종들에게 권한을 주어 각각 사무를 맡기며 문지기에게 깨어 있으라 명함
과 같으니 [35]그러므로 깨어 있으라 집 주인이 언제 올는지 혹 저물 때일는지,
밤중일는지, 닭 울 때일는지, 새벽일는지 너희가 알지 못함이라 [36]그가 홀연히
와서 너희가 자는 것을 보지 않도록 하라 [37]깨어 있으라 내가 너희에게 하는
이 말은 모든 사람에게 하는 말이니라 하시니라 막 13:24-37

윌리엄 바클레이(William Barclay)는 "이단은 모든 것을 이성적으로 완전히 이해하려고 하기 때문에 생긴다"라고 말한 적이 있습니다. 우리는 유한하고 하나님은 무한하신 분이므로 우리는 결코 하나님의 세계를 완전히 이해할 수 없습니다. 우리는 자신의 한

계를 인정하고 하나님의 역사를 믿는 믿음을 가져야 합니다. 교부 터툴리안(Tertullian)은 "나는 불합리하기 때문에 믿는다"라고 했지만, 믿음만이 하나님을 알아가는 길입니다. 즉 믿음으로 아는 것(Believing is Knowing)입니다. 아는 것이 믿는 것(Knowing is Believing)이라고 주장하는 과학적인 명제와는 다른 것입니다. 그러므로 신학은 믿음의 학(Faithology)이 되어야 하고(神學 대신 信學), 믿는 바를 고백하는 "고백의 신학"이어야 합니다. 하나님께서 계시해 주시고 깨닫게 해주신 것에 대한 응답의 고백이 바로 신학의 내용이어야 합니다. 그러므로 우리는 하나님께서 알려 주시는 한해서만 알 수가 있습니다. 그리고 하나님이 깨닫게 해주신 진리만 가지고도 구원을 얻는 데 아무런 부족함이 없습니다. 구원에 필요한 진리는 하나님께서 모두 계시해 주셨습니다.

복음서의 작은 묵시록이라고 하는 마가복음 13장을 우리는 이와 같은 고백에서 시작해야 합니다. 우리의 한계를 고백하면서 장래의 일을 말씀하신 주님의 교훈을 충실히 알아듣고자 하는 마음으로 접근해야지, 자기의 생각을 덧붙이거나 세대주의자처럼 자의적으로 해석해서는 안 됩니다. 그러면 종말을 두고 분명하지 않은 것을 먼저 말씀드리겠습니다.

"그날과 그때"입니다. 32절에서 예수님은 "그날과 그때는 아무도 모르나니 하늘에 있는 천사들도, 아들도 모르고 아버지만 아시느니라"라고 하셨습니다. 사도행전 1장 7절에서도 "때와 시기는 아버지께서 자기의 권한에 두셨으니 너희가 알 바 아니요"라고 재차 말씀하시면서 "때와 기한"은 하나님의 고유 권한에 속한 것으로 우리의 주된 관심사가 되어서는 안 된다고 하셨습니다. 오직 성령 충만으로 능력 받아 땅 끝까지 증인이 되는 것이 종말을 사는 성도의 바른 자세라고 말씀해 주셨습니다. 말하자면 "내일 지구의 종말이 올지라도 나는 사과나무를 심겠다"라고 한 스피노자(마틴 루터의 말이라는 설도 있다)의 말처럼 나에게 맡겨진 일을 하라는 것입니다. 왜냐하면 나는 종말의 때를 하루도 앞당기거나 미룰 수 없기 때문입니다. 하나님이 어련히 알아서 하시지 않겠습니까? 그런데 당시의 제자들이나 오늘의 우리나 자기 할 일은 충실히 하지 않으면서, 알려고 할 필요가 없다는 하나님 권한의 속한 일에 지대한 관심을 보입니다. 종말을 맞는 성도의 바른 자세는 성령의 능력을 받아 힘써 증인이 되는 것인데, 그 일에는 관심이 없고 언제 예수님이 재림하실 것인가가 주된 관심사입니다. 예수님은 이것이 우리의 일이 아니라(It's not your business) 하나님의 일이라고 비밀에 부치셨습니다. 우리에게 모르게 하시는 데에도 다 이유가 있습니다. 우리에게 이로운데 숨기시겠습니까? 우리의 유익을 위해 비밀에 부치신 것입니다.

그럼에도 불구하고 도대체 왜 그날과 시를 알려고 애쓰십니까? 만일 내 평생에 그날이 오지 않는다면 안일하게 살려고 그러십니까? 30년 후쯤이라면 29년까지는 마음대로 살다가 1년 전부터 바짝 준비하려고 그러십니까? 하나님은 이 우주적인 종말의 날을 비밀에 부치셨습니다. 그리고 나 자신의 개인적인 종말도 비밀에 부치셨습니다. 언제 죽을지는 모르지만 죽는다는 사실은 확실한 만큼 열심히 하나님의 일을 하며 사는 것이 내 본분이지, 언제 죽을 것인지 알기 위해 애쓸 필요는 없습니다. 나 자신의 앞일도 내다보지 못하는 자가 어떻게 세상의 종말을 알 수 있다는 말입니까? 여기에서 지나치면 모두 다 이단이 되는 것입니다. 말씀을 억지로 풀다가 올무에 걸릴 뿐입니다.

오래전 1992년 10월 종말설을 퍼트리며 한창 시끄럽게 하던 무리들이 있었습니다. 제가 미국에서 목회할 때, 미국에까지 들어와서 교회를 어지럽혔습니다. 그들은 예수님이 "그날과 그 시"를 모른다고 하셨지만 "그해와 그달"은 알 수 있다고 하면서 1992년 10월이라고 했습니다. 그리고 하나님께서 노아에게 홍수 심판에 대해 미리 준비하게 하신 다음 홍수 심판 7일 전에 날짜를 가르쳐 주셨고(창 7:4), 하나님은 먼저 알리시지 않고 행하심이 없다고 하는 말씀까지 인용하면서 자신들이 계시를 받았다고 수상했습니다. 사탄이 예수님을 시험할 때 성경을 인용한 것을 알고 있을 것입니다. 이단들도 다 자신들의 뜻대로 성경을 인용합니다. 그래서 많은 사람들이 미혹을 당했습니다. 사실 노아가 홍수 심판에 대한 하나님의 경고를 받았을 때처럼 오늘날도 예수 그리스도의 재림에 대한 복음을 믿지 않고 세상에 취해 살아가다가 심판을 당할 사람들이 많다는 것은 비슷한 정황입니다. 그러나 노아가 홍수 7일 전에 하나님의 통고를 받은 것이 구약의 사실이라면, 예수님의 재림의 때는 아무도 모르게 하나님의 작정하신 때에 이루어진

다는 것은 신약에 기록된 엄연한 사실입니다. 그러기 때문에 예수님은 종말에 관한 말씀을 하실 때마다 "깨어 있으라"(막 13:33, 34, 35, 37)고 누누이 당부하셨습니다. "너희가 사람의 미혹을 받지 않도록 주의하라 많은 사람이 내 이름으로 와서 이르되 내가 그라 하여 많은 사람을 미혹하리라"(막 13:5-6)라고 하신 예수님의 말씀 속에는 거짓 그리스도뿐 아니라 하나님이 비밀에 부친 종말의 때를 자기에게만 가르쳐 주었다고 예수님의 말씀을 정면으로 거스르는 자들도 포함됩니다. 예수님도 천사도 모르고 하나님만 아신다고 했는데 자기가 예수님보다 낫다는 말입니까? 아니면 어느새 하나님이 되었다는 말입니까? 우리는 그날이 이를 때까지 "그날과 그때"를 알 수 없습니다. 내일 당장 오실지도 모릅니다. 그러므로 지금 주님이 오시는 것처럼 예비하고 깨어 있는 신앙생활을 해야 합니다.

구약에는 예수님에 대한 많은 예언들이 있는데, 그중에 예수님의 초림 즉 탄생에 대한 예언의 말씀들이 있습니다. 그러나 더 많은 부분은 예수님의 재림에 대한 예언의 말씀들입니다. "여호와의 날"(암 5:16-20, 사 13:6-16, 욜 2-3장), "새 하늘과 새 땅"(사 65:17, 66:22)의 심판과 구원의 마지막 날을 오래전부터 예언하고 있습니다. 이렇게 하나님의 구원 역사는 예수 그리스도의 재림으로 완성됩니다. 역사의 종착점은 예수님의 재림입니다. 징조를 말씀하시는 것은 역사 안에서 심판과 구원이 일어난다는 뜻입니다. 예수 그리스도는 하나님 구원의 핵심인데 탄생, 십자가와 부활 그리고 승천이 이미 일어난 사건이라면 재림은 마지막으로 남겨진 사건입니다. 그래서 신약 성서는 예수님의 재림에 대한 언급을 380번 이상하고 있습니다. 우리는 마지막 시대를 살고 있습니다. 우리가 지금 힘써서 외쳐야 할 복음은 재림의 복음입니다. 우리가 가지고 살아야 할 신앙은 재림의 신앙입니다.

마가복음 13장은 예수님께서 성전에서 나가실 때 제자들이 성전의 웅장함을 자랑삼아 예수님께 말하는 것으로 시작됩니다. 당시 예루살렘 성전은 모리아산에 헤롯 왕 때부터(BC 20년 내지 19년) 짓기 시작해 예수님 당시에도 아직 완성되지 않은 50여 년이 걸린(요 2:20에 46년에 걸쳐서 지었다는 기록이 있다) 가히 유대인들이 자랑할 만한 걸작 건축물이었습니다. 웅장하게 잘 다듬어진 거대한 돌들과 우아하게 금으로 장식된 기둥들을 가리키면서 갈릴리 시골 어부 출신 제자들은 감탄하며 건물에 대한 칭찬을 입이 마르고 닳도록 했습니다. 요세푸스에 의하면 돌 하나가 길이 12m, 넓이 3.6m, 높이 5.4m였다고 합니다.

그때 예수님은 의외의 반응을 보이셨습니다. 역설적인 말씀입니다. 바로 앞에서도 부자의 헌금에 놀란 제자들에게 가난한 과부가 가장 많은 헌금을 했다고 말씀하셨습니다. 이제 갈릴리 회당에서는 성전의 위용에 놀란 제자들에게 그 성전이 무너질 것을 예고하시는 것입니다. 성전의 돌 위에 돌 하나도 남지 않고 다 무너진다는 것입니다.

"네가 이 큰 건물들을 보느냐 돌 하나도 돌 위에 남지 않고 다 무너뜨려지리라"(막 13:2).

우리가 이루어 놓은 많은 물질문명과 편리한 이기들과 찬란한 과학적 성과들을 자랑삼아 예수님께 드러내 놓았을 때 이 모든 것이 다 무너질 것이라는 말씀을 듣게 되는 것입니다.

이런 성전이 무너진다면 세상이 무너진다는 이야기입니다. 그래서 장소를 바꿔 감람산에서 모리아산 성전의 위용을 바라보며 베드로, 야고보, 요한과 안드레가 두 가지 질문을 은밀하게 던지고 있습니다. 그래서 3-4절은 5-37절로 넘어가는 다리 역할을 합니다. 때와 징조를 물었습니다. 즉 언제(When) 이런 일이 있겠으며, 무슨(What) 징조가 있을 것인지 물은 것입니다(4절). 제자들의 질문은 "어느 때"(When)와 "무슨 징조"(What)인데, 지금 우리도 마찬가지입니다. 여기에서 예수님의 유명한 "감람산 강화"가 시작됩니다. 예수님은 제자들이 질문한 것에 답변을 주시지만 기대한 방식으로가 아닙니다. 제자들은 예루살렘의 멸망에 대해 질문했지만 예수님은 그 질문뿐 아니라 이 기회에 종말에 일어날 예수님의 재림에 대해 말씀하십니다. 예수님은 그때와 징조에 대해 말씀하시기보다는 다가오는 시련의 날들을 위해 제자들을 준비시키는 데 더 초점을 맞추고 계십니다. 인자가 영광 가운데 재림할 때 어떻게 맞이할 것인가가 관심입니다. 예수님은 "어떻게"(How) 살 것인지에 대한 실제적인 가르침을 주십니다. 그래서 감람산 강화는 경고성 설교입니다.

예루살렘 멸망, 성도들의 환난, 세상의 천재지변 등은 개별로 떨어진 우연적인 사건이 아니라 하나님의 구원 역사의 선상에서 깊은 관련이 있습니다. 그러므로 앞으로 일주일 안에 당할 십자가와 부활 그리고 승천, 성령강림, 교회의 탄생, 선교의 역사, 성도들의 순교와 고난, 전쟁과 기근과 지진, 이단과 악한 세력의 횡행, 그래도 계속되는 땅 끝까지의 선교… 이 모든 것이 하나님의 계획된 구원 역사에서 일어나며, 예수님의 재림으로 하나님의 구원 드라마가 종결된다는 역사의 파노라마를 제시하십니다. 여기에서 중요한 것은 예수님의 재림이 초역사적이거나 무시간적인 것이 아니라 일상의 역사 선상에서 일어날 역사적인 사건이라는 것입니다. 분명히 국제적, 정치적, 사회적, 경제적, 자연 환경적 성격을 띠고 있습니다.

예수님이 공중에 재림하실 때 전 우주가 이 사건을 경험할 것입니다. 재림을 통해 하나님은 창조를 완성하시고 믿는 자들에게는 새 하늘과 새 땅을 믿는 자에게 주시는 생명의 부활이, 사탄과 악한 자들에게는 영벌에 떨어지는 심판이 임하게 됩니다. 예수님을 찌르던 자들도, 조롱하던 자들도, 믿지 못하던 자들도 이 일을 목도하게 될 것입니다.

예수님은 돌 하나도 돌 위에 남지 않고 무너질 것이라는 예루살렘 멸망에 대한 예언을 약 AD 30년에 하셨습니다. 그 사실을 마가는 AD 65년에 기록했습니다. 그리고 실제로 AD 70년에 로마 황제 티투스(Titus)가 예루살렘에 침공해 성전을 파괴했습니다. 이때 백만 명 이상의 유대인들이 대학살을 당했습니다. 성전도 기초 외에는 아무것도 남지 않고 다 불타고 무너졌습니다. 지금도 예루살렘에 가보면 통곡의 벽(Wailing Wall) 외에 남은 것이 없습니다. 예수님의 예언은 정확했고 역시 이것은 재난의 시작일 뿐입니다. 예루살렘 멸망은 유대인을 비롯한 모든 인류가 인간적인 방법으로 하나님을 알려고 하던 일들의 실패를 의미합니다.

교회는 재림의 주님을 증거하고, 재림하실 주님을 맞이할 준비를 위해 부름받은 하나님의 마지막 도구입니다. 우리 성도들은 "아멘 주 예수여 오시옵소서"(계 22:20)의 마라나타 신앙을 소유해야 합니다. 예수님의 초림(탄생)을 준비해야 했던 이스라엘이 자기들의 사명을 다하지 못한 것처럼 재림을 준비해야 할 교회가 사명을 다하지 못할까 봐 안타까운 마음입니다.

왜 예수님은 앞으로 진행될 종말의 일들을 미리 제자들에게 그리고 우리에게 말씀하십니까? 우리의 현실을 똑바로 보게 하기 위해서입니다. 다시 말하면 우리가 종말을 미리 내다보고 그것에 비추어 오늘을 바르게 살도록 가르치기 위해서입니다. 바른 종말론은 현실과 동떨어진 미래에 살게 하는 것이 아니라 미래를 앞당겨 현재를 바르게 살도록 합니다. 그것이 종말론적인 삶입니다. "처음과 나중" 되시는 하나님 앞에서 성경은 우리의 시작이 어떠했으며 우리의 마지막이 어떠할 것인가를 가르쳐 주면서 그 도상에 있는 우리의 존재들을 깨우쳐 주는 것입니다. 인간은 과거로부터 배우기도 하지만 미래를 전망하면서 오늘 행동하는 존재입니다. 그러므로 하나님 앞에 서게 될 날을 기억하고 지금 책임 있는 삶을 살아야 합니다. 그런데 그 결산의 날이 예수님의 제자들이 곧 오리라고 전망하고 준비했던 때보다도, 내가 10년 전에 믿던 때보다도 더 가까이 왔다는 것은 부인할 수 없는 사실입니다. 그런데도 왜 주님 맞을 준비가 다 됐다고 말할 수 없는 것입니까?

예수님이 그때와 시는 비밀에 부쳐 두셨지만 5절부터 8절까지 말세의 징조에 대해서는 말씀하셨습니다. 세 가지 징후인데 종교적 혼돈(Religious cultism), 사회 혼란(Social violence), 자연재해(Natural disaster)입니다. 이 징조들은 모두 다 부정적인 것들인데 밤이 깊으면 새벽이 멀지 않다는 이치이며, 어두움이 강하면 빛의 역사가 가깝다는 원리입니다. 주님이 이것들을 미리 가르쳐 주시는 이유는 '주의하라'는 것입니다.

5절과 6절에서는 영적인 혼돈을 예언했습니다. 성도들을 미혹하기 위해 예수 그리스도를 사칭하여 오게 될 거짓 교사와 적그리스도의 출현을 예고하고 있습니다. 성도들이 하나님의 말씀에 바로 서서 생활하지 않으면 이런 미혹에 빠지기 쉽습니다. 7절과 8절 상반에서는 사회 혼란 특별히 국제적인 분쟁을 예언했습니다. 쿠데타, 폭동, 테러, 내전, 전쟁 등 인간의 이기심은 끊임없는 싸움을 일으키고 있습니다. 8절 하반에서는 자연재해를 말하고 있습니다. 천재지변 즉 지진, 기근, 홍수, 가뭄, 냉해(한발), 화재, 쓰나미, 이상기온, 지구온난화 등입니다. 여기에는 인간들이 생태계를 마구 파괴하기 때문에 오는 자업자득도 있습니다.

이상의 징후들은 마치 비 오기 전에 먹장구름이 끼는 것과 같고 산모가 아이를 해산하기 전에 산통을 느끼는 것과 같습니다. 무엇을 해산하려고 이런 고통이 옵니까? 새 하늘과 새 땅의 하나님 나라가 이루어지는 예수님의 재림이 임박했기 때문입니다. 그러므로 이상과 같은 징조들 자체는 부정적인 것들이지만 염세적으로 비관하거나 한탄할 것만은 아닙니다. 이럴 때일수록 주님의 재림이 가까워졌다는 사실을 알고 더욱 대비를 해야 합니다.

여기까지가 앞에서 말한 징조에 해당되는 이야기입니다.

9절부터 20절까지는 말세에 당할 환난을 기록하고 있습니다. 두 부분으로 나누면 9-13절은 개인적인 환난인데 복음을 증거하다가 매질 당하고, 재판을 받고, 감옥에 갇히고, 순교를 당하고, 가족으로부터도 배척을 당하고, 모든 사람에게 미움을 받게 됩니다. 그러나 성도들은 핍박 가운데에도 이방인들에게까지 복음을 전하며, 성령 충만함으로 담대히 말씀을 전하면서 끝까지 견디어 결국 구원을 얻게 됩니다.

14-20절은 국가적인 재난을 말합니다. 택하신 백성들을 넘어뜨리기 위해 환난이 일어나지만 주님이 택하신 백성들을 구원하시기 위하여 그날을 감하실 것이라고 하셨습니다. 징조에서 개인적 환난으로 그리고 국가적 재난으로 강도를 더해 갑니다.

이런 묵시적인 본문들은 암호 탐색가처럼 읽어서는 안 됩니다. 암호 탐색가는 마치 자신이 암호 해독자인 듯 성경을 점성술사 노스트라다무스의 예언서처럼 읽습니다. 장래의 낌새나 예보를 다빈치 코드처럼 바이블 코드로 읽습니다. 그래서 일일이 무엇을 의미한다고 해석합니다. 여기에서 세대주의 종말론자나 극단적 근본주의자가 나옵니다. 이들의 종말론은 숙명론적이고 비윤리적입니다. 그런데도 사람들에게 주목을 받으며 흥미를 끕니다. 이들은 예수님의 복된 소식을 나쁜 소식으로 만들고, 남이 안 되는 것을 즐거워하고, 생태계의 파괴를 당연한 것으로 받아들이고, 유대인에게는 치욕을 주고, 이슬람을 악마로 대합니다. 그리고 누가 적그리스도인지 666인지를 찾습니다. 나폴레옹, 교황, 히틀러, 냉전시대에는 러시아, 헨리 키신저, 유럽공동체, 이슬람을 적그리스도라고 지목합니다. 이들은 성경 전체를 보거나 복음서를 보는 대신 묵시와 요한계시록만 봅니다.

제자들은 이것을 예수님에게까지 요구합니다. 당시에는 묵시적 종말론(에세네파) 아니면 정치적 종말론(열심당)이 주류를 이루었습니다. 파괴적인 종말, 대적하는 종말, 이원론적 종말, 무기력한 종말입니다. 말세를 기다리는 사람들이 신이 행동하기를 기다리다가 지쳐 자신들이 행동하고, 그것도 파괴적인 행동을 하면서 자신들은 임무를 수행하고 있다고 주장합니다. 그것을 성전(거룩한 전쟁)이라고 이름까지 붙입니다.

그래서 예수님은 종말론 대신 하나님 나라를 말씀하셨습니다. 하나님 나라는 역사성과 윤리성이 들어가 있습니다. 현재적이면서 미래적입니다. 예수님의 말씀은 미혹을 주의하라 하시고, 성령님이 도우시고 하나님이 어려움을 감해 주시리라는 희망적인 메시지입니다. 영화 〈에반 올마이티〉에는 노아의 방주가 심판과 진노의 이야기가 아니라 사랑 이야기라는 말이 나옵니다. 홍수로부터 인간을 구원하시고 짐승들이 쌍으로 들어가는 하나님의 사랑 이야기입니다. 종말은 단순히 심판이나 진노가 아니라 하나님의 구원의 사랑 이야기입니다. 그래서 종말론도 복음입니다.

24-27절은 환난이 지난 다음을 말씀하고 있습니다. 하나님의 이전 창조물들은 진동하여 물러가고, 예수님께서 구름을 타고 큰 권능과 영광으로 재림하시고, 성도들은 땅 끝 이편에서 저편까지 공중에서 주님을 맞이하기 위해 일시에 휴거하는 새 하늘과 새 땅의 새로운 역사를 맞이합니다.

재림하시는 예수님의 모습은 초림 때와는 전혀 다릅니다. 초림 때에는 낮고 천한 인간의 모습으로 태어나 고난을 받고 십자가에서 대속의 죽음을 치르기 위해 오셨지만, 다시 오실 예수님은 영광과 큰 권세를 가지시고 만왕의 왕으로 심판의 주로 큰 나팔 소리와 함께 오시게 될 것입니다.

이것이 예수님이 제자들과 우리에게 미리 보여 주시는 하나님의 종말에 대한 계획입니다. 그러므로 이 교훈의 목적은 결론적으로 28-37절에 언급된 대로 "깨어 있으라"입니다. 예수님은 네 차례 "깨어 있으라"(막 13:33, 34, 35, 37) 반복적으로 말씀하시는데 이것이 감람산 강화의 목적입니다.

중간중간 예수님이 말씀하시는 "주의하라"(5절), "두려워하지 말라"(7절), "조심하라"(9, 23, 33절), "염려하지 말라"(11절), "깨어 있으라"(33, 34, 35, 37절)는 행동을 촉구하는 동사입니다. 감람산 강화는 종말에 일어날 징조를 알리는 것이 주목적이 아니고, 종말에 공동체가 어떻게 대처해야 하는가를 말씀하고 있습니다. 종말은 묵시에 있지 않고 묵시에 근거한 권면에 있습니다. 그러므로 '언제', '어디에'라는 사고방식은 피해야 합니다.

예수님은 짧은 두 가지의 비유를 들어 설명하셨습니다. 무화과나무의 비유와 문지기의 비유입니다. 무화과나무 가지가 연해지면서 잎사귀가 나오게 되면 여름이 가까이 온 줄 아는 것과 같이 앞에 말한 징조가 보일 때에 인자가 곧 문 앞에 당도할 줄 알고 준비하라는 것입니다. 예수님은 겨자씨, 무화과나무와 같이 자라남과 성숙과 유기체적인 의미가 담긴 은유를 사용하여 더욱 나아지고 밝아지는 미래의 이미지를 제공해 주고 계십니다.

그리고 문지기가 주인을 기다리는 것과 같이 깨어 기다리고 있다가 주인이 오실 시간에 문을 열어 주는 사명을 잘 감당하라는 말씀입니다. 우리는 다 문지기의 사명과 특권을 함께 받았습니다. 구약의 파수꾼들처럼 깨어서 잘 준비해야 합니다. 가까워지기는 했지만 아직 그 시를 알지 못하기 때문에 언제 오셔도 괜찮도록 깨어서 만반의 준비를 해야 합니다. 주인이 늦은 시간에 오시더라도 문을 열어 드리기 위해 깨어서 기다리다가 주인을 만나면 얼마나 칭찬을 받겠습니까?

"깨어 있으라"는 말씀은 잠자지 말고 매일 영시 예배를 드리라는 말이 아닙니다. 믿음의 잠에서 깨어나라는 말씀입니다. 이 말은 우리가 지금 영적으로 졸고 있다는 것도 함축하고 있습니다. 지금은 자다가도 깰 때인데 그렇게 자려고만 하면 되겠느냐는 것입니다.

그리고 깨어 있으라는 것은 아직 "때"가 있을 때 할 수 있는 행위를 해야 한다는 것입니다. 아직 때가 있을 때 할 수 있는 것은 '회개'와 '믿음'입니다. 깨어 있다는 것은 영적 분별력을 가지는 것입니다. 살아 있는 믿음 생활입니다. 기도하는 생활입니다. 기대하며 준비하는 생활입니다. 하나님 앞에 설 것을 생각하는 생활입니다. 빛 가운데 사는 생활입니다.

진정 나는 예수님의 보혈로 거듭나 오늘 예수님이 오시면 들림 받을 수 있습니까? 어두운 세상에서 밤에도 낮과 같이 빛의 갑옷을 입고 살고 있습니까? 사명을 잘 감당하다가 "아멘 주 예수여 오시옵소서" 할 수 있습니까?

33
허비냐, 준비냐?

1이틀이 지나면 유월절과 무교절이라 대제사장들과 서기관들이 예수를 흉계
로 잡아 죽일 방도를 구하며 2이르되 민란이 날까 하노니 명절에는 하지 말자
하더라 3예수께서 베다니 나병환자 시몬의 집에서 식사하실 때에 한 여자가
매우 값진 향유 곧 순전한 나드 한 옥합을 가지고 와서 그 옥합을 깨뜨려 예
수의 머리에 부으니 4어떤 사람들이 화를 내어 서로 말하되 어찌하여 이 향유
를 허비하는가 5이 향유를 삼백 데나리온 이상에 팔아 가난한 자들에게 줄 수
있었겠도다 하며 그 여자를 책망하는지라 6예수께서 이르시되 가만 두라 너
희가 어찌하여 그를 괴롭게 하느냐 그가 내게 좋은 일을 하였느니라 7가난한
자들은 항상 너희와 함께 있으니 아무 때라도 원하는 대로 도울 수 있거니와
나는 너희와 항상 함께 있지 아니하리라 8그는 힘을 다하여 내 몸에 향유를
부어 내 장례를 미리 준비하였느니라 9내가 진실로 너희에게 이르노니 온 천
하에 어디서든지 복음이 전파되는 곳에는 이 여자가 행한 일도 말하여 그를
기억하리라 하시니라 10열둘 중의 하나인 가룟 유다가 예수를 넘겨 주려고 대
제사장들에게 가매 11그들이 듣고 기뻐하여 돈을 주기로 약속하니 유다가 예
수를 어떻게 넘겨 줄까 하고 그 기회를 찾더라 막 14:1-11

14장부터 예수님의 수난기사(Passion Narrative)가 본격적으로 기록되어 있습니다. 이제 이틀만 지나면 유월절인데, 유월절 어린양으로 우리의 죄를 담당하기 위해 십자가를 지실 예수님의 마지막 사역이 펼쳐집니다. 본문은 예수님의 수난기사 서론 부분에 해당하

며 두 부류의 사람들이 나타나 예수님의 죽음을 준비합니다.

한 부류의 사람들은 대제사장들과 서기관들 그리고 예수님의 제자 중 하나인 가룟 유다로서 이들은 용의주도하게 예수님을 죽일 계획을 세우고 있습니다. 1-2절에는 대제사장들과 서기관들이 예수님을 모함하고 죽일 묘책을 강구하고 있고, 10-11절에는 가룟 유다가 자발적으로 대제사장들에게 가서 예수님을 배반하여 팔아 넘겨줄 기회를 찾는 어두운 일들이 진행되고 있습니다. 본문은 샌드위치(sandwitch) 구조로 지도자들의 음모(1-2절)와 가룟 유다의 배신(10-11절) 사이에서 빛나는 여인의 헌신(3-9절)을 기록하고 있습니다. 사람을 돈으로 매수하는 유대 지도자들과 자신의 것을 아낌없이 드리는 이름 없는 여인이 대조를 이룹니다.

이 간계와 배신의 기사 사이에 이름을 알 수 없는 여인의 아름다운 사랑의 이야기가 있습니다. 이 여인은 옥합을 깨트려 주님께 부어 드림으로 예수님의 죽음을 준비하고 있으며, 예수님 역시 이 여인의 헌신처럼 자신의 몸을 깨트려 우리를 구원하는 마지막 사역을 준비하십니다. 여인의 완전한 헌신과 비움 속에는 예수 고난에 대한 깊은 이해가 들어 있습니다. 이 여인의 이름은 알 수 없으나 예수님을 가장 닮을 행위로 예시되어 있습니다. 예수님이 하실 일을 여인의 모습에서 미리 보여 주십니다. 예수님을 생각나게 하는 여인입니다. 그러므로 예수님은 자신의 구원 행위와 더불어 여인의 행위도 위대한 모본으로 세세에 전하라고 당부하고 계십니다.

이 땅은 이렇게 빛의 자녀와 어두움의 자녀에 의해 두 가지 전혀 다른 일이 같은 시각에 같은 장소에서 진행되고 있습니다. 마가는 이렇게 정반대의 기사를 함께 소개함으로 예수님의 수난 기사를 시작하고 있습니다.

당신이 만일 죽음을 예견할 수 있어서 죽음을 일주일 정도 남겨 두었다면 무엇을 하겠습니까? 예수님은 십자가를 미리 아시고 마지막 남은 시간을 사랑하는 사람들과 함께 보내시면서 그들의 발도 씻어 주시고, 그들과 함께 마지막 식사도 하시고, 유언적인 말씀도 남기시고, 하나님 앞에 나아가 기도하면서 보내셨습니다.

이 중요한 시점에 예수님이 일전에 한센병을 고쳐 주었던 베다니 시몬의 집에서 식사를 하시자 많은 사람들이 모여들게 되었습니다. 한센병 환자였던 시몬이 완치되었음에도(실제로 환자는 일반인과 접촉할 수 없다) 아직 한센병 환자 시몬으로 불리는 것을 보면 사회적 인식은 그렇게 쉽게 바뀌지 않는 것 같습니다. 시몬이 호스트였다는 것은 예수님께서 이생의 마지막까지 사회적으로나 종교적으로 멸시받던 사람들을 용납하시고 그들과 함께하셨다는 것을 보여 줍니다.

게다가 이런 사람의 집은 대체로 초라했을 것입니다. 요한복음의 기사를 보면 같은 동네에 살고 있던 나사로와 마리아와 마르다도 이 집에 와서 예수님을 대접하고 있었습니다(요 12:1-8). 그때 마태와 마가복음에는 익명의 한 여인이 매우 값진 향유 옥합을 가지고 와서 예수님의 머리에 부었습니다. 가난한 시몬의 집에서 값비싼 향유를 드린 여인의 모습을 상상해 보십시오. 요한복음에서는 마리아가 예수님의 발에 향유를 붓고 자신의 머리를 풀어 예수님의 발을 씻겼습니다. 머리에 붓는 것과 발에 붓는 것은 상당한 차이가 있습니다. 가부장적인 전통이 강한 시대에 머리에 부었다는 마가의 묘사는 파격적인 행위입니다. 이 장면을 그린 그림들도 보면 대체로 발에 붓는 것으로 표현했습니다.

> 내게 있는 향유 옥합 주께 가져와
> 그 발아래 입 맞추고 깨뜨립니다
> 나를 위해 험한 산길 오르신 예수
> 걸음마다 크신 사랑 새겨 놓았네
> – 박정관 작사, 작곡

마가는 시몬이나 마리아와 같은 인물에 대해서는 자세히 소개하지 않습니다. '누구냐'보다 '무엇을 행했느냐'에 강조점이 있습니다. 마가의 의도는 우리도 이 여인과 같은 헌신을 할 수 있다는 개연성을 내포하고 있습니다. 이 여인이 마리아라면 마가가 왜 그 이름을 몰랐겠습니까? 이름도 모르는데 어떻게 기억합니까? 행한 일로 기억하라는 것입니다. 행할 우리를 위해 이름을 익명으로 남겨 두었습니다. 그 여인과 같이 살았던 수많은 성도와 앞으로도 살아갈 우리를 위해 무명으로 기록한 것 같습니다. 무명의 이 여인은 그들의 대표입니다. 이름보다 행위로 유명한 베다니의 한 여인을 우리는 기억해야 합니다. 기억(remember)한다는 것은 다시 말해 그 행위를 하는 구성원의 일원(re-member)이 되는 것입니다.

그 여인은 한평생 소중하게 모으고 간직해 온 옥합을 통째로 깨트려 주님의 발과 머리에 전부 아낌없이 부었습니다. 순전한 '나드'는 인도 갠지스강 유역 식물의 뿌리에서만 채취되는 고급 향유로 비싼 가격에 수입된 것입니다. 집에 귀한 손님이 왔을 때 한두 방울 머리에 뿌려서 환대와 영예를 표시한 습속이 있었다지만 이렇게 통째로 깨트려 드리는 것은 너무나 의외의 일이었습니다. 가룟 유다를 비롯한 몇몇 이재에 밝은 사람들은 그 향유의 값어치가 족히 300데나리온이 넘는 액수라고 계산했습니다. 즉 장정 한 사람의 1년 연봉에 해당하는 액수입니다. (오병이어의 기적에서 200데나리온으로 1만 명 정도를 먹일 수 있다고 보았을 때 엄청난 액수입니다.) 한순간에 300데나리온을 썼다면(1만 5천 명 이상 먹을 수 있는 음식값을 혼자 지불했다면) 매사를 논으로 판단하고 그런 관점에서 세상을 보는 사람들에게는 어처구니없는 낭비임이 틀림없었습니다. 그것도 큰 재벌도 아닌 평범한 여자가 말입니다. 향유는 그 여자의 모든 것입니다. 그래서 왜 허비하느냐고 그 여인을 책망했습니다. 그러나 주님은 아름다운 일이라 칭찬하시고 영원히 기억되리라 하셨습니다. 같은 일이 저들에게는 낭비(wasteful)로 보였고 예수님에게는 아름다운 일(beautiful)로 보였습니다. 저들의 안목에는 낭비였지만 예수님에게는 준비였습니다.

믿음 생활이 그렇지 않습니까? 세상적인 관점에서 보면 시간,

물질, 재능을 모두 허비하는 것 같습니다. 세상 사람들이 이해할 수가 없습니다. 그러나 신앙적인 관점에서 보면 하나님 나라를 준비하는 것입니다. 헌신은 어떻게 보면 거룩한 사랑의 낭비입니다. 앞에 나온 마가복음 12장 44절의 과부도 자기의 생활비 전부를 헌금함에 넣는 거룩한 낭비를 했습니다. 이 두 여인 모두는 자기의 "힘을 다하여"(막 14:8) 주님을 섬긴 것입니다.

본문에서 향유는 물질적 가치를 뛰어넘어 정신적 가치, 영적 가치로 위치 이동하고 있습니다. 300데나리온의 향유라는 물질적인 가치에서, 섬김이라는 정신적인 가치로, 그리고 예수님의 장례를 준비하는 영적인 가치로 승화되고 있습니다. 개인의 삶과 신앙적 헌신은 산술적 가치로 가늠하기가 곤란합니다. 더구나 복음서에서 예수님이 물질을 향유(享有)하신 유일한 경우가 향유(香油)를 받으신 사건입니다. 예수님의 생애에 처음이자 마지막 최고의 대우를 받으신 것입니다. 300데나리온에 팔아 가난한 자에게 주라는 것은 합리적이고 명분 있는 진술입니다. 그러나 가난한 자에게서 예수님을 보아야 하고 예수님에게서 가난한 자를 보아야 합니다. 세상에는 구제의 미덕에 선행하는 가치가 있습니다.

그런데 이 거룩한 사랑의 낭비의 전형적인 모습은 예수님의 십자가에서 찾아볼 수 있습니다. 죄에 빠진 벌레만도 못한 인간을 구원하시기 위해 하나님 자신이 십자가에 달려 돌아가신 일만큼 엄청난 낭비가 어디 또 있겠습니까? 로마서 5장 5-10절을 보면 예수님은 우리가 약할 때 우리를 위해 죽으시고, 우리가 죄인 되었을 때 우리를 위해 죽으셨으니 세상적인 관점에서는 얼마나 낭비입니까? 더구나 우리가 원수 되었을 때, 즉 조롱하고, 핍박하고, 은혜도 알지도 못할 때 우리를 위하여 죽으셨으니 이 또한 얼마나 큰 낭비입니까? 예수님의 사역 자체가 거룩한 사랑의 낭비였습니다. 그러므로 이 여인들과 앞서간 성도들의 헌신은 예수님의 사역을 예시적으로 보여 주는 예수님을 닮을 모습입니다. 여인의 행동을 나타내는 동사 "가지고 와서" "깨뜨려" "부으니"는 예수님이 십자가를 "지고 가서" (십자가에) "달려" (물과 피를) "흘려"와 같은 동작입니다. 예수님이 우리를 위해 자신의 생명을 내어주신 것처럼 이들은 예수님을 위해 자신들의 모든 것을 힘을 다해 내어드렸습니다.

이 여인은 옥합을 깨뜨려 그 안에 있는 모든 것을 부어 드렸습니다. 옥합을 가지고 온 것은 자발적인 결단에 의한 행동을 말하고 있습니다. 옥합을 깨뜨린 것은 흙으로 지어진 질그릇인 자신을 깨뜨린 것을 의미합니다. 부어 드린 것은 자기의 생명을 드린 것으로 이해해야 합니다. 8절에 나오는 "부어"라는 말은 14장 24절 최후의 만찬 때 주님이 말씀하신 "흘리는"과 같은 단어로 자기의 생명을 드리는 것을 말합니다. 그러므로 예수님이 자신의 몸을 깨뜨려 우리를 위해 흘려 주신 보혈의 은유적인 뜻을 내포하고 있습니다. 그리고 예수님께서 그 여인의 행한 일이 알려져 그를 "기억하리라"(9절)는 말씀은 예수님께서 최후의 만찬 때 성만찬 예식을 제정하시면서 이를 행할 때마다 나를 "기념하라"(눅 22:19)

하신 말씀과 같은 뜻으로, 예수님의 사역과 여인의 헌신 사이의 유사점을 찾을 수 있습니다. 그러므로 피오랜자(Francis Schüssler Fiorenza)가 "베다니 여인은 마가복음의 이상적인 제자상을 보여 준다"[4]라고 말한 것은 정확한 표현입니다.

앞에서 우리는 제자들의 완악하고, 보지 못하고, 깨닫지 못하는 것을 보면서 안타까워했고 더구나 이 사건에서도 제자들은 여인의 행동을 나무랐는데, 예수님은 이 여인에게 "좋을 일"을 했다고 칭찬하심으로 우리가 따라야 할 가장 모범적인 제자상은 여인이라는 것을 분명히 보여 주고 계십니다. 여인의 행위는 몸의 언어(body language)입니다. 순교도 몸의 언어입니다. 몸의 언어는 해석이 중요합니다. 그런데 그 해석이 해석하는 사람을 반영합니다. 예수님은 좋게 해석해 주셨습니다. 그 여인이 예수님의 장례를 미리 알고 준비했는지 알 수 없습니다. 사실 몰랐을 가능성이 더 큽니다. 그러나 예수님은 그렇게 여겨 주셨습니다. 그것이 바로 우리가 해야 할 일이기도 합니다. 여인의 행위가 낭비가 되지 않고 준비가 되도록 만들 책임이 우리에게 있습니다. 깨진 옥합에서 흘러나오는 향유를 두고 나무라는 것은 아무 소용이 없습니다. 그 여인의 순수한 마음을 살리는 것이 중요합니다. 제자들보다 더 나았던 '숨은 여제자'(Hidden disciple)의 모습을 우리는 보고 있습니다. 마가복음에서는 제자들이 실패하고 있는 시점마다 여인들이 이렇게 등장하여 참된 제자도의 길이 무엇인지를 보여 주는 본보기 역할을 합니다.

베드로는 예수님이 메시아라는 것을 입으로는 고백했으나 예수님의 고난과 십자가를 알지 못해 예수님의 십자가의 길을 만류하다가 책망을 듣게 됩니다(막 8:29-33). 그러나 이 여인은 예수님을 왕이신 메시아로 알고 있었기 때문에 그 고백으로 머리에 향유를 부었을 뿐 아니라, 예수님의 고난과 십자가도 미리 알고 향유를 몸에 부어 그분이 당하실 죽음과 장례를 예비했습니다. 베드로의 고백은 메시아의 영광과 권세에 관한 것이었지만 이 여인의 행위 고백은 메시아의 고난과 죽음을 받아들이는 것이었습니다. 예수님께서 메시아로 등극하시는 "그리스도의 대관식"을 이 여인은 기름을 머리에 부음으로써 행했던 것입니다. 머리에 기름을 붓는 것은 권위 있는 예언자가 특정인을 왕이나 제사장으로 삼을 때 하는 행위입니다. 여기에서 이 여인은 예언자의 역할을 하고 있으며 예수님은 '기름부음을 받은 자'(the anointed)인 메시아로 드러나는 것입니다. 성전이 아닌 시몬의 집에서, 환호하는 군중들이 아닌 비난하는 사람들 가운데에서 여성에 의해 기름부음을 받는 것은 왕의 장엄한 대관식과는 완전히 대조됩니다. 예수님은 정치적 승리의 메시아가 아니라 고난받는 메시아입니다. 여기에는 예수님의 겸손과 사랑이 들어가 있습니다.

베드로는 입으로 고백했으나 이 여인은 행동으로 고백했습니다. "너희는 나를 누구라 하느냐"(막 8:29)라는 예수님의 질문에 대답했던 베드로보다 더욱 확실한 고백을 이 여인은 행위로 보인 것입니다. 그랬기 때문에 말만의 고백을 보인 베드로는 위급한 상황에서 예수님을 부인했고 십자가의 자리에도, 부활의 자리에도 이 여인보다 늦게 나타났던 것입니다. 행위의 고백을 드린 이 여인은 십자가의 자리에도, 부활의 이른 새벽에도 주님과 함께했으며 부활의 첫 목격자가 되었습니다. 헌신하는 만큼 따르게 되어 있습니다(네 물질이 있는 곳에 네 마음이 있다). 예수님은 "내가 진실로 너희에게 이르노니"(Amen)라고 하시면서 온 세상 복음이 전파되는 곳마다 이 여인이 행한 일도 말하여 기념할 것이라고 말씀하셨습니다. 예수님의 복음과 그 여인의 이야기는 항상 함께한다는 것입니다. 베드로나 다른 제자들처럼 이 여인은 우리의 모범으로서 계속하여 기억되어야 합니다.

미국의 많은 교회들이 이 여인을 본받아 사순절 기간에 옥합헌금(Alabaster Offering)을 합니다. 1948년 나사렛 외국 선교회 중앙협의회에서 선교지 국가에서 긴급하게 요청하는 건축자금을 어떻게 도울 것인가를 의논했습니다. 회원 중 하나였던 엘리자벳 벤넘이란 여인이 회의를 마치고 귀가하던 길에 기도하며 말씀을 읽다가 옥합을 깨트린 여인의 기사를 읽게 되었습니다. 그녀는 기도한 후 옥합헌금을 계획했고, 헌금 상자를 만들어 교우들에게 나누어 주면서 생활비나 용돈 중 남은 돈을 저축해 교회로 가져오게 했습니다. 그리고 그 돈으로 선교 지역에 필요한 건축비를 충당하여 교회당과 병원, 학교 등을 짓게 되었습니다. 이런 운동이 교파를 초월하여 온 한국 교회에도 파급되기를 바랍니다. 선교사들은 이미 자신들의 몸을 깨뜨려 선교의 제물로 드렸습니다. 이제 우리가 소중히 여기는 값진 것들을 모아 내 몸 대신 선교지로 보내야 하겠습니다. 저희 교회는 매년 고난주간 성금요일에 성찬을 할 때 1년 동안 준비한 옥합헌금을 가지고 나아와 드립니다. 옥합을 깨뜨린 그 여인의 헌신과 사랑을 본받기 위해서입니다. 이 물질은 선교를 위해 전액 사용됩니다.

본문을 좀 더 생각해 보면, 이 여인은 예수님을 만나기 전에는 아마도 옥합에 향유를 모으는 것이 삶의 목적이요 보람이었는지 모릅니다. 그것이 점점 많아지는 것을 보며 기쁨을 얻었는지 모릅니다. 돈이 생기면 향유와 바꾸어 두고, 어려운 살림에도 쓰지 않고 나름대로 꿈을 가지고 모으고 있었습니다. 아니면 어떤 주석학자가 말하는 것처럼 이 여인이 창기여서 향유를 모으는 것이 그녀의 일과 연관이 있었는지 모릅니다. 그러면 옥합을 깨는 것은 지금까지의 자신의 생활을 청산하는 의미가 있습니다. 어쨌든 예수님을 만나게 되니 그 귀했던 향유가 빛을 잃어버렸습니다. "이전에 좋던 것 이제는 값없다"가 되었습니다. 모든 보배보다도 더 소중한 예수님을 만났을 때 그 여인은 내용물인 향유뿐 아니라 옥합까지도 깨뜨렸습니다. 왜 그냥 부어 드려도 될 것을 옥합까지 깨뜨렸을까요? 이제는 더 이상 옥합을 쓸 필요가 없기 때문입니다. 다시는 향유를 모으는 일도 없을 것이기 때문입니다. 예수님을 만나 삶의 목적이 바뀌는 순간입니다. 이 세상 모든 것과 비할 데 없는 예수 그리스도를 마음에 모시고 나니 과거에 전부인 줄 알았던 모든 것이 깨지는 것입니다.

그러나 비난하는 가룟 유다(마가와 마태는 익명으로 했는데 요한은 밝힙니다. 누구든지 가룟 유다가 될 수 있는 개연성 때문에 마가는 익명으로 한 것 같습니다. 누구든 마리아가 될 수 있고 가룟 유다도 될 수 있습니다)를 비롯한 사람들은 아직도 300데나리온 어치의 향유가 예수님보다 더 커 보입니다. 우리는 이 여인과 가룟 유다의 극단적인 대조를 찾아볼 수 있습니다. 이 여인은 예수님을 위해 300데나리온 이상의 값비싼 향유를 순간에 드렸는데 가룟 유다는 곧바로 가서 노예의 값에 해당하는 은 30냥을 받고 헐값에 예수님을 팔아넘겼습니다. 가룟 유다는 이 여인의 아름다운 행위에서 배우지 못하고 오히려 마음을 더욱 완악하게 하여 흥정을 벌이는 모습을 보입니다. 이 여인은 예수님께 자신의 소중한 것을 드렸는데 가룟 유다는 자기의 주인을 노예처럼 팔았습니다. 이 여인은 예수님을 사랑으로 섬겼는데 가룟 유다는 남의 선행을 비난했습니다. 그것도 가난한 자들을 구실 삼아 왜 구제하지 않고 낭비하느냐고 책망했습니다. 이런 말을 하는 사람들은 사실 돈이 있어도 구제하지 않을 사람들인데 가난한 사람들을 이렇게 들먹이고 있습니다.

구제는 안 하면서 생색은 자기가 다 내고 가난한 사람들의 자존심만 상하게 하는 경우가 많습니다. 세상에서는 악한 자들이 선한 자들을 비난합니다. 이 비난은 일차적으로 여인의 선행을 악한 의도로 공격한 것이지만 간접적으로는 그 봉사를 묵묵히 받고 계시는 예수님도 공격하는 것입니다. 이 비난의 궁극적인 표적은 예수님입니다. 여인에 대한 비난은 예수님을 향한 비난입니다. "저 여인은 몰라서 그렇다고 치고 예수님은 알 만한 분이 그 여인이 하는 대로 다 받고 계시니 이게 제정신이야?" 사실 가룟 유다의 관심은 구제에 있었던 것이 아니라 물질에 있어서 아무리 그 여인의 것이지만 가로챌 욕심에 그랬다고 요한은 갈파했습니다(요 12:5-6). 액면 그대로 받아들인다 해도 하나님은 인본주의보다는 하나님 사랑을 우선으로 한 진정한 이웃 사랑을 말씀하십니다. 여기에서 인본주의와 기독교에서 말하는 사랑을 확실히 구별할 필요가 있습니다. 예수님은 이웃 사랑과 구제의 미덕을 설교하셨지만 그것이 기독교의 모든 것은 아닙니다. 하나님 중심의 삶, 예수 십자가의 보혈을 믿음으로 말미암아 얻는 구원 그리고 헌신된 삶이 신앙생활입니다. 그런 면에서 믿음생활은 도덕생활 이상입니다.

구제는 성도의 거룩한 의무이며 특별히 당시 유월절 절기에는 더욱 그러했습니다. 예수님은 구제하는 것에 대해 반대하신 것이 아닙니다. 다만 이 기사에서는 "때"(timing)가 중요한 요인입니다. 마가복음에서는 특별히 "때"가 중요합니다. 예수님은 그 여인의 행위가 그 "때"에 적합한 행위였음을 말하고 있습니다. 구제도 중요한 일이지만 그 "때"는 예수님께 자신을 깨뜨려 드려야 할 때라는 것입니다. 예수님께 하는 일은 때를 다투는 긴급한 일이며 가난한 자들을 구제하는 일은 항상 해야 할 일상적인 활동이라는 것입니다. 가난한 자 구제는 언제나 해야 할 통상적인 일이며, 예수님 섬김은 응급상황입니다. 물론 가난한 자에게 모든 것을 베풀어야 합니다. 그러나 오늘 밤은 주님이 가장 가난한 자임을 알라는 것입니다. 하늘에서 땅으로, 영원에서 유한으로, 전능에서 무력으로, 생명에서 죽음으로 향하는 가련한 예수님입니다. 그 여인은 가진 것 모두를 지금 이 가난한 예수님께 붓고 있는 것입니다. 더욱이 이 여인의 행위에는 가룟 유다가 알지 못하는 깊은 신앙적인 의미, 즉 예수님의 장례를 준비하는 것(burial anointing)이 들어 있습니다. 그녀만이 그 다가오는 시간을 알고 있었습니다. 그들과 함께였지만 예수님은 사실상 외로우셨습니다. 그들과 다른 시간대를 살고 계셨기 때문입니다. 진정 예수님과 같은 시간을 보낸 사람은 이 여인뿐이었습니다. "가난한 자들은 항상 너희와 함께 있으니 아무 때라도 원하는 대로 도울 수 있거니와 나는 너희와 항상 함께 있지 아니하리라"(막 14:7).

이렇게 여인과 가룟 유다 사이에 선함과 악함은 극적인 대조를 보입니다. 그런데 돌이켜 보면 우리도 이런 양면을 동시에 가지고 살아갈 때가 많습니다. "지킬 박사와 하이드"처럼 둘 사이를 왔다 갔다 합니다. 한 번은 예수님께 헌신하는 생활을 하다가도 어느덧 예수님을 파는 생활을 하고 있습니다. 예수님을 섬기는가 하면 남의 봉사를 비난하고 있습니다.

예수님 앞에 자신을 깨뜨릴 줄 알았던 여인은 그 행위로 말미암아 주변이 온통 향기로 휩싸이게 되었고 십자가를 앞두신 예수님을 기쁘게 했습니다. 사실 죽은 시체에 부을 향을 이때 붓지 않았다면 영영 부을 기회가 없었을 것입니다. (당시 죄수의 시체에는 향을 붓는 것이 허락되지 않았다고 주장하는 학자도 있습니다.) 아무도 예수님의 십자가를 알아주는 자가 없을 때, 여인의 행위는 예수님께서 십자가의 잔을 마시는 데 용기를 주는 사건이었을 것입니다. 이것이 십자가를 준비하는 처음 사건입니다.

이렇게 하나님은 우리의 헌신을 결코 잊지 않고 영원히 기억하십니다. 이름은 알려지지 않았으나 그 행위로 유명한 이 여인, 죽었으나 행위로 살아서 말하는 이 여인은 우리가 모두 배우고 따라야 할 믿음의 사표(師表)입니다. 우리는 방관자가 될 것인지, 비난하는 자가 될 것인지, 아니면 참여자가 될 것인지 결단해야 합니다.

짐 엘리엇(Jim Elliot) 선교사의 이야기입니다. 휘튼 대학을 수석으로 졸업한 짐 엘리엇을 포함한 5명의 크리스천 젊은이가 에콰도르의 마지막 남은 식인종인 아우카족 선교를 위해 현지로 갔습니다. 미국 정부와 신학교 동료들, 일반 크리스천들도 위험한 지역이라고 막았지만 그들은 만류를 뿌리치고 그 땅에 갔습니다. 하지만 그들은 아우카족이 살고 있는 해안에 도달한 지 5일 만에 아우카족에게 무참하게 살해됐습니다. 복음도 전해 보지 못하고 죽임을 당했습니다. 1956년 미국에서 간 5명의 청년들이 남미 에콰도르에서 살해된 사건은 미국에 큰 충격을 주었습니다. 라이프와 타임지는 "What a Waste!"(이 무슨 낭비란 말인가!)라는 표제로 청년들의 죽음을 대서특필했습니다. 언론은 이들의 헛된 죽음은 개인과 가족뿐 아니라 국가적인 낭비라고 지적했습니다. 한 기자는 짐 엘리엇의 부인 엘리자베스와 인터뷰하면서 "이 무슨 낭비란 말입니까?"라고 이야기했습니다. 그러자 엘리자베스는 "아니, 낭비라니요? 그런 말씀 하지 마세요. 내 남편 짐 엘리엇은 어린 시절부터 이 순간을 위해 준비한 사람입니다. 잃어버린 영혼에게 다가가 복음을 전하기 위해 일생을 준비했고, 그렇게 살다가 하나님의 곁으로 갔습니다. 이것이 낭비입니까? 다시는 내 남편의 죽음을 낭비라고 말하지 마세요"라고 말했다고 합니다.

짐 엘리엇은 대학 시절부터 적은 일기에 "하나님, 감히 하나님께 기도합니다. 나무토막같이 부족한 저의 인생에 주님이 불을 붙여 주소서. 제가 주를 위해 탈 수 있도록 말입니다. 저의 삶을 주께서 소멸시켜 주십시오. 이 몸은 주의 것입니다. 저는 오래 사는 것을 원치 않습니다. 완전하고 풍성한 삶을 원합니다. 주님과 같이…"라고 적었습니다. 그리고 "결코 잃어버릴 수 없는 것을 얻기 위해 지킬 수 없는 것을 버리는 자는 어리석은 자가 아니다"(He in no fool who gives what he cannot keep to gain what he cannot lose!)라는 말을 남겼습니다. 그 후 살해된 청년들의 아내들은 아우카족 복음화를 위해 선교단을 조직해 현지로 들어갔고 세월이 지난 후 아우카족은 하나님의 복음을 받아들였습니다. 짐 엘리엇과 친구들의 죽음은 당시에는 낭비로 보였지만 이들이 품었던 아우카족 복음화는 마침내 이루어졌습니다. 그들의 죽음은 낭비가 아니라 준비였던 것입니다. 죽은 자의 죽음을 고귀하게 하는 것은 우리 산 자의 몫입니다.

여인의 희생적인 섬김이 허비가 되지 않도록 예수님은 비난하는 자들 앞에서 그녀를 칭찬하셨습니다. 우리를 위한 예수님의 희생은 과분한 것입니다. 그러나 우리가 예수님의 죽음을 고귀하게 만들어야 합니다. 교회는 예수님의 십자가 희생이 헛되지 않도록 했습니다. 그것은 그들의 헌신과 죽음과 그리고 예수님의 죽음을 기념하는 것입니다.

34
나는 아니지요?

[17]저물매 그 열둘을 데리시고 가서 [18]다 앉아 먹을 때에 예수께서 이르시되 내
가 진실로 너희에게 이르노니 너희 중의 한 사람 곧 나와 함께 먹는 자가 나
를 팔리라 하신대 [19]그들이 근심하며 하나씩 하나씩 나는 아니지요 하고 말하
기 시작하니 [20]그들에게 이르시되 열둘 중의 하나 곧 나와 함께 그릇에 손을
넣는 자니라 [21]인자는 자기에 대하여 기록된 대로 가거니와 인자를 파는 그
사람에게는 화가 있으리로다 그 사람은 차라리 나지 아니하였더라면 자기에
게 좋을 뻔하였느니라 하시니라 [22]그들이 먹을 때에 예수께서 떡을 가지사 축
복하시고 떼어 제자들에게 주시며 이르시되 받으라 이것은 내 몸이니라 하시
고 [23]또 잔을 가지사 감사 기도 하시고 그들에게 주시니 다 이를 마시매 [24]이
르시되 이것은 많은 사람을 위하여 흘리는 나의 피 곧 언약의 피니라 [25]진실
로 너희에게 이르노니 내가 포도나무에서 난 것을 하나님 나라에서 새 것으
로 마시는 날까지 다시 마시지 아니하리라 하시니라 막 14:17-25

본문은 예수님을 배신할 것에 대한 예고와 제자들과 함께하는 마지막 공동식사입니다.

레오나르도 다 빈치가 그린 〈최후의 만찬〉(1495-1497, 밀라노 산타 마리아 델레 그라치에 수도원 식당) 그림에서 이 장면을 잘 보여 줍니다. 물론 이 그림의 배경은 레오나르도 시대(르네상스기)의 실내 장식, 식탁, 그릇으로 사실적이지는 않지만 현실적입니다. 드라마 세트처럼 앞자리는 다 비워 놓고 예수님을 중심으로

열두 사람을 옆으로 배치하여 제자들 모두 표정까지 잘 보입니다. 그림이 위치한 벽면은 수도원 식당에서 음식을 먹던 수도사들이 예수님의 식탁에 마주 앉아 먹는 듯한 느낌을 주었을 것입니다. "치즈" 하고 밝은 표정을 지으며 마지막 기념사진을 찍은 것은 아니지만, 모처럼 한자리에 예수님과 열두 제자가 함께한 장면입니다.

그런데 사실 이 그림은 예수님께서 "너희 중의 한 사람 곧 나와 함께 먹는 자가 나를 팔리라"라고 말씀하실 때, 제자들이 놀라 서로를 바라보며 예수님 앞에 "나는 아니지요?" 하고 묻는 순간을 포착한 것입니다. 그래서 마치 감정이 담겨 있는 연극처럼 그렸습니다. 제자들의 표정은 성격을 반영하고 있어서 누가 누군지 설명이 없이도 알 수 있습니다. 그들은 표정과 손짓, 몸 언어로 말하고 있습니다. 순간 물컵은 엎어지고, 제자들은 서로 당황하여 수군거리고, 근심하며 서로를 의심하는 순간…. 가룟 유다도 "나는 아니지요?"라고 물었을까요? 예수님은 뭐라고 대답하셨을까요? 우리도 제자들과 함께 "접니까?"라고 물어야 할 것 같습니다.

비슷한 시기에 도메니코 기를란다요(Domenico Ghirlandaio)가 그린 〈최후의 만찬〉(1480, 피렌체 산 마르코 수도원)은 가룟 유다를 따로 건너편에 구분하여 놓아서 배신자를 단번에 구분할 수 있습니다. 다른 성화를 보면 가룟 유다에게는 후광이 없어서 그를 단번에 알아볼 수 있습니다. 그러나 사실 마지막 식사를 할 때만 해도 제자들은 누가 배신자인지 몰랐습니다.

본문에 “열둘 중의 하나”(막 14:10, 20), “너희 중의 한 사람”(막 14:18)라는 말이 반복적으로 나오는 것은 누구라도 유다가 될 수 있다는 개연성을 드러내고 있습니다. “나와 함께 그릇에 손을 넣는 자”는 시편 41편 9절 말씀 반영하는데, 다윗이 자신이 신뢰하면서 떡을 나누어 먹었던 가까운 친구가 대적이 되고 배신자가 되었다는 탄원에서 왔습니다. 나와 한솥밥을 먹는 사람, 가장 가까운 사람 가운데 배신자가 있다는 것입니다. 가장 친근한 내부 사람이 가장 적대적인 타인이 되었다는 것입니다. 정말 경악할 일입니다.

이것은 한나 아렌트(Hannah Arendt)가 말한 “악의 평범성”을 떠올리게 합니다. 한나 아렌트는 〈뉴요커〉지의 특파원 자격으로 유대인 학살 주범인 아이히만의 재판 과정을 참관한 후, 홀로코스트의 실무를 담당했던 아이히만의 모습 속에서 악의 특별함이 아닌 악의 평범성을 보았다고 했습니다. 누구든지 사유하지 않으면 잠재적인 아이히만이 될 수 있다는 것이 그녀가 발견한 악의 모습이었습니다. 악의 특별함을 부각하려다가 우리 안에 있는 악의 평범성을 놓쳐서는 안 됩니다. 누구나 깊이 생각하지 않고 행동하면 가룟 유다가 될 수 있습니다. 가룟 유다는 실패한 제자의 전형입니다. 가룟 유다는 예수님과의 특별한 관계에 비추어 보면 더욱 가증스럽습니다.

레이 앤더슨(Ray S. Anderson)은 「가룟유다로부터 온 복음」에서 “사랑하는 것은 배신당할 위험성을 가지고 있다. 다른 죄와는 달리 배신은 사랑하는 사람을 파멸시키기 위하여 그의 사랑을 이용하는 것이다. 그러므로 배신당하지 않는 길은 결코 사랑하거나 신뢰하지 않는 것이다"라고 말했습니다.

이 얼마나 삭막한 현실입니까? 사랑을 받은 자만이 배신할 수 있습니다. 이는 마치 사랑받는 자식만이 탕자가 되며 종은 탕자가 될 수 없는 것과 같습니다. 그러므로 배신이 다른 죄보다 더 나쁜 것은 믿는 자의 믿음을 이용하고, 사랑하는 자의 사랑을 이용하기 때문입니다. 그러므로 단테는 「신곡」의 지옥 편에서 이런 가룟 유다와 같은 배신자들이 루시퍼와 함께 지옥의 아랫목을 차지하게 된다고 했습니다.

예수님은 예정된 길로 가시지만, 파는 자는 자기의 선택으로 멸망의 길을 갑니다. 이는 "차라리 나지 않았으면 좋을 뻔한 사람"입니다. 앞에 나오는 옥합을 깨뜨린, 영원히 기억될 여인과 대조를 이룹니다(막 14:9). 음식을 함께 먹는 것은 신뢰와 우정의 행위인데, 예수님이 십자가를 지실 때 예수님을 배반하고 부인하고 도망치는 것은 너무나 실망스러운 행동입니다. 마가복음의 유월절 식탁교제 현장에서 임박한 배신에 대한 말씀(막 14:17-21)과 죽음에 관한 말씀(막 14:22-25)이 선포됩니다. 식탁의 첫 번째 이야기가 배신자와 관련이 있다면, 식탁의 두 번째 이야기는 예수님과 남은 제자들과의 관계에 초점을 두고 있습니다. 그러므로 예수님의 공생애를 상기시키고 앞으로 일어날 죽음을 기념하는 것으로 이 마지막 식사는 첫 성만찬이 됩니다.

서로 시기하는 사람, 누가 높으냐 다투는 사람, 자신의 업적을 내세우는 사람, 배신할 사람, 부인할 사람, 도망갈 사람에게 모든 것을 아시고도 "받아먹어라. 이것은 너희를 위하여 주는 내 몸이다" 하시고, 잔을 들고 감사하신 후 "마셔라. 이것은 죄 사함을 얻게 하려고 많은 사람들을 위하여 흘리는 나의 피, 곧 언약의 피다"라고 말씀하십니다. 예수님이 이미 모든 것을 알고 계셨다는 것이 큰 위안이 됩니다. 이것은 용서의 표시가 되기 때문입니다.

이는 앞에 나오는 두 번에 걸쳐 행하신 급식이적, 오병이어(막 6:41)와 칠병두어마리(막 8:6) 사건을 반영하고 있습니다. 여기에 와서 보니, 지난번 급식이적은 단순한 이적이 아님을 알 수 있습니다. 전에 나누신 떡과 생선이 이제 떡과 포도주로 이동하고 있습니다.

예수님의 삶이 떡과 잔으로 표현되고 있습니다. 예수님의 몸이 깨뜨려지고 피가 쏟아집니다. 자연적으로 죽으면 육체와 영혼이 분리되지만, 몸에서 피가 분리되는 것은 예수님이 당하실 폭력적인 죽음을 의미합니다. 떡과 포도주, 몸과 피를 따로 분리하여 언급하는 것은 바로 이러한 점을 암시하고 있습니다. 빵과 잔을 통해 고난을 내면화하고 있습니다. 십자가는 폭력적인 죽음에 의한 예수의 몸과 피의 분리입니다. 유월절 어린양으로서의 예수님의 죽음입니다. 희생제사의 요점은 제물이나 음식을 통해 하나님과 관계를 맺는 것입니다. 잔은 죄 사함과 새 언약을 동시에 나타냅니다. 잔은 죽음의 잔이며 동시에 구원의 잔입니다. 우리는 그리스도의 죽음에 참여함으로써 동시에 부활에 참여하는 것입니다. 일상의 떡과 잔이 "감사기도"를 통해 주님의 몸과 피를 나누는 은혜의 도구가 됩니다. 감사기도를 통해 우리는 일상의 음식에서 성찬을 경험할 수 있습니다.

지금은 성찬식이 됐지만 성찬식 이전에 공동 식사이며 소박한 식사였습니다. 마지막 식사(the last supper)는 차려진 음식도 별로 없고, 유월절 양 고기도 없습니다. 그러나 잘 준비된 장소에서 정한 시간에 실제적으로 있어난 일입니다. 마가복음 14장 12-16절에는 유독 "준비"라는 말이 반복적으로 나옵니다(막 14:12, 15, 16). 가장 평범하면서도 가장 신성한, 지극히 인간적이면서도 지극히 신적인, 아주 친숙하면서도 신비스러운, 가까우면서도 새로운 계시가 있는 준비된 식탁입니다.

그들의 식탁에 유월절 양 대신 예수님이 있습니다. 그들의 식탁에 무지와 오해와 배신과 수치도 있습니다. 예수님은 음식만 주시는 것이 아니라 거기에 자신을 담아 주십니다. 마지막 만찬을 통해 예수님은 모든 것을 주십니다. 예수님이 나누어 주시는 떡과 잔은 그분의 몸과 피가 됩니다. 우리가 예수님을 기억하며 성찬식을 행할 때, 지금 이곳에서 예수님은 우리의 음식과 음료가 되십니다. 마지막 만찬은 현재화됩니다. 매일 먹는 음식을 통해서도 매일 기억할 수 있습니다. 그것은 감사기도입니다. 예수님은 매일의 음식을 통해서도 우리 안에 들어와 하나가 되기를 원하십니다.

우리는 반가운 사람을 만나면 "밥 한번 같이 먹자"라고 하는데, 음식이 기억을 매개해 주고 사람을 매개해 줍니다. 제가 제일 좋아하는 음식은 어머니가 해주시는 추어탕입니다. 제 아내는 추어탕을 한 번도 먹어 본 적 없고 제게 해준 적도 없습니다. 그런 사정을 아는 어머니는 명절을 맞아 고향 집에 갈 때마다 추어탕을 끓여 주십니다. 그래서 우리는 추석에도 추어탕, 아버지 추모일에도 추어탕을 먹습니다. 대신 아내는 김치에 맨 밥을 먹어야 합니다. 추어탕은 별다른 반찬이 필요가 없습니다. 제가 맛있게 추어탕을 먹는 모습을 보면 어머니는 "너는 아버지 식성을 어떻게 그렇게 닮았니?"라고 하시며 돌아가신 아버지를 회상하십니다. 그래서 추어탕이야말로 제대로 된 아버지를 기억나게 하는 음식입니다. 함께 밥을 먹는 사람이 식구입니다. 밥상 공동체이지요. 음식이 공동체 연합에 기여합니다. 빵과 잔을 통한 예수님과 제자들의 연대의식, 그리고 언약으로 표상된 그 연대의 지속성이 성찬입니다. 예수님과 우리의 연합뿐 아니라 우리와 우리의 교제, 통합, 한 몸 됨입니다.

마지막 식사는 이별의 자리이며, 지난 추억을 생각하면서 사랑하는 사람들과 작별의 정을 나누는 자리입니다. 지난 삶을 정리하고 이별을 장식하는 자리입니다. 회고하고, 전망하고, 감사하고, 유훈을 나누고, 서약하는 자리입니다. 그래도 제자들과 모두 함께한 자리가 죽음의 자리가 아니라 식사 자리였다는 것이 감사합니다.

"진실로 너희에게 이르노니 내가 포도나무에서 난 것을 하나님 나라에서 새 것으로 마시는 날까지 다시 마시지 아니하리라"(막 14:25).

이 만찬은 하나님 나라 만찬으로 이어집니다. 만찬 이후 제자들은 찬미하면서 감람산으로 갔습니다. 마지막 유월절 식사로부터 성만찬, 수난, 속죄, 언약, 하나님의 나라가 서로 연관되어 나옵니다. 성만찬은 과거에 예수님이 우리를 위해 행하신 일을 기념할 뿐 아니라, 하나님 나라에 대한 미래의 소망을 주는 것입니다. 예수님의 부활과 재림의 사이를 살아가는 우리에게 중간기를 살아갈 능력과 확신을 주는 것입니다. 음식은 이렇게 중요한 것들을 연결하는 수단입니다.

저는 음식 이야기가 나오는 영화를 좋아합니다. 중앙교회 담임목사로 처음 왔을 때, 라세 할스트롬 감독, 줄리엣 비노쉬 주연의 〈초콜릿〉이라는 영화의 장면을 보여 주며 "초콜릿 같은 교회"라는 제목으로 설교하고, 교회당을 나서는 성도들에게 초콜릿 하나씩을 선물로 드린 적도 있습니다. 프랑스 한 시골 마을에 북풍과 함께 빨간 망토를 입은 모녀가 이사 와 초콜릿 가게를 열면서 변화와 치유의 역사가 일어나고, 생기가 없던 마을에 즐거움과 자유와 행복이 찾아오는 이야기입니다.

성찬에 딱 어울리는 영화는 가브리엘 엑셀 감독의 〈바베트의 만찬〉(「아웃 오브 아프리카」를 쓴 이자크 디네센의 원작품)입니다. 1830-1880년 배경으로, 덴마크 서해안 벽지 청교도들이 사는 가난한 어촌 노르 보스부르그에 루터교 목사의 두 딸 마르틴느와 필리파가 살고 있습니다. 이들은 세속의 기쁨을 누리기보다 경건한 신앙생활을 하고 있었습니다. 그곳에 프랑스 내전으로 파리에서 피신해 온 바베트가 옵니다. 그녀는 자매의 집에 기거하는 대신 무보수로 가정부 생활을 합니다. 15년 동안 함께 생활하던 바베트에게 뜻밖의 행운이 찾아옵니다. 복권에 당첨되어 1만 프랑의 상금을 받게 된 것입니다. 그 돈은 바베트가 파리로 돌아가 새 생활을 시작할 수 있는 정착금이 되기에 충분했고, 자매에게는 바베트를 더 이상 붙잡아 둘 수 없는 이별 통지처럼 보였습니다. 바베트는 이 시점에 엉뚱한 제안을 합니다. "목사님 탄생 100주년 기념일 만찬을 제가 준비할 수 있도록 해주세요. 정통 프랑스 코스 요리로 대접하고 싶어요. 물론 비용은 제가 전액 부담하겠습니다."

파리로부터 요리에 쓰일 재료들이 도착하고, 음식을 준비하는 과정과 음식을 먹는 소리가 생동감 있게 나옵니다. 오랜 세월 신도들의 관계가 악화되고 교회 모임이 분열의 조짐을 보였는데 성대한 만찬을 통해 서로의 상처가 치유되고 공동체가 회복되기 시작했습니다. 바베트의 희생과 정성으로 만들어진 음식을 먹으며 분위기가 훈훈해지자, 교인들은 목사님이 살아 계셨던 때의 일들을 회상하고 서로 잘못했던 것들을 사과합니다.

로렌즈 장군은 메추라기 새끼 요리가 나오자 파리에서 여성 주방장의 명성이 높았던 '카페 앙글레' 식당에서만 나오는 요리라고 칭송하고, 시편 85편 10절을 인용하여 "은혜와 진리가 하나로 만나고 의와 천국의 기쁨이 입 맞추는 밤입니다"라고 말합니다. 만찬에 함께한 사람들의 상처 난 육체와 메마른 영혼이 소생합니다. 먹는 행위가 서로의 상처를 어루만지고 사람들의 마음을 열어 서로 용서하고 소통합니다. 식사 모임 후에 밖에는 하늘에 별이 총총 빛나고 마을은 반짝이는 눈옷을 입었습니다. 그들이 우물가에서 손을 맞잡고 늘 부르던 찬양을 힘차게 부릅니다.

음식을 통하여 반목하던 이들이 진정한 연합을 이룹니다. 음식으로 마음의 빗장이 열리자 은혜가 스며드는 것입니다.

"너무 훌륭한 식사였어요."

"제가 한때 카페 앙글레의 요리를 맡았었지요."

"바베트가 파리로 돌아가도 오늘 저녁을 잊지 않을게요."

자매는 이제 바베트가 자기들을 떠나 파리로 갈 것을 생각하며 아쉬워하는데, 바베트는 돌아가지 않고 그 집에 남을 것이라고 말합니다.

"왜? 그 만 프랑은 어쩌고요?"

"제가 가진 돈을 다 썼거든요."

바베트는 그날의 만찬을 위해 당첨금 만 프랑을 다 썼다는 것입니다.

"놀라지 마세요. 카페 앙글레에서는 열두 명이 제대로 먹는 데 그만큼 들어요."

"예술가는 결코 가난하지 않아요."

바베트의 만찬은 단순히 멋진 식사가 아니라 은혜였습니다.

바베트의 만찬처럼 은혜란 받는 이에게는 값없이 주어지는 것이지만, 주는 이에게는 자신의 전 소유가 들어가는 것입니다. 갈보리 십자가처럼.

35
겟세마네 기도

32그들이 겟세마네라 하는 곳에 이르매 예수께서 제자들에게 이르시되 내가
기도할 동안에 너희는 여기 앉아 있으라 하시고 33베드로와 야고보와 요한을
데리고 가실새 심히 놀라시며 슬퍼하사 34말씀하시되 내 마음이 심히 고민하
여 죽게 되었으니 너희는 여기 머물러 깨어 있으라 하시고 35조금 나아가사
땅에 엎드리어 될 수 있는 대로 이 때가 자기에게서 지나가기를 구하여 36이
르시되 아빠 아버지여 아버지께는 모든 것이 가능하오니 이 잔을 내게서 옮
기시옵소서 그러나 나의 원대로 마시옵고 아버지의 원대로 하옵소서 하시고
37돌아오사 제자들이 자는 것을 보시고 베드로에게 말씀하시되 시몬아 자느
냐 네가 한 시간도 깨어 있을 수 없더냐 38시험에 들지 않게 깨어 있어 기도하
라 마음에는 원이로되 육신이 약하도다 하시고 39다시 나아가 동일한 말씀으
로 기도하시고 40다시 오사 보신즉 그들이 자니 이는 그들의 눈이 심히 피곤
함이라 그들이 예수께 무엇으로 대답할 줄을 알지 못하더라 41세 번째 오사
그들에게 이르시되 이제는 자고 쉬라 그만 되었다 때가 왔도다 보라 인자가
죄인의 손에 팔리느니라 42일어나라 함께 가자 보라 나를 파는 자가 가까이
왔느니라 막 14:32-42

예수님은 제자들과 마지막 만찬을 마치시고 찬미하면서 감람산으로 갑니다. 가시면서 제자들에게 "너희가 다 나를 버리리라"(막 14:27), "그러나 내가 살아난 후에 너희보다 먼저 갈릴리로 가리라"(막 14:28)라고 말씀하십니다. 베드로는 다른 제자들이 "다 버릴지라도 나는 그리하지 않겠나이다"(막 14:29)라고 대답했습니

다. 그런데 예수님은 "오늘 이 밤 닭이 두 번 울기 전에 네가 세 번 나를 부인하리라"(막 14:30)라고 하십니다. 베드로는 다시 힘을 주어 "내가 주와 함께 죽을지언정 주를 부인하지 않겠나이다"(막 14:31)라고 말하고 다른 제자들도 예수님을 떠나거나 부인하지 않겠다고 대답합니다. 이렇게 대화를 나누며 감람산의 한 기슭 겟세마네에 이르게 됩니다. 예수님은 그곳에서 제자들에게 "내가 기도할 동안에 너희는 여기 앉아 있으라"(막 14:32) 하신 다음, 베드로와 요한과 야고보를 데리고 더 나아가 "너희는 여기 머물러 깨어 있으라"(14:34) 하시고 땅에 엎드려 기도하셨습니다.

예수님은 완전한 인간으로 오셨기 때문에 십자가를 앞두고 내면의 갈등을 겪으셨습니다. 겟세마네 동산의 기도는 그 갈등이 얼마나 심했는가를 보여 줍니다.

> "심히 놀라시며 슬퍼하사"(33절).
>
> "내 마음이 심히 고민하여 죽게 되었으니"(34절).
>
> "땅에 엎드리어 될 수 있는 대로 이 때가 자기에게서 지나가기를 구하여"(35절).
>
> "이 잔을 내게서 옮기시옵소서"(36절).

이런 절제된 묘사는 예수님의 고통이 얼마나 심했는가를 나타내 줍니다. 예수님은 위로부터 오는 능력을 힘입어 죽음과 담대히 맞서 나가십니다. 우리의 기도는 예수님이 우리를 위해 치르신 희생에 달려 있습니다. 기도가 응답받는 것은 예수님께서 우리를 위하여 십자가를 지셨기 때문입니다. 우리의 기도에도 십자가의 흔적이 있어야 합니다.

동행했던 세 제자는 변화산에서 체험했던 예수님의 영광스러운 광채와 하나님의 음성과는 너무나 대조적인, 고뇌에 찬 예수님의 모습과 하나님의 침묵을 목도했을 것입니다.

변화산에서 베드로는 자기도 알지 못하는 어처구니없는 것을 구했었지만, 겟세마네에서도 제자들은 깊은 잠에 빠져 있었습니다. 그러나 해처럼 빛나는 변화산의 기도와 핏방울이 맺히는 겟세마네의 기도를 우리는 모두 경험해야 합니다. 예수님은 우리를 변화산 위에도, 겟세마네 동산에도 데려가십니다.

예수님의 수난은 겟세마네의 기도로부터 시작되어 본격적으로 십자가의 길에 들어섭니다. 지금 인류 구속의 거대한 역사의 문을 기도로 열고 있습니다. 예수님은 지상에서의 위대한 삶을 기도로 마무리하고 계십니다. 아무 중보하는 사람도 없이 홀로 나아가십니다. 겟세마네는 히브리어로 '기름 짜는 틀'이라는 말입니다. 올리브기름뿐 아니라 예수님의 기도가 바로 그러했을 것입니다. 현재도 겟세마네 동산에 가보면 2000년 이상 된 올리브나무들이 있습니다. 그곳에 가서 엎드리면 올리브나무들이 증언하는 소리를 들을 수 있을 것 같습니다. 올리브나무들은 그곳에서 드리던 예수님의 기도 소리를 들었을 것입니다.

누가는 같은 기사에서 예수님이 기도하실 때 천사가 도왔다는 사실을 강조했습니다(눅 22:43). 제자들은 잠을 자고 있었지만 천사가 도왔습니다. 예수님의 인간적 고민과 갈등도 심도 있게 묘사했습니다. "힘쓰고 애써 더욱 간절히 기도하시니"(눅 22:44)에서 "힘쓰고 애써"의 헬라어 '아고니아'는 본래 경기나 전쟁을 의미합니다. 기도는 전쟁입니다. "땀이 땅에 떨어지는 핏방울 같이 되더라"(눅 22:44). 기도는 목숨을 거는 것입니다. 기도는 결코 쉬운 것이 아닙니다.

예수님의 고뇌는 구속에 대한 값어치(희생)가 얼마나 큰가를 가늠하게 해줍니다. 우선 열두 제자들과 순차적으로 결별하시고 고독한 공간으로 들어가십니다. 열두 제자에서 열한 제자로 그리고 세 제자로, 그리고 결국 혼자입니다. 세 제자마저 같은 공간에 함께 있어도 마음은 함께 나눌 수 없는 잠든 제자들입니다. 그래서 결국 홀로 남았습니다. 열한 제자들의 합심기도, 아니면 세 제자의 중보기도를 기대하셨는지 모르지만 결국 솔로(solo)기도입니다. 이때부터 제자들의 예수님을 떠나지 않겠다는 다짐이 깨져버렸습니다. 이미 그들은 마음으로부터 예수님을 떠났습니다. 함께 기도하지 않으면 함께하는 것이 아닙니다.

예수님은 기도 중에 자는 제자들에게 오셔서 "네가 한 시간도 깨어 있을 수 없더냐"(막 14:37)라고 물으십니다. 예수님은 언제나 우리를 위해 중보하시는데, 우리는 한 시간도 주님의 일을 위해 중보하지 않습니다. 이것은 나를 깨우는 예수님의 음성입니다. 영적인 모닝콜(morning call)입니다. 예수님은 제자들에게 깨어 기도할 것을 거듭 당부하십니다. 사실 예수님의 겟세마네의 기도는 우리를 위한 기도입니다. 시험에 들지 않게 깨어 기도해야 합니다. 기도하지 않으면 시험에 듭니다. 베드로가 의도한 것은 아니지만 기도하지 않았기 때문에 자기의 다짐을 지킬 수 없었습니다. "시험에 들지 않게 깨어 있어 기도하라 마음에는 원이로되 육신이 약하도다"(막 14:38). 베드로는 기도하지 않았기 때문에 마음으로는 예수님을 시인하고 싶었지만 할 수 없었습니다. 마음을 행동으로 옮길 수 있는 힘은 기도밖에 없습니다. 예수님의 겟세마네의 기도가 바로 십자가를 담당하게 했습니다.

예수님의 시험이 예수님의 수난에 대한 복선이라면, 겟세마네 기도는 고난의 통과 절차에서 피할 수 없는 관문입니다. 예수님께서 십자가를 처음부터 당연한 것으로 받아들이신 것 같지는 않습니다. 예수님의 기도는 "십자가 죽음이 과연 하나님이 선택하신 구원의 유일한 길인가"에 대한 것입니다. 예수님의 기도는 망설이면서 두려워하는, 두려워하면서 고뇌하는, 고뇌하면서 슬퍼하는 죽음 앞에 선 인간의 실존을 그대로 보여 줍니다. 이 기도는 하나님의 뜻을 숙명적으로 받아들이는 것이 아니라 가장 비참한 상황에서도 하나님을 신뢰하기로 결단하는 것입니다.

겟세마네 기도는 기도의 과정을 보여 주고, 기도의 지향점을 가르쳐 줍니다. 기도의 종착점은 하나님의 뜻입니다. 겟세마네의 기도는 생명의 고귀함을 일깨워 줍니다. 하나님이 주신 생명은 그냥 버릴 수 있는 것이 아닙니다.

예수님은 기도의 대상을 부릅니다. "아빠 아버지여." 예수님은 처음으로 하나님을 "아빠"라고 부르십니다. 친밀함을 나타내는 말입니다. 그리고 하나님의 전능함을 칭송합니다. "아버지께는 모든 것이 가능하오니." 다음으로 기도의 내용이 나와 있습니다. "이 잔을 내게서 옮기시옵소서"(막 14:36).

이제 겟세마네 기도의 의미에 대해서 자세히 살펴보겠습니다.

첫째, 우선 겟세마네 기도는 죽음과의 극적 대면입니다. 죽음과 맞닥뜨리는 것입니다. 죽음이 과연 하나님의 뜻인지, 그 뜻은 피할 수 없는 것인지 말입니다. 예수님은 동일한 말씀으로 세 번 기도하셨습니다. 지극한 정성과 간절함이 담긴 기도입니다.

이 기도를 통하여 삶에 대한 소망과 더불어 죽음이 고결해집니다. 이 기도는 생명이 수단이 되지 않으면서도, 죽음이 억울한 것이 되지 않도록 합니다. 죽음과 싸우면서도 죽음을 수용해 가는 과정을 보여 줍니다.

엘리자베스 퀴블러 로스(Elizabeth Kubler Ross)는 「죽음과 죽어감」에서 죽음을 받아들이는 심리적 다섯 단계를 이야기했습니다. 처음에는 부정(Denial, 그럴 리가 없어. 무언가 잘못됐을 거야)입니다. 다음에는 분노(Anger, 왜 하필 나야?), 타협(Bargaining, 열심히 살 테니 조금만 더 살게 해주세요), 우울(Depression, 내가 너무 불쌍해), 마지막으로 수용(Acceptance, 다 끝났구나)입니다. 모든 상실을 경험하는 것도 이러한 단계를 거쳐 갑니다.

겟세마네 기도는 생의 의지의 분란과 과정과 종착점입니다. 예수님의 반복되는 기도는 그 싸움이 얼마나 치열했는지를 나타냅니다. 그러면서도 어떻게 세 번의 기도가 똑같은 결론에 도달했는지를 보여 줍니다. 하나님의 확정적인 뜻을 확인하는 것입니다. 그러나 여기에서 기도의 결과보다도 기도의 과정이 중요합니다. 죽음 앞에 선 기도자의 모습을 보여 줍니다. 죽음과 기도의 상관관계를 보여 줍니다. 겟세마네 기도는 죽음과 직면한 예수님의 고독한 싸움을 기념하는 것입니다. 이 기도는 대화하는 기도입니다. 절망적인 상황에서도 하나님과 대화를 포기하지 말라는 것입니다. 이 기도는 순응하는 기도입니다. 예수님의 인간적 바람과 하나님의 뜻 사이에서 접점을 찾는 것입니다. 이 기도는 죽음조차도 아름다운 결말이 될 수 있게 하는 것입니다. 좋은 죽음을 위한 기도입니다. 죽음이 선물이 되는 기도입니다.

하나님의 뜻을 받아들임으로써 두 번 죽는 것을 방지하고 위엄 있고 주체적으로 삶을 마감하게 합니다. 하나님의 뜻을 숙명적으로 받아들이는 것이 아니라 가장 비참함 상황에서도 하나님을 신뢰하는 것입니다. 결국 하나님께 모든 것을 맡기는 것입니다.

예수님의 공생애 삶은 행위(action)에서 수난(passion)으로 옮겨지며 마무리됩니다. 예수님께서 베드로에게 "네가 젊어서는 스스로 띠 띠고 원하는 곳으로 다녔거니와 늙어서는 네 팔을 벌리리니 남이 네게 띠 띠우고 원하지 아니하는 곳으로 데려가리라"(요 21:18) 말씀하신 것처럼, 예수님도 행동에서 받아들이는 것으로 나아갑니다. 이제 예수님도 겟세마네 이후 마지막 공생애는 이끌림을 받는 모습으로 움직입니다. 체포, 감옥, 조롱과 고문, 재판, 십자가….

우리도 '얼마나 성취할 수 있느냐?'에서 '어떻게 내 삶을 다른 이들을 위한 선물로 만들 것인가?'로 나아가야 합니다.

둘째, 겟세마네 기도는 결과만 두고 보면 응답받지 못한 기도 같습니다. "이 잔을 내게서 옮기시옵소서"라고 했는데, 기도와는 달리 고난의 잔은 옮겨지지 않았습니다. 만일 옮겨졌다면 성경의 이야기는 완전히 달라졌을 것입니다.

세상에는 양립할 수 없는 기도가 많습니다. 미국 남북 전쟁 당시, 남부와 북부의 목회자들은 저마다 하나님이 자기의 편이라고 주장했습니다. 그리고 서로 하나님께 자신들이 승리할 수 있게 해 달라고 기도했을 것입니다. 그러나 링컨은 오히려 내가 하나님의 편에 서 있는지 물어야 한다고 했습니다. 하나님의 뜻이 무엇인지를 물어야 합니다. 구원을 받아야 할 우리의 기도와 고난을 피하고자 하는 예수님의 기도는 양립할 수 없는 상황입니다. 그러면 어떤 기도가 하나님의 뜻인지 물어야 합니다.

응답받지 못한 기도의 축복도 있습니다. 영화 〈브루스 올마이티〉는 만약 하나님처럼 초자연적인 능력을 가진다면 어떤 일이 생길지를 보여 줍니다. 주인공 브루스 놀란은 일주일 동안 하나님 노릇을 할 수 있는 허락을 받았습니다. 꽉 막힌 도로에서 중고차를 멋지게 변신시켜 스포츠카로 길을 열고 지나간다든지, 못된 깡패들에게 복수를 하는 데 능력을 사용합니다. 그런데 로맨틱한 분위기를 만들기 위해 달을 베란다 가까이 끌어당기는 바람에 일본에서는 해일이 일어납니다. 로또 당첨되게 해달라는 기도에 무조건 응답되게 해주었더니 40만 명의 당첨자가 나와 일등을 해도 배당금이 거의 없게 되었습니다. 이런 일을 겪으면서 브루스는 자신의 무력함을 깨달을 뿐 아니라 기도의 결과가 다채롭다는 사실에 감사하는 법을 배우게 됩니다.

바울이 '육체의 가시'를 뽑아 달라고(고후 12:7) 세 번 기도한 것이나 예수님이 겟세마네에서 세 번 기도하신 것은 응답되지 않은 기도 같으나 구원과 복음을 위한 위대한 축복이 되었습니다.

양화진 선교사의 묘역에 가면 풍토병과 싸우다 숨진 선교사들과 태어난 지 몇 개월 되지 않아 죽은 선교사 자녀들의 묘가 있습니다. 그들이 얼마나 건강과 생명을 위해서 기도했을까요? 그럼에도 불구하고 이렇게 죽었을까요? 그것을 이해하는 유일한 방법은 하나님도 독생자를 십자가에 내주셨다는 것입니다.

결국 우리는 기도의 응답에 대한 결론을 내리는 것이 불가능합니다. 하나님의 응답을 이해하기에는 우리의 지혜가 부족하고, 시간이 부족하기 때문입니다. 다만 확실한 것은 하나님은 선하게 응답하신다는 것입니다. 우리는 그것을 신뢰해야 합니다.

예수님은 광야에서 치르셨던 시험을 다시 겟세마네에서 치르십니다. 그리고 기도하는 가운데 기도가 바뀝니다. "나의 원대로 마시옵고 아버지의 원대로 하옵소서."

기도는 하나님을 바꾸는가, 아니면 나를 변화시키는가? 우리의 슬로건은 “하나님의 뜻이 이루어지이다”보다는 “내 뜻이 이루어지이다”입니다. “하나님은 어째서 인간이 기도하는 대로 역사하시지 않는가?”와 “나는 어째서 하나님이 원하시는 대로 행동하지 않는가?” 이 두 가지 질문이 기도에서 만납니다. 서로 간의 의견 차이가 있을 때 우리는 무엇을 합니까? 대화를 하지요. 하나님은 전심으로 그분을 찾는 이들과 대화할 통로를 찾고 계십니다. 대화를 통해 삶의 희망과 죽음의 의미를 함께 붙들게 해줍니다. 기도는 일상에서 벌어지는 사건들을 더 높은 세계에서 볼 수 있게 해줍니다. 오직 기도만이 하나님과 같은 관점을 가지도록 우리의 시력을 회복시켜 줍니다. 기도는 하나님이 보내야 하는 물품의 목록이 아니라 질서를 재조정하는 과정입니다. 기도는 하나님의 시각으로 세상과 자신을 보게 해달라는 것입니다. 기도는 자기중심적인 사고에서 하나님의 시각으로 바뀌는 것입니다. 우리가 드리는 예배와 기도, 읽는 말씀은 우리의 관점을 바꾸어 줍니다. 여기에서 기도는 하나님의 뜻을 찾고 그 뜻대로 나아가는 길로 제시됩니다. 기도는 하나님의 뜻을 찾아가는 네비게이션입니다.

우리 안에는 두려움이 너무 많습니다. 사실 우리가 기도하지 않는 것은 그 두려움과 마주하기가 두렵기 때문인지도 모릅니다. 홀로 있는 것도 두렵습니다. 하나님의 뜻을 대하기도 두렵습니다. 그래서 기도하지 않고 깨어 있지 못하는 것입니다. 그러나 예수님은 그 두려움 속으로 들어가셨습니다. 기도를 통해 아버지 뜻 안으로 깊이 들어가셨습니다. 그리고 그 기도로 그 모든 것을 이기셨습니다.

예수님의 기도는 외양상으로는 실패한 것같이 보이나 실제로는 승리한 기도입니다. 승리하는 기도는 하나님의 뜻을 이루는 것입니다. 예수님은 기도하시는 동안 하나님의 뜻에 자신을 전적으로 복종시키셨습니다. 겟세마네의 기도는 예수님이 "사람의 뜻"에서 벗어나 "하나님의 뜻"을 찾아가는 변화의 과정을 여실하게 보여 주고 있습니다.

결국 "나의 원대로 마옵시고 아버지의 원대로 하옵소서"로 옮겨갑니다. 그러므로 기도의 정신은 하나님의 뜻을 찾아가는 것입니다. 기도의 목적은 하나님의 뜻을 바꾸는 것이 아닙니다. 기도는 우리의 열망과 의지를 하나님의 열망과 의지로 바꾸어가는 것입니다. 기도는 하나님의 뜻을 찾고 그 뜻에 자신을 일치시키는 것입니다. 그 뜻을 내 뜻으로 삼는 것입니다. 참된 순종이란 우리가 원하는 것이 아니라 죽는 일도 감수하는 것입니다. 겟세마네의 기도는 이것을 가능하게 했습니다. 겟세마네의 이야기는 기도의 중요성을 말해 줍니다. 기도가 없다면 아무리 예수님이라도 십자가를 질 수 없습니다. 이 기도는 십자가의 죽음이 하나님의 뜻이며 인류를 구원하시는 하나님의 방법이라는 것을 확인해 주는 것입니다.

"나의 원대로 마시옵고 아버지의 원대로 하옵소서"(막 14:36).

이 동일한 기도는 세 번씩 반복하여 드릴 정도로 심각한 기도입니다. 여기에서 잠든 제자들(베드로, 요한, 야고보)과는 대조적으로 예수님은 깨어 심한 통곡의 기도(히 5:7)로 육신의 시험을 이기고 담대하게 하나님의 뜻으로 나아가셨습니다. 예수님의 세 번의 기도와 제자들의 세 차례 자고 있는 기사가 동시에 나옵니다. 저들은 다 버리고 도망했지만 예수님은 홀로 "아버지의 원대로" 나아가셨습니다.

예수님은 하늘과 땅의 모든 권세를 가지신 분입니다. 그런데 아버지의 뜻에 순종하셨습니다. 예수님의 권위는 순종 아래 놓여 있습니다. 예수님은 우리의 기쁨과 슬픔과 소망과 절망을 이해하며 기꺼이 함께할 의향이 있습니다. 바로 이런 예수님에게 우리는 기쁘게 권위를 내어드리며 그 권위 아래 있기를 자청합니다.

셋째, 겟세마네의 예측기도(anticipatory prayer)는 위기를 대비합니다. 해돈 로빈슨(Haddon W. Robinson) 목사는 다음과 같이 말했습니다. "예수님이 피와 땀을 흘리신 장소는 어디인가? 빌라도의 궁정도 아니었고 골고다로 올라가는 길도 아니었다. 바로 겟세마네 동산이었다. 만일 그곳에서 예수님이 벌이고 있는 씨름을 목격했다면 앞으로 일어날 일을 걱정한 나머지 이렇게 말할지 모른다. '아직까지 한 일이라고는 기도뿐인데, 그토록 고통스러워한다면 나중에 진짜 어려운 상황이 닥쳤을 때는 어쩔 셈인가? 어째서 잠자고 있는 제자들처럼 느긋한 마음을 가지고 쉬면서 시련에 대처하지 않는가?'"

그러나 시련이 닥쳐오자, 예수님은 십자가의 길을 걸었던 반면 제자들은 달아나기에 바빴습니다. 예수님은 이미 겟세마네에서 십자가를 지셨습니다. "기도로 리허설을 한다"는 말이 여기에 적용됩니다. 앞으로 진행될 일을 기도로 실전처럼 치르며 준비하는 것입니다.

겟세마네 기도 이후 예수님은 놀라운 평안을 얻었습니다. 체포당할 때, 법정에서 심문을 받을 때, 고문과 매질을 당할 때, 십자가의 고난을 받을 때도…. 오히려 당황한 측은 예수님을 배신하거나 체포하거나 심문하는 자들입니다.

위기 상황을 예감하고 기도로 준비하시는 예수님과 준비하지 않고 위기 상황을 맞는 제자들이 대비되어 보입니다. 예측기도를 생활화해야 합니다. 전투는 싸워 보기도 전에 준비 단계에서 이미 승패가 결정됩니다. 우리는 기도의 열매를 실생활에서 거둘 뿐입니다. 기도 없이는 열매도 없습니다. 제자들도 예수님처럼 깨어 기도했다면, 신음소리를 내며 기도했다면, 이마에 땀이 흘러내리도록 기도했다면 반드시 승리했을 것입니다.

야곱의 얍복강 기도는 에서와의 극적인 상봉을 가능하게 만들었습니다. 에서를 만나기 전날 밤 야곱은 이미 승리를 쟁취했습니다. 엘리야는 갈멜산에서 바알과 이세벨 선지자들을 무찌르기 전에 길르앗산에서 이미 승리를 거두었습니다. 예수님은 갈보리 전에 겟세마네에서 이미 승리를 거두셨습니다. 무슨 일이든 닥쳐서 당황하지 말고 미리 기도하십시오. 예측기도로 미리 준비하면 유혹은 힘을 못 씁니다.

아침에 기도하지 않아서 하루를 망치지 않도록, 월요일에 기도하지 않아서 화요일에 패배당하는 일이 없도록 깨어 준비하십시오. 깨어 기도하십시오. 누군들 지고 싶겠습니까? 그러나 기도하지 않으면 집니다. "시험에 들지 않게 깨어 있어 기도하라 마음에는 원이로되 육신이 약하도다." 제자들은 마음이 없는 것이 아니라 기도의 무릎을 꿇지 않은 것이 문제입니다. 영적 우월감, 영적 무감각, 영적 나태함이 문제입니다.

겟세마네 동산의 이야기는 기도의 중요성을 말해 줍니다. 겟세마네 동산의 기도는 십자가를 가능케 했습니다. 기도는 모든 것을 가능하게 합니다. 예수님은 모든 것을 기도로 마치셨습니다.

주기도는 공동 기도를, 겟세마네 기도는 개인 기도의 모본을 보여 줍니다. 주기도는 하면서 겟세마네 기도를 외면해서는 안 됩니다. 두 기도의 공통점은 "아버지의 원대로 하옵소서"(36절)와 "시험에 들지 않게 깨어 있어 기도하라"(38절)는 중요한 간구입니다. 즉 "뜻이 하늘에서 이룬 것같이 땅에서도 이루어지이다"와 "우리를 시험에 들게 하지 마옵시고"(마 6:9-13)입니다.

예수님은 기도의 모본을 보여 주셨습니다. 기도의 목적은 하나님의 뜻을 아는 것이고, 다음은 하나님의 뜻을 따를 능력을 구하는 것입니다. 예수님의 기도는 외형적으로는 실패한 것 같으나 성공한 기도입니다. 왜냐하면 기도의 목적이 하나님의 뜻을 이루는 것이기 때문입니다. 때로 우리가 한 기도가 우리의 죽음 이후에 응답되기도 합니다. 겟세마네 기도는 십자가 후에 부활로 응답되었습니다. 살고자 하면 죽고, 죽고자 하면 영원히 삽니다. 일시적으로 죽음을 모면하는 것이 아니라 영원히 죽음을 옮겨 버리는 것입니다. 그것이 하나님의 뜻입니다.

36
아버지의 뜻대로

[36]이르시되 아빠 아버지여 아버지께는 모든 것이 가능하오니 이 잔을 내게서
옮기시옵소서 그러나 나의 원대로 마시옵고 아버지의 원대로 하옵소서 하시
고 [37]돌아오사 제자들이 자는 것을 보시고 베드로에게 말씀하시되 시몬아 자
느냐 네가 한 시간도 깨어 있을 수 없더냐 [38]시험에 들지 않게 깨어 있어 기도
하라 마음에는 원이로되 육신이 약하도다 하시고 막 14:36-38

예수님은 제자들과 함께 예루살렘 맞은편 겟세마네 동산에 가십니다. 겟세마네(기름 짜는 틀)는 감람산 기슭의 낮은 경사인 기드론 계곡 동쪽 편 올리브 농원이 있었던 곳으로 예수님이 피땀을 흘리신 고뇌의 기도 현장에 어울리는 이름입니다. 예수님이 제자들에게 "내가 기도할 동안에 여기 앉아 있으라"고 하신 다음에, 베드로와 요한과 야고보 세 사람만 데리고 더 나아가, 심히 놀라고 슬퍼하사 고민하여 죽게 된 심정에서 "여기 머물러 깨어 있으라" 당부하신 다음, 홀로 기도하시는 내용이 나옵니다. 기도의 뜰과 성소 그리고 지성소로 더 깊이 나아가는 모습을 보여 줍니다. 여기에는 마가의 특색인 갈등 구조가 예수님과 제자들, 그리고 예수님과 하나님 사이에 표출되어 있는데, 결국 이것을 통해 하나님의 뜻을

찾아가는 길로 활용하십니다.

하나님의 뜻과 연관하여 볼 때, 세 가지 유형의 사람들이 나옵니다. 두 부류의 사람들과 십자가의 길을 가시는 예수님의 모습이 대조를 이룹니다. 그러면 이 세 부류의 사람들을 하나씩 살펴보도록 하겠습니다.

첫째, 자기 뜻대로 하는 사람들입니다. "내 뜻"(my will)대로 "나의 길"(my way)을 가는 자들입니다. 이들은 자기의 뜻을 먼저 정해 놓고 예수님을 따를까 말까를 저울질합니다. 그러나 결국은 자기들의 뜻대로 행할 뿐 예수님의 말씀을 따르는 법이 없습니다. 대제사장, 서기관, 장로들이 다 그런 부류의 사람들입니다. 그들은 예수님을 심문하기도 전에 먼저 죽일 결정을 내렸습니다(막 14:56). 그들은 결론을 먼저 내리고, 자신들의 의견을 정당화해 줄 증거들을 조작하고 있습니다(56-59절). 확증편향에 걸린 사람들이 그렇습니다. 자기들의 의견에 동조하거나 유리한 것만 수집할 뿐 다른 의견은 들으려고 하지 않습니다. 그러기 때문에 예수님은 이들에게 아무런 변호도 하지 않으셨습니다. 이미 예수님을 죽이기로 작정한 저들에게는 아무런 말도 소용이 없는 것입니다. 결국 그들은 예수님에게 사형판결을 내리고 정죄하면서 침을 뱉고 주먹으로 치며 모욕을 주었습니다. 진리를 외면하고 자신의 안위만을 위해 행동하는 빌라도도 그렇고 부화뇌동하는 군중들도 똑같습니다. 어느 누구 하나 진리를 따라, 아니 최소한의 양심을 따라 분별하지 않고 자신의 욕심과 정욕대로 일을 처리했습니다.

이것은 비단 다른 사람들만의 이야기가 아닙니다. 예수님의 제자 중 하나였던 가룟 유다도 이 부류에 속합니다. 그는 어떻게 보면 단 한 번도 예수님을 따른 적이 없는 제자입니다. 제자란 "따르는 자"로 몸보다는 마음으로부터 예수님과 함께하는 자인데, 가룟 유다는 몸으로는 예수님과 함께하면서도 마음은 계속 자기식대로 움직입니다. 민수기에서 모세를 따르는 이스라엘 백성들이 몸은 광야에 나와 있어도 마음은 아직도 애굽에 머물러 있는 것과 매한가지입니다. 몸은 아직 광야에 있어도 마음은 약속의 땅 가나안에 있어야 하는데 그와는 정반대로 무슨 일이 있을 때마다 애굽으로 돌아가려는 회귀본능이 나타납니다. 구습을 좇는 옛사람을 아직도 벗어버리지 못하고 있는 것입니다. 알고 보면 그들이 애굽에서 대단한 일을 했던 것도 아니고 종노릇한 것이 고작인데도 걸핏하면 애굽에 있을 때가 좋았다고 말합니다.

가룟 유다가 향유를 붓는 여인을 보고 "왜 비싼 것을 낭비하느냐?"라고 비난한 것을 보아도 예수님과 함께하면서도 마음으로는 너무나도 먼 타인입니다. 이 사람은 본래부터 예수님을 따를 때 물질적인 욕심이나, 정치적인 야망에서 따랐는지 모릅니다. 설사 그렇게 시작했더라도 예수님과 3년을 동고동락했다면 자기의 야심을 버리고 예수님의 마음을 품는 사람으로 변화되어야 했는데, 그는 언제까지나 가룟 유다로 남아 있으면서 오히려 예수님을 자신의 야망을 위해 이용하려고 했습니다. 그러므로 가룟 유다의 비극은 예수님의 주변에 머물러 있었으면서도 자신 뜻대로의 삶을 고집한 데에 있습니다. 예수님과 함께 있으면서도 변화되지 않은 유일한 제자입니다. 예수님과 함께 있는데도 변화되지 않는 사람은 사악한 사람이 됩니다. 교회에 왜 세상에서보다 더 악한 사람이 있냐고 물으시는 분이 있는데, 교회에 있으면서도 변화되지 않으면 세상 사람보다 더 악한 사람이 됩니다. 그렇게 매주 좋은 말씀을 듣고 하나님의 은혜를 받으면서도 변화되지 않으면 더 나쁜 것이지요. 이런 사람은 결국 "차라리 나지 아니하였으면 좋을 뻔한"(21절) 백해무익한 인간쓰레기로 전락하는 것입니다.

이런 가룟 유다를 "나와 함께 먹는 자", "열둘 중에 하나"(18, 20, 43절)라고 기록한 사실에 주목하기 바랍니다. 가룟 유다는 어디에서 갑자기 나타난 사람이 아니라 예수님의 제자라고 불리던 사람 중의 하나라는 것입니다. 이 말은 가룟 유다가 교회 안에서 목사, 장로, 집사 중에도 얼마든지 나올 수 있다는 개연성을 시사해 줍니다. 그러므로 우리는 예수님 앞에 조용히 나아와 스스로 "저입니까?"(19절)라고 물으며 점검을 받아야 합니다. 진실로 예수님을 파는 자가 나일 수 있다는 이야기입니다.

그럼 어떤 나입니까? 예수님을 따른다고 하면서도 내 뜻을 고집하는 나입니다. 이기적인 동기로 예수님을 따르는 자들이 다 그렇습니다. 하나님의 도움으로 내 뜻을 이루어 보려는 자들이 다 그렇습니다. 이는 예수님이 주인이 아니라 자기가 주인이며 예수님은 자신이 부리는 종입니다. 왜 그렇게 자신의 주장이 많은지 모르겠습니다. 말씀을 들어도 변화되기 위해서가 아니라 자신을 합리화하기 위해 듣습니다. 일을 해도 하나님의 영광이 아니라 자신의 의를 드러내기 위해 합니다. 너무나 인간 중심적입니다. 이러다가 결국 예수님까지 은 30냥에 노예처럼 팔고 맙니다. 이렇게 예수님을 믿는다고 하면서도 자기 식대로 삽니다.

이런 사람은 죄만 자기 식대로 짓는 것이 아니라 죄에 대한 해결책도 자기 식대로 정해 버립니다. 가룟 유다는 죄책감에 빠졌을 때라도 예수님 앞에 나아와 해결책을 찾아야 했습니다. 예수님의 말씀을 따라 해결해야 했는데 대제사장을 찾아갔고, 자기의 뜻이 관철되지 않자 스스로 자기를 심판하여 썩은 밧줄에 목을 매어 자살함으로 몸과 영혼 모두를 멸망의 구덩이에 던져 버리고 말았습니다. 배신자는 결국 자신도 배신을 당하고 맙니다.

예수님의 말씀을 듣고 교회에 다니면서도 매사를 자기 식대로 고집하는 신앙인들을 만나게 됩니다. 이들은 하나님 앞에서 자신의 뜻을 접어 본 적이 없습니다. 상담할 때도 보면 자기 뜻을 정하고서 그 생각에 동의를 구하는 정도입니다. 자신이 하나님보다 더 옳습니다. 평상시에는 하나님을 따라 사는 것 같다가도 어려운 일이나 정말 결단이 필요할 때는 자기 식대로 합니다. 문제가 생겨도 자기 식대로 해결해 보려고 발버둥을 칩니다.

이런 사람들은 예수님의 겟세마네 기도를 정반대로 하고 있습니다. "아버지 원대로 마옵시고 내 뜻대로 되기를 원하나이다." 이런 사람들은 주기도도 정반대로 합니다. "내 뜻이 땅에서 이루어진 것같이 하늘에서도 이루어지이다." 좌우간 청개구리 같은 사람입니다.

둘째, 마음은 원이로되 육신이 약한 사람들입니다. 내 뜻대로 고집하는 앞의 사람보다는 좀 개량되었습니다. 그러나 갈등은 하지만 결과는 앞의 사람과 별로 다를 것이 없습니다. 최소한 갈등은 했다는 것이 그래도 다르지요. 도둑질을 해도 양심의 가책을 받으면서 훔쳤다는 것 정도의 차이지요. 결과는 같습니다.

이런 부류의 사람들은 베드로를 위시한 제자들입니다. 예수님께서 그들에게 "너희가 다 나를 버리리라"(27절)라고 하실 때, 베드로는 장담하기를 "다 버릴지라도 나는 그리하지 않겠나이다"(29절)라고 했습니다. 그리고 또 한 번 힘을 주어 강조하여 "내가 주와 함께 죽을지언정 주를 부인하지 않겠나이다"(31절)라고 두 가지 약속을 했습니다. 다른 제자들도 질세라 앞을 다투어 "저도 마찬가지입니다"라고 했습니다. 그런데 잘 알고 있는 바와 같이 하루도 못 가서 이 장담이 얼마나 허황된 것인지를 여실하게 보여 주었습니다.

"내가 살아난 후에 너희보다 먼저 갈릴리로 가리라"(막 14:28)는 말씀은 제자들이 도망가는 것을 나무라기 위해서 하신 것이 아니라 그들이 잘못한 후에도 돌아올 문을 열어 주신 것입니다. 앞으로의 상황을 미리 예견하시면서 그럼에도 불구하고 갈릴리에서 만나자고 하시는 것입니다. 예수님은 부활 후에 만나자는 말씀에 초점을 두신 것인데, 도둑이 제 발 저리다고 베드로는 예수님의 첫 말씀부터 부인하면서 자기는 결단코 예수님을 버리지 않겠다고 말을 먼저 앞세웠습니다. 그리고 자기 목숨까지 운운합니다. 말소리를 높이지 않아도, 목숨까지 들먹이지 않아도 진실한 사람의 말은 힘이 있는 법입니다. 신용이 없는 사람일수록 "목숨을 걸고" "하나님께 맹세코"라는 말을 합니다. 자기에게 없는 신용을 빌려 오는 것인데 그게 말한다고 됩니까? 그런 말보다는 돈을 두고 맹세하는 것이 더 믿을 만합니다. 왜냐하면 그런 사람일수록 돈에 대해서는 더 신중하거든요. 거기에다가 자기 이야기나 하지 왜 "다른 제자들은 다 버릴지라도 나는"(29절)이라고 비교하면서 교만을 부립니까? 다른 제자들에 비해서 자기가 우월하다는 것을 과시하는 것입니다. 하나님께는 비교우위의 신앙이 아니라 절대적 신앙이 요구됩니다.

그리고 "나는", "내가"(I Will…) 부인하지 않겠다고 자기의 의지를 과신하였습니다. 아니, 예수님도 "나의 원대로 마시옵고 아버지의 원대로 하옵소서"(36절)라고 기도하시며 하나님의 의지에 의탁하시는데 자기가 무슨 수로 부인을 안 한다는 말입니까? 자기가 예수님보다 더 의지가 굳습니까? 오히려 "예수님, 당신을 부인하지 않고 언제까지나 함께하고 싶습니다. 그러나 저는 약하오니 저를 도와주소서"라고 말하는 것이 인간적이지 않습니까?

'내 의지'(my will)라는 것이 얼마나 믿을 만한 것이 못 되는지는 베드로가 어린 여종 앞에서 예수님을 연거푸 부인하고 사람들 앞에서 다시 한 번 예수님을 저주까지 하면서 맹세하고 부인한 것을 보면 잘 알 수 있습니다. 베드로는 새벽닭이 울 때 예수님의 말씀이 생각나서 통곡하며 울었다고 했습니다(72절). 아니, 왜 울고만 있습니까? 후회가 되면 그때라도 다시 가야바의 뜰에 들어가서 "그래, 내가 예수의 제자다"라고 말해야죠. 그렇게 말하고 싶은 마음은 굴뚝 같지만 육신이 약해서 못 하고 있습니다.

그러기에 예수님이 무엇이라고 하셨습니까? "시험에 들지 않게 깨어 있어 기도하라 마음에는 원이로되 육신이 약하도다"(38절) 하시지 않았습니까? 인간을 보는 성경적 인류학(Biblical Anthropology)은 "마음은 원이로되 육신이 약하다"입니다. 세상의 인간학은 지식이 있으면, 과학이 발달하면, 결심만 하면 진리를 행할 수 있다고 인간의 의지를 과신하고 있습니다. 그러나 성경은 우리가 알고 결심함에도 불구하고 몸이 따라오지 않는다고 인간의 나약함을 일깨워 주고 있습니다. 그러기 때문에 의지만 가지고는 안 되며 하나님의 능력이 필요한 것입니다.

이 말씀은 제자들의 싸움만이 아니라 예수님의 싸움에서도 마찬가지입니다. 결심을 행동에 옮기는 데는 기도밖에 없습니다. 아니 예수님도 마음속에 품은 하나님의 뜻을 이루기 위해 밤새 땀방울이 핏방울이 되도록 기도하셨는데, 베드로가 밤새 잘 자고 무슨 수로 하나님의 뜻을 이룹니까? 기도하지도 않고 십자가를 진다면 베드로가 예수님보다 나은 자가 됩니다. 절대 안 될 말입니다. 그러니까 그 어린 여종 앞에 서기 전에 벌써 겟세마네에서 졸 때부터 베드로의 실패는 예견된 것이었습니다. 기도의 실패는 실전의 실패를 의미합니다. 기도하는 것에 실패하면서부터 그는 실패하게 되어 있었습니다. 기도로 자기의 육신을 이기지 못하면 결국 육신의 소욕대로 살게 됩니다. 마음이 없다는 것이 아닙니다. 육신이 약하다는 것입니다. 마음을 행동으로 옮기기 위해서는 기도가 필요하다는 것입니다.

그러기에 예수님이 베드로에게 깨어 있어 기도하라고 말하지 않으셨습니까? 예수님은 자고 있는 제자들에게 "네가 한 시간도 깨어 있을 수 없더냐"(37절)라고 말씀하셨습니다. 아니, 순교를 각오한 사람들이 예수님과 함께 한 시간도 깨어 기도할 수 없다는 말입니까? 말도 안 됩니다. 한 시간 기도도 못하면서 순교는 할 수 있다고 말하면 얼마나 우스운 이야기입니까? "네가 한 시간 동안도 나와 함께 깨어 있을 수 없더냐?" 신앙생활의 기본입니다. 기본 동작도 안 되어 있는데 무슨 응용 동작입니까?

순교 전에 기도로 깨어 있어야 합니다. 기도에 동참하지 못하면 그 고난에도 참여할 수가 없습니다. 순교할 수 있는 믿음과 용기는 기도할 때 옵니다. 기도는 하나님의 뜻에 나를 전적으로 복종시키는 훈련인데, 기도로 내 육신을 이길 수 있어야 하나님의 뜻이 드러납니다. 자신의 의지는 약하므로 깨어 기도하면서 성령님께 자신을 맡길 때 하나님의 뜻을 이룰 수 있습니다. 그러므로 지난 13장에서 예수님이 강조하신 "깨어라"라는 말씀이 다시 들리는 것입니다. 예수님의 재림 때와 마찬가지로 고난에도 깨어 있어야 합니다. 예수님의 승리의 비결은 깨어 기도하는 데 있었고, 베드로의 실패는 잠자고 있었기 때문입니다.

마태, 누가복음에는 나타나지 않고 오직 마가복음에만 한밤에 벌거벗고 달려 도망간 청년의 기사가 나옵니다(51-52절). 다름 아닌 마가복음을 기록한 저자 자신으로, 그도 역시 마음은 원이지만 육신이 약한 유형의 모습을 보이고 있습니다. 베드로뿐 아니라 자신도 도망갔다고 솔직하게 기록하고 있습니다. 얼마나 급했으면 옷도 입지 못한 채로 도망을 갔을까요?

그래도 베드로를 위시한 다른 제자들과 마가의 이런 실패담 속에서 우리는 교훈을 얻게 됩니다. 특별히 마가복음은 베드로의 설교와 간증에 기초를 두고 마가가 기록한 것으로 알려져 있는데, 그들은 실패한 이야기를 통해 인간의 나약함을 고백하고 오직 성령님의 역사만이 우리의 약한 의지를 강하게 해줄 수 있다는 사실을 반증하고 있습니다. 육신대로 살면 반드시 실패하지만 성령으로서 육신을 이기면 산다는 진리 말입니다. 베드로는 이러한 경험을 바탕으로 후에 "근신하라 깨어라 너희 대적 마귀가 우는 사자같이 두루 다니며 삼킬 자를 찾나니"(벧전 5:8)라는 교훈을 주고 있습니다.

우리도 베드로와 같은 위급한 상황이 아닌데도 성령님이 주시는 생각대로 하지 못하고 육신에 번번이 지는 경우가 많습니다. 하나님의 뜻을 알기 때문에 그렇게 해야 된다고 마음으로는 생각하면서도 끝내 갈등하다가 결국은 그렇게 살지 못합니다. 그러므로 우리는 성령님의 도움을 간구하며 더욱 기도해야 합니다. 아버지의 뜻대로 행할 능력을 달라고 말입니다.

그러나 베드로의 회개는 가룟 유다와 같은 후회나 자책으로 끝나지 않습니다. 연약한 자신을 예수님 앞에 고백하고 주님께서 자신을 붙들어 주시기를 바란 것입니다. 죄에 대한 해결책을 예수님에게서 찾으려고 한 것이 두 번째 부류 사람들의 특징입니다. 이들은 실패했을 때 자포자기하지 않고 예수님께 나아옵니다.

"나는 비록 약하나 주 예수는 강하다. 나의 힘이 되시는 주님 곁에 가까이 가리라."

셋째, 하나님의 뜻대로 하는 사람들입니다. 본문에 유일하게 예수님만이 하나님의 뜻을 행하셨습니다. 예수님이 완전한 인간으로 오셨기 때문에 사람의 일에 대한 내면적인 갈등조차 없었던 것은 아닙니다. 예수님의 고뇌는 하나님의 구속에 대한 값어치(희생)가 얼마나 큰 것인가를 가늠케 해줍니다. 예수님은 기도하시는 동안 하나님의 뜻에 자신을 전적으로 복종시키셨습니다. 겟세마네의 기도는 예수님이 "사람의 뜻"에서 "하나님의 뜻"으로 찾아가는 변화의 과정을 여실하게 보여 주고 있습니다.

즉 "아빠, 아버지여"(친근한 하나님의 이름) "이 잔을 내게서 옮기시옵소서"에서 그분의 뜻이 아버지의 뜻과 충돌하는 순간을 보여 줍니다. 여기에 갈등과 고통과 고민과 눈물이 있습니다. 이때 예수님의 신성은 감추어지고 인성으로 나아갑니다. 언제든지 신성으로 돌아갈 수 있지만 그렇게 하지 않았습니다. 예수의 자유로운 선택에 의한 인간적인 시간은 많은 사람들에게 희망을 줍니다. 예수님은 자신이 고난을 겪을 때만 그 고난이 지나갈 것이란 사실을 아십니다. 그분은 고난을 떠맡아 견뎌냄으로써만 고난을 극복하고 정복할 것입니다. 십자가는 고난의 극복입니다. 진정한 고난은 하나님에게서 떨어지는 것입니다.

결국 "나의 원대로 마시옵고 아버지의 원대로 하옵소서"로 옮겨갑니다. 제자들은 다 버리고 도망갔지만 예수님은 홀로 "아버지의 원대로" 나아가셨습니다.

하나님의 뜻은 우리의 구원입니다. 우리를 죄악 가운데 구원하셔서 하나님과 화목을 이루기 위하여 예수님께서 이 땅에 오셨고, 결국 그 아버지의 뜻대로 자신을 십자가에 내어드림으로 하나님의 소원을 이루셨습니다.

그러므로 최후의 만찬에서 예수님은 제자들에게 죽음의 의미에 대해 말씀하셨습니다.

> "떡을 가지사 축복하시고 떼어 제자들에게 주시며 이르시되 받으라 이것은 내 몸이니라 하시고 또 잔을 가지사 감사 기도 하시고 그들에게 주시니 다 이를 마시매 이르시되 이것은 많은 사람을 위하여 흘리는 나의 피 곧 언약의 피니라"(막 14:22-24).

이렇게 우리를 위하여 십자가를 지심으로 생명의 몸과 언약의 피를 우리에게 주신 것이 아버지의 소원이라면, 이제는 "몸과 피"를 믿음으로 받아먹는 것이 "아버지의 원"을 나에게 이루는 것입니다. 그러나 아직도 예수님이 이루신 "아버지의 원"이 모든 사람에게 받아들여지지 않고 있습니다. 하나님의 뜻은 모든 사람이 구원에 이르기를 바라는 것인데 말입니다.

저는 예수님의 십자가 정신은 겟세마네의 기도인 "아버지의 뜻대로"에 있다고 봅니다. 예수님은 동일한 기도를 세 번 반복하셨습니다. 이것은 우리가 몇 번이고 반복해서 기도해야 하는 기도의 핵심입니다. 우리가 따를 십자가 신앙의 정신은 "아버지 뜻대로" 사는 데 있습니다. 예수님은 나에게 나의 십자가를 지고 따르라고 말씀하시는데, 오늘 내가 져야 할 십자가는 다름이 아니라 "내 뜻대로 마시고 아버지의 뜻대로 되기를 원하나이다"라고 고백하는 생활입니다. 내 뜻은 편해지고 싶고, 대접받고 싶고, 높아지고 싶고, 많이 가지고 싶고, 내 지혜, 건강, 명예, 재물을 의지하고 자랑하며 살고 싶지만, "아버지의 뜻"이 그렇지 않다면 내 뜻을 버리고 "아버지의 원대로" 하는 것이 바로 십자가를 지는 삶입니다.

예수님은 기도의 모본을 보여 주셨습니다. 기도의 목적은 하나님의 뜻을 아는 것이고, 다음은 하나님의 뜻을 따를 능력을 구하는 것입니다. 예수님의 기도는 외형적으로는 실패한 것 같으나 성공한 기도입니다. 왜냐하면 기도의 목적이 하나님의 뜻을 이루는 것이기 때문입니다. 겟세마네 기도의 즉각적인 응답은 십자가이지만, 최종적인 결과는 부활로 응답되었습니다.

갈보리 십자가 이전에 겟세마네의 기도가 있었던 것처럼 "아버지의 원대로" 살기 위해서는 우리에게 겟세마네의 기도가 있어야 합니다. 겟세마네가 없다면 갈보리도 없습니다. 그리고 겟세마네 기도의 핵심은 내 뜻이 아닌 "아버지의 뜻"이 이루어지는 것입니다. 하나님의 뜻이 하늘에서뿐 아니라 이 땅에도, 내 사업과 가정과 심령에도 이루어지기를 기도하는 것입니다.

37
거기 너 있었는가?

[6]명절이 되면 백성들이 요구하는 대로 죄수 한 사람을 놓아 주는 전례가 있더
니 [7]민란을 꾸미고 그 민란중에 살인하고 체포된 자 중에 바라바라 하는 자가
있는지라 [8]무리가 나아가서 전례대로 하여 주기를 요구한대 [9]빌라도가 대답
하여 이르되 너희는 내가 유대인의 왕을 너희에게 놓아 주기를 원하느냐 하
니 [10]이는 그가 대제사장들이 시기로 예수를 넘겨 준 줄 앎이러라 [11]그러나 대
제사장들이 무리를 충동하여 도리어 바라바를 놓아 달라 하게 하니 [12]빌라도
가 또 대답하여 이르되 그러면 너희가 유대인의 왕이라 하는 이를 내가 어떻
게 하랴 [13]그들이 다시 소리 지르되 그를 십자가에 못 박게 하소서 [14]빌라도가
이르되 어찜이냐 무슨 악한 일을 하였느냐 하니 더욱 소리 지르되 십자가에
못 박게 하소서 하는지라 [15]빌라도가 무리에게 만족을 주고자 하여 바라바는
놓아 주고 예수는 채찍질하고 십자가에 못 박히게 넘겨 주니라 막 15:6-15

1995년 5월 11일 밴더빌트 대학교 박사학위 수여식에 참석하고자 어머니께서 한국에서 미국까지 오셨습니다. 제가 미국에 있으면서 아버지의 임종을 보지 못하고 장례식에도 참석하지 못한 것은 두고두고 아쉬웠습니다. 제가 한국에 있을 때는 미국에서 대학을 졸업하는 아들 졸업식에 가지 못한 것이 아쉬웠습니다. 제가 외국에 나갈 때 제일 아쉬운 것은 교우들의 장례식에 참석하지 못하는 경우입니다. 이렇게 의미 있는 사건이 일어나는 현장에 참여함

으로써 우리는 그들에 대한 관심과 사랑을 나타내고 그 일이 나와 무관하지 않음을 알리고자 합니다.

저는 여행을 갈 때도 성경의 역사적 현장 또는 연구할 만한 분들이 살았던 지역에 가고, 그곳에 책을 가지고 가서 현장 독서를 하기도 합니다. 그러면 그들의 체취를 느낄 수 있고 더욱 생생하게 글을 읽을 수 있습니다. 유서 깊은 박물관에 방문할 때도 작품들을 감상하며 그 그림 속에 일부가 되고 싶은 충동도 느낍니다.

렘브란트는 〈십자가 세우기〉(1633, 뮌헨 바이에른 국립미술관)라는 그림에서 십자가에 달리신 예수님, 로마 병정, 제사장, 군중들과 함께 중앙에 그들과는 전혀 어울리지 않는 차림새를 한 남자를 그려 넣었습니다. 곱슬머리에 빵떡모자를 쓰고 십자가에 달리신 예수님의 모습을 슬픈 얼굴로 바라보고 있는 사람이 바로 렘브란트입니다. 그러니까 렘브란트는 예수님의 십자가 현장에 자신을 그려 넣은 것입니다. "십자가의 현장에 나 있었다"라고 증언하는 것 같습니다.

2000여 년 전에 예수님이 달렸던 십자가와 나는 무슨 상관이 있습니까? 내가 십자가의 현장에 있었다면 어떤 모습을 하고 있었을까요?

마가복음 15장은 예수님께서 십자가를 지시는 광경을 소상하게 소개하고 있는데 특별히 여러 종류의 사람들이 등장하고 있습니다. 만일 연극으로 각색한다고 하면 가장 많은 배역과 인물들이 필요한 장면입니다. 대제사장, 서기관, 장로들, 빌라도, 군중들, 바나바, 로마 군병들, 구레네 시몬, 강도 1, 2, 백부장, 막달라 마리아, 요셉의 어머니 마리아, 살로메, 요한, 여자들, 아리마대 요셉…. 천한 자, 귀한 자, 세력 있는 자, 무력한 자, 남자, 여자, 군인, 종교인, 죄인, 구경꾼, 외국인 등 모든 종류의 인간들이 십자가를 중심으로 해서 자리를 잡고 있습니다.

예수님께서 빌라도에게 재판을 받으시는 장면으로부터 시작됩니다. 이것은 역사의 아이러니가 아닐 수 없습니다. 만왕의 왕, 만유의 주로서 온 세상을 심판할 권세를 가지신 이가 빌라도 앞에서 재판을 받고 있으니 말입니다. 피고석에 앉아 재판을 받을 빌라도가 심판석에 앉아 예수님을 심문하고 판결한다는 것이 어쩌면 희극처럼 보입니다. 결국 예수님이 심판의 주가 되실 때 빌라도는 피고석에 앉게 될 것입니다.

빌라도는 자신에게 어울리지 않는 상당히 중요한 질문들을 던졌습니다. "진리가 무엇이냐"(요 18:38), "내가 누구를 너희에게 놓아 주기를 원하느냐 바라바냐 그리스도라 하는 예수냐"(마 27:17), "그리스도라 하는 예수를 내가 어떻게 하랴"(마 27:22, 막 15:12 참고).

빌라도는 "길이요, 진리요, 생명이신" 예수님을 앞에 두고 진리가 무엇이냐고 물었습니다. 진리가 앞에 있는데도 몰랐던 것이지요. 진리는 개념적인 것이 아니고 존재론적인 것입니다. 그러므로 진리가 무엇이냐고 묻기보다는 진리가 누구냐고 물어야 합니다. 예수님은 "내가 길이요 진리다"라고 하셨습니다. 진리는 삶이 앎에 담긴 것입니다. 예수님이 진리인 것은 말씀이 육신이 되었기 때문입니다. 빌라도는 진리도 몰라봤을 뿐 아니라 그리스도 예수를 어떻게 했습니까? 그는 이미 예수님이 무죄하다는 것을 알고 있었습니다. "대제사장들이 시기로 예수를 넘겨 준 줄"(10절) 너무나 잘 알고 있었습니다. 말하자면 예수님은 당시 종교지도자들의 파워 게임의 희생물이었던 것입니다. 그리고 빌라도의 양심은 계속해서 예수님의 무죄를 증거하고 있습니다. 자신의 아내도 꿈에 시달리며 예수의 결백을 증거하고 있습니다. 그러나 그는 이 사건에서 책임을 회피하려는 시도를 하고 있습니다. 대제사장과 무리들은 빌라도에게 예수님을 십자가에 처형하지 않으면 가이사의 충신이 아니라는 협박성 발언을 합니다. 빌라도는 자기에게 돌아올 득실을 계산합니다. 자연히 목소리 크고 힘 있는 자들에게 야합하여 말 없고 힘없어 보이는 자를 몰아세웁니다. 정의나 진리는 다 사라지고 힘의 역학관계와 처세술만 남았습니다. 그래서 자신의 양심도, 의로우신 예수님도 십자가에 못 박게 된 것입니다. 하나님의 말씀에 "너희는 이 세대를 본받지 말고"(롬 12:2)라고 하셨는데 빌라도는 세상의 야망과 인기와 술수에 따라 판단했습니다.

예수님 재판 이야기는 사실상 재판 이야기가 아닙니다. 거기에는 오류가 가득합니다. 거기에는 선서도 없고, 변호인도 없고, 증인들의 교차 심문도 없고, 증거 제시도 없고, 적법한 절차도 없습니다. 사형판결을 내리는 데도 1심으로 끝납니다. 항소 제도가 있었다면 예수님 건은 당연히 항소할 수 있는 것입니다. 당시 로마법에 의해서도 절차상의 오류가 명백합니다. 재판에는 분명한 고

발 내용이 제시되고, 유무죄에 대한 토의가 진행되고, 찬반에 대한 증거 제시가 있기 마련입니다. 예수님의 경우 고발은 있었지만 모두 소문에 근거한 것뿐입니다. 거짓 증인들인 데다 증언들도 일치하지 않습니다. 모두 "~ 하더라"입니다. 성전을 허문다는 것도, 세금을 내지 말라는 것도, 자신이 왕이라는 것도 일방적 주장입니다. 피고 측 증인도 없고, 피고인을 위한 변호인도 없고, 반대 심문도 없습니다. 로마인들은 스스로 법률을 잘 지키고 있다고 자부하지만 예수님에 대한 것은 엉망입니다. 식민지 사람이니까 함부로 대했는지 모르겠습니다. 어떻게 보면 희극인데 인간 사회의 불합리와 오류를 여실히 드러내 줍니다. 여기에 직무유기, 직권남용, 실용주의, 포퓰리즘, 인기 영합, 여론 조작, 여론 재판….

그래서 15절은 "빌라도가 무리에게 만족을 주고자 하여 바라바는 놓아 주고 예수는 채찍질하고 십자가에 못 박히게 넘겨 주니라"라고 기록하고 있습니다.

빌라도의 선택은 "무리에게 만족을 주고자" 이루어진 것입니다. 하나님의 영광을 위하여 결단한 것도 아니고, 정의를 위하여 판단한 것도 아니고, 양심의 가르침을 따라 산 것도 아니라 사람들의 환호를 바라고 행동한 것입니다. 이것이 빌라도의 비극입니다. 그는 자기 잘못을 은폐하기 위해 "무리 앞에서 손을 씻으며 이르되 이 사람의 피에 대하여 나는 무죄하니 너희가 당하라"(마 27:24)라고 하며 자기는 아무 일도 안 한 것처럼 발뺌하고 군중들에게 책임을 전가하고 있습니다. 그러나 손을 씻는다고 책임을 벗을 수 있는 것은 아닙니다. 그는 사도신경을 통하여 세세에 "본디오 빌라도에게 고난을 받으사…"라고 계속 정죄되고 있습니다.

빌라도는 자신이 제기했던 질문 "그리스도라 하는 예수를 내가 어떻게 하랴"에 대하여 자신의 정치적인 야망을 위해 이용하고 무고하게 십자가를 지우는 일로 대답하였습니다.

나는 이 예수를 어떻게 할 것인가? 가룟 유다처럼 예수님을 파는 자들이 될 수도 있습니다. 그 이름으로 대접받고 자기의 욕심을 채우기 위해 예수님을 따르는 자가 될 수 있습니다. 군중들처럼 십자가를 지우라고 소리치는 악한 무리가 될 수도 있습니다. 지금도 예수님을 십자가에 못 박는 사람들이 많이 있습니다. 빌라도처럼 책임을 회피하며 상황에 적당히 맞추어 처세할 수도 있습니다. 얼핏 보면 민주주의를 따르는 사람 같지만 자기의 책임을 감당하지 않습니다.

그러나 이 예수님을 나의 하나님, 나의 수인으로 모시는 사람이 있습니다. 이것이 빌라도의 질문 앞에서 내가 할 말입니다.

빌라도는 역시 "예수냐 바라바냐"라는 선택을 촉구하는 질문도 했습니다. 사실 우리의 삶은 선택의 연속입니다. 하나님의 영광을 구하며 하나님의 뜻을 행하며 살 것인가? 아니면 이 세상의 부귀와 명예와 향락을 위해 살 것인가? 이것이 바로 '예수냐 바라바냐'의 선택이라고 볼 수 있습니다. 당시의 군중들은 바라바를 선택했습니다. 다시 말하면 이생에 만족을 주는 세상적인 메시아를 택했습니다. 만일 내가 그 자리에 있었다면 무엇을 선택했을지 생각해 볼 일입니다.

바라바는 예수님 때문에 사형을 면하게 된 사람입니다. 그는 이미 사형 언도를 받고 집행 날짜만 기다리고 있었습니다. 전날 밤 그는 잠을 이루지 못하고 두려운 마음으로 밤을 지새웠을 것입니다. 이날 그는 간수의 부름을 들었을 때 모든 것을 체념한 채 끌려 나왔을 것입니다. 그런데 십자가를 지기 직전에 예수님께서 바라바에게 지우기 위해 만들어 놓은 십자가를 대신 지게 되었습니다. 그것도 바라바가 어떤 선행을 해서가 아니라 예수님이 그 대신 죽게 됨으로 무조건 해방이 된 것입니다.

바라바의 선택이 아니라 예수님의 선택 때문입니다. 바라바는 자신의 구원을 위해 할 수 있는 것이 아무것도 없었습니다. 예수님께서 자원하여 십자가를 지심으로 죽을 바라바가 살게 된 것입니다. 군중들의 선택도 있었지만 알고 보면 예수님은 이미 전부터 십자가를 대신 지기 위해 오셨습니다. 인자가 온 것은 자기 목숨을 많은 사람들의 대속물로 주려 함이라 하셨고, 저들이 예수님의 목숨을 빼앗는 것이 아니라 "내가 스스로 버리노라"(요 10:18)라고 하셨습니다. 그러므로 바라바의 구원은 예수님의 선택의 결과입니다. 예수님이 자원하여 십자가를 지심으로 죽을 바라바가 살게 된 것입니다. 누가는 예수님이 "아버지 내 영혼을 아버지 손에 부탁하나이다"(눅 23:46)라고 기도하셨다고 기록하며, 예수님은 단순히 죽었다거나 사람들이 그를 죽인 것이 아니라 예수님께서 스스로 자기 영혼을 하나님께 맡기셨다고 했습니다. 그러므로 십자가는 처음부터 예수 그리스도께서 선택하신 것입니다. 예수님이 십자가를 선택하심으로 바라바는 살게 된 것입니다.

그래서 바라바는 예수님의 구속 사역을 잘 나타내 주는 가장 상징적인 죄인입니다. 예수님이 채찍에 맞으실 때 바라바는 움찔하며 "내가 저 채찍에 맞았을 텐데" 했을 것이고, 십자가를 보면서 "내가 저것을 매었을 텐데, 내가 저 자리에 매달렸을 텐데, 내 손에 저 대못이 박혔을 텐데, 내 발에 저 못이 관통했을 텐데, 내가 목이 말라 혀가 입천장에 말라붙었을 텐데" 하며 남의 일 보는 것 같지 않았을 것입니다. 우리도 십자가를 보며 위와 같은 심정을 느끼고 있습니까?

바라바처럼 나도 내 죄 때문에 나의 십자가를 지어야 하는데 예수님이 내 대신 십자가를 져 주시고 내게 "내가 너를 대신하여 십자가를 진다. 이제 너는 죄의 모든 짐으로부터 자유다"라고 선언해 주십니다. 나의 죄는 그냥 용서된 것이 아니라 예수님이 나 대신 희생을 치르심으로 되었습니다. 예수님은 내 죗값을 치르기 위해 가시관을 쓰고 조롱과 채찍을 받으셨습니다. 말할 수 없는 고통과 완전히 홀로되는 외로움 그리고 태양도 빛을 잃은 어둠 속에서 하나님으로부터 외면당하는 처절한 고난을 감내하셨습니다. 오전 9시부터 오후 3시까지 6시간 동안 십자가에 매달려 물과 피를 다 흘리셨습니다. 그리고 목말라 신음하셨습니다. 우리의 구원이 그냥 이루어진 일이 아닙니다. 예수님 편에서 말할 수 없는 대가를 치르셨습니다.

나는 십자가에서 나의 죄가 끝장나는 것을 봅니다. 세상의 문제는 모두 죄의 문제입니다. 이 모든 죄의 D-Day가 바로 예수 그리스도의 고난당하신 날입니다. 이날은 빚을 다 갚은 날입니다. 그래서 즐거운 날입니다. 십자가는 하나님의 아픔이요, 고통이지만, 우리를 향한 하나님 사랑의 극치입니다. 그래서 우리에게는 복된 소식입니다. 예수님의 십자가는 바라바에게처럼 사면장입니다. 바라바는 우리 모두의 그림자입니다. 교회의 전승에 의하면 이 사건 후에 바라바는 신실한 신자가 됩니다.

> "십자가의 도가 멸망하는 자들에게는 미련한 것이요 구원을 받는 우리에게는 하나님의 능력이라"(고전 1:18).

본문 21절에는 구레네 사람 시몬이 나옵니다. 십자가를 지고 가는 예수님의 행렬은 사람들에게 큰 구경거리였을 것입니다. 당시 십자가의 형벌은 너무나 잔인했습니다. 죽는 사람이 자기가 매달릴 십자가를 지고 처형 장소까지 끌려갑니다. 온갖 수모와 채찍을 맞으면서 한발 한발 처형 장소를 향해 그 무거운 십자가를 지고 갔습니다. 이것은 죄 때문에 이미 사형선고를 받고서도 그 죽는 지점까지도 그 죄를 지고 가며 고통당하는 오늘날의 많은 사람들의 모습이기도 합니다. '데드 맨 워킹'(Dead Man Walking, 이미 사형판결을 받은 사람이 형장으로 이동하는 것)입니다.

일주일 전까지만 해도 예수님을 환영하던 무리들은 온갖 야유와 저주를 퍼부으며 그 행렬을 지켜보고 있습니다. 구레네 시몬은 그런 군중 속에 섞여 있다가 로마 병정에 의해 차출된 사람입니다. 십자가를 지고 가다 더 이상 갈 수 없는 육체적 한계에 봉착한 예수님의 모습을 먼저 생각해야 합니다. 남은 구간 예수님의 십자가를 대신 짊어지는 구레네 시몬은 처음에는 재수 옴 붙었다고 생각했을지 모릅니다. 왜 하필 그 많은 사람 중에 나를 지목했는지 원망도 했을 것입니다. 그 자리에서 도망가고도 싶었을 것입니다. 그러나 알고 보면 구레네 시몬이 예수님의 십자가를 대신 지고 간 것이 아니라 시몬이 응당 져야 할 십자가를 예수님께서 지고 가시는데, 시몬은 자기의 십자가를 잠깐 경험한 것입니다. 구레네 시몬은 예수님과 관계없는 삶을 살았지만 십자가를 잠시 진 이후 그와 그의 자녀들의 삶은 놀랍게 변화되었습니다. 구레네 시몬은 옆에 계신 예수님의 거친 숨소리를 들으며 그 몸의 상처에서 흘러내리는 핏자국을 보면서 십자가를 지고 함께 걸었습니다. 그 십자가는 예수님의 땀과 눈물과 핏자국으로 범벅이 되었을 텐데 자기 손과 몸과 옷에 예수님의 피를 적시며 그때는 아무 의미도 모른 채 걸었을 것입니다. 그러나 마가가 이 복음서를 집필할 당시에 이미 시몬의 아들들인 알렉산더와 루포는 초대교회 성도들 사이에 이름만 들어도 알 수 있는 모범적인 성도들이 되어 있었습니다. 그래서 마가는 21절에서 "알렉산더와 루포의 아버지인 구레네 사람 시몬"이라고 소개하고 있습니다. 바울도 로마서 16장 13절에서 "주 안에서 택하심을 입은 루포와 그의 어머니에게 문안하라 그의 어머니는 곧 내 어머니니라"라고 할 정도로 바울에게 신앙적인 감화를 준 것을 볼 수 있습니다. 억지로 진 십자가라도 이런 은혜를 가족들이 받게 되었습니다.

아마도 시몬은 그때의 경험을 자녀들에게 들려주었을 것입니다. "나는 그날 아무것도 모르고 군중들 사이에서 구경하다가 병정이 불러 어쩔 수 없이 나아가 그분의 십자가를 대신 지게 되었는데 이제야 그분이 왜 십자가를 지셨는지를 알게 되었다. 나를 위해 십자가를 지신 예수님의 십자가를 조금이라도 같이 지게 되었으니 얼마나 영광인지 모른다"라고 했을 것입니다. 그 때는 재수 없는 날이라고 생각했을지 모르지만, 일생일대에 이렇게 축복된 날은 없었을 것입니다. 제자들도 다 자기 살기 위해 도망가고 없는 그때에 구레네 시골에서 명절에 예루살렘에 올라왔던 시몬이 예수님의 골고다 길을 동행해 주었습니다. 지금도 예루살렘에 가면 성지 순례하시는 분들이 "비아 돌로로사"(Via Dolorosa) 길을 따라 십자가를 지고 가는 것을 볼 수 있는데 시몬이 그들의 선구자라고 할 수 있습니다. 후에 시몬과 그의 가족들은 억지로가 아니라 자원하여 예수님의 남은 십자가를 지는 삶을 살았습니다. 이것은 우리도 져야 할 십자가입니다.

우리는 골고다 언덕에 높이 솟은 세 개의 십자가를 봅니다. 미국에서 고속도로를 달리다 보면 언덕 위에 세 개의 십자가가 세워져 있는 것을 종종 보게 됩니다. 중앙에는 예수 그리스도이시고 양옆에는 강도들이 매달려 있습니다. 처형하는 자들은 교묘하게 예수님의 십자가를 강도들의 십자가와 함께 섞어 놓았습니다. 이는 28절 말씀대로 "불법자와 함께 인정함을 받았다 한 성경이 응하였느니라(어떤 번역에는 없음)"입니다. 누가복음에 보면 두 강도 중 한편 강도는 예수님께 구원을 청하여 허락을 받습니다(눅 23:42-43). 그가 이전에 훔쳤던 어떤 진귀한 보석보다도 더 소중한 구원을 손 하나 까딱하지 않고 받아내는 것입니다. 전직 강도가 성도로 변화되는 순간입니다. 그리고 예수님과 더불어 낙원에 들어가는 동행자의 영광을 얻었습니다. 베드로가 동행하겠다고 장담을 했는데, 결국은 강도가 베드로 대신 예수님을 수행했습니다.

누가 오늘날 선한 일을 많이 못 해서 구원을 받을 수 없다고 말합니까? 이 강도를 보십시오! 세상에서 그가 한 모든 일의 결산은 이렇게 사형에 해당하는 열매밖에 없었으나 마지막 예수님을 향한 그의 믿음이 그를 구원했습니다. 그의 장점이라면 예수님이 무엇을 가지고 계신지를 알아보는 도둑으로서의 안목과 기회를 놓치지 않고 요구할 수 있는 뻔뻔스러움입니다.

순간의 선택이 나의 영원을 나눕니다. 나의 말 한마디가 운명을 결정합니다. 이 세상에서 불공평하게 살았다면 이제 마지막 선택을 잘함으로 내세에서는 영원한 삶을 얻어야 합니다. 회개한 강도는 지금까지의 연속되는 잘못된 선택을 단 한 번의 올바른 선택으로 방향을 바꾸었습니다. "만약" 부모를, "만약" 친구를, "만약" 그 일을, "만약" 이 잘못된 선택들을 지금이라도 만회할 수 있다면 기꺼이 결단하시겠습니까? 영원을 위한 단 한 번의 올바른 선택이 이때까지의 수없이 많은 잘못된 선택을 만회할 수 있습니다. 그러나 선택은 여전히 당신의 몫입니다.

골고다 언덕 위의 세 개의 십자가를 보면 하나는 (회개하지 않은 강도) 죄 가운데 죽었고, 다른 하나는 (회개한 강도) 죄에 대하여 죽었고, 그리고 예수님은 죄를 위하여 죽으셨습니다(One man died in sin; One man died to sin; One man died for sin). 그러므로 가운데 예수님의 십자가를 두고 온 인류는 두 그룹으로 나누어집니다. 죄 가운데 죽거나, 죄에 대하여 죽는 것입니다. 즉 죄를 지고 죽는 절망과 용서함 가운데 죽는 소망입니다. 예수님은 지금도 인간을 두 부류로 나누십니다. 우리는 둘 중에 한편에 서게 됩니다. 우리를 위해 희생제물이 되신 예수님을 영접하고 영생을 얻든지, 그분을 부인하고 자기의 지은 죄 가운데 죽든지입니다. 그러므로 예수님 양편의 십자가는 회개한 죄인과 회개하지 않은 죄인의 모습을 우리에게 보여 줍니다.

십자가에서 예수님은 마지막 유혹을 받으십니다. 즉 "스스로 구원하여 십자가에서 내려와 우리로 믿게 하라"는 것입니다(29-32절). 이것은 십자가 없는 길을 택하라는 유혹입니다. 예수님께서 십자가에서 내려오심으로 자신을 구원할 수는 있지만 우리의 구원을 이룰 수는 없습니다. 조롱하는 자들이 31절에 말한 대로, 예수님은 남은 구원하였으되 자기는 구원할 수 없었습니다. 내가 희생하지 않고는 남을 구원할 수 없기 때문입니다. 그러므로 예수님 사역의 핵심은 십자가입니다. 그것을 알기 때문에 사탄은 십자가의 길을 회피하도록 수없이 유혹했습니다. 예수님이 공생애를 시작하시기 전 광야에서의 시험도 십자가 없는 길이었습니다. 그때도 "성전에서 뛰어내려 보라"고 유혹을 했었습니다. 이런 시험이 나에게는 시험이 될 수 없습니다. 왜냐하면 나는 뛰어내릴 능력도, 돌로 떡을 만들 능력도 없기 때문입니다. 그러나 예수님에게는 중대한 시험입니다. 왜냐하면 그분은 그렇게 할 수 있는 능력을 가지고 있기 때문입니다. 그러나 예수님이 시험에 승리하신 것은 자신의 능력을 자기의 이기적인 목적에 사용하지 않으셨기 때문입니다. 예수님은 할 수 있지만 하지 않으신 것입니다. 예수님은 아버지가 주시는 잔을 받으셨습니다. 그리고 온 인류의 죄를 감당하셨습니다.

예수님이 운명하실 때 두 가지 특이한 일이 일어났습니다. 하나는 성소의 휘장이 위로부터 아래까지 찢어진 사건입니다(38절). 이 휘장은 지성소와 성소를 구별하기 위해 만들어진 것인데, 지성소와 성소의 구별이 없어져 버린 것입니다. 이것은 우리 모든 죄인이 하나님께 직접 나아갈 수 있는 길을 예수님께서 자신의 육체로 열어 놓으신 것입니다.

> "형제들아 우리가 예수의 피를 힘입어 성소에 들어갈 담력을 얻었나니 그 길은 우리를 위하여 휘장 가운데로 열어 놓으신 새로운 살 길이요 휘장은 곧 그의 육체니라"(히 10:19-20).

휘장이 찢어진 것은, 하나님과 분리된 삶에서 이제 하나님과 화평한 삶으로 전환되었으며, 하나님은 숨은 하나님이 아니라 우리 앞에 계신 하나님이시기에 소망을 가지고 담대히 하나님께 나아가는 은혜의 삶이 시작되었음을 알리는 것입니다.

"우리가 이 소망을 가지고 있는 것은 영혼의 닻 같아서 튼튼하고 견고하여 휘장 안에 들어 가나니"(히 6:19).

"그러므로 우리는 긍휼하심을 받고 때를 따라 돕는 은혜를 얻기 위하여 은혜의 보좌 앞에 담대히 나아갈 것이니라"(히 4:16).

또 하나의 사건은 백부장이 예수님의 운명하심을 보고 "이 사람은 진실로 하나님의 아들이었도다"(39절)라고 고백한 것입니다. 공관복음서는 모두 이 고백을 기록하고 있습니다. 사실 예수님 사역의 본질은 십자가에서 드러납니다. 그러기 때문에 십자가를 모르는 상태에서 고백한 제자들의 말들은 비록 예수님이 하나님의 아들이라고 고백했더라도 마가가 볼 때는 아직 충분히 알지 못하고 하는 말입니다. 이제 예수님의 십자가까지의 모든 사건을 목도하고 나서 제자들이 마땅히 고백했어야 할 사실이 이방인 백부장의 입을 통해 나오게 된 것입니다.

성령으로 하지 않고는 누구도 예수를 하나님의 아들이라고 고백할 수 없다고 했는데, 제자들도 없는 상황에서 십자가 처형을 책임지고 수행하던 이 백부장이 모든 일의 전말을 보고 "이 사람은 진실로 하나님의 아들이었다"라고 고백한 것입니다. 예수님의 마지막 모습이 어떠했는가를 가늠케 하는 말입니다.

백부장은 예수님의 재판 과정부터 고난과 십자가의 임종 때까지의 모든 일을 목도했습니다. 그리고 예수님의 죽음이 그가 집행했던 많은 다른 사람들의 죽음과는 다르게 말할 수 없는 감동으로 다가왔기에 결국 이러한 고백을 하게 되었습니다. 예수님의 십자가 죽음은 한편의 강도와 함께 로마의 장교를 성도로 만드는 역사를 수반했습니다.

오늘 우리는 모두 예수님의 십자가 현장에 서 있습니다. 그 많던 사람 중에 나의 모습도 끼어 있습니다. 나는 이 예수님을 어떻게 할 것인가? 그리고 그분에게 무엇이라고 고백할 것인가?

주여, 믿사오니 이 죄인을 용서하여 주옵소서. 주는 나의 왕 나의 하나님이십니다.

38
누가 돌을 굴려 주리요

1안식일이 지나매 막달라 마리아와 야고보의 어머니 마리아와 또 살로메가
가서 예수께 바르기 위하여 향품을 사다 두었다가 2안식 후 첫날 매우 일찍이
해 돋을 때에 그 무덤으로 가며 3서로 말하되 누가 우리를 위하여 무덤 문에
서 돌을 굴려 주리요 하더니 4눈을 들어본즉 벌써 돌이 굴려져 있는데 그 돌
이 심히 크더라 5무덤에 들어가서 흰 옷을 입은 한 청년이 우편에 앉은 것을
보고 놀라매 6청년이 이르되 놀라지 말라 너희가 십자가에 못 박히신 나사렛
예수를 찾는구나 그가 살아나셨고 여기 계시지 아니하니라 보라 그를 두었던
곳이니라 7가서 그의 제자들과 베드로에게 이르기를 예수께서 너희보다 먼저
갈릴리로 가시나니 전에 너희에게 말씀하신 대로 너희가 거기서 뵈오리라 하
라 하는지라 8여자들이 몹시 놀라 떨며 나와 무덤에서 도망하고 무서워하여
아무에게 아무 말도 하지 못하더라 막 16:1-8

마가복음은 부활에 대한 최초의 이야기입니다. 가장 짧고 아주 갑작스럽게 종결합니다. 마가의 부활에 관한 기사는 8절에 불과합니다. 마태복음은 20절, 누가복음은 53절, 요한복음은 2장 56절입니다. 마가복음에는 부활의 증인들에 관한 이야기가 생략되었습니다. 빈 무덤과 천사의 전갈 그리고 여인들의 침묵으로 끝납니다. 어찌 보면 미종결의 미학입니다. 그리고 2세기 초에 마태복음과 누가복음을 참조한 비교적 긴 결말이 추가되었습니다(막 16:9-

20). 삽입된 부분에도 부활의 목격자들의 증언에 대하여 "믿지 아니하더라"(11, 13, 14절)라는 반응이 반복적으로 나옵니다. 보지 못한 우리가 예수님의 부활을 믿지 않는 것도 무리는 아닙니다. 그것은 이야기의 종결을 위해 우리를 초대하고 있는 것입니다. 우리의 부활 체험 말입니다.

안식 후 첫날 예수님의 시체에 향품을 바르기 위해 이른 새벽 무덤을 향해 가는 세 여인, 막달라 마리아, 야고보의 어머니 마리아, 살로메의 이야기가 나옵니다. 그들은 가면서 "누가 우리를 위하여 무덤 문에서 돌을 굴려 주리요"(Who Will Roll the Stone Away?)(막 16:3)라고 질문하고 있습니다.

자신들의 한계상황을 인정하고 자신들이 어떻게 할 수 없는 거대한 장애물을 인지하면서 무기력과 좌절감에서 다른 사람의 도움을 기대하는 모습입니다. 예수님의 십자가 사건을 목격했던 여인들입니다. 예수님의 시체가 아리마대 요셉의 묘지에 안장된 후 거대한 돌로 입구를 막고 밧줄로 돌을 단단히 멘 다음 초와 흙으로 봉하여 움직이지 못하게 하고 인봉하여 누구도 열지 못하게 하고, 로마 병정들이 그 무덤 앞을 지키던 것을 보았던 여인들은 자기들의 힘으로 어쩔 수 없는 것을 알고 있었기 때문에 비관조로 "누가 이 거대한 바위를 옮겨 줄 것인가?" 자문했을 것입니다.

로마 병정들이 이 일을 협조해 줄 것인가? 아니면 겁먹고 달아났던 제자들이 이제라도 돌아와서 마지막으로 여인들을 도와 예수님의 시체에 향품을 바르는 일에 협조할 것인가? 이 여인들의 마음에는 어떠한 확신도 없었습니다. 다만 무덤 앞에서 돌아오는 한이 있더라도 예수님을 향한 자신들의 사랑을 표시하고 싶은 마음뿐이었습니다. 확실히 여인들은 뜨거운 사랑을 가지고는 있었지만, 돌이킬 수 없는 예수님의 죽음은 받아들이고 있었습니다. 이때 어떠한 기적도 기대하지를 않았습니다. 그들은 가장 낮은 수준의 기대를 했습니다. 시체를 만져 보고 향품을 바르는 것 정도를 기대했습니다.

"누가 돌을 굴려 주리요?"라는 여인들의 질문은 날마다 세상에서 거대한 돌들과 씨름하는 우리의 질문이기도 합니다.

알베르 까뮈(Albert Camus)의 책 「시지프의 신화」에 보면 신들은 시지프에게 형벌을 내립니다. 그것은 바위를 굴려 꼭대기에 올려놓는 것인데, 시지프가 있는 힘을 다하여 산꼭대기에 바위를 올려놓으면 봉우리가 뾰족해서 바로 반대편으로 바위는 저절로 굴러 내려갑니다. 그래서 다시 굴려 올려야 되는 반복이 계속됩니다. 신들은 무익하고 전망이 없는 일보다 인간에게 더 큰 형벌이 없다는 사실을 알아낸 것입니다. 인간은 의미를 추구하는 동물입니다. 시지프가 이 의미 없는 일의 반복을 의식하는 순간부터 그의 삶은 비극이요, 이 운명은 인간의 이성이나 능력으로 해결할 수 없는 영원한 형벌이 되었습니다. 눈만 뜨면 나를 무겁게 짓누르는 이 바위를 누가 옮길 것인가? 의식하기에 고통이요, 해결할 수 없어서 절망입니다. 이 무의미성(無意味性)의 돌, 누가 옮겨 줄 것입니까? 다람쥐 쳇바퀴 돌 듯 반복되는 부조리한 삶에서 어떻게 벗어날 것입니까?

베드로는 예수님에게 바위라고 불렸습니다. 마태는 그 이름의 뜻을 '교회의 반석'이라고 좋게 해석했지만, 마가는 씨 뿌리는 비유에 나오는 돌밭의 잔돌에 비유했습니다. 나중에 베드로는 초대교회의 반석이 되었지만 사실 예수님의 공생애 동안의 베드로의 모습은 말씀을 들어도 돌밭에 뿌린 씨처럼 뿌리를 내리지 못하고 세상의 환난과 위협 때문에 번번이 넘어지는 연약한 인간에 불과했습니다. 그와 더불어 다른 제자들도 역시 "마음이 완악하여"(hardness of heart) 돌처럼 굳어 있음으로 주님의 말씀을 받아들이지도, 믿지도 못하고 번번이 실수했습니다. 의심하며 도무지 믿지를 못하는 의심(疑心)과 불신(不信)의 돌, 누가 옮겨 줄 것입니까?

새벽에 무덤을 막고 있던 돌은 더 이상 소망이 없다고 소리칩니다. 우리는 삶의 어려움을 당할 때 "누가 이 태산과 같은 문제를 해결해 줄 것인가?", 현실의 내 모습과 내가 원하는 모습과의 엄청난 괴리를 보면서 "누가 이 장벽을 무너뜨릴 것인가?", 갱도에 갇힌 것처럼 출구가 없는 절망적인 상태에서(No Exit!) "나에게 더 이상 소망이 있는가?"라고 묻습니다. 죽음을 지키고 있는 저 육중한 바윗돌처럼 나의 바윗돌들은 나를 어두움 속에 집어넣고 생명과 희망과 밝음으로부터 나를 분리시켜 죽음과 절망과 칠흑 같은 캄캄함으로 나를 짓누르는 것입니다. 빛이 들어오지 못하도록 빛을 차단하고 어둠 속에 우리를 가두는 불의의 바윗돌을 누가 옮길 것입니까? 어둠 속에서 자행되는 모든 부정의와 착취와 인권유린과 독재의 세력 때문에 보는 것도, 말하는 것도 차단된 채 방향을 잃고 헤매는 오늘날 사회의 어두운 그림자를 누가 거두어 낼 것입니까? 이 사망의 자리에서 누가 나를 건져낸단 말입니까? 누가 빛을 막고 있는 이 어두운 장벽을 무너트린단 말입니까? 누가 세상의 죽음의 문화를 거두어 줄 것입니까? 우리나라 음주와 마약 중독 실태는 심각할 정도입니다. 생명경시 풍조와 대형 사건사고 소식은 눈만 뜨며 들려옵니다. 누가 세상 부조리의 어두움의 세력을 몰아낼 것입니까? 누가 이 무덤의 돌을 굴리고 생명의 바람을 불어 이들을 새롭게 소생시켜 줄 것입니까? 이 암흑(暗黑)과 사망(死亡)의 돌, 누가 옮겨 줄 것입니까?

그 외에도 너와 나를 가로막는 미움의 돌을 누가 옮길 것입니까? 마음을 무겁게 짓누르는 돌을 누가 옮겨 줄 것입니까? 수없이 많은 답을 모르는 질문들이 우리에게 있습니다. 마가는 마가복음을 마감하면서 여인들의 입을 통해 인류가 구하는 질문을 총괄적으로 던지고 있습니다. 이 돌은 우리의 힘으로는 움직일 수 없는 거대한 것이라는 사실입니다. 이 돌은 우리가 도달할 수 있는 마지막 지점이라는 사실입니다. 이 돌은 예수님과 우리 사이를 나누는 장애물이라는 사실입니다. 이 돌은 어떻게 보면 예수님이 패배했다는 사인으로 보일 수 있었습니다. 이 질문에 대하여 어느 현인이나 사람으로부터 대답을 들을 수 없었습니다. 그러나 그 여인들은 무덤가에서 그 대답을 찾아냈습니다. 마가복음은 여인들이 찾아낸 그 대답을 마지막으로 기록하고 있습니다.

마가는 우리에게 분명히 말해 주고 있습니다. 그 돌은 우리의 힘이나 지식이나 기술로는 옮길 수 없고 오직 부활의 주님만이 옮길 수 있다는 사실을 말입니다. 예수님이 옮기셨는지 아니면 천사들이 옮겼는지 확실하게는 모릅니다. 물론 찬송가 165장은 "흰 옷 입은 천사 돌을 옮겼고 누우셨던 곳은 비어 있었네"라고 노래하지만 말입니다. 여인들은 보이지 않는 강한 손의 역사를 경험했습니다.

부활하신 예수님이 나오시기 위해서요? 아닙니다. 문을 잠근 방 안에도 부활하신 예수님은 문을 열지 않고도 그냥 들어오실 수 있습니다. 그러면 누구를 위하여 돌을 옮겼을까요? 여인들에게 들어가서 빈 무덤을 보라고 옮겼습니다. 부활절의 기쁜 소식은 이 돌들을 하나님께서 이미 옮기셨다는 사실입니다. 부활의 새벽에 여인들은 "눈을 들어본즉 벌써 돌이 굴려져 있는데 그 돌이 심히 크더라"(막 16:4)라고 증언했습니다. 그 돌이 우리 앞에서 이미 굴러갔습니다. 부활의 날은 돌이 굴러가는 날입니다. 부활의 새벽에 예수님이 여인들보다 앞서 문제를 해결해 놓으신 것입니다. 이른 새벽에 여인들은 어둠에서 빛으로 나가고, 예수님도 어둠에서 빛으로 나오십니다. 이 새벽에 여인들은 자신들의 문제가 해결되었음을 확인했습니다. 여인들은 기대 이상의 일을 경험했습니다. 그리고 그 일의 첫 번째 증인이 되었습니다. 우리는 부활절 아침에 돌이 굴러갔다는 사실을 볼 수 있는 눈을 가져야 합니다. 그 자리에 온 사람만이 그것을 확인할 수 있습니다. "너희가 겨자씨 만한 믿음이 있으면 이 산을 들리어 바다에 던져지라 하여도 그대로 되리라" 하신 예수님께서 출구 없던 인생들에게 문을 만들어 주신 것입니다.

"볼지어다 내가 네 앞에 열린 문을 두었으되 능히 닫을 사람이 없으리라"(계 3:8).

그 돌은 크고 무겁고 봉하여 있었고 병정들이 지키고 있었지만, 하나님께는 아무것도 아니었습니다. 어떠한 큰 바윗덩어리도 예수님을 무덤에 가둘 수 없었습니다. 예수님이 부활하신 증거는 시체를 쌓았던 세마포와 빈 무덤뿐 아니라 바윗돌들이 굴러간 흔적에서도 찾을 수 있습니다. 목격자들의 증언과 변화된 제자들의 모습입니다.

돌이 굴러간 흔적을 베드로에게서 찾을 수 있습니다. 어떻게 어린 여종 앞에서도 예수님을 세 번씩이나 부인하던 베드로가 담대하게 예수의 복음을 전하다가 순교할 수 있게 되었습니까? 부활의 주님이 베드로의 비겁함의 바윗돌을 굴려 버리셨기 때문입니다. 어떻게 엠마오로 내려가던 패배주의자들이 다시금 힘을 얻어 예루살렘에 올라와 주님을 증거하는 신앙을 소유하게 되었습니까? 부활의 주님이 그들의 실의의 바윗돌을 굴려 버리셨기 때문입니다. 어떻게 예수님의 못 자국에 손을 넣어 보지 않고는 믿지 못하겠다던 도마가 인도에까지 나아가 말씀을 전하는 선교사가 되었습니까? 부활의 주님이 도마의 불신앙의 돌을 굴려 버리셨기 때문입니다. 어떻게 예수님을 증거하던 자들을 잡아 죽이던 박해자 바울이 오히려 주님을 증거하다가 핍박을 감내하는 사람이 되었습니까? 부활의 주님이 바울의 완악한 마음의 돌을 굴려 버리셨기 때문입니다. 당신의 삶 속에도 예수님 부활의 증거인 바윗돌이 굴러간 흔적이 있습니까? 오늘 우리가 부활신앙을 갖는다는 것은 우리 삶에 있는 부정적인 것들이 옮겨지는 것을 의미합니다. 나의 삶을 짓누르는 모든 어려움이 굴러가는 것을 의미합니다. 무덤에 돌이 놓여 있는 것처럼 당신의 삶에 아직도 놓여 있는 거대한 돌이 있습니까? 예수님께서 그때처럼 지금도 당신에게 오셔서 그 돌을 움직여 주십니다.

첫째, 우리의 약함의 돌들이 굴러가기를 바랍니다. 종교개혁자 마르틴 루터(Martin Luther)가 너무도 피곤하고 여러 가지 일들에 짓눌려 낙담하고 있을 때 루터의 부인이 상복을 입고 루터 앞에 나타났다고 합니다. 이때 루터가 자기 부인에게 오늘 누가 상을 당했느냐고 물으니, 부인은 "당신의 하나님이 죽으셨다"라고 대답했다고 합니다. 루터가 놀라워하며 "무슨 그런 불경스러운 말을 하느냐"라고 핀잔을 주니, 부인은 "당신의 하나님이 돌아가시지 않고서야 최근의 당신 모습이 그렇게 침울할 수 있겠느냐"라고 대답했다고 합니다. 그때 루터는 자기의 실수를 크게 뉘우치고 더욱 힘을 내어 종교개혁의 일에 박차를 가했다는 일화가 있습니다. "예수님이 다시 살아나셨다"는 소식은 우리에게 어떤 약함이 있을지라도 부활의 능력으로 새로워질 수 있다는 것을 의미합니다. 썩을 것으로 심고 썩지 않을 것으로 다시 살며, 약한 것으로 심고 강한 것으로 다시 살며, 욕된 것으로 심고 영광스러운 것으로 다시 살며, 육의 몸으로 심고 신령한 몸으로 다시 사는 것입니다(고전 15:42-44).

둘째, 우리의 의심의 돌이 굴러가기를 바랍니다. 본문 6-7절에 (청년) 천사는 여인들에게 세 가지 메시지를 주었습니다. "예수께서 사셨다." "예수님이 너희보다 먼저 갈릴리로 가셨다." "예수님의 약속은 실현됐다." 이렇게 마가복음은 종결됩니다. 후기에 삽입된 것으로 보이는 9-20절에 부활하신 예수님께서 나타나시는 기사가 세 차례 기록되어 있습니다. 막달라 마리아에게(막 16:9), 시골로 가던 두 사람에게(막 16:12), 열한 제자가 음식을 먹고 있을 때(막 16:14)입니다. 그러나 그 자리에 없었던 자들의 첫 반응은 부활하신 예수님을 보았다는 목격자들의 증언을 듣고도 믿지 않는 것이었습니다(막 16:11, 13). 부활 사건에 있어서 우리가 알아야 할 중요한 점은 당시에 단 한 사람도 예수님이 죽음에서 다시 살아나리라고는 전혀 기대하지 않았다는 것입니다. 예수님의 부활을 기대했기 때문에 일어난 것이 아닙니다. 부활신앙을 가졌기 때문에 부활사건이 일어난 것이 아닙니다. 부활사건이 먼저 일어나고 후에 부활신앙을 갖게 된 것입니다. 부활 사건에 대한 최초의 반응은 경이로움과 충격과 놀라움입니다. 본문에도 "보고 놀라매"(막 16:5), "몹시 놀라 떨며", "도망하고 무서워하여"(막 16:8)라는 반응이 나옵니다. 마가복음은 여인들의 놀람과 두려움 그리고 침묵으로 끝납니다. 그래서 항상 "놀라지 말라"라는 말이 따라 나옵니다. 예수님이 부활하셨을 때 아무도 예상하지 못했기 때문에 그런 반응은 자연스럽습니다.

예수님을 사랑했던 여인들도 부활을 믿지 못하고 기대도 하지 못했다는 암시로 본문은 시작됩니다. 그들은 부활한 예수님을 만나기 위해 간 것이 아니라 죽어 있는 예수님을 찾아갔습니다. 예수님의 죽음을 준비한 사람은 있어도 부활을 준비한 사람은 아무도 없었습니다. 처음에는 의심하고 불신하며 거리를 두고 부활을 면밀하게 검토한 후 부활을 믿기 시작했습니다. 복음서는 부활신앙을 갖는 되는 과정을 상세하게 설명하고 있습니다. 부활 목격자의 증언도 처음에는 번번이 믿지 못했습니다. 막달라 마리아가 제자들에게 예수님의 부활을 고했을 때도 그들은 믿지 않았습니다(막 16:11). 엠마오에서 돌아온 두 사람이 부활하신 예수님을 만났다고 했어도 믿지 않았습니다(막 16:13). 열 제자가 예수님을 만난 사실을 도마에게 말했을 때도 못 자국을 확인해 보지 않고서는 못 믿겠다고 했습니다(요 20:25). 그러나 주님은 그때마다 나타나시면서 그들의 의심과 불신의 돌을 굴려 주셨습니다. "그들의 믿음 없는 것과 마음이 완악한 것을"(막 16:14) 꾸짖으시며 의심을 믿음으로 바꾸어 주셨습니다. 들보가 눈에 있어 보지 못하고, 귀를 막아 진리를 듣지 못하고, 마음이 굳고 완악해서 아직도 깨닫지 못하는 이 돌들은 오직 부활의 예수님만이 옮겨 놓을 수 있습니다.

셋째, 죄책과 죽음의 돌이 굴러가기를 바랍니다. 사망을 지키고 있는 돌은 이미 범죄한 모든 인류를 억누르는 짐입니다. "한 번 죽는 것은 사람에게 정해진 것이요 그 후에는 심판이 있으리니"(히 9:27), "죄의 삯은 사망이요"(롬 6:23). 이런 심판의 선언 앞에 죽음을 기다리는 온 인류는 이렇게 질문하고 있습니다. "이 사망의 몸에서 누가 나를 건져내랴"(롬 7:24). 이런 부르짖음은 온 인류의 탄식입니다. 그 해답을 얻지 못한 채 사망의 그늘에서 인류는 하루하루를 보내고 있었습니다.

세상의 모든 사람은 이미 사형 선고를 받았으며 집행하는 시기와 방법의 차이만 있을 뿐 누구나 죽습니다. 사형 선고를 받고 시한부 인생을 살아가다가 이런저런 방법으로 사망을 맞이하고 있는 것입니다. 그런데 예수님은 사흘 사이에 인류가 해결할 수 없는 두 가지 문제를 해결하셨습니다. 십자가로 죄의 문제를 해결하시고, 부활로 죽음의 문제를 해결하셨습니다.

예수님의 부활은 이 사망의 무거운 돌을 영원히 옮겨 버렸습니다. 죽음 다음의 마침표를 쉼표로 바꾸고 다시 새로운 차원의 삶이 시작됩니다. 부활은 죽음도 삶의 일부이며 과정이란 것을 가르쳐 줍니다.

> "그리스도께서 다시 살아나신 일이 없으면 너희의 믿음도 헛되고 너희가 여전히 죄 가운데 있을 것이요"(고전 15:17).

"사망아 네가 쏘는 것이 어디 있느냐"(고전 15:55).

아프리카에 가면 몽구스라는 사향고양이과에 속하는 작은 동물이 있습니다. 이 동물은 코브라를 공격하는 천적입니다. 코브라를 두려워하지 않는 동물이 거의 없는데, 몽구스는 코브라를 이길 뿐 아니라 잡아먹기까지 합니다. 어떻게 그럴 수 있을까요? 몽구스 몸에는 뱀의 독을 해독하는 효소가 있어서 코브라에 물려 독이 들어와도 죽지 않는다는 것입니다. 신자들에게는 사망의 쏘는 것이 더 이상 치명적인 것이 못 됩니다.

그러므로 기독교는 생명의 종교, 부활의 종교입니다. 위대한 성인들은 자신들의 이름이나 업적만큼 큰 무덤을 남겼지만 예수 그리스도는 빈 무덤을 남기셨습니다.

청년(천사)은 여인들에게 "놀라지 말라 너희가 십자가에 못 박히신 나사렛 예수를 찾는구나 그가 살아나셨고 여기 계시지 아니하니라 보라 그를 두었던 곳이니라"(막 16:6)라고 했습니다. 예수님은 무덤에서 만날 수 없습니다. 당시 서민들의 실제 생활 현장인 갈릴리에서 만날 수 있습니다.

우리는 십자가의 자리에서뿐 아니라 부활의 자리에서도 우리 자신의 존재를 확인해야 합니다. 만일 예수님에게 십자가만 있고 부활이 없었다면 우리의 예배는 슬픈 장례예배요, 추도예배였을 것이고, 주일 대신 금요일에 모였을 것입니다. 기독교가 이렇게 생명력 있는 종교로 널리 전파되지도 못했을 것입니다. 그러나 예수님은 진실로 부활하셨기 때문에 우리가 드리는 예배는 기쁨이 넘치는 축제요, 감사의 예배이며 부활하신 날을 기념하는 주일에 모이는 것입니다.

주일은 수난의 금요일과 다르고, 침묵의 토요일과 다릅니다. 우리의 삶은 고난 금요일에서, 침묵의 토요일로 그리고 부활의 주일로 나아갑니다. 주일에 바위가 굴러갔습니다. 사망의 쏘는 것이 사라졌습니다. 어두운 무덤은 열렸습니다. 지옥은 패배했습니다. 의심은 사라졌습니다. 죽음이 죽음을 당했습니다. 빈 무덤에는 희망이 가득했습니다. 예언은 성취되었습니다. 제자들은 활력을 얻었습니다. 부활은 모든 것이 달라졌음을 의미합니다. 주일은 지나간 금요일도 소급하여 Good Friday로 만듭니다.

찬송가 〈살아 계신 주〉(171장) 후렴 가사를 직역하면 이와 같습니다. "주님이 살아 계시기에 나는 내일을 맞이할 수 있네, 주님이 살아 계시기에 모든 두려움은 사라지네, 주님이 미래를 주장하고 계심을 믿기에 그리고 그분이 살아 계시기에 인생은 살 가치가 있네."

예수님은 역사책 속의 인물이 아니라 오늘도 살아 계십니다. 예수님은 기억 속의 인물이 아니라 현존하시는 분입니다. 그리스도인의 삶이란 거대한 돌을 굴려내고 부활하신 그 생명력으로 오늘의 거치는 바윗돌을 굴리는 부활의 신앙을 소유한 무한한 능력의 생활입니다. 그러므로 부활은 말(Word)이 아니라 사건(Event)입니다. 오늘날도 계속되는 사건입니다.

부활절에 이미 우리 앞에 있는 돌들이 옮겨졌습니다. 불안의 돌이 굴러갑니다. 무의미성의 돌이 굴러갑니다. 염려의 돌, 유혹의 돌, 거치는 돌, 잔악함의 돌, 절망의 돌, 미움의 돌, 불의의 돌, 연약함의 돌, 의심의 돌, 죄책의 돌, 사망의 돌이 굴러갑니다. 부활의 주님만이 이 일을 하시는데 부활의 주님을 믿는 자들도 부활의 능력으로 할 수 있습니다. 무의미성, 불신, 절망, 미움, 죄악, 사망, 불의, 약함, 걱정이 다 굴러가고 생명의 바람이 사방팔방 불어와 온 세상이 큰 구원의 기쁜 소식으로 넘치게 됩니다. 부활절에 여기저기서 데굴데굴 돌 굴러가는 소리가 들립니다.

"벌써 돌이 굴려져 있는데 그 돌이 심히 크더라"(막 16:4). 하나님의 능력을 보여 줍니다. 그리고 천사가 전하는 임무와 약속이 나옵니다. 제자들과 베드로에게 이르라고 합니다. 갈릴리에서 보리라고 말입니다. 복음서는 예수님의 부활을 변증하지 않습니다. 다만 선포할 뿐입니다. "전에 너희에게 말씀하신 대로"(막 16:7). 제자들은 약속을 지키지 못했지만(도망가지 않겠다, 부인하지 않겠다) 예수님은 약속을 지키십니다. "내가 살아난 후에 너희보다 먼저 갈릴리로 가리라"(막 14:28, 미래형). "먼저 갈릴리로 가시나니"(막 16:7, 현재형).

이미 예수님은 길을 나섰습니다. 과거의 존재로서의 예수님을 찾아온 여인들에게 현재 살아 행동하는 예수를 증언합니다. 갈릴리에서 보리라는 것은 미래적 또는 현재적 사건입니다. 부활의 자리가 현재의 자리와 동떨어진 곳이 아니며, 부활이 인간의 특정

부위에만 일어나는 것이 아니라는 것입니다. 부활의 현재성 그리고 신앙적 증거입니다. 부활은 과거에 일어난 일회적인 사건이 아니라 지금 일어나고 있는 일입니다. 우리의 삶의 현장에서 오늘 우리의 사건으로 경험할 수 있다는 것입니다. 예수님은 살아 계십니다. 그분은 과거의 인물이 아니라 현재의 인물입니다. 예수님은 계속해서 존재하며 계속해서 활동하십니다.

부활하신 예수님을 만날 곳은 빈 무덤이 아니라 갈릴리입니다. 부활의 증거도 빈 무덤이 아니라 갈릴리입니다. 빈 무덤은 "그가 여기 있지 않다"이지 "그가 다시 살아났다"는 증거는 아닙니다. 빈 무덤은 소극적 증거이지만 적극적 증거는 갈릴리입니다. 빈 무덤이 부활의 역사성에 대한 객관적 증거(과거)라면 갈릴리는 현재 삶의 문제를 다룹니다. 부활을 현재화하는 것, 부활을 살아간다(practice resurrection)는 것입니다. 예수님을 만날 수 있는 곳은 삶의 현장입니다. 새벽에 여인들도 나름대로 일을 하러 가다가 예수님의 부활을 목도했습니다. 부활의 자리는 우리 일터입니다. 교회뿐 아니라 삶의 현장입니다. 오늘 우리 삶의 현장에서 부활하신 예수님을 만나야 합니다. 부활 사건이 일어나야 하는 곳은 바로 우리 삶의 현장입니다. 부활 이야기에 구체적인 이름이 등장하는 것도 부활의 사실성과 평범한 사람의 일상성을 나타냅니다. 부활은 영적 엘리트만을 위한 전유물이 아닙니다. 부활은 인격적이고 관계적 삶에서 일어납니다. 구체적인 당신의 현실이 부활하신 예수님의 현존입니다. 당신의 변화된 삶의 모습이 부활하신 예수님을 반영합니다.

"갈릴리로 가라"는 것은 음표로 보면 도돌이표입니다. 이야기가 시작된 곳, 즉 복음의 시작으로 다시 돌아가라는 것입니다. "하나님의 아들 예수 그리스도의 복음의 시작이라"(막 1:1).

복음은 예수님의 부활에서 다시 시작됩니다. 부활은 예수님 공생애 사역과 말씀의 유효성을 보여 줍니다. 부활 사건은 예수님 공생애의 모든 말씀에 생기를 불어넣는 것입니다. 부활 사건이 없었다면 모든 말씀은 생명을 잃고 말았을 것입니다. 에필로그가 프롤로그가 되고, 마가복음의 끝이 제자들의 처음이 됩니다. 끝에서부터 다시 시작하라. 예수님 사역의 계승과 연속이 나옵니다.

무덤 돌을 옮기시고

사망에서 생명으로

죽음에서 부활로

절망에서 소망으로

어두움에서 빛으로

미움에서 사랑으로

불의에서 의로움으로

불신에서 믿음으로 오신 주님

우리의 삶도

이 부활을 온몸으로 맞이하게 하소서

주

5장. 영적 권위

1) 차정식, 「묵시의 하늘과 지혜의 땅」 (대한기독교서회) 268-271. 참조

15장. 너희가 양식을 공급하라

2) 정진호, 「떡의 전쟁」 (홍성사) 114.

17장. 개가 되어도 좋다

3) 차정식, 「묵시의 하늘과 지혜의 땅」 (대한기독교서회) 151.

33장. 허비냐, 준비냐?

4) Elisabeth Schussler Fiorenza, *In Memory of Her*, p.xiii.

마가복음, 삶으로 읽다

1판 1쇄 2025년 4월 5일
1판 2쇄 2025년 12월 15일

지은이 한기채
발행인 조애신
편집 이소연
디자인 임은미
마케팅 전필영
경영지원 전두표

발행처 도서출판 토기장이
주소 서울시 마포구 동교로 71-1 2F
출판등록 1998년 5월 29일 제1998-000070호
전화 02-3143-0400
팩스 0505-300-0646
이메일 tletter77@naver.com
인스타그램 togijangi_books_

ISBN 978-89-7782-544-4

도서출판 토기장이는 생명 있는 책만 만듭니다.
"우리는 진흙이요 주는 토기장이시니 우리는 다 주의 손으로 지으신 것이니이다" (이사야 64:8)